알기 쉽고 재미있는 일본 근대사
메이지(明治) 이야기 ❷

알기 쉽고 재미있는 일본 근대사
메이지(明治) 이야기 ❷

| 초판 1쇄 발행일 | 2012년 9월 25일 |
| 초판 2쇄 발행일 | 2021년 1월 5일 |

| 지은이 | 최승표 |
| 펴낸이 | 최길주 |

펴낸곳	도서출판 BG북갤러리
등록일자	2003년 11월 5일(제318-2003-000130호)
주소	서울시 영등포구 국회대로72길 6, 405호(여의도동, 아크로폴리스)
전화	02)761-7005(代)
팩스	02)761-7995
홈페이지	http://www.bookgallery.co.kr
E-mail	cgjpower@hanmail.net

ⓒ 최승표, 2012

ISBN 978-89-6495-038-8 04910
ISBN 978-89-91177-35-2 (세트)

* 저자와 협의에 의해 인지는 생략합니다.
* 잘못된 책은 바꾸어 드립니다.
* 책값은 뒤표지에 있습니다.

이 도서의 국립중앙도서관 출판시도서목록(CIP)은 e-CIP홈페이지(http://www.nl.go.kr/ecip) 와 국가자료공동목록시스템(http://www.nl.go.kr/kolisnet)에서 이용하실 수 있습니다. (CIP제어번호 : CIP2012004185)

알·기·쉽·고·재·미·있·는·일·본·근·대·사

메이지 이야기 ❷

최승표 지음

BG 북갤러리

들어가며

제1권이 출간된 지 어느덧 5년여의 시간이 흘렀다. 제1권의 저조한 판매실적 때문에 제2권이 나올 수 있을지 내심 별다른 희망을 갖고 있지 않았지만, 비록 극소수이기는 하지만 제1권을 읽어 본 독자 여러분의 관심과 성원이 있었기에 제2권이 세상에 나와 빛을 보게 되었다. 아울러 저조한 판매실적에도 불구하고 제2권을 출간하기로 결정한 북갤러리 최길주 사장님의 결심이 결정적 역할을 한 것은 물론이다. 필자는 이에 대해 뭐라고 감사의 마음을 표현해야 할지 잘 모르겠다. 아무튼 필자가 여기에 보답할 길은 제2권을 잘 만들어서 독자 여러분에게 좋은 책으로 기억되는 것 이외에는 없다고 생각한다.

제2권에서는 본격적으로 메이지 시대를 다루기 시작하는데 시기적으로는 청일전쟁까지다. 이 시기는 정한론을 비롯하여 임오군란, 갑신정변, 그리고 청일전쟁에 이르기까지 한국사와 밀접하게 관련되어 있는 민감한 사안도 다수 포함되어 있다. 이 책이 일본 근대사를 다룬 책인 만큼 이러한 사안에 대해 한국사의 시각에서 접근하기보다는 당시 일본의 시각을 탐색하는 것이 바람직하다고 생각한다. 물론 친일적 시각에서 살펴보자는 것이 아니고 냉정하고 비판적인 시각은 유지하되 한국사에 치우친 방향으로 흐르지 말자는 뜻이다.

이 책의 주된 초점은 당시 일본 내부에서 권력이 누구에 의해서 어떻게 움직였고, 어떠한 방향으로 근대화를 추구했으며, 제국주의적 팽창을 위해서 어떻게 준비를 해 나가고 있었는지를 알아보는 것이다. 일본이 국가적 차원에서 역사를 왜곡하고 심지어 명성황후 암살사건의 경우 조직적으로 증거인멸까지 하는 상황에서 명쾌하게 진실을 밝히기는 매우 어렵고 힘든 일이다. 비록 미약하지만 필자가 힘닿는 데까지 진실을 추적하고자 노력했다는 점은 참고하기 바란다.

필자가 제2권을 집필하면서 가장 고심한 점은 어느 눈높이에 맞춰서 저술해야 하는가이다.

일본 근대사를 전혀 모르는 독자에 초점을 맞춘다면 필요 이상으로 장황하게 설명하는 방향으로 흐를 수밖에 없고 책의 분량도 매우 많아지게 된다. 다른 한편으로 일본 근대사에 대해 어느 정도 알고 있는 독자에 초점을 맞춘다면, 복잡하고 민감한 사안도 간략하게 설명하고 넘어갈 수 있으나 일본 근대사를 처음 접하는 독자에게는 읽기 힘든 책이 될 것이다.

절충점을 모색하는 과정에서 책의 분량이 필요 이상으로 많아지지 않도록 감안하여 이 책을 완성하게 되었다. 결국 모든 독자를 만족시키기는 어려울 것 같다는 생각이 들지만, 최대한 독자들이 알기 쉽도록 쓰기 위해 필자 나름대로 고심하고 신경을 썼다는 점은 알아주기 바란다. 아는 것과 아는 것을 가르치는 것은 다르며, 아는 것과 아는 것을 정리하여 글로 표현하는 것이 결코 쉬운 일이 아니라는 사실을 필자는 이 책을 집필하며 뼈저리게 느꼈다.

 일본 근대사는 별도로 인명사전을 만들 수 있을 만큼 많은 인물들이 등장한다. 일본 근대사 서적을 처음 읽는 독자가 가장 어려워하는 것 가운데 하나가 너무나 많은 인물의 이름이 나와서 혼란스럽다는 점이다. 제2권에도 나름대로 줄이려고 노력했지만 책의 분량에 비해 매우 많은 인물들이 등장한다. 이렇게 된 원인은 당시 일본의 권력구조가 단 한사람에게 권력이 집중되지 않았기 때문이기도 하고, 파란만장한 사건들이 많은 만큼 관련인물들도 매우 많기 때문이다. 그러나 사실 따지고 보면 독자들은 느끼지 못할지 몰라도 우리나라의 역사도 의외로 등장인물이 많은 편이다. 예를 들어 박정희 시대를 보자. 박정희가 통치하던 기간은 메이지 시대의 절반밖에 안 되지만 의외로 등장인물이 매우 많다. 박정희에게 권력이 집중되어 있었음에도 불구하고 크게 나누어 보면 5·16 쿠데타에 같이 참가하면서 권력의 핵심에 들어간 경우도 있고, 5·16 쿠데타와는 별다른 관련이 없지만 박정희와 개인적인 친분으로 권력의 핵심에 들어간 자도 있다. 아울러 박정희가 집권하기 이전에는 별다른 관련이 없었지만 능력을 인정받아 권력의 핵심에 들어간 경우도 있다.

게다가 개개의 인물을 추적해보면 의외로 복잡하고 파란만장한 경우도 많이 있다. 김형욱과 박정희와의 관계가 대표적이다. 김형욱은 5·16 쿠데타에 참가한 것은 물론 나중에 중앙정보부장으로 한때는 무소불위의 권력을 휘두르며 박정희의 대통령 당선에 일등공신 역할을 했지만, 결국에는 버림받고 미국으로 망명하여 박정희를 맹공격하다가 의문의 실종사고로 지금도 행방불명의 상태에 있다. 이는 박정희 시대를 살았던 사람은 당연히 알고 있는 사실이며, 그렇지 않더라도 우리나라 사람이라면 이러한 스토리를 설명하면 쉽게 이해할 수 있을 것이다.

하지만 외국인에게 이러한 파란만장하고 미묘한 관계를 설명하면 흥미롭게 생각하면서도 잘 이해하지 못할 것으로 생각된다. 박정희가 암살된 당시 박정희와 차지철과 김재규와의 복잡하고도 미묘한 관계 역시 마찬가지일 것이며, 박정희와 김종필의 관계는 그 이상으로 복잡하고 설명하기 까다로운 것이 사실이다. 메이지 시대의 일본에도 이러한 복잡하고 미묘하고 파란만장하며 흥미진진한 등장인물들이 많다. 따라서 메이지 시대의 일본을 잘 모르는 독자라면 어렵게 느껴질 수도 있는 것이 당연하다고 생각된다. 필자는 여기에 대한 특별한 대책은 없다고 생각된다. 마치 외국어 공부하듯이 계속 반복해서 읽다보면 어느 순간에 등장인물들이 익숙하게 느껴지기 시작하고 근대 일본사에 대한 감을 잡을 수 있지 않을까 생각할 뿐이다.

  필자 역시 처음 일본 근대사 연구를 시작할 당시 너무나 많은 등장인물에 혼란스러웠고 어지러울 정도로 많은 사건이 등장해서 감을 잡는 데 애를 먹었다는 사실을 알아두기 바란다. 처음 이 책을 읽어보고 너무 어렵거나 복잡하다고 생각되는 독자가 있으면 시간의 간격을 두고 관련된 사건이나 인물들을 틈틈이 인터넷에서 검색해 보는 등 여유를 가진 후에 다시 읽어볼 것을 권한다. 그러면 처음보다는 보다 읽기 쉽게 느껴질 것이다. 아울러 독자의 수준이나 책의 분량 등을 고려하여 필자가 쓰고자 하는 내용 중에서 많은 부분을 생략하거나 삭제했다는 점도 알아두기 바란다.

  이 책을 읽으면서 주의할 점은 일본 고유의 칭호를 독자들이 읽기 편하게 고쳤다는 점이다. 예를 들어 내각제의 수상은 당시 명칭으로는 총리대신(總理大臣)이라고 호칭하는 것이 옳고, 내무장관은 내무대신(內務大臣)이라고 하는 것이 올바른 표현이다. 그러나 일본식 호칭을 굳이 그대로 써야 할 필요성을 못 느꼈기에 읽기 편하게 고쳤다는 점을 유의하기 바란다. 아울러 중국의 인명과 지명은 한글 발음으로 표기했다는 점도 유의하기 바란다. 예를 들어 이홍장(李鴻章)의 경우 중국식 발음인 리훙장 대신 한글발음인 이홍장으로 표기했다. 또한 등장하는 일본인의 이름은 가장 널리 사용된 이름을 사용했다는 것은 제1권과 마찬가지이며, 한자의 표기에 일본식 간자체를 사용했다는 점도 동일하다.

2012년 9월 어느 무더운 여름날에

최승표

■ 차례

들어가며 4

제1장 태초에 번벌이 있었다

1 신정부 기초 다지기　15
2 판적봉환(版籍奉還)과 정부 분열　23
3 사이고 상경과 폐번치현(廢藩置縣)　37
4 이와쿠라 사절단의 출발　50
5 독일 방문과 사절단의 귀국　62

제2장 영웅시대의 종말

1 사이고 내각　73
2 정한론 정변　87
3 오쿠보 정권　104
4 오쿠보 정권의 대외문제 처리　114
5 지조개정과 질록처분　128
6 자유민권운동과 오사카 회의　142
7 서남(西南)전쟁 발발과 구마모토 공방전　151
8 가고시마의 별이 지다　165

제3장 제국으로 가는 길

1 참모본부의 창설　179

2 번벌정부의 분열 191
3 오쿠마 추방사건 203
4 입헌제도 창설을 위한 준비작업 211
5 교육제도의 정비와 관료의 양성 221
6 임오군란과 갑신정변 234
7 불평등조약 개정문제 244
8 메이지 헌법의 제정 254

제4장 흔들리는 내각제

1 정당 창설 269
2 천황 만들기 작업 281
3 구로다 내각과 초연(超然)주의 293
4 야마가타 내각과 주권선·이익선 308
5 군부의 발전 323
6 마쓰카타 내각과 선거 간섭 335

제5장 하룻강아지의 좌절

1 제2차 이토 내각과 조약개정 353
2 청일전쟁을 향해서 364
3 청일전쟁의 경과와 종결 377
4 강화교섭과 삼국간섭 388
5 명성황후 암살과 제2차 이토 내각의 붕괴 399

제2권 관련 연표 410
주요 참고문헌 416

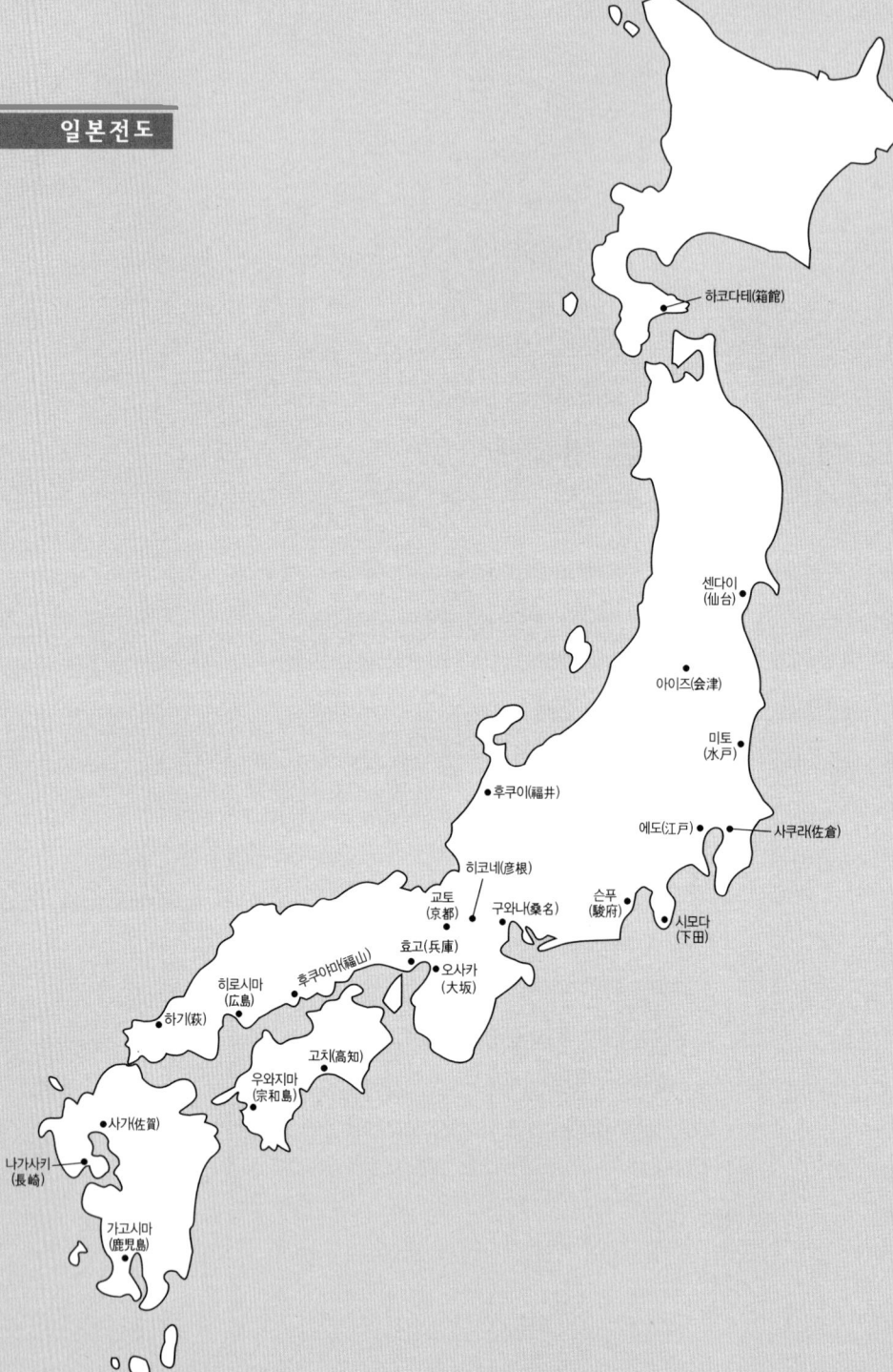

제1장

태초에 번벌이 있었다

- 신정부 기초 다지기
- 판적봉환(版籍奉還)과 정부 분열
- 사이고 상경과 폐번치현(廢藩置縣)
- 이와쿠라 사절단의 출발
- 독일 방문과 사절단의 귀국

1
신정부의 기초 다지기

막부를 타도하는 과정에서 왕정복고를 주도한 무력토막파가 주도권을 잡았지만, 주도권을 계속 잡으며 천황제 정부의 기초를 수립하는 문제는 막부를 멸망시키는 일보다 훨씬 어렵고 복잡한 문제였다. 도바·후시미 전투에서 승리하고 요시노부가 에도로 도망친 것을 계기로 신정부 관직에 중대한 변화가 발생했다. 즉, 왕정복고의 쿠데타로 만들어진 3직(三職)에다 7과(七科)가 추가된 것이다. 또한 총재 아래에 부총재라는 새로운 직위가 만들어지고, 무력토막파를 대표하는 공경 이와쿠라 토모미(岩倉具視)와 산죠 사네토미(三條實美)가 취임했다. 7과는 문자 그대로 7개의 행정부서를 말하는데 행정부서를 만든 것 자체가 중요한 것이 아니라, 이것을 계기로 막부 타도를 실질적으로 주도한 사쓰마번과 죠슈번을 비롯한 각 번의 주요 인물들을 신정부 요직에 등용시켜 발언권을 강화한 것에 중요한 의미가 있었다. 엉성하게나마 관료제를 정비하는 씨앗을 뿌리며 신정부의 기반을 다지는 작업이 본격적으로 시작되었다.

　제도의 정비도 중요하나 그보다 더욱 중요한 것이 신정부의 미래에 대한 구상과 비전을 수립해 대내외에 널리 알리는 작업이다. 3직·7과 설치 이후 신정부가 일단 숨을 돌린 것은 에도를 접수한 후였다. 에도 총공격이 예정된 바로 전날인 3월 14일, 신정부의 기본구상을 담은 유명한 '5개조 서문(誓文)'을 발표했다. 문자 그대로 5개의 조항으로 구성된 맹세문이다. 이것은 신정부의 정책, 즉 국시를 선언하는 일종의 헌법이라 할 수 있기 때문에 대단히 중요한 의미를 가졌다.

　이 역사적 문서를 기초한 핵심인물은 에치젠번의 유리 기미마사(由利公正)와 도사번 출신의 후쿠오카 다카치카(福岡孝弟)다. 유리 기미마사는 유명한 개국사상가 요코이 쇼난(橫井小楠)의 제자로, 신정부 참여(參与)에 임명된 인물 가운데 하나였다. 막부 타도 과정에서 별다른 활약도 없는 그가 느닷없이 발탁된 배후에는 사카모토 료마가 있었다. 료마는 암살되기 직전 이와쿠라를 방문해서 유리를 유능한 인재라고 추천했고, 이것이 신정부의 요직에 등용되도록 만든 결정적인 계기였다.

　료마와 유리에게는 요코이 쇼난이라는 연결고리가 있었다. 요코이 쇼난은 유리의 스승이었을 뿐만이 아니라, 료마가 미래에 대한 정치적인 비전과 구상을 형성하는 데 지대한 도움을 준 존재였다. 료마가 구상한 것으로 유명한 '선중8책'도 사실은 요코이 쇼난의 강력한 영향을 받아서 만든 것이다. 5개조 서문 역시 초안을 쇼난의 수제자인 유리가 작성했기 때문에 쇼난의 영향을 강하게 받았다. 특히 제2조의 '경륜을 성하게 한다'는 부분은 경제 진흥과 이를 통한 부국강병의 추구를 암시하는 것으로 쇼난의 사상이 강하게 반영된 부분이다. 그러나 쇼난은 민주정치를 이상으로 했음에도 불구하고, 이 부분은 대폭적으로 삭제되어 제1조에서 '공론(公論)으로 정한다'는 식으로 애매한 표현이 되고 말았다. 언뜻 생각하기에 공의정체론을 연상시키지만 어쨌든 지극히 추상적이고 관념적인 문구다. 이러한 수정을 가한 장본인은 죠슈번의 기도 다카요시였다.

    기도는 미래의 정치체제를 명확하게 규정해 구속받는 것을 피하려 하였다. 특히 천황제 정부라는 이념과 어울리지 않는 공화정치의 이념이 들어가는 것을 꺼려했다. 그는 5개조 서문이 전반적으로 추상적인 단어와 어구를 사용해 대국적 원칙을 밝히는 정도에 머무르게 만든 장본인이다. 그 결과 삼권분립이라는 단어조차 삽입되지 않은 5개조 서문은 해석하기 나름으로 결론이 달라지는 것도 얼마든지 가능했고, 언뜻 보기에 정확한 의미를 파악하기가 어려웠다. 그럼에도 불구하고 전체적인 문맥이 기존의 봉건체제를 청산하고 근대화를 추구한다는 점에 있다는 것을 파악하기는 어렵지 않았다. 특히 기도는 제4조에서 '천하의 공도(公道)에 구한다'는 문구를 삽입했는데, 이것은 신정부가 대외방침에 있어 쇄국을 채택하지 않는다는 것을 나타냈다. 그가 말하는 '천하의 공도'는 애매한 개념이므로 해석하기 나름이다. 이것이 국제법을 의미한다고 주장하는 사람도 있고, 세계 공통의 보편적인 상식이나 원칙을 의미한다고 해석하는 사람도 있다.

    제5조는 '지식을 널리 세계에서 구한다'는 표현을 사용해 서구 열강을 모방한 근대화를 추구한다는 점을 암시했다. 이것을 실천에 옮긴 것으로 메이지 4년(1871) 이와쿠라 사절단이 해외로 출발한 것을 예로 들 수 있다. 또한 대규모 유학생을 미국과 유럽 각지에 파견해 지식과 기술을 익히게 하고, 신정부의 핵심적인 관료들을 조사와 연구 목적으로 빈번하게 해외로 출장시킨 사실에서도 잘 나타난다.

    다른 한편 5개조 서문에는 중대한 문제점도 여러 가지 있었다. 즉, 이 문서는 천황이 국민들 앞에서 맹세하는 형식이 아니라, 천신지기(天神地祇)에게 맹세한다는 형식을 취했다. 메이지 유신이 유럽에서 일어난 시민혁명이나 민주혁명과 별다른 관련이 없다는 것을 잘 드러내는 에피소드이다. 문서 자체가 추상적이면서 애매한 표현이나 단어로 일관한 점도 문제이나, 역사적으로 중요한 문서를 신정부 실력자 중 하나에 불과한 기도 다카요시가 배후에서 마음대로 주물렀다는 점도 간과할 수 없는 문제점이다. 아울러 공의정체론을 지지하는 인물들이 5개조 서문을 기초했다는 사실에서 나타나는 것처럼, 막부 타도를 추진한 세력에게 미래 정치에 관한 이렇다 할 구상력을 가진 인물이 없다는 사실도 잘 드러났다.

　5개조 서문에 표방된 여러 정책이나 이상에도 불구하고 당시부터 일본의 국시로 널리 회자된 표현은 '만국대치(萬國對峙)'다. 만국은 서구 열강을 지칭한다. 즉, 만국대치는 서구 열강과 어깨를 나란히 한다는 뜻이고, 좀 더 쉽게 말하자면 자주독립을 의미했다. 아울러 자주독립을 달성한 후 장차 서구 열강과 어깨를 나란히 하는 제국주의국가로 발전해야 한다는 의미가 포함되어 있었다. 그렇다면 자주독립을 어떻게 달성해야 하는 것일까? 여기에 관해서는 단 한 번도 명시적으로 논의되거나 규정하지 않았다.

　5개조 서문은 물론이고 나중에 제정된 메이지 헌법에도 아무런 언급이 없다. 명시적으로 국시를 정하지 않았음에도 불구하고 자주독립을 달성하는 방법은 부국강병밖에 없다는 것이 공통된 인식이었다. 즉, 부국강병은 마치 논의할 필요도 없고 규정할 필요도 없는 당연한 전제인 것처럼 공감대가 형성된 사항이다. 특히 신정부의 핵심인 사쓰마번과 죠슈번 출신의 지도자들은 막부가 멸망하기 이전에 이미 영국을 비롯한 서구 열강과 전투를 통해 부국강병의 필요성을 확실하게 깨달았고, 실제 정책으로 실행에 옮기고 성과를 거둔 경험을 가지고 있었다.

　메이지 시대의 일본은 겉으로 부국강병을 명시적으로 주장하지 않았지만, 정책의 기본적인 방향은 근대화와 부국강병을 통한 자주독립의 달성을 추구하는 것으로 일관했다. 주어진 환경이 제국주의 시대였으므로 '부국' 보다는 '강병'에 중점을 두었고, 자주독립을 달성하기 위한 수준을 넘어서 군비증강을 꾀하다가 결국 주변 국가를 침략하고 제국주의 노선으로 치닫게 된다. 그리고 오늘날에는 그때 당시가 제국주의 시대였기 때문에 주변 국가를 침략한 것이 국토방위를 위해 불가피했다는 식으로 합리화하고 정당화하기를 주저하지 않는다.

한편, 5개조 서문이 공포된 바로 그 다음날 '5방(榜)'도 아울러 발표되었다. 5방은 본래 도쿠가와 막부가 시행하던 제도를 모방한 것으로, 정부가 일반 국민에게 요구하는 5가지의 가장 중요한 사항을 나무판자에 새겨 사람이 많이 다니는 길거리에 게시하는 것을 말한다. 문제는 이러한 5방에 규정된 사항이 5개조 서문과는 상당히 다른 보수적이고 반동적이라는 점이다. 특히 제3조에 기독교를 금지한다고 규정한 것이 논란이 되었다. 명확하게 기독교를 지목한 것은 아니지만 막부와 비슷하게 '사이비 종교(邪敎)'라는 표현을 사용해 기독교 금지에 있다는 점을 강력하게 암시했다. 이 때문에 서구 열강 외교단의 강력한 항의를 받게 되고 나중에 철거되기에 이른다.

또한 제2조와 5조에서는 무리를 지어 집단행동을 하거나 멋대로 번을 떠나는 것을 금지해 막부와 동일한 노선을 유지했고, 제4조는 외국인 살상을 금지했다. 신정부가 막부 타도의 명분으로 내세운 존왕양이와 매우 다른 것은 물론이며, 사실상 막부의 통치방침과 매우 유사했으므로 많은 사람을 어리둥절하게 만들지 않을 수 없었다. 5방의 제1조에서 제3조까지는 도쿠가와 막부가 정한 기존의 방침을 사실상 그대로 계승한 것이다.

이러한 차이가 생긴 원인은 5개조 서문을 만든 사람은 신정부 내에서 개국과 근대화를 주장하는 대표적인 인물인 기도 다카요시지만, 5방은 보수적 성향이 강한 조정의 공경세력이 작성을 주도했기 때문이다. 5개조 서문과 5방을 통해 신정부 내에 존재하는 모순이 적나라하게 드러났다. 한편으로 직접 천황을 앞세워 개국과 근대화를 추구한다는 점을 표방하고, 다른 한편 일반 국민을 상대로 종래의 막부와 별다를 바가 없는 시책을 발표한다는 불가사의한 이중성이 메이지 시대의 초창기부터 나타난 것은 결코 가볍게 볼 수 없는 사실이다.

5개조 서문을 공표하고 에도를 접수한 후인 4월 21일 '정체서(政體書)'라는 문서가 공표되었다. 이것은 5개조 서문의 추상성을 보완한 것으로 좀 더 현실적이고 구체적인 내용을 담고 있었다. 핵심적인 내용은 중앙집권적 관료제도의 창설을 위한 본격적인 조치를 취했다는 점이다. 즉, 천하의 모든 권력이 '태정관(太政官)'에게 돌아간다고 규정해, 근대적 내각제도가 창설되기까지 계속 유지되는 태정관에 의한 통치라는 기본골격을 만들었다. 본래 태정관은 고대부터 일본에 존재했던 제도이나, 이를 부활시키는 것을 계기로 관료기구의 변화를 시도하며 행정을 담당하는 실무부서의 지위를 격상시키는 것을 노렸다.

다른 한편 입법·행정·사법의 삼권분립을 명확히 규정한 것도 주목할 만한 점이었지만, 신정부의 핵심적 실력자들 중에서 삼권분립을 진정으로 고려한 사람은 거의 없었다. 정체서 작성을 주도한 기도 다카요시가 삼권분립을 내세운 진정한 이유는, 신정부 내에서 강력한 발언권을 가지고 견제를 가하려 시도하는 봉건 다이묘나 공경들의 세력을 꺾는 점에 있었다. 즉, 왕정복고 쿠데타 당시 제정된 3직의 핵심인 의정(議定)이나 참여(參与)의 수를 대폭적으로 제한하고, 실권을 갖는 참여의 구성멤버를 사쓰마와 죠슈번 출신자를 주축으로 배치하기 위한 의도에서 삼권분립을 들먹인 것이다.

어쨌든 일단 삼권분립의 이념을 표방한 이상 입법부도 만들어야 한다. 그 결과 입법을 담당하는 기구로 '공의소(公議所)'라는 기구가 새롭게 설치되었다. 이것은 5개조 서문에 규정된 공론에 따른 정치를 한다는 공의여론에 입각한 구상을 현실화한 것이다. 그러나 실제 노림수는 보수적 다이묘나 공경의 정치적 발언권을 약화시킨다는 점에 있었다. 즉, 공의소는 봉건제도 구조에서 신분이 낮은 개개의 번 출신 인물들을 대거 충당했다.

'정체서'에서는 이들을 '공사(貢士)'라 칭했다. 신정부 실력자들에게 있어서 중요한 점은 삼권분립이 아니라, 봉건질서 체제 아래 기득권을 갖던 다이묘나 고위공경들의 세력을 제거해 그들만의 정부를 만드는 점에 있었다. 그리고 이러한 봉건사회의 기득권을 가지고 있던 자를 신정부에서 축출하는 정치투쟁은 폐번치현이 실현될 때까지 계속되었다.

다른 한편 도바·후시미 전투에서 승리를 거둔 후 신정부의 핵심인물로 떠오른 오쿠보 도시미치는 1월 23일 오사카로 수도를 옮기자는 건의서를 제출했다. 그는 이미 예전부터 수도를 옮겨야 한다는 구상을 가지고 있었다. 왕정복고 쿠데타가 실패했을 경우 천황을 안전한 곳으로 빼돌려야 했기 때문이다. 그런데 왕정복고 쿠데타가 성공했음에도 불구하고 오쿠보는 천황을 교토에 두어서는 안 된다는 생각을 여전히 가지고 있었다.

그 이유는 중앙집권적 통일국가를 만들기 위해 분위기를 쇄신할 필요도 있었고, 정국의 주도권을 계속 잡고 싶다는 사실도 계산에 넣은 것이다. 특히 외교적 관점에서 분위기를 쇄신해야 하는 사정이 절박했다. 왜냐하면 대외적으로 신정부는 여전히 일본의 지배자로 인정받지 못하고 있는 상태에 있었기 때문이다.

서구 열강이 중립적인 입장을 취한 덕분에 막부 타도 과정에서 외세 개입을 우려할 사태는 일어나지 않았으나, 막부가 실질적으로 멸망했음에도 불구하고 신정부가 일본의 통치자로 인정받지 못하는 상황이 계속되는 것도 곤란했다. 그러나 당시 신정부의 주요한 보직은 조정의 공경출신들이 장악하고 있었으므로, 강력한 발언권을 가진 이들의 반발을 물리치고 수도를 옮긴다는 구상을 성공시키기가 매우 어렵다는 것도 사실이었다. 대대로 교토에서 살아온 공경들이 느닷없이 교토를 떠나는 것에 반대하는 것은 당연하다. 오쿠보가 특별히 오사카에 주목한 이유는 그 도시가 일본경제의 중심지인데다가 교통이 편리하다는 장점이 있었기 때문이다.

오사카로 천도한다는 제안이 강력한 반발로 부결되자 4월 1일 사가번의 에토 심페이(江藤新平)와 오키 다카토(大木喬任)가 공동으로 도쿠가와 막부의 본거지인 에도로 천도하자는 건의를 했다. 에도를 접수하고 난 후 동북지방에서 무진전쟁이 일어났으므로 신정부 요인들이 진두지휘를 위해 에도로 가는 것은 불가피했다. 메이지 천황도 자연스럽게 동북지방의 평정을 핑계로 에도에 갈 명분이 생겼고, 이를 계기로 에도는 도쿄(東京)로 명칭이 바뀌었으며 쇼군이 거주하던 에도성(江戶城)은 도쿄성(東京城)으로 개칭되었다. 9월 도쿄에 도착한 천황은 2개월 정도 머물다 일단 교토로 돌아갔다. 그러나 이미 신정부의 실세인 이와쿠라·오쿠보·기도 사이에서는 도쿄로 천도한다는 방침이 확고히 정해졌다.

천황이 도쿄에 체재하는 동안 즉위식을 거행하고 1868년 10월 23일을 기해 메이지(明治)라는 연호가 정해졌다. 이리하여 메이지 시대가 본격적으로 개막된다. 또한 이를 계기로 '일세일원제(一世一元制)'가 정착되었다. 이것은 천황의 재위기간 동안 연호를 바꾸지 않고 단 하나의 연호만 사용하는 것을 말한다. 따지고 보면 이것 역시 중국의 제도를 모방한 것이나, 일본 국민들에게는 각별한 의미를 부여했다. 천황의 즉위에서부터 죽음까지가 하나의 시대를 규정하는 지표로 자리 잡았기 때문이다.

다음해 메이지 2년(1969) 3월 다시 천황이 도쿄에 들어갔다. 이번에는 교토로 되돌아가지 않았다. 교토의 공경들을 자극하지 않기 위해 명시적으로 도쿄가 수도라고 선포한 것은 아니다. 그러나 천황이 사는 곳이 수도라는 점을 감안하면 이때부터 도쿄는 수도가 된 것이나 마찬가지였다. 그럼에도 불구하고 교토에서 대대로 살아온 조정의 공경이나 교토시민들의 입장에서 보면 천황은 멋대로 '가출'한 것으로 여기는 경향이 강했다. 도쿄로 천도하자고 건의한 에토 심페이가 사실상 도쿄시장이 되어 시정을 관할했다. 신정부는 천황을 도쿄로 은근슬쩍 옮기는 것에 성공하며 중앙집권국가를 만들기 위한 뚜렷한 첫발을 내딛었다.

2
판적봉환(版籍奉還)과 정부 분열

막부 타도의 진정한 목적이 천황을 정점으로 하는 중앙집권국가 창출에 있다는 점은 신정부 핵심인물들이라면 누구나 공감하는 사실이다. 그러나 중앙집권국가를 만들기 위해서는 막부를 타도하는 것만으로는 부족했고, 막번체제 그 자체를 해체하지 않으면 안 된다. 그래서 막부뿐만 아니라 개개의 번도 역시 없애야만 한다. 문제는 중앙정부의 직속 군대도 전혀 없고 재정난에 허덕이는 상황에서 번을 강압적으로 해체하는 것이 현실적으로 불가능했다는 점이다.

기도 다카요시는 메이지 원년(1868) 2월 유명한 판적봉환(版籍奉還)의 건의서를 제출했다. 판적봉환에서 '판(版)'은 토지를 의미하고 '적(籍)'은 인민을 의미하므로, 결국 토지와 인민을 천황의 정부에게 반환하자고 건의하는 것이었다. 이것은 막부가 행한 대정봉환을 개개의 번 차원에서도 실시하는 것을 의미한다. 아직 에도성도 접수하지 못한 시점이었기 때문에 성급한 느낌이 있지만 추진을 강행했다. 왜냐하면 정치의 주도권을 장악하려는 속셈이 있었기 때문이다.

역사의 전환점인 도바·후시미 전투 당시 교토에 없었던 기도는, 신정부 권력이 오쿠보와 이와쿠라에게 집중되는 것을 막고 주도권을 확보하기 위해서 획기적인 제안을 하고 이를 추진하지 않을 수 없었다. 그는 우선 죠슈 번주와 상의해 허락을 얻고 이어서 오쿠보 설득에 나섰다. 오쿠보 역시 별다른 이의는 없었지만 속마음은 복잡했다. 왜냐하면 사쓰마번의 실질적인 번주라 할 수 있는 히사미쓰를 설득하기 곤란하다는 점을 잘 알기 때문이다. 게다가 기도에게 정국의 주도권을 양보하는 것도 별로 달갑지 않았을 것이 분명했다.

막부 타도의 주역으로 신정부 중추에 임명되었으므로 오쿠보는 더 이상 히사미쓰의 가신이 아니라 천황의 신하였다. 그러나 이것은 어디까지나 이론적인 것이고 현실적으로 히사미쓰와의 관계를 냉정히 청산하는 것은 불가능에 가까운 일이다. 그가 신정부 핵심에 위치한 것도 따지고 보면 히사미쓰의 절대적인 신임과 사쓰마번의 힘이 그의 뒤에 있었던 덕분이다. 이러한 모순되는 현실에 괴로워하고 번민하는 것은 나중에 사이고도 마찬가지였다.

동북지역을 제압해야 했고 도쿄 천도도 마무리해야 하는 상황이어서 판적봉환의 구상은 잠시 뒤로 미뤄졌으나, 메이지 2년(1869) 1월 죠슈번, 사쓰마번, 도사번, 사가번의 합의를 이끌어내는 데 성공하였다. 즉, 신정부가 다이묘들을 소집해 판적봉환을 강요하기보다는 일단 웅번의 번주들이 정부에 판적봉환을 신청하도록 하고, 형세를 관망하던 나머지 다이묘들이 마지못해 이를 따르게 한다는 반강제적 수순을 밟은 것이다. 기도 특유의 치밀한 정치적 배려가 엿보인다. 그는 판적봉환을 성공시키지 못하면 정치생명에 상당한 타격을 받을 우려가 크다는 점을 잘 알고 있었으므로, 부작용이 발생할지도 모르는 노골적으로 강제하는 조치는 가급적 자제했다.

이미 자발적으로 판적봉환을 신정부에 신청한 번도 있었지만 대부분의 번은 의혹의 눈초리로 신정부를 주시했다. 사실 판적봉환이 실시된 후 어떠한 조치가 구체적으로 취해질 것인가에 관해서는 누구도 확실한 전망을 말하지 못했다. 전격적으로 번을 없애는 것도 가능한 것은 물론이다. 기득권을 가진 대부분의 다이묘들은 이 점을 가장 두려워한 탓에 정부의 행동을 예의주시한 것이다. 신정부는 마치 이러한 의혹과 우려를 살피기라도 하듯이 다이묘들에게 번을 폐지하는 문제에 관해 의견을 제출하라고 요구했다.

그 결과 봉건체제를 그대로 유지할 것을 희망하는 번과 이와는 반대 의견을 표시한 번이 수적으로 거의 비슷한 양상을 나타냈지만, 진심으로 자신의 기득권을 포기할 마음을 가진 다이묘는 사실 그렇게 많지 않았다. 정부가 반강제적으로 반환을 신청하도록 유도했음에도 불구하고, 이에 순응하지 않고 노골적으로 저항한 번도 14개에 이르렀다. 저항하는 번에 대해서는 강제로 반환하라는 명령을 내렸다. 이렇게 해서 메이지 2년(1869) 6월 비록 형식적이지만 번은 없어지고 전국의 영토와 인민은 천황의 것이 되었다.

그럼에도 불구하고 전쟁을 각오하지 않는 이상은 강압적으로 토지와 인민을 몰수하기 어려웠으므로, 부득이하게 다이묘를 기존 영지의 지번사(知藩事)로 임명했다. 결국 다이묘는 세습적 영지를 가진 존재에서 신정부가 임명하는 지방관에 지나지 않게 되었다. 그 결과 다이묘 계급을 폐지하고 조정의 공경들과 함께 일괄해서 '화족(華族)'이라는 새로운 계급을 만들었다. 또한 무사계급은 화족에 편입된 다이묘를 제외한 나머지를 신분의 상하를 묻지 않고 일률적으로 '사족(士族)'이라고 칭한다 정했다.

아울러 판적봉환이 실시된 것과 거의 비슷한 시기에 막부 타도에 대한 논공행상이 행해졌다. 이것은 물론 판적봉환을 원활하게 실시하기 위한 포석의 하나다. 막부 타도의 주역인 사쓰마번과 죠슈번에게 각각 10만 석을 하사한 것을 비롯해, 약 400명 정도의 공신에게 포상을 실시했다.

판적봉환이 실현된 후인 메이지 2년(1869) 7월 8일 신정부는 행정조직의 개편을 단행했다. 천황의 정부가 발족한 이래 최초의 대대적인 개편이다. 겉으로는 판적봉환을 계기로 중앙집권국가의 색채를 더욱 강화하기 위한 목적의 개편이었다. 그러나 이것 역시 신정부 내 근대화를 추구하는 진보적인 세력과 보수파와의 타협의 산물로 만들어진 결과, 기괴한 형태를 나타냈다. 가장 두드러진 특색은 태정관에 나란히 '신기관(神祇官)'이 위치해 정부기구의 양대 산맥이 된 점이다.

본래 당나라의 율령제도를 받아들인 고대 일본에서는 천황이 제정일치의 군주였기 때문에, 행정을 관할하는 태정관과 종교를 관장하는 신기관이 나란히 위치했었다. 그래서 신기관을 격상시킨 것은 왕정복고라는 시각에서 보면 특별히 이상한 점은 아니다. 그러나 근대에는 정치와 종교가 분리된다는 정교분리의 이념이 일반적이므로 시대착오적인 발상이다. 게다가 태정관에는 좌대신·우대신·대납언·참의 등 전통적 조정의 관직을 연상시키는 보직을 만들어 마치 고대로 다시 되돌아간 것 같은 인상을 더욱 짙게 했다.

한편, 하부관료조직으로 민부성(民部省)·대장성(大藏省)·병부성(兵部省)·형부성(刑部省)·외무성(外務省)·궁내성(宮內省)을 두고, 공의소를 집의원(集議院)으로 개칭해 단순한 자문기관으로 격하시켰다. 이것은 신정부 출범 당시 표방한 공의정체에 입각한 정치구상이 대폭적으로 약화되었다는 것을 의미한다.

결국 5개조의 서문에도 나오는 '공론으로 정한다'는 것이 헛소리에 지나지 않는다는 결과가 되었고, 아울러 '정체서'에 규정된 삼권분립이 단지 선전 문구에 지나지 않는다는 사실이 벌써부터 현실로 나타난 것이다. 즉, 사실상 입법부를 무력화시키고 권력을 행정부에 집중시키는 현상이 본격적으로 나타나기 시작한 것이 판적봉환의 후속조치로 실시된 관제개혁의 가장 두드러진 특징이다. 이처럼 관료기구가 본격적으로 발전하기 시작하며 새로운 인물들이 관료로 대거 신정부에 등용되었다. 여기서 신정부의 주도권을 장악하기 위한 권력투쟁이 본격적으로 전개되기 시작했다.

비록 판적봉환이 실현되었지만 실질적으로 변한 것은 거의 없다고 해도 과언이 아니다. 판적봉환 2년 후 폐번치현이 있었으므로 역사의 과정으로 살펴보면 판적봉환은 폐번치현을 위한 사전준비단계라고 평가하는 것이 가능하다. 그러나 실제로 판적봉환 이후 폐번치현을 실현한다는 확실한 전망이 있었던 것은 아니었다.

다이묘의 최소한 절반 이상이 봉건체제를 지지한다는 사실이 밝혀진 것은 물론이고, 정부 내부의 혼란과 갈등을 극복하는 문제가 앞을 가로막고 있었기 때문이다. 정부 내에서 갈등을 일으키는 핵심적인 존재는 근대화를 추구하는 대표주자인 대장성이었다. 그리고 대장성 관료 중에서도 오쿠마 시게노부(大隈重信)가 정부 내에서 보수파의 비난과 증오의 표적이 되며 정부 분열의 씨앗을 만들어낸 장본인이 된다.

오쿠마는 사가번 출신으로 발군의 능력을 발휘해 신정부 핵심인물 중 하나로 혜성과 같이 느닷없이 등장했다. 사가번은 일본 최초로 반사로를 건설하고 용광로를 바탕으로 암스트롱포를 제작하는 등, 앞서 설명한 것처럼 과학기술이 가장 앞선 번이다. 특히 해군력은 막부 다음을 자랑할 정도로 막강했다. 석고는 35만 석. 번주인 나베시마 나오마사(鍋島直正)는 뛰어난 다이묘로 명성이 높았으므로 사가번은 웅번이 되기에 충분한 자격을 갖췄다.

오쿠마 시게노부(大隈重信)

그럼에도 불구하고 나오마사는 중앙으로 진출할 생각을 하지 않았다. 그래서 개국과 무역의 개시를 지지하는 입장을 고수하며 부국강병을 추진하고, 말없이 막부를 지지하면서 중앙의 형세를 관망한다는 입장으로 일관했다. 이 덕분에 사가번 내에서는 존왕양이를 지지하는 강력한 정치세력이 존재하지 않았고, 겉으로는 별다른 정치적인 분규도 없이 평온하게 흘러갔다.

문제는 사가번 내부에 발군의 인재들이 많았다는 점이다. 그 중에서도 오쿠마 시게노부와 에토 심페이는 막부가 쇠퇴하는 조짐을 보이자 사가번이 중앙의 정치무대에 데뷔해 주도권을 잡길 원했다. 그러나 나오마사는 이를 허락하지 않았다. 그는 정치적으로 공무합체의 입장에 있었으나 이것을 실현하기 위해 적극적으로 활동하려는 생각도 없었다. 이러한 상태로 계속 시간이 흐르고 막부 타도와 왕정복고가 실현되는 역사적 전환점이 찾아오자, 오쿠마와 에토가 참지 못하고 번주의 지시를 어기며 마침내 활동을 개시한다.

나오마사는 자신의 지시를 어긴 오쿠마나 에토를 엄하게 처벌하려 하지 않았고, 그렇다고 적극적으로 도우려 하는 행동도 취하지 않았다. 결국 사가번 출신의 유능한 인재들은 자신의 활로를 스스로 개척해야만 했다. 번주의 엄명으로 중앙 정치무대에서 활약할 기회는 잡지 못했지만, 오쿠마는 30대에 접어들 무렵까지 열심히 공부를 하며 지식을 쌓는 한편, 정치판의 급격한 변동을 예의주시했다.

자신의 생각과 포부를 펼치지 못하는 것을 참다못한 오쿠마는 1866년의 봄 동료이자 친구인 소에지마 다네오미(副島種臣)와 함께 번을 탈출해 요시노부의 측근인 하라 이치노신(原市之進)에게 대정봉환의 건의를 하려 했다. 그러나 다시 번으로 강제 송환되었고 할복자살을 피할 수 없는 위기에 빠진다. 그러나 나오마사는 불과 1개월의 근신처분만 내렸다. 오쿠마가 뛰어난 인재라는 사실을 고려한 파격적인 조치였다.

그 후에 그는 또다시 번을 탈출해 교토로 갔다. 교토의 정세는 대정봉환에 뒤이은 왕정복고의 쿠데타가 일어나고, 무력토막파와 막부 사이에 전쟁의 기운이 달아오르고 있었다. 황급히 다시 번으로 돌아와 나오마사에게 출병을 건의했지만 무시당한다.

마지못해 나오마사가 사가번의 병력을 이끌고 교토로 갔을 때는 이미 도바·후시미의 전투가 끝난 후인 메이지 원년(1868) 2월이었다. 결국 사가번은 암스트롱포와 라이플소총을 비롯한 근대적인 장비를 갖춘 강력한 군대를 보유하고도 역사의 결정적인 순간에 별다른 역할을 하지 못한 것이다. 그 해 5월에 벌어진 창의대 토벌작전에 참가해 암스트롱포의 위력을 보여준 덕분에 신정부 멤버의 하나가 된 것에 불과했다.

이러한 와중에 오쿠마는 나오마사와 떨어져 나가사키를 막부로부터 접수해 통치하는 담당자의 하나로 사가번을 대표해 참가한다. 이렇게 신정부에 발을 들여놓은 오쿠마가 신정부의 핵심인물들로부터 능력을 인정받는 계기가 된 것은 우라카미(浦上) 기독교도 탄압사건의 뒤처리를 담당하면서부터이다. 앞서 언급한 것처럼 신정부는 5개조 서문과 아울러 5방을 고시했고, 이 중에는 기독교 금지가 포함되어 있었다.

이 방침에 입각해 나가사키의 우라카미에 있던 3,300명 정도에 이르는 기독교도를 전국 각지에 유배하는 조치를 취했다. 이들에게 개종을 강요하기 위해 음식을 주지 않는 것은 물론이며, 발을 뻗기도 힘든 좁은 감옥에 가두거나 추운 겨울에 알몸으로 연못에 집어넣는 등 가혹한 박해를 가했다. 이러한 탄압으로 많은 사망자가 나왔고, 서구 열강의 외교관들이 강력하게 항의해 외교문제로 비화되기에 이르지 않을 수 없었다. 게다가 막부가 멸망했음에도 불구하고 존왕양이파에 의해 여전히 외국인에 대한 살상과 테러가 반복되고 있는 점도 문제였다.

아직 기반이 취약한 신정부의 입장에서 서구 열강과 불필요한 외교적 마찰을 일으키는 것은 곤란했다. 그러나 이 문제를 원만하게 처리할 인물이 없었다. 여기서 서구문명에 대한 풍부한 지식을 가진 점을 높게 평가받은 오쿠마가 호출되었다. 그는 4월 4일 오사카에서 서구 열강 외교단의 리더라 할 수 있는 영국공사 파크스와 논쟁을 벌였다. 이와쿠라를 비롯한 신정부의 핵심인물들이 지켜보는 가운데 열린 이 논쟁에서 파크스의 공격을 물리치는 것을 계기로, 그는 능력을 인정받고 확실한 출세의 발판을 잡았다.

기독교에 대해서도 상당한 지식을 갖고 있었던 오쿠마는 인정할 것은 인정하고 사과할 것은 사과하는 대신, 기독교의 약점을 파고들어 반박하며 파크스에게 결코 주눅이 들지 않는 태도를 보이며 당당하게 맞섰다. 그는 외국에 유학을 가본 적은 없지만 스스로 많은 공부를 해서 탄탄한 실력을 갖추고 있었으며, 또한 괜히 외국인에게 주눅이 들어 저자세를 보이지도 않았다.

오쿠마에게는 미국의 선교사 버벡(Verbeck)이라는 유능한 스승이자 정치고문이 있었다. 그렇기 때문에 외국에 유학갈 필요성을 느끼지 못한 것이다. 버벡은 본래 네덜란드인으로 미국의 신학교를 졸업한 후 선교사가 되었고, 일본에 기독교를 전파할 사명을 띠고 온 인물이다. 그러나 기독교 포교가 금지된 사정으로 나가사키에 체류하는 동안 사가번이 나가사키에 영어를 비롯한 신학문을 가르치기 위해 설립한 치원관(致遠館)에서 강의를 했다.

이러한 인연으로 사가번의 차세대 인재 대부분이 버벡과 사제관계를 맺고 절친한 친분을 가지고 있었으며, 특히 오쿠마는 영어를 비롯해 서구문명에 관한 방대한 지식을 버벡으로부터 얻었다. 버벡은 오쿠마의 추천으로 신정부 수뇌들에게도 널리 알려지고, 이와쿠라의 아들들을 미국으로 유학 가도록 주선하는 등 메이지 초기 일본 교육계에 막강한 영향력을 가진 거물로 군림했다. 이처럼 오쿠마는 까다로운 외교문제를 원만히 처리하며 중앙정부의 관료로서 첫발을 내딛었지만, 그가 신정부 중추에 파고든 것은 재정문제를 담당하면서부터이다.

신정부의 재정을 담당한 최초의 인물은 5개조 서문을 기초한 에치젠번의 유리 기미마사이다. 그는 신정부가 재정 궁핍에 시달리는 현상을 타파하기 위해 '태정관찰(太政官札)'이라는 화폐를 발행하기로 결정했다. 액수는 무려

3,000만 량이었다고 한다. 에치젠번의 부국강병을 성공시킨 경험을 바탕으로 그는 새로운 화폐를 발행해 경제발전에 사용하려고 의도했다. 그러나 신정부의 신용이 없으므로 화폐의 유통은 극히 부진했고, 그의 의도와는 달리 경제발전이 아니라 부채해결에 사용되었다.

결국 중앙정부가 발행한 화폐임에도 액면가보다 낮은 가치로 유통되는 것이 불가피했으며, 질이 나쁜 불량화폐나 위조화폐도 대량으로 만들어지고 유통되는 상황에 이르렀다. 이것이 원활한 무역의 진행을 방해한다는 이유로 서구 열강과 외교적 마찰을 일으키지 않을 수 없었다. 게다가 신용이 불량한 화폐가 대량으로 발행되었기 때문에 불안정한 정치정세와 맞물려 인플레이션을 크게 심화시켰다. 당장 재정적자를 보충하기 위한 돈이 필요한 상황에서 한가롭게 경제발전에 투자할 여유는 없었으므로, 안이하게 대량으로 화폐를 발행해 경제발전을 도모하려고 한 유리의 발상은 처음부터 잘못된 것이었다.

서구 열강과 외교 교섭을 담당하던 오쿠마는 화폐제도에 대한 빗발치는 항의를 받은 것을 계기로, 이러한 문제점을 날카롭게 지적하며 유리의 화폐정책을 정면으로 비판했다. 그는 급기야 유리를 추방하고 메이지 2년(1869) 1월 신정부의 재정담당자가 되었다. 그 이후 오쿠마는 화폐제도의 체계적인 정비를 통해 능력을 인정받았지만 실제로는 경제에 관한 전문적인 식견은 없었다. 다만 서구 열강과 무역마찰을 피한다는 외교적 관점에서 부득이하게 재정문제에도 관여하게 된 것에 불과했다. 아무튼 그는 화폐를 주조하기 위한 기관으로서 '조폐료(造幣寮)'를 제정하고 준비를 마친 후, 마침내 메이지 4년(1872) 엔(円)·센(錢)·리(厘)라는 10진법에 입각한 새로운 화폐제도로 바꿨다.

판적봉환의 후속조치로 실시된 행정조직 개편으로 경제정책을 통일적으로 담당하기 위한 대장성이 설립되자, 오쿠마는 메이지 2년(1869) 7월 대장대보

(大輔)에 임명된다. 대보는 오늘날의 차관에 해당되며, 행정부서의 우두머리를 두지 않았던 당시 관례에 비추어 보면 실질적으로 대장성 장관이었다. 신정부 실세들은 공의정체론을 지지하는 다이묘나 공경 세력을 꺾기 위해 행정부서의 우두머리는 일부러 공석으로 두는 경우가 많았다. 게다가 그는 그 후 민부성의 민부대보로 옮긴 것을 기회로 대장대보와 민부대보를 겸하며 기염을 토한다.

대장성은 경제정책 전반을 장악했고, 민부성은 호적·토목·조세·통상·광산 등을 관할했으므로 양성을 합치면 사실상 국내통치를 위한 사무의 대부분을 그가 장악한 셈이며, 심지어 지방행정의 전반적인 통치마저도 그의 지휘 하에 두어졌다.

막부 타도 과정에서 별다른 활약도 없었던 그가 막부가 멸망하고 신정부가 출범한 후 불과 3년도 안된 시점에서 이렇게까지 눈부시게 출세한 것은 다른 국가에서는 찾아보기 힘든 희귀한 사례이다. 그리고 출신성분이나 과거를 묻지 않고 근대화 추진에 필요한 오쿠마와 같이 유능한 인재를 과감하게 발탁해 등용하는 유연한 처신이, 서구 이외의 국가 중 유일하게 일본을 자력으로 근대화를 성공시킨 국가로 만든 원동력의 하나였다.

이처럼 신정부에서 확고하게 발판을 마련한 오쿠마는 근대화 정책을 적극적으로 지지하는 죠슈벌의 우두머리인 기도 다카요시와 결탁했으므로, 자신과 나이가 비슷한 이토 히로부미를 비롯한 죠슈번 출신의 차세대 유망주들과 친분을 쌓았다. 그는 도쿄의 쓰키지(築地)에 5천평 규모의 번저를 저택으로 하사받고 백마를 타고 출퇴근하면서 위세를 뽐냈다.

눈부시게 출세한 그의 휘하로 신정부에 등용되길 원하는 많은 사람들이 몰려든 것은 당연한 이치며, 그의 저택에는 식객들로 들끓었다. 게다가 그의 저택 근처에 마찬가지로 광대한 저택을 하사받은 죠슈벌의 이토 히로부미, 이노우에 가오루(井上馨)와 빈번하게 교제하며 수호지의 양산박을 연상시킨다고 사람들로부터 '쓰키지 양산박'이라 불렸다.

이노우에 가오루

어느덧 오쿠마는 이토・이노우에와 함께 신정부의 차세대 트리오로 부상하면서 근대화와 개혁정책을 리드하는 대표적 인물이 되었다. 그는 철도 건설, 도량형 개정, 등대 설치 등 많은 업적을 남기며 근대화에 박차를 가했지만 이것이 정부 내 보수파를 자극했다. 다른 한편 그의 독선적이고 안하무인의 태도 역시 많은 적을 만드는 원인 중 하나였다. 그는 1838년생으로 불과 30대 초반에 불과한 나이에 정부의 근대화정책을 리드하는 핵심적 관료가 되었다. 그래서 오쿠마는 젊은 혈기로 자신감에 가득 차 주변의 시선을 고려하지 않고 제멋대로 행동하는 경향이 강했다.

당시 신정부 내에서 지식이나 식견, 역량으로 그를 능가하는 인물은 없었으나, 보수파가 보기에 오쿠마는 느닷없이 쥔 권력에 취해 주체를 못하는 청년티를 벗지 못한 애송이에 불과했다. 또한 백마를 타고 출퇴근한다는 사실에서 나타나는 것처럼, 다이묘를 연상시키는 위세를 뽐내는 태도가 그에 대한 질투심과 증오심을 더욱 부채질하는 원인이 되었다는 점도 간과하기 어렵다. 하지만 다이묘처럼 화려하고 당당하게 위세를 뽐내는 버릇은 그가 죽을 때까지 변하지 않았다.

이러한 오쿠마에 대한 불만이 대장성과 민부성을 분리하자는 논의로 본격화하게 된다. 대장성과 민부성은 겉으로는 별개의 부서이나, 대장대보와 민부대보를 겸임하고 있는 오쿠마로 인해 사실상 하나의 부서나 마찬가지였다. 또한 이토 히로부미는 오쿠마 아래에서 대장소보와 민부소보를 겸임했다. 대보는 오늘날로 따지면 차관, 소보(小輔)는 차관보에 해당한다. 그래서 분리 주장의 진정한 목표가 오쿠마 주저앉히기에 있다는 것은 물론이다. 여기에 앞장선 사람은 신정부 내에서 사쓰마 세력을 대표하는 오쿠보 도시미치였다.

왕정복고의 쿠데타에서 시작해 막부 타도의 핵심적인 역할을 했던 오쿠보는, 그 후도 계속 주도권을 가지고 신정부의 정책을 리드하고자 했던 것이 사실이다. 그러나 판적봉환 이후로 오쿠마를 앞세운 기도에게 현저하게 밀리면서 불만을 축적했다. 그래서 그는 본래 보수적인 인물이 아님에도 불구하고, 급진적인 근대화 정책을 추진하는 오쿠마를 견제하고 정부 내 보수파를 자신의 편으로 끌어들이기 위해 보수적인 태도를 견지한 것이다.

죠슈벌의 우두머리인 기도 다카요시가 오쿠마를 비호했기 때문에, 이 문제는 정부의 양대 세력인 사쓰마와 죠슈 사이의 '번벌 투쟁'의 양상을 나타내기에 이른다. 막부 타도와 왕정복고를 실현시킨 주역은 사쓰마번과 죠슈번이다. 그래서 신정부의 핵심적인 세력은 사쓰마와 죠슈, 즉 삿쵸(薩長)세력이 되지 않을 수 없었다. 이러한 삿쵸세력의 기둥과 같은 존재가 사쓰마를 대표하는 오쿠보와 죠슈를 대표하는 기도 다카요시다.

권력자 주위로 사람이 모이는 것은 당연한 이치이며, 이 두 사람 주변으로 출세를 원하는 자들이 모였다. 그 중에는 같은 번 출신자도 많았지만, 비록 사쓰마나 죠슈번 출신이 아니더라도 정책이나 연고 등을 내세우며 접근하는 사람도 상당수 존재했다. 권력자가 자신의 세력을 확대하기 위해 이러한 사람들을 취사선택해 자신의 휘하로 끌어들이면 파벌이 만들어진다.

이러한 파벌이 출신번의 인물들을 중심으로 만들어졌으므로 '번벌(藩閥)'이라고 했다. 일본의 근대정치는 시작한지 얼마 안 되는 무렵부터 이러한 번벌정치의 틀을 벗어나지 못하게 된다. 그래서 사쓰마번 출신을 중심으로 구성된 '사쓰마벌(薩摩閥)'과 죠슈세력을 핵심으로 만들어진 '죠슈벌(長州閥)'의 연립정권이라는 것이 메이지 정부의 기본적인 권력구도라 정의할 수 있다.

하늘 아래 태양이 두 개가 존재할 수 없다는 표현에서 흔히 나타나는 것처럼, 동아시아 역사에서는 별개의 세력이 권력을 나눠가지며 연립정권을 수립하는 경우는 찾아보기 어렵다. 메이지 시대의 일본 정부는 사쓰마벌과 죠슈벌이 권력을 나눠가지면서 두 세력의 균형을 유지하는 상에서 성립했다. 상황에 따라 특정한 번벌세력이 상대적으로 우위에 서기도 했지만, 전체적으로 봐서 삿쵸 번벌의 균형이 깨질 정도로 심각한 상황은 맞이하지 않았다.

이러한 번벌정치의 관점에서 볼 때 오쿠마는 본래 사가번 출신이지만, 죠슈벌의 우두머리인 기도 다카요시와 밀접하게 유착했으므로 죠슈벌에 속한다고 간주해도 무방했다. 그래서 오쿠보가 오쿠마를 공격하는 것은 사쓰마와 죠슈벌 사이의 번벌투쟁의 양상을 나타내지 않을 수 없었다. 오쿠보는 자신의 주장에 동조하는 인물들을 규합해 참의를 사직한다는 극약처방까지 주저하지 않았다. 오쿠마가 행정부의 실권을 장악하고 있는 이상 오쿠보가 정부 정책에 영향력을 발휘하기 매우 곤란한 상황이었기 때문이다.

정부의 분열을 우려한 산죠와 이와쿠라는 수습에 나섰으며, 결국 메이지 3년(1870) 7월 오쿠마가 민부대보를 사임해 대장대보로 전임이 되고 그 대신 참의(參議)에 승격하는 것으로 낙착을 봤다. 그를 참의로 승격시키는 것에 대해서도 반발이 강했지만 기도 다카요시의 강력한 후원으로 결국 참의에 임명되었다. 기도가 참의는 실권이 없는 보직에 불과하다고 주장한 점이 효과를 거둔 것이다.

어쨌든 막부 타도 과정에서 별다른 역할도 하지 않은 오쿠마가 어느덧 참의까지 승진해 단순한 행정관료가 아닌 정치가로서 발언권을 가지는 계기가 만들어졌다. 오쿠보는 오쿠마의 힘을 꺾기 위해 대장성의 주요 부서를 민부성으로 이관하는 한편, 조세징수권을 민부성으로 옮겨 대장성을 무력화시키려고 획책했다. 특히 주목을 끄는 점은 대장성으로부터 조세징수권을 박탈하려는 시도에 지방관들의 강력한 지지가 있었다는 점이다. 메이지 2년(1869)의 흉년과 민심의 불안정에도 불구하고 각종 근대화사업을 의욕적으로 추진하던 대장성은 조세를 감면하는 조치를 취하지 않았다.

그 결과 농민들의 폭동이 각지에서 격렬하게 발생했으며, 지방통치를 담당하며 농민들의 불만을 피부로 느끼던 지방관들이 대장성의 방침에 반기를 들고 일어선 것이다. 그 중에서도 막부 직할령이었던 지역은 신정부에서 직접 파견한 인물들이 지방관으로 통치를 담당했으며, 이들은 오쿠보가 대장성의 횡포를 억누르는 해결사 역할을 해주기를 기대했다. 한편, 여기에 대해 오쿠마는 '공부성(工部省)'을 새롭게 신설해 광산·철도·제철 등의 사업을 담당하게 하는 것으로 반격했다. 본래 오쿠마는 민부성에서 손을 떼는 조건으로 공부성의 신설과 폐번치현의 실현, 종래 그가 추진한 사업이나 계획을 백지화하지 않고 계속 추진할 것 등을 보장해 달라고 요구사항으로 내세웠다.

갖은 수단을 써서 오쿠보가 근대화 정책을 리드하는 오쿠마를 견제하고 정책의 주도권을 잡으려 해도, 행정실무에 능통하고 서구문명에 대한 지식이 풍부한 그를 누르는 것에는 한계가 있었다. 그래서 특단의 조치를 취하지 않는 이상 신정부 내에서 사쓰마 세력의 열세를 뒤집을 수 없었다. 오쿠마에게 대항할 수 있는 유능한 행정실무가를 확보하지 못한다면, 제3의 유력한 인물을 정부의 중추로 끌어들여야만 기도의 죠슈벌과 세력의 균형을 유지할 가능성이 있다는 것이 당시 오쿠보가 처한 절박한 상황이었다.

3
사이고 상경과 폐번치현(廢藩置縣)

신정부 내에서 번벌적 대립과 갈등이 심화되고 혼란이 계속되는 상황에서 이를 타파하려는 움직임이 가시화되었다. 오쿠보는 사이고를 가고시마로부터 상경시켜 신정부 내 사쓰마벌 강화와 정권안보를 확실히 하고자 했다. 당시 중앙정부 직속의 군대는 전혀 없는 상황이었고, 재정 궁핍으로 관료기구의 유지조차 간신히 하고 있는 형편이었다. 기도 다카요시는 사이고를 상경시키자는 제안에 대해 완강한 거부반응을 나타냈다.

거국적인 명망과 카리스마를 갖춘 사이고가 상경하면 정부 내의 사쓰마 세력이 크게 강화되는 것은 불을 보듯 뻔했다. 그러나 기도는 사이고에게 대항할 카드가 없었다. 다카스기 신사쿠는 막부가 멸망하기도 전에 요절했고, 기도가 아낌없이 신뢰하던 오무라 마쓰지로(大村益次郎)는 암살되었기 때문이다. 오쿠보는 기도의 반대를 누르기 위해 집요한 설득을 거듭했다.

전국 각지에서 농민 반란이 빈번하게 일어나고 있는데다가 위조화폐의 유통으로 경제 혼란이 극심한 상황이고, 정부 내에서는 번벌 투쟁과 진보·보수 세력의 갈등으로 분열의 조짐을 보였다. 기도가 정부의 위기와 혼란상황을 타개할 수 있는 마땅한 대책을 제시하지 못하면서 무작정 반대하는 것도 한계가 있었다. 결국 오쿠보는 기도의 승낙을 얻어내는 데 성공한다.

당시 신정부 실력자들이 가장 우려하는 최악의 사태는 내부적으로 주도권 쟁탈전을 벌이며 서로 싸우다 자멸하는 경우다. 만약 최악의 사태가 현실로 나타나면 어부지리를 얻는 자가 가고시마에서 신정부의 동향을 주시하고 있는 사이고라는 점은 분명했다. 게다가 사이고가 근대화를 추진하는 정부 시책에 불만을 품고 병력을 이끌고 상경할 것이라는 소문이 파다하게 퍼져 위기의식을 부채질하고 있었다.

이리하여 메이지 3년(1870) 11월 25일 칙사 자격으로 파견되는 이와쿠라를 오쿠보와 죠슈번의 야마가타 아리토모가 수행해 가고시마와 야마구치를 방문하기로 결정되었다. 그 이전부터 오쿠보는 직접 가고시마를 방문해 집요하게 출마를 설득했으나, 사이고는 한사코 승낙하지 않았다. 그러나 이번에는 정부 수뇌가 제대로 격식을 갖추고 정식으로 방문해 천황의 이름으로 요청하는 것이다. 사이고가 이번에도 거절하면 천황에 대한 불충이 된다. 그래서 작전은 성공했다.

이때 수행원으로 참가한 야마가타 아리토모는 무진전쟁이 끝난 후 사이고의 친동생 사이고 쓰구미치(西鄕從道)와 함께 유럽에서 발발한 보불전쟁을 시찰하고 귀국한지 3개월도 안되었다. 귀국한 야마가타는 천황을 직접 알현해 시찰 결과를 보고하고 일약 병부소보에 임명되었다. 특별한 직책도 없는 민간인에 불과한 자가 천황을 알현한 것 자체가 당시 상황을 고려하면 매우 이례적인 혜택이다. 또한 귀국하자마자 단번에 군부의 최고위직에 임명된 것은 죠슈번 출신이고 기병대 실권자가 아니었다면 불가능한 파격적인 출세였다. 아무튼 이것이 야마가타가 신정부에서 군부 실세로 경력을 쌓기 시작한 최초의 발걸음이다.

한편, 무진전쟁이 끝날 무렵 귀향한 사이고는 사쓰마번의 개혁에 착수했다. 무진전쟁을 승리로 이끌고 개선한 부대들이 막부 타도의 공을 내세우며 강력하게 대우개선을 요구해 히사미쓰를 궁지에 몰아넣었다. 특히 이들이 막부 타도를 위한 출병에 반대한 히사미쓰의 측근들을 무자비하게 공격했기 때문에, 히사미쓰의 친아들이자 출병에 반대한 시마즈 즈쇼가 할복자살하는 불상사도 일어났다. 이러한 위기를 수습하기 위해 히사미쓰는 귀향한 사이고에게 개혁을 맡기지 않을 수가 없었다.

원래 히사미쓰는 오쿠보에 의지하려 했으나, 그는 가고시마에 불과 몇 개월 머물다가 상경해 버렸다. 오쿠보는 가차없이 옛주인을 배신한 것이다.

전권을 위임받은 사이고는 무진전쟁에서 부대를 지휘하며 공을 세운 지휘관들을 대거 발탁해 번의 중추를 장악하도록 조치했다. 그 중 상당수는 향사(郷士) 출신이었다. 즉, 종래 사쓰마번의 계급구조에서 말단 신분에 있던 무사들이 대거 등용된 것이다. 게다가 히사미쓰와 그 가신들을 통치기구의 핵심으로부터 제외시켰다. 이러한 조치가 일단락되자 사이고는 뒤로 물러난다. 그러나 그를 절대적으로 신뢰하고 충성하는 인물들이 번의 권력을 장악하고 있었으므로 여전히 사이고는 막강한 영향력을 가지고 있었다. 히사미쓰는 사쓰마번이 막부 타도의 입장에 서도록 결정한 장본인임에도 불구하고, 막부가 멸망하자마자 사쓰마번의 실권을 반강제적으로 빼앗기고 추락했다.

다른 한편 신정부에서 확고한 발판을 마련한 이와쿠라나 오쿠보의 입장에서 강력한 사쓰마번의 군사력을 장악한 사이고를 적으로 만드는 것은 곤란했다. 반드시 아군으로 끌어들여야만 한다. 사이고도 이 점을 잘 알고 있었다. 그가 한사코 출마를 거부하고 가고시마에 체류한 것은 단지 자신의 몸값을 올리기 위한 계산에서 나온 것만은 아니다. 신정부에 대한 불만이 잠재되어 있었던 것이 가장 중요한 원인이었다.

중앙의 정세를 주시하던 사이고는 막부 타도에 별다른 공헌을 한 것도 없는 인물들이 얼떨결에 얻게 된 권력에 취해 사치와 방탕을 일삼고 다이묘처럼 행세하는 것에 불만을 가졌다. 게다가 신정부가 추진하는 근대화 정책이 단지 서구문명을 맹목적으로 모방하는 것으로 인식했다. 그는 이러한 현상을 시정하기 위해 언젠가 중앙정부에 출마할 생각을 가지고 있었다. 다만 경솔하게 나서기보다는 정부 쪽에서 자신을 절실히 필요로 하는 상황이 되고, 자신이 출마하기 적당한 시점에 나가길 원한 것에 불과하다. 하지만 이러한 사이고의 태도가 신정부 수뇌부들을 불안하게 만들고 불신감을 심어주는 요인의 하나가 된 것도 사실이었다.

칙사 자격으로 방문한 신정부 실세들과 상담한 사이고는, 사쓰마번 병력을 중앙정부의 상비군에 포함시키는 사항에 아무런 이의 없이 동의했다. 사쓰마번이 다른 번보다 무사의 인구가 4배 이상 많으며 이들을 먹여 살리는 것이 막대한 재정적 부담이 되었던 사정을 감안하면 오히려 환영해야 할 제의였다. 그 후 사이고를 동반한 칙사 일행은 죠슈번 야마구치에 가서 그곳에 체류하고 있던 기도 다카요시와 회담을 한다. 또한 기도의 양해를 얻은 후 도사번으로 갔고, 도사번의 실력자 이타가키 다이스케(板垣退助)도 참가하기로 결정했다.

이타가키 역시 무진전쟁을 승리로 이끈 후 고향에 개선했다. 그리고 자신의 공적을 내세워 사이고와 비슷하게 번의 실권을 장악한 후, 도사번의 개혁에 박차를 가하며 중앙정부를 불안하게 만드는 존재 가운데 하나였다. 이미 본 것처럼 도사번은 왕정복고 쿠데타 과정에서 야마우치 요도가 이와쿠라와 언쟁을 벌인 덕분에 역적으로 몰릴 위기에 처했다. 이타가키가 무진전쟁에 적극적으로 참가하고 아이즈번을 멸망시킨 주역이 되면서 일단 도사번의 위기를 구했지만, 신정부 내에서 주도권을 잡는 것은 불가능했다. 그래서 우선 도사번의 개혁을 성공시키고, 이를 바탕으로 중앙정부에 진출하고자 도모한 것이다.

그럼에도 불구하고 신정부는 열세를 만회하기 위해 필사적으로 노력하는 이타가키의 태도를 곱지 않은 시선으로 봤다. 특히 신정부의 핵심인물인 이와쿠라는 도사번을 은근히 역적으로 간주하는 경향마저 나타냈다. 이타가키에게 불행한 점은 정부의 핵심수뇌와 연결통로를 가지고 있지 않다는 점이다. 이와쿠라와 친분이 있던 사카모토 료마나 죠슈번의 존왕양이파와 각별한 관계를 가진 나카오카 신타로가 암살당한 사정으로, 도사번에 대해 싸늘한 반응을 보이는 중앙정부 내에서 의사소통의 발판을 마련하긴 곤란했다.

일단 상경한 후 회의를 거쳐 정식으로 정부군 창설에 합의하자, 사이고와 이타가키는 각자 고향으로 돌아가 병력을 이끌고 다시 상경한다. 이렇게 해서 사쓰마, 죠슈, 도사라는 가장 유력한 3번의 병력이 상경해 최초의 정규군을 구성하는 것이 되었다. 본래 사이고가 상경하기 이전부터 장래 중앙정부의 직할군을 어떤 방식으로 구성하느냐에 관해 신정부 내에서 의견의 대립이 있었다.

죠슈번 출신으로 병부성의 실권을 장악한 오무라 마스지로는 농민을 징집해 구성하는 전면적인 징병제를 주장했다. 그러나 징병제를 실시할 재정적 여유도 없었고 각지에서 일어나는 반란이나 폭동으로 당장 정권안보가 위협받는 상황이었다. 그래서 오쿠보는 유력한 웅번의 병력을 끌어들여 중앙정부의 상비군으로 만들자는 주장을 굽히지 않았다.

그럼에도 불구하고 오무라는 징병제에 대한 확고한 신념을 가지고, 독자적으로 징병제 실시를 준비하는 조치를 단계적으로 취했다. 특히 오사카에 사관학교를 만들어 장교를 양성하고 여건이 성숙되면 전면적으로 징병제를 실시할 태세를 갖추었다. 이것이 원인이 되어 그는 메이지 2년(1869) 9월 징병제에 반대하는 자들의 습격을 받아 치명상을 입고 나중에 사망한다. 이러한 사정으로 야마가타가 유럽시찰에서 돌아온 후 전격적으로 병부성의 실권자로 급부상하게 된 것이다. 또한 이 해 1월에는 개국사상가로 이름을 떨치던 요코이 쇼난이 기독교를 옹호한다는 이유로 암살되었다.

　오무라의 죽음으로 인해 징병제 실시는 막대한 차질이 생겼으며, 기도 다카요시는 부득이하게 웅번의 병력으로 정부 직할군을 편성하자는 오쿠보의 제안에 찬성하지 않을 수 없었다. 결국 기도가 사이고의 상경을 부득이하게 승낙한 것은 오무라의 죽음과 밀접한 관련이 있다.

　이렇게 해서 8,000명 정도의 병력으로 최초의 정규군인 '어친병(御親兵)'이 구성되었다. 친병은 나중에 근위병으로 명칭이 바뀌고 사단제도가 창설됨에 따라 근위사단으로 발전했다. 친병 중 가장 유력한 세력은 사이고가 이끌고 온 사쓰마 출신의 병력이었다. 물론 이들이 충성을 바치는 대상은 형식적으로 천황이지만 실질적으로는 사이고였다. 이러한 이유로 사이고에게는 육군 대장과 원수라는 직함이 부여되었다. 사실 그러한 계급은 정식으로 존재하지 않았으나, 사이고가 군부의 최고실권자라는 점을 명확히 나타내고 그를 회유하기 위해 만든 것이다.

　아울러 지방에는 '진대(鎭台)'라는 제도가 설치되었다. 진대는 일종의 향토방위사단이라고 할 수 있으며, 반란이 자주 발생하는 지역의 치안을 유지하거나 군사적으로 중요한 지역을 방위할 목적으로 만들었다. 진대는 나중에 사단제도의 창설에 수반해 사단으로 바뀐다.

　사이고와 이타가키가 정부의 핵심에 파고들면서 신정부의 권력구조가 복잡하게 변하는 것은 불가피한 현상이었다. 물론 사쓰마벌과 죠슈벌이 주도권을 잡은 '삿쵸 번벌정권'이라는 기본구도는 변하지 않았으나, 새롭게 참가한 인물들로 인해 정치판을 새롭게 짜야만 했다. 문제는 누구를 정부 우두머리에 앉히느냐에 있었다. 오쿠보와 사이고는 기존의 모든 참의가 물러나고 기도 다카요시가 홀로 참의가 된다는 제안을 했다. 이러한 제안을 한 배경에는 사이고에 대한 강력한 의심과 의혹을 가지고 있는 기도를 달래기 위한 측면이 컸다. 그러나 기도는 이를 완강하게 거부한다.

허울 좋게 오직 자신만 참의로 추대해 모든 책임을 덮어씌우고, 나중에 기회를 봐서 트집 잡고 몰락시키려는 음모는 아닌가라고 생각했기 때문이다. 그래서 부득이하게 타협책으로 사이고도 기도와 나란히 참의에 취임하게 되었다. 결국 삿쵸 번벌의 대표적인 인물이 나란히 우두머리가 된 번벌정부가 탄생한 것이다. 치열한 신경전과 암투로 이러한 합의가 도출되는 것에만 한 달 이상이 걸렸다. 이와쿠라를 칙사로 하는 사절단이 사이고를 상경시키기 위해 가고시마로 출발하고 반년 이상 시간이 흐른 시점이다.

이러한 와중에 오쿠보는 중무성(中務省)이라는 새로운 기구를 만들려 했으나, 뜻대로 되지 않자 대장성의 우두머리인 대장경(大藏卿)에 취임한다. 오쿠보가 구상한 중무성은 천황의 보필과 궁중 통제를 주목적으로 한 것이다. 사이고와 기도를 정치의 전면에 내세우고, 뒤로 물러나 황실제도를 정비하고 천황을 장악하겠다는 의도다.

이미 신정부 내에서 확고한 기득권을 가지고 있는 오쿠보는 감투를 차지하는 것에 욕심을 내기보다는, 사이고의 참가를 계기로 신정부의 권력구도가 동요하는 현상을 막기 위해 심혈을 기울였다. 즉, 그는 삿쵸 번벌 사이에서 중재자 역할을 하면서 천황을 수중에 장악하고 궁중개혁을 실현한다는 구상을 가지고 있었던 것이지만 상황이 그의 뜻대로 풀리지 않았다.

친병이라는 정부 직속 군대의 창설에 의해 신정부의 위상이 대외적으로 크게 높아지게 된 것은 당연하다. 그러나 내부적으로 불안하고 유동적인 요소가 매우 강했다. 문제의 핵심은 역시 사이고가 쥐고 있었다. 사이고는 참의에다가 육군 대장·원수라는 직위를 부여받았다. 즉, 신정부 수뇌 중에서 유일하게 정치와 군사 양쪽에 걸쳐 최고의 직위에 있었으므로, 마음만 먹으면 무엇이든 할 수 있는 입장에 있었다. 그래서 사이고가 제멋대로 행동한다면 곧바로 정부의 분열을 야기할 위험이 컸다.

출마 조건으로 사이고는 많은 요구를 내세웠으나, 그 중에서도 특히 정부의 인사 쇄신과 기구 개혁을 요구했다. 문제는 그가 대장성에 대해 커다란 불만을 가지고 있었다는 점이다. 대장성은 근대화를 추진하는 핵심 부서였고, 오쿠마 시게노부, 이토 히로부미, 이노우에 가오루 등이 실권을 장악하고 유능한 인재들을 휘하에 끌어들이고 있었다.

이들은 모두 기도 다카요시의 부하들이다. 그래서 사이고가 이들을 공격하면 결국 기도에 대한 정면공격으로 연결되지 않을 수 없었다. 사이고는 대장성의 신진관료들에 대해 과소평가했다. 그들이 추진하는 근대화 정책이 맹목적으로 서구문명을 모방한다고 생각한 것은 물론이고, 30대 초반의 젊은 나이에 호화롭고 사치스런 생활을 하는 태도도 눈에 거슬렸다.

예전부터 사이고가 가진 불만을 잘 알고 있는 이들은 공격을 피하기 위해 사이고의 죽마고우이자 같은 사쓰마번 출신인 오쿠보를 대장경으로 추대해 방패막이로 이용하려고 했다. 오쿠보는 애초 대장경에 취임하는 것을 고사했지만, 중무성 설립안이 좌절되고 마땅히 갈 곳이 없었던 사정으로 인해 부득이하게 승낙한다. 이처럼 오쿠보의 중무성 구상을 좌절시키고 대장성으로 끌어들이도록 배후조종한 장본인이 기도 다카요시라는 점은 물론이다.

사이고가 인사개혁에 강렬한 관심을 가지고 출마의 중요한 조건으로 내세운 만큼 여기에 필요한 조치를 취해야만 했다. 그래서 본격적으로 정부기구의 개혁을 위해 사이고를 위원장으로 제도조사위원회를 만들어 협의에 들어갔다. 그러나 이해관계가 첨예하게 대립했으므로 엎치락뒤치락하는 것을 거듭하며 분열의 양상마저 나타났다.

인사권에 개입할 기회를 잡은 것을 기회로 사이고는 인사 쇄신을 내세워 새로운 인물의 추천과 등용을 적극적으로 추진했다. 게다가 오쿠마를 비롯한 대장성과 민부성의 핵심관료들을 간접적으로 압박하는 시도도 주저하지 않았다. 이 때문에 기도와 사이가 험악하게 벌어지지 않을 수 없었다.

한편, 오쿠보는 사이고와 기도의 중간에 서서 누구도 편들 수 없는 곤란한 입장에 있었다. 같은 사쓰마 출신의 사이고를 편들면 죠슈벌과 전면적인 번벌투쟁으로 발전해 신정부의 공중분해를 각오해야 하는 상황이고, 죠슈벌의 우두머리인 기도를 편들면 사이고가 배신감을 느끼고 정부를 떠나거나 폭주할 위험성이 농후했다. 그래서 그는 상황을 현상유지의 방향으로 유도하려는 소극적인 자세를 취하며 적극적으로 나설 수 없었다. 아울러 오쿠보는 새로운 인물이 기존의 권력구도를 깨뜨리는 시도를 견제하는 것에도 주의를 기울였다. 예를 들어 그는 사이고와 함께 상경한 이타가키가 죠슈번의 야마가타 아리토모를 제치고 병부성의 실권을 장악하려는 움직임을 저지했다.

이러한 답답한 상황을 탈출하기 위한 돌파구로 느닷없이 제안된 것이 바로 폐번치현(廢藩置縣)이다. 폐번치현은 문자 그대로 번을 없애고 현을 만든다는 것을 의미한다. 다시 말해 지방에 할거하는 봉건영주 세력을 단숨에 일소해 버리고 전국의 토지를 중앙정부의 실질적 영토로 일거에 만들어 버린다는 아이디어였다.

폐번치현의 구상은 이미 오래전부터 있었지만 이를 실행할 능력이 없어서 보류된 것에 지나지 않았다. 중앙정부 직속의 군대가 없는 상황에서 폐번치현에 반발한 반란이 일어나면 마땅히 저지할 수단이 없었기 때문이다. 그러나 친병이 만들어져 중앙정부 직속의 부대가 존재하는 상황이 되었으므로 폐번치현을 실행할 여건은 성숙되었다. 이것을 제안하고 주도한 장본인은 죠슈번 출신의 야마가타 아리토모와 이노우에 가오루였다.

야마가타는 7월 6일 사이고를 방문해 동의를 얻고, 같은 날 이노우에는 죠슈벌의 간판 기도 다카요시를 방문해 마찬가지로 동의를 얻어낸다. 사이고가 상경의 조건으로 내세운 것에는 군현제(郡縣制)의 실시도 있었기 때문에 폐번치현에 아무런 이의가 없었다. 만약 사이고가 폐번치현에 반대했다면 실행이 불가능한 것은 물론이다. 7월 9일 오쿠보, 기도, 사이고, 이와쿠라를 비롯한 정부의 핵심 수뇌들이 기도의 집에 모여 폐번치현을 논의하기 위한 회의를 비밀리에 열었다.

역시 중요한 점은 만일 폐번치현에 대한 반발이 일어나면 어떻게 대처하는가에 있었다. 다른 사람의 의견을 잠자코 듣고 있던 사이고가 만약 반란이 일어나면 자신이 책임지고 해결한다고 답했다. 사실 회의가 열린 목적이 사이고로부터 그 대답을 듣길 원했기 때문이다. 사이고의 한마디는 천금과 같은 무게를 가지고 있었다. 그는 외모에서부터 카리스마를 느끼게 하는 당당한 풍채의 대장부다.

키가 180센티미터에 육박하고 몸무게도 90킬로그램에 달하는 육중한 체구는 물론, 특유의 커다란 눈으로 사람을 쏘아보는 눈빛은 보는 사람으로 하여금 왠지 모르게 위압감을 느끼게 만들었다. 이목구비가 뚜렷한 외모에서부터 카리스마를 느끼게 하는 것은 물론이고, 성격 역시 말수가 적고 자신이 한 약속은 반드시 지키려고 노력했으므로 그가 하는 말은 보증수표와 마찬가지였다.

이리하여 메이지 4년(1871) 7월 16일 다이묘들을 소집해 전격적으로 번을 폐지한다는 조칙이 내려졌다. 예상외로 반발은 없었고 조용히 진행되었다. 상당수의 번은 재정 파탄으로 내심 이를 반기는 반응마저도 보였다. 사쓰마번의 경우는 가고시마현이 되었지만 히사미쓰는 울분을 참지 못하고 밤새 불꽃놀이를 했다는 일화가 남아있다.

폐번치현에 대한 반발이 거의 없었던 이유는 중앙정부가 직속 군대를 보유한 것도 원인이지만, 회유책을 사용한 것도 상당한 효과를 발휘했기 때문이다. 즉, 채찍과 당근을 동시에 사용한 것이다. 회유책으로 번이 가지고 있던 모든 부채를 정부가 인수한다는 것이 가장 중요한 사항이었다. 빚더미에 허덕이던 다이묘들에게는 떨쳐버리기 어려운 유혹이다. 게다가 개개의 다이묘를 섬기는 무사들을 먹여 살리는 것도 역시 정부가 부담한다고 약속했으므로, 결국 폐번치현이 성사되면 무거운 경제적 부담을 단숨에 해소할 수 있다. 다시 말해 폐번치현에도 불구하고 무사계급이라는 실체는 여전히 존재했으며, 이들을 먹여 살리는 책임은 중앙정부에게 넘어간 것이다.

전격적으로 실시된 폐번치현으로 최초에는 무려 300개가 넘는 현이 만들어졌다. 대부분 기존의 번을 그대로 현으로 했기 때문이다. 그 후 행정구역 정리로 점차 현의 숫자는 축소되었으나 따로 3개의 부(府)가 설치된 것이 특색이라면 특색이었다. 바로 오사카·교토·도쿄가 일종의 특별시로서 따로 부라는 칭호가 부여된다. 폐번치현에 따라 통치할 영지가 없어진 다이묘들은 도쿄에 집합하도록 조치했으며, 다이묘에 대신해 새로운 인물들이 출신성분을 묻지 않고 지방관으로 대거 등용되었다.

현을 축소·정리하는 과정에서 규모가 큰 유력한 현이 있는 경우는, 그 현을 중심으로 주변의 작은 현들을 통폐합하는 방향으로 나아갔다. 그러한 경우 유력한 현의 중심지가 새롭게 현의 이름이 된 경우가 많았다. 예를 들어 사쓰마번은 가고시마현, 죠슈번은 야마구치현, 도사번은 고치(高知)현으로 각각 중심지 명칭에서 현의 이름을 따왔다. 물론 무진전쟁 당시 정부에 반기를 든 동북지방의 경우 역적으로 낙인찍혀 이러한 혜택이 부여되지 않았다.

한편, 막번체제가 전면적으로 해체되자 만민평등의 이념을 실천에 옮길 필요성도 있었으므로, 흔히 '임신(壬申)호적'이라고 칭하는 호적법이 새롭게 제정되었다. 민중들은 더 이상 특정한 번에 소속된 것이 아니라 천황이 통치하는 통일국가의 국민이기 때문이다. 이미 폐번치현의 전년인 메이지 3년(1870) 9월 평민에게도 성씨 사용을 허락했지만, 호적법 실시를 계기로 성씨를 만드는 것이 사실상 법적 의무로서 전국으로 확대되었다.

이처럼 폐번치현을 계기로 정부 내 분위기가 일신되자, 판적봉환이 실시된 후와 마찬가지로 이번에도 새롭게 관료기구의 개편이 행해졌다. 7월 29일 태정관 아래에 정원(正院)·좌원(左院)·우원(右院)이 설치되었다. 정원에는 태정대신(太政大臣)을 두고 천황의 보필, 정무의 총괄 등 강력한 권한을 부여했다. 태정대신 역시 새롭게 만들어진 관직이 아니라 고대부터 존재하던 관직이다. 태정대신은 적어도 규정상 오늘날 대통령에 버금가는 위치였다. 따라서 태정대신에 누구를 임명하느냐에 따라 정부 내 권력지도가 크게 바뀌게 된다. 그러나 태정대신에 임명된 자는 공경 출신의 산죠 사네토미였다.

산죠는 우유부단하고 소심한 성격에다가 정치력도 보잘 것 없었다. 본래 존왕양이운동에 투신하고 죠슈번과 유착하지 않았다면 결코 두각을 나타낼 인물이 아니었다. 정부 내 공경 출신자 중에서 두각을 나타낸 인물은 이와쿠라와 산죠가 유일했다. 이와쿠라는 오쿠보와 밀착해 사쓰마벌과 연결되었고, 존왕양이운동에 투신한 산죠는 기도 다카요시를 매개로 죠슈벌과 긴밀한 관계에 있었다. 다시 말해서 삿쵸 번벌과 밀접한 유착관계에 있는 공경만이 살아남은 것이다.

좌원은 입법의 자문을 담당한다는 일종의 입법부적 성격을 부여했고, 우원은 행정부서의 장관과 차관들의 합의기관 성격을 가지고 있었다. 정원은 입법·행정·사법을 총괄하는 지위에 있었지만, 정작 중요한 태정대신에 산죠를 임명했으므로 강력한 지도력을 발휘할 수 있는 상태가 아니었다. 다시 말해 산죠가 태정대신이 된 것으로 폐번치현을 계기로 실시된 관제개혁은 별다른 의미가 없는 것으로 간주해도 무방하다.

아울러 강력한 발언권을 가지고 있는 참의에는 사이고와 기도 외에 오쿠마와 이타가키가 추가되었다. 결국 사쓰마와 죠슈, 도사, 사가번 출신자가 한 명씩 골고루 참의에 임명되는 번벌정부의 특징을 계속 유지한 것이다. 이와쿠라는 우대신이 되었고, 오쿠보는 대장경을 유임했다. 다만 대장성 차관에 해당하는 대장대보에 죠슈번 출신으로 기도 다카요시의 심복 중의 심복인 이노우에 가오루가 기용된다.

관제개혁을 계기로 민부성은 폐지되었고, 다시 대장성에 권한이 집중되었다. 종전에 대장성에 권력이 집중되는 것을 비판하고 민부성을 대장성으로부터 독립시키고자 그토록 노력하던 오쿠보는, 막상 자신이 대장성의 우두머리가 되자 대장성에 권력을 집중하기 위해 민부성 폐지를 추진한 장본인이 되었다. '남이 하면 불륜이고 자신이 하면 로맨스'라는 사고방식의 전형적 사례 중 하나다. 이것이 개개의 행정부서가 할거해 멋대로 행동하는 것을 방지하자는 태정관 강화의 취지에 정면으로 어긋나는 것은 물론이며, 나중에 또 다른 문제를 야기하게 된다.

4

이와쿠라 사절단의 출발

　폐번치현이 실시되고 나서 불과 4개월 후인 메이지 4년(1871) 11월 12일, 일본 외교사절단이 증기선 아메리카호에 탑승하고 요코하마를 출발했다. 행선지는 미국의 샌프란시스코. 이 사절단에는 여러 가지 특색과 문제점이 있었다. 먼저 사절단의 규모가 매우 컸다는 점을 들 수가 있다. 사절단의 정식 멤버만 56명에 이르고 유학생을 포함하면 100명을 초과했다. 당시로서는 초대형 사절단이라고 해도 과언이 아니다. 이러한 사절단이 만들어진 계기는 조약개정의 예비교섭을 위해서였다.

　미국의 초대 주일 영사였던 해리스와 막부가 체결한 미일통상조약 제13조에 의하면, 조약 체결로부터 171개월 후에 개정을 할 수 있다고 규정했기 때문에 메이지 5년(1872)에는 불평등조약의 개정을 위한 교섭이 가능했다. 여기에 관해 미리 예비교섭을 할 목적으로 사절단을 파견할 필요가 있었다. 이에 착안해 최초로 사절단을 만들려고 구상했던 사람은 오쿠마 시게노부였다.

오쿠마는 자신의 스승이자 정치고문 선교사 버벡(Verbeck)의 건의를 받아들여 오쿠마 사절단을 구상했다고 회고록에서 밝혔다. 그러나 이를 저지하고 나선 자가 오쿠보였다. 그는 기도의 심복인 오쿠마가 사절단을 이끌고 조약 개정의 예비교섭을 성공적으로 마치고 돌아와 정국의 주도권을 잡을까봐 우려했다. 그래서 오쿠마를 제치고 자신이 직접 사절단을 만들려고 구상한 것이다.

당시 서구 열강과 맺은 불평등한 조약을 개정하는 문제는 일본의 중대한 정치현안의 하나였고, 외교상으로는 가장 우선해야 할 숙제였다. 이것에 관한 주도권을 장악하고 싶은 욕심에서 오쿠보는 이와쿠라와 모의해 오쿠마 사절단의 구상을 뒤집었다. 직접 오쿠보가 나서면 외부에 번벌투쟁으로 비춰지고 모양새가 좋지 않기 때문에 표면적으로 이와쿠라를 내세운 것에 불과했다. 그런데 오쿠보가 사절단을 만들 구상을 세우면서 마음에 걸리는 것이 있었다. 바로 기도 다카요시의 존재다.

오쿠보가 해외로 나가면 정부에 남는 실력자는 사이고와 기도가 된다. 오쿠보 입장에서 죽마고우인 사이고는 믿을 수 있는 존재이나 기도는 그렇지 않았다. 사이고와 기도의 사이가 좋지 않다는 것은 누구나 알고 있는 사실이고, 두 사람을 국내에 놔두고 오쿠보가 해외로 나가면 중대한 충돌이 일어나 돌이킬 수 없는 사태가 발생할지도 몰랐다. 여기서 오쿠보는 사절단의 멤버로 기도를 끌어들이기 위해 정치공작을 시작했다.

본래 신정부에서 근대화를 추구하는 진보적인 관료들의 리더를 자처하는 기도는, 예전부터 해외에 나가 서구문물을 직접 견문하고 싶은 희망이 있었다. 그러나 그는 예상외로 오쿠보의 제의를 단호히 거절했다. 만약 기도가 해외에 나가면 메이지 정부는 사이고의 독차지가 되며, 견제할 인물이 없게 된 사이고가 죠슈벌을 타도하거나 공격하는 움직임을 보일 지도 모른다고 매우 우려했기 때문이다. 그래서 사절단에 참가하라는 제의를 완강히 거절한 것이다. 여기에 죠슈벌과 연결된 태정대신 산죠도 기도가 해외에 나가는

이와쿠라 사절단

것을 불안해하고 싫은 기색을 나타냈다.

오쿠보는 그렇다고 포기할 인물이 결코 아니다. 대단히 집요한 성격을 가진 그는 기도의 측근들을 대상으로 설득공작과 회유를 거듭했고, 산죠의 불안을 달래기 위해 힘을 쓰는 것도 잊지 않았다. 특히 대장성 우두머리인 자신의 아래에서 대장성을 실질적으로 움직이는 이노우에 가오루가 중개자 역할을 적극적으로 수행했다. 그래서 끝내 기도 다카요시의 동의를 얻어내는데 성공하고야 만다. 이렇게 해서 이와쿠라 사절단의 기본골격이 만들어졌다.

이처럼 오쿠보가 무리하게 기도 다카요시를 끌어들이면서 부작용이 나타나기 시작하였다. 우선 사절단의 규모가 매우 확대되었다. 최초로 사절단을 만들려 했던 오쿠마의 구상에 의하면 대사 1명과 부사 1명에 약간의 이사관을 동반하는 소규모의 것이었다. 그러나 이와쿠라 단장을 대사로 하고 여기에 정부 실세인 오쿠보와 기도가 부사가 되면서, 여기에 어울리는 모양새를 갖추다보니 사절단의 규모가 확대되는 것은 불가피했다.

기도는 사절단 부사로 이토 히로부미의 참가를 희망했다. 사절단 간부에 사쓰마벌의 오쿠보와 그와 연결된 이와쿠라의 2명인 것과 수적 균형을 맞추기 위해서 죠슈벌에서도 2명이 참가하는 것이 좋았다. 게다가 이토는 해외에 유학을 가본 경험이 있고 영어도 잘하는데다가 기도의 심복이므로 서로 잘 통하는 관계에 있었다. 아울러 기도는 정부 내 전도유망한 진보적인 신진관료가 이 기회에 대거 해외에 나가 견문을 쌓고 필요한 조사와 연구를 하도록 추진했다. 어쩌면 그들이 먼저 기도에게 사절단 참가에 관해 청탁을 했을지도 모른다. 이에 대해 오쿠보도 이의는 없었다. 비록 사절단의 규모가 확대되어도 기도와 같이 해외에 나간다면 아무래도 상관없다는 것이 그의 생각이었다.

아울러 부사 중 한 명으로 사가번 출신의 야마구치 나오요시(山口尚芳)가 추가로 임명된다. 야마구치는 외무소보였다. 오늘날로 따지면 외무부 차관보에 해당한다. 외교사절단인 만큼 아무래도 외무성 소속의 고위관료 한 명이 간부에 참가하는 것이 좋았다. 이렇게 해서 핵심적인 간부진만 하더라도 대사 1명에 부사 4명으로 팽창했다. 게다가 서기관 10명과 이사관 6명이 아울러 참가했다.

사절단의 공식 기록원으로는 사가번 출신의 구메 구니타케(久米邦武)가 맡았다. 구메는 귀국 후 사절단의 기록을 정리해 메이지 11년(1878) 마침내 《특명전권대사 미구회람실기(米歐回覽實記)》라는 5권짜리 대작을 완성시켰다(이하 《회람실기》로 표기한다). 이 책은 사절단의 공식보고서이자 사절단이 어떠한 관점과 시각에서 서구문명을 바라봤는지 단적으로 잘 나타내 준다.

내용에 부정확한 부분도 종종 있지만, 사절단이 방문한 국가의 정치·경제·역사·산업·문화·사회제도 등 다양한 분야에 관해서 보고들은 것을 토대로 자세히 기술했으며, 그에 대한 주관적 평가와 인식을 곁들이는 것도 잊지 않았다. 또한 그림이나 삽화도 풍부하게 집어넣었으나 대부분은 사진을 대신하는 풍경화에 가까운 것들이다. 이 책을 읽다보면 단순한 여행기록이 아니라 백과사전을 읽고 있다는 느낌이 들 정도로 방대하고 풍부한 정보를 수록하고 있다.

사절단에는 유학생도 대량으로 참가하였다. 국비 유학생으로 15명이 선발되었고, 여기에 홋카이도 개척사 장관 구로다가 개척사의 비용부담으로 5인의 여자 유학생을 파견하는 방침도 추가로 결정되었다. 자비 유학생으로 동행을 희망한 자도 29명에 이르렀다. 이 역사적인 사절단에 동행한 유학생 중에서 나중에 유명하게 된 인물도 상당수 배출된다.

대표적으로는 이토 히로부미의 심복부하가 되어 후에 메이지 헌법의 제정에도 깊이 관여한 하버드대학 출신의 가네코 겐타로(金子堅太郎)와 루소의 '사회계약론'을 일본에 소개하고 자유민권운동의 대표적인 사상가로 이름을 떨치는 나카에 쵸민(中江兆民)을 들 수가 있다. 여자 유학생 중에는 9세의 나이로 참가한 쓰다 우메(津田梅)가 최연소였다. 쓰다는 미국인 가정에 위탁교육을 받고 귀국해 교편을 잡다가 일본 최초의 여학교를 설립하고 여성교육에 힘써 이름을 남겼다.

사절단의 파견 목적이 조약개정의 예비교섭을 위한 것인 만큼 일본과 조약을 체결한 서구의 국가는 원칙적으로 모두 방문해야 했다. 그러나 도중 본국의 호출로 부득이하게 귀국했으므로 사정상 전부를 방문하지는 못했다. 문제는 방문 국가를 위한 시간 배분이 매우 불균형하다는 점이다.

사절단이 소비한 총 22개월 정도의 시간 중 무려 7개월을 미국에서 보냈다. 게다가 영국에서는 4개월을 보냈기 때문에 영국과 미국에서 소비한 시간이 거의 1년에 육박하는 괴상한 결과가 되었다. 본래 10개월 정도로 예정된 사절단의 여행시간을 몽땅 미국과 영국에 투자한 셈이다.

한편, 독일에서는 4주일을 보냈는데 스위스에서도 거의 비슷하게 4주일을 보냈다. 반면 러시아에서 보낸 시간은 1주일에 불과했다. 사절단의 일정관리가 엉망인 것을 알 수 있다. 스위스에 무엇 때문에 4주일이나 체류했을까? 스위스가 시계 제조를 비롯한 정밀공업이 발달한 것은 잘 알려진 사실이다. 하지만 그것만으로는 이유가 불충분하다. 스위스에서 사절단은 사실상 관광여행을 즐겼다. 알프스의 아름다운 자연에 흠뻑 취해 떠나지 못한 것이다.

심지어 미국 방문을 마치고 대서양을 횡단해 유럽으로 건너갈 당시에도, 스웨덴과 같이 잘 알지도 못하는 소국은 방문할 것인지 아닌지조차 결정하지 못했다. 결국 이와쿠라 사절단은 사전에 주어진 시간을 치밀하고 계획적으로 배분해 짜임새 있게 사용하지 않았다는 것을 알 수 있다. 당시 일본 정부 핵심인물의 다수가 참가한 사절단이라는 점을 생각하면 너무나 엉성한 일정관리였다.

사절단은 12월 6일 최초 방문지인 샌프란시스코에 도착하자 예상외로 열렬한 환영을 받았다. 시장을 비롯한 유력한 지역유지들이 연거푸 환영회를 개최했고 사방에서 초대가 빗발쳤다. 12월 14일에는 연설을 해 달라는 요청을 받고 영어회화가 가능한 이토 히로부미가 유명한 히노마루(日の丸) 연설을 한다.

이토는 이 연설에서 일본이 급속도로 근대화와 개혁을 추진하고 무혈혁명으로 폐번치현을 성공시킨 것을 자랑스럽게 말하고는, 일본이 '떠오르는 태양'과 같은 존재라고 역설했다. 또한 일본 국기 히노마루의 가운데에 있는 붉은 원을 바로 떠오르는 태양에 비유했다. 그러나 사실은 막부 타도의 과정에서 많은 인명을 희생하고 신정부가 성립했다는 사실을 생각하면 폐번치현이 무혈로 성공한 것의 의미는 상당히 감소한다. 또한 이미 막부가 멸망한 상태에서 전격적으로 실시한 폐번치현은 혁명이라기보다는 행정구역을 정리하고 재편한다는 성격이 강했다. 이 연설은 이토 특유의 자만심과 자부심이 강한 성격을 잘 드러냈다.

미국의 수도 워싱턴을 방문해야만 하는 사절단은 샌프란시스코로부터 배편으로 파나마를 거쳐 직접 워싱턴으로 가는 방법을 선택하지 않았다. 그 대신 개통한지 얼마 안 되는 대륙횡단열차를 이용해 미국대륙을 횡단하기로 결정한다. 본래 사절단에게 예정된 10개월 정도의 시간을 생각하면 느긋하게

모리 아리노리(森有礼)

여행을 즐길 여유는 없었으나 개의치 않았다. 대륙횡단열차는 폭설로 솔트레이크시티에서 발이 묶였고, 이 때문에 불필요하게 2주일 정도를 소비했다. 결국 샌프란시스코에서 워싱턴에 도착하기까지 무려 30일이나 걸렸다.

별다른 구경거리도 없는 광대하고 황량한 아메리카대륙을 횡단하느라 불필요하게 1개월이나 소비한 것이다. 여기다가 샌프란시스코에서 받은 열렬한 환영에 도취되어 그 도시를 떠나기까지 2주일을 소비하였다. 최초 방문국인 미국에 도착하고부터 일정관리가 엉망진창이었다는 것을 알 수 있다. 자기들의 돈으로 해외여행을 한다면 알뜰하게 일정관리를 했을 것이다. 그러나 국민의 세금으로 하는 공짜여행이었다. 게다가 오쿠보는 경제부처인 대장성의 우두머리였으므로 사절단이 돈에 관한 걱정을 할 필요가 전혀 없었.

당시 일본의 주미 영사에 해당하는 인물은 소변무사(少辯務使)라는 직함을 가진 모리 아리노리(森有礼)다. 그는 사쓰마번 출신으로 히사미쓰가 해외에 파견한 유학생에 선발되어 미국에서 장기간 생활을 하고 기독교로 개종한 보기 드문 인물이었다. 매우 급진적 사상을 가지고 일부일처제를 신봉하는 것은 물론이며, 일본의 급속한 서구화를 위해 일본어를 포기하고 로마자를 채택해야 한다는 주장까지 했다.

사쓰마번 출신이 아니라면 외교관으로 발탁되기 어려웠을 인물이다. 그는 이토 히로부미와는 나이도 비슷하고 서로 생각이 통하는 것도 많았다. 모리는 미국의 우호적 태도를 설명하고 이토에게 미국을 상대로 조약개정의 예비교섭이 아니라 본교섭에 들어갈 것을 권고했다. 공명심에 불타는 이토는 이를 사절단의 핵심멤버인 오쿠보와 기도에게 상의한다. 냉철한 두뇌를 가진 기도는 이토의 제안에 반대했다. 사절단의 본래 목적은 어디까지나 예비교섭이라는 점을 잘 알고 있었기 때문이다. 그러나 오쿠보는 달랐다.

오쿠보가 이와쿠라 사절단을 조직한 본래 목적은 조약개정 문제에서 주도권을 잡는다는 공명심으로부터 출발한 것이다. 샌프란시스코에 도착한 후 지금까지 계속 받은 열렬하고 따뜻한 환대를 과대평가했다. 그래서 이토의 설득대로 조약개정의 본교섭에 나선다면 성공의 가능성이 높다고 잘못 판단하고 만다.

평소의 신중하고 차분한 성격과 다르게 오쿠보는 과감한 베팅을 하기로 결심했다. 당시 미국의 국무장관은 피쉬(Hamilton Fish)이고, 대통령은 남북전쟁의 영웅으로 19세기를 대표하는 군인출신 대통령이라 할 수 있는 그랜트(Grant)였다. 이 두 사람은 따지고 보면 결코 우리나라에 낯선 인물들이 아니다. 바로 신미양요 당시 조선에 함대를 파견해 응징하기로 결정한 미국 측 인물들이기 때문이다.

조약개정을 위한 본교섭에 들어가려면 전권위임장이 필요하다. 예비교섭을 위해 방문한 사절단에게 전권위임장이 있을 턱이 없었다. 절차에 따라 피쉬가 전권위임장을 요구하자 누군가 일본에 되돌아가 전권위임장을 받아가지고 와야 했다. 본교섭에 들어가자고 주장한 오쿠보와 이토가 일본으로 돌아가는 것이 순리에 맞았다. 이 때문에 사절단의 본진은 두 사람이 돌아올 때까지 무려 3개월의 시간을 기다려야만 했고, 가뜩이나 엉망인 일정을 더욱 헝클어지게 만드는 원인이 되고 만다. 물론 그냥 빈둥거리며 보낸 것은 아니고 국무장관 피쉬를 상대로 예비교섭을 하는 한편, 미국의 동부지역을 시찰하고 여행했다. 피쉬는 처음에 보여준 호의적인 태도와는 다르게 사절단과 교섭에 들어가자 미국의 국익을 우선해 냉담하고 차가운 태도를 보여줬다.

한편, 오쿠보와 이토는 일본에 도착하자 조약개정의 본교섭을 위한 전권위임장을 신청했다. 그러나 이것이 외무성의 비위를 정면으로 건드리지 않을 수 없었다. 대장성 우두머리인 오쿠보가 외무성 소관사항에 해당하는 조약개정의 본교섭을 하겠다고 나서는 그 자체가 중대한 월권행위다.

외무성의 우두머리인 외무경 소에지마 다네오미(副島種臣)는 강경하게 오쿠보의 요구를 거부했다. 외무대보로 오쿠보와 같은 사쓰마번 출신의 데라지마 무네노리(寺島宗則)도 협조를 거부할 정도였다. 전권위임장을 얻지 못하고 돌아가면 오쿠보와 이토의 체면은 땅에 떨어진다. 이러한 사정을 감안해 결국 전권위임장을 얻기는 하였지만, 일본에 귀국하고 나서 무려 50일이나 소비한 후였다. 게다가 전권위임장에는 특정국과 조약체결을 유보하는 조항이 포함되어 있으므로 사실상 사용하기 어려운 것이었다.

정부 실권자인 오쿠보의 체면을 생각해서 만들어 준 것에 불과했고, 더군다나 데라지마가 이들을 감시하기 위해 동행하였다. 더욱 웃기는 점은 천신만고의 고생 끝에 오쿠보와 이토가 6월 17일 워싱턴에 돌아왔을 때 이미 이와쿠라 사절단은 본교섭에 들어가는 것을 포기한 상태였다는 사실이다. 왜냐하면 독일의 주일 영사로 휴가차 귀국했다가 일본에 돌아가는 도중 미국에 잠시 들른 폰 브란트(Max von Brandt)가, 이와쿠라 사절단과 만나 환담하던 중 최혜국대우에 관한 유익한 설명을 했기 때문이다.

브란트의 충고로 사절단은 최혜국대우에 관한 규정이 있는 이상 아무리 미국과 대등하고 유리한 조약을 체결해도 소용이 없다는 사실을 깨달았다. 명색이 외교사절이면서 최혜국조항에 대한 개념도 모르고 있는 것이 이와쿠라 사절단의 현실이었다. 오쿠보와 이토는 헛수고를 하며 여행일정의 3개월이 넘는 귀중한 시간을 낭비했다.

이를 계기로 오쿠보와 기도의 사이는 크게 나빠졌다. 근본적인 원인은 오쿠보가 이토와 3개월 동안 단둘이서 여행을 하는 동안 급속도로 친밀해진 탓이다. 이토는 경거망동으로 사절단의 일정을 망친 것에 대해 기도에게 크게 꾸지람을 듣고 오쿠보에게 접근하기 시작했다. 기도는 타고난 허약체질로 건강이 별로 좋지 않은데다가, 대단히 예민하고 신경질적인 성격을 가졌다. 그래서 화가 나면 불같이 화를 내고 무자비할 정도로 몰아세워 상대방을 질리게 만들기를 주저하지 않았다.

아무리 붙임성 좋은 이토라도 기도로부터 크게 꾸지람을 듣자 마음이 돌아섰다. 당시 불과 31세의 나이에 불과한 혈기왕성한 이토가 공을 세우기 위해 철없는 행동을 한 것은 어느 정도 이해가 가지만, 오쿠보의 경우는 변명의 여지가 없을 정도로 체면이 크게 손상되었다. 그래서 같은 처지로 동병상련의 입장에 있는 이토와 친밀해지기 시작한 것은 별로 이상한 현상이 아니다. 그러나 기도의 눈에는 자신의 심복부하를 오쿠보가 가로챈 것으로밖에는 보이지 않았다. 그 이후 오쿠보와 기도는 서로 대화하지 않는 사이가 되었고, 심기가 뒤틀린 기도는 사절단과 별도로 개인적인 행동을 하기 시작한다.

인생은 묘한 것이어서 처음에 문제를 잘 풀어나가지 못하면 나중에 만회하려 노력을 해도 계속 꼬이는 경향이 있다. 미국에서 엉망으로 일정을 마치고 영국으로 건너가는 이와쿠라 사절단의 경우가 그러했다. 사절단은 런던으로 직행하지 않고 리버풀을 통해 영국에 입국하며 불필요하게 시간을 낭비하는 버릇을 여전히 보여줬다. 당시 리버풀은 영국 제2의 항구도시로 번영하고 있었다.

사절단은 리버풀에 도착하자 입을 다물지 못할 정도로 놀랐다. 상상을 초월하는 교통량과 고층건물에 압도되었기 때문이다. 이미 미국을 시찰하고 웬만큼 익숙해졌다고 생각했지만 역시 대영제국은 달랐다. 후진국 일본에서 온 사절단이 제국주의 시대 초강대국 영국의 실체에 기가 죽는 것은 당연한 것인지도 모른다. 이윽고 런던에 도착했지만 미국에서 엉망이 된 일정의 후유증이 나타나기 시작했다. 여름휴가가 시작되어 빅토리아 여왕이 스코틀랜드로 휴양을 가버려 알현하는 것이 불가능했으며, 대부분의 주요 각료도 역시 휴가차 부재중이었다. 부득이하게 사절단은 여름휴가가 끝나기까지 기다려야만 했다.

사절단은 남는 시간을 이용해 런던을 비롯한 영국 각지를 여행하면서 보낼 수밖에 없었다. 마침 휴가차 영국으로 돌아온 주일 영국공사 파크스(Parkes)가 자진해 사절단을 수행했고, 동양문화에 조예가 깊은 알렉산더 장군이 의전담당으로 경호와 안내를 맡았다. 시찰의 대상은 방대한 분야와 지역에 이르렀다. 그야말로 구석구석 모든 시설, 제도와 자연환경까지 세밀하게 관찰하고 마치 영국이라는 국가를 해부하듯이 정력적으로 돌아다녔다.

그 중 사절단이 가장 감명을 받은 것은 거미줄같이 사방으로 뻗어있는 잘 발달된 철도망이다. 당시 영국은 이미 시속 100킬로미터로 달리는 증기기관차도 존재했고, 런던은 세계 최초의 지하철을 운행하고 있었다. 이것을 직접 타보면서 산업 발전을 위해 근대적 교통망의 정비가 필수적이라는 사실을 피부로 깨닫지 않을 수 없었다.

한편, 글래스고나 맨체스터, 뉴캐슬을 비롯한 유명한 산업지역을 시찰한 결과, 영국이 산업혁명으로 이루어 낸 성과에 절망감을 느끼지 않을 수 없었다. 당시 영국은 '세계의 공장'으로서의 절정기가 서서히 막을 내리고 축적된 부를 바탕으로 '세계의 은행'으로 변신하기 시작하던 시기다. 남북전쟁이 끝난 미국과 보불전쟁의 승리로 통일을 달성한 독일이 영국을 추격하기 시작하던 무렵이어서, 아직은 세계의 공장으로서 광채를 빛내고 있었다. 그러나 당시 영국에게 무참하게 유린당하던 중국이 지금은 세계의 공장으로 군림하며 무섭게 경제성장을 하고 있다. 역사에는 영원한 승리자도 패배자도 없다는 격언을 생각나게 한다.

열심히 시찰에 몰두하던 오쿠보는 영국의 산업혁명이 현재의 성과를 이루어낸 것은 불과 40년 정도 전이라는 사실을 알게 되었다. 그렇다면 일본이 지금부터 열심히 산업 발전을 위해 노력한다면 영국을 따라잡을 수 있다는 희망을 가졌다. 여기서 그는 귀국 후 산업진흥을 위한 구상을 가다듬기 시작했다. 그리고 산업 발전을 위해서는 사회간접자본의 정비와 아울러 충분한 교육을 받은 국민이 반드시 필요하다는 사실도 인식했다. 당시로서는 매우 귀중한 깨달음이라는 것은 물론이다.

영국 방문은 사절단이 초강대국 영국에 대해 가지고 있던 환상이 깨지는 계기도 되었다. 런던의 빈민굴을 방문하자 일본의 빈민과 다를 것 없는 참담한 현실을 목격했다. 게다가 도처에서 사절단을 신기한 동물을 구경하는 것처럼 행동하는 영국 국민들의 태도에도 놀랐다. 사절단의 멤버들은 영국인은 고도로 문명화된 국민들이라서 동양인을 보고도 무관심하거나 익숙할 것이라고 생각했지만 실제로는 그렇지 않았다. 호기심에서 사절단 단장인 이와쿠라의 뒤통수를 손으로 친 여자도 있었다. 동양인에게도 뜨거운 피가 흐르는지 확인해 보고 싶었다는 것이 이유였다고 한다.

또한 파크스가 영국 외무성에서 하찮은 존재에 불과하다는 사실에도 커다란 충격을 받았다. 사절단이 영국 외무장관과 회견할 때 파크스도 동석했지만 거의 존재가치를 무시당하는 말단 외교관으로 취급되었다. 물론 이것은 영국에서 차지하는 일본의 국가 위상과도 관계가 있지만, 파크스는 일본에서는 초강대국 외교관이자 서구 열강의 리더로 일본 정부 앞에 우뚝 서서 군림하는 존재다. 특히 그는 다혈질과 특유의 고압적인 태도로 일본인을 상대하는 것으로 유명했지만, 자발적으로 사절단을 수행하며 많은 도움을 주어 사절단을 기쁘게 만들었다.

5

독일 방문과 사절단의 귀국

　이와쿠라 사절단이 윈저궁에서 빅토리아 여왕을 알현하고 영국 방문을 마친 후 도버해협을 건너 프랑스를 방문했을 때는 이미 11월이 넘어 연말이 되어 있었다. 연말연시는 외교사절이 방문하기에 적당한 시점이 아니다. 서로에게 부담을 주기 때문이다. 여기서도 공식적으로는 따뜻한 환대를 받았으나 프랑스 국내의 반응은 냉담했다. 일본에서 사절단이 방문하는 것이 처음이 아니며 특별히 주목을 끌만한 것도 없었기 때문이다.

　막부가 멸망하기 직전 쇼군 요시노부가 프랑스로부터 차관을 얻기 위해 친동생 아키타케(昭武)를 파견할 당시는 선풍적인 관심을 끌었다. 일본 무사 특유의 두발모양에다가 허리에 칼을 찬 화려한 사무라이 예복을 입고 나폴레옹 3세를 알현하러 갔기 때문이다. 게다가 쇼군의 친동생이라는 고귀한 신분을 가졌다. 그러나 이와쿠라 사절단은 단발에 양복 차림이었고, 겉으로 보기에는 평범한 외국 사절단에 불과하다. 미국 워싱턴에서 양복을 구입한 이후로 사절단은 공식석상에서도 양복을 착용했다.

더군다나 사절단은 프랑스에 체류하는 동안 대부분의 시간을 파리나 그 주변에서 보냈고, 영국과 다르게 프랑스 각지를 정력적으로 돌아다니며 시찰하려 하지 않았다. 이것은 이와쿠라 사절단의 프랑스에 대한 인식과 밀접한 관련을 가지고 있다. 사절단은 영국이 고도로 발달한 공업국가로 인식하고 영국에서는 산업시설의 시찰에 집중했지만, 프랑스는 산업의 발전이라는 측면에서는 영국보다 뒤쳐진다는 인식을 가지고 있었다. 그러나 문명의 발달이라는 점에서 프랑스가 영국보다는 앞선다고 생각했다.

세련되고 우아한 공예품과 패션과 예술이 고도로 발달한 것을 눈으로 직접 보고 그런 생각을 하는 것은 당연한 것인지도 모른다. 런던과는 분위기가 달랐다. 프랑스의 수도 파리는 유럽을 대표하는 도시로 유럽문명의 상징적 존재 가운데 하나이고, 장차 일본의 수도 도쿄를 근대적 도시로 만들려 할 때 모델로 삼으려 점찍었다. 그래서 파리를 연구하고 관찰하는 것에 집중을 한 것이다. 오쿠보는 파리가 세계 제일의 도시라고 말할 정도였다. 그러나 그는 프랑스가 일본의 근대화를 위한 모델로 삼기에는 적당하지 않다는 인식도 아울러 가지고 있었다.

2개월에 걸친 프랑스 방문을 마친 사절단은 열차를 타고 독일로 향했다. 본래 독일에서 1주일 머물 예정이었으나 4주일로 길어졌다. 그래도 시간 배분으로 따지면 프랑스의 절반밖에는 되지 않는다. 그러나 구메 구니타케의 《회람실기》에서는 오히려 프랑스보다 많은 양을 할애해서 독일에 관해 기술하고 있다. 다시 말해 미국과 영국 다음으로 많은 양을 할당한 것은 프랑스가 아니라 독일이다. 어째서 이런 결과가 나온 것일까? 사절단이 신생 통일국가인 독일을 직접 보고 일본의 모델로 삼기에 적당하다고 생각했기 때문이다.

신생국가인 일본도 독일처럼 약소국에서 강대국으로 탈바꿈하길 원하는 강렬한 열망이 밑바탕에 있었다. 3월 11일 독일 황제 빌헬름 1세를 알현하고, 다음날에는 독일 통일을 달성한 철혈재상 비스마르크와 독일군부의 대표자 몰트케와 회견했다. 몰트케는 보불전쟁을 승리로 이끌었으며, 근대적 참모조직을 만들어낸 장본인으로도 유명하다.

3월 15일 비스마르크가 직접 사절단의 간부진을 초대해 연회를 베풀었다. 여기서 비스마르크는 유명한 연설을 한다. 연설의 요점은, 국제사회는 힘의 원리가 지배하는 약육강식의 세계이고, 국제법은 어디까지나 강대국에 유리한 경우 사용되는 도구에 불과하다는 점을 강조했다. 결론적으로 국제법에 바탕을 둔 국제질서는 '허구'라고 단언한 것이다. 이것은 오늘날에도 설득력 있는 연설이다.

약육강식의 세계에서 살아남기 위해 사절단이 우선해야 할 것은 조약개정에 노력하는 것이 아니라, 국력을 키우기 위해 힘써야 한다는 것을 암시하는 발언이었다. 박력 있는 어조로 솔직하게 국제정치의 현실을 알려주고 사절단을 격려하는 비스마르크의 태도가 오쿠보와 이토를 매료시켰다. 야심 있는 정치가는 자신보다 위대한 인물을 닮으려 노력하기 마련이다. 이때부터 오쿠보와 이토는 남몰래 일본의 비스마르크가 되려고 꿈꾸기 시작했다.

재미있는 사실은 사절단에게 강렬한 인상과 감명을 안겨준 연설이지만, 정작 비스마르크 자신은 이 연설을 대수롭지 않은 것으로 생각했다는 점이다. 그래서 비스마르크의 회고록이나 공식기록에 이 연설을 한 사실이 수록되어 있지 않았다. 그러나 그로부터 28년 후인 메이지 34년(1901) 12월 이토가 독일을 방문해 이 연설로 받은 감명을 회고하면서 널리 알려지게 되었다. 그 무렵 일본은 청일전쟁에서 승리하여 아시아의 강대국으로 발돋움하는 시점이고, 이토는 일본을 대표하는 정치가로 국제사회에 널리 알려진 상태였다.

이와쿠라 사절단이 유럽 각국을 순방하면서 일본이 해외에 파견한 유학생들과 접촉을 가지는 것은 필연적이었다. 통역을 위해 현지어를 할 줄 아는 유학생이 필요했고, 다른 한편 유학생들이 제대로 공부하고 있는지 체크하는 목적도 있었다. 특히 일본 정부가 유학비용을 부담하는 국비유학생의 경우는 더욱 그러하다. 사절단은 유학생의 상당수가 일본의 근대화에 별다른 도움이 되지 않는 분야를 공부하고 있거나 빈둥거리며 보내고 있다는 사실을 파악했다. 사절단이 독일을 방문했을 당시 통역으로 근무한 유학생은 아오키 슈조(青木周藏)다.

아오키는 죠슈번 출신이므로 확실한 출세의 발판을 잡은 셈이었다. 메이지 정부의 핵심적인 실세들과 접촉하는 것은 아무에게나 가능한 일이 아니다. 결국 아오키는 나중에 독일공사를 거쳐 외무장관까지 출세한다. 죠슈번 출신이라는 점을 감안하면 그 이상의 출세도 가능했지만 아오키에게는 정치적 재능이 없었다. 숙맥이라고 해도 과언이 아닐 정도로 정치적 감각이 무뎠다.

이와쿠라 사절단이 가장 중요하게 생각한 점의 하나는 장래 일본의 정치체제를 어떻게 만들어야 할 것인가에 있었다. 그래서 방문한 유럽 국가 중 적당한 모델을 발견하기 위해 노력했다. 사절단의 멤버 중에서 여기에 가장 관심을 나타낸 인물은 이상가 기질이 풍부한 기도 다카요시였다. 미국이나 영국은 모델로 하기에 적당하지 않다고 생각해 산업시찰이 주된 것이 되었을 뿐이다.

미국을 방문했을 당시 그랜트 대통령은 스캔들에 휘말려 정치적으로 매우 곤란한 곤경에 빠져있었고, 이를 직접 목격한 사절단은 공화정치에 대해 좋지 않은 인상을 받았다. 게다가 유럽을 방문하자 방문하는 국가마다 이구동성으로 남북전쟁이라는 내전으로 엄청난 희생을 치룬 미국의 공화정치에 대해 부정적인 인식을 나타냈고, 이것이 그대로 사절단에게 영향을 주지 않을 수 없었다. 당시 유럽 국가는 거의 대부분이 프랑스 대혁명에도 불구하고 군주정치를 시행하고 있었다. 더군다나 나폴레옹 3세 몰락 후 시작된 프랑스의 공화정치가 파리코뮌 등으로 극심한 혼란의 양상을 보이는 것을 직접 눈으로 목격하자 공화정치에 대한 미련은 거의 없어지게 된다.

한편으로 입헌군주제에 바탕을 둔 영국식 내각책임제에 대해서도 흥미를 잃었다. 군림하되 통치하지 않는다는 영국의 입헌군주제는 천황제 국가를 꿈꾸는 이와쿠라의 생각과는 커다란 차이가 있었다. 막부가 통치하던 시절 결재서류에 도장을 찍어주는 존재에 지나지 않던 천황과 별다른 차이가 없기 때문이다. 또한 사절단은 영국 의사당을 방문해 고도로 발달한 정당정치의 실상을 직접 눈으로 보고 좌절감을 느꼈다.

조사와 연구를 통해 영국 민주정치의 발전이 한순간에 이루어진 것이 아니라는 사실도 알았고, 모방하기 용이하지 않다는 점에 의욕을 상실하고 만다. 그러나 독일의 경우는 달랐다. 영국과 마찬가지로 군주제 국가이나 독일 헌법은 황제에게 흔히 '대권'이라 부르는 강력한 권력이 부여되어 있었다. 그러나 현실적으로 황제가 통치를 하지 않고 비스마르크가 권력을 장악하고 있는 것이 당시 독일의 실상이다.

이것은 천황을 앞세워 번벌정치가가 통치하는 일본의 정치현실과 매우 유사한 구조이며, 독일식 입헌체제가 사절단의 강렬한 관심을 끌게 된다. 게다가 당시 독일헌법은 유럽에서 가장 최신 헌법으로 좋은 평가를 받고 있었다. 이와쿠라나 오쿠보가 독일식 입헌정치에 대한 호감을 가지는 결정적인 계기가 이때 만들어졌다.

그럼에도 불구하고 독일에 대한 전체적인 평가가 그렇게 좋은 것만은 아니었다. 아직 산업혁명이 꽃을 피운 것도 아니고, 프랑스에 비해 문화와 예술이 고도로 발달한 것으로도 보이지 않았다. 독일의 지역사회에 융커라고 부르는 영주가 지배하는 중세적 사회구조가 여전히 강한 점도 사절단의 눈에는 감점 요인이었다. 그러나 보불전쟁에서 승리하고 자신감에 가득 차 눈부신 발전을 하고 있다는 점은 분명했고, 이러한 사실을 간과하지 않았다.

독일에서 1주일 예정의 체류기간이 4주일로 연장되었지만, 러시아는 예정 그대로 1주일 머물렀다. 사절단은 모스크바조차도 방문하지 않았다. 러시아는 일본과 영토분쟁을 일으키고 있는 상태고 장래 가상 적국이 될지도 모르는 사이였지만 매우 소홀하게 다룬 것이다. 이것은 사절단이 서유럽을 먼저 방문했다는 사실과 밀접한 관련이 있었다.

당시 서유럽에서 러시아를 좋게 보는 국가는 거의 없다고 해도 과언이 아니었으며, 사절단이 참석한 파티나 연회에서 러시아에 관한 좋지 않은 평가나 악담을 자주 들었다. 유럽의 정세에 관한 객관적 정보나 지식이 절대적으로 부족한 사절단에게 있어서, 귀동냥으로 들은 정보나 소식은 중대한 영향을 미치지 않을 수 없었다. 오늘날처럼 간단히 마우스를 클릭해 인터넷으로 막대한 정보를 얻을 수 있는 상황이 아니기 때문이다.

확실히 당시 러시아는 일본보다 별로 나을 것이 없는 후진국이었다. 그러나 유럽에서 영국과 라이벌이고 광대한 영토와 잠재력을 가지고 있다는 점을 생각하면 무시하는 것은 금물이다. 러시아는 일본 사절단을 따뜻하게 환대하고 최고의 대접을 하려 노력했지만, 사절단의 마음은 이미 러시아를 떠난 상태였다. 속마음으로는 마지못해 방문한다는 것이 본심이다. 그래서 러시아 방문 역시 관광여행의 틀을 벗어나지 못했다고 봐야 한다. 게다가 오쿠보는 러시아를 방문하지 않았다. 본국으로부터 산죠 태정대신이 소환을 명령했기 때문이다. 오쿠보는 독일까지만 사절단에 참가하고 프랑스의 마르세이유를 통해 귀국길에 올랐다.

《회람실기》의 저자인 구메는 유럽의 강대국 중 가장 볼품없는 국가로 러시아를 지적했으며, 그가 강대국으로 평가하지 않은 신생 통일국가 이탈리아보다도 할당량을 적게 배정하는 횡포를 저질렀다. 당시 유럽을 대표하는 강대국 중 하나였던 오스트리아-헝가리 제국 역시 찬밥 취급을 당하기는 마찬가지였다. 비록 《회람실기》는 구메의 개인적인 저작물이지만 사절단의 공식 시찰 보고서라는 성격을 가지고 있었으므로, 사절단의 유럽 각국에 대한 인식을 그대로 반영한 것으로 봐도 무방하다.

다른 한편 사절단의 행동패턴은 생각보다 상당히 복잡했다. 수행한 이사관 중에서 정치나 교육 등 전문분야에 특별한 조사나 연구의 임무를 받고 독자적으로 행동한 경우도 많았고, 영국과 프랑스를 방문한 시점에서 이런저런 이유로 본국으로 돌아간 자도 여러 명 있었다. 이 중에서 가장 주목할 만한 활동을 한 사람은 미국의 교육제도를 조사하라고 명령받은 다나카 후지마로(田中不二麿)다. 이때의 경험을 계기로 다나카는 나중에 교육부에 해당하는 문부성의 실권자로 활약하며 일본에 미국식 교육제도를 이식하는 작업을 추진했다.

사절단이 여행을 하는 동안 공식적으로는 어느 국가에서나 따뜻한 환대와 대접을 받았지만, 이와는 반대로 기독교 단체로부터는 가는 곳마다 항의에 시달려야 했다. 메이지 초기 외교적 분쟁을 일으킨 나가사키의 우라카미(浦上) 기독교도 탄압사건이 원인이었다. 이 사건은 이와쿠라와 별다른 관련이 없었으나, 단장 이와쿠라가 탄압을 주도한 것으로 오해받았던 탓에 사절단이 공격의 표적이 된 것이다.

여기에 대해 사절단이 특별히 반박을 한 적은 없었고, 그저 묵묵히 그들의 주장을 듣는 것에 머물렀다. 이를 계기로 종교의 자유의 중요성에 대한 인식이 자연스럽게 생기게 되었다. 일본이 기독교 탄압을 전면 중단하고 종교의 자유를 허용하게 된 계기 중 하나는 이와쿠라 사절단의 경험이 있었기 때문이라고 해도 과언이 아니다.

본국으로부터 소환명령을 받고 사절단은 스위스에서 관광여행을 즐기던 것을 중지하고 부득이하게 도중에 귀국해야만 했다. 스페인과 포르투갈을 방문하는 것은 체념하지 않을 수 없었다. 기차로 프랑스의 마르세이유에 도착한 후 기선을 타고 수에즈 운하를 통과해 귀국길에 올랐다. 항해 도중 동남아시아나 중국의 항구에도 들렀지만 유럽에 비하면 냉담하고 무관심에 가까운 반응을 나타냈다. 이러한 사절단의 태도에서 아시아를 포기하고 서구화를 지향하는 모습을 읽는 것이 가능하다. 주변 국가를 본격적으로 침략하기 훨씬 이전부터 '탈아입구(脫亞入歐)'를 무의식적인 행동으로 나타낸 것이다.

이와쿠라 사절단이 후세에 어떠한 영향을 미쳤는가라고 묻는다면 누구도 여기에 대해 명쾌한 답변을 하지 못한다. 국민의 세금으로 돈을 물쓰듯하며 해외로 관광여행을 다녀왔다는 냉소적인 반응이 당시에도 있었지만, 정부의 핵심적 수뇌들이 해외에 직접 나가 서구문명의 실체를 견문하고 왔다는 의미는 부정할 수 없다. 그들이 보고 듣고 기록한 모든 것이 일본의 근대화에 참고자료가 된 것은 확실하다.

사절단의 핵심인물인 오쿠보와 기도는 귀국하고 불과 몇 년 후 사망했으나, 이토 히로부미는 메이지 시대 말기까지 생존하며 일본 정치무대에서 주역으로 활약했다. 또한 사절단의 공식기록원 구메 구니타케가 저술한 《회람실기》 시리즈는 오랫동안 일본인들이 애독하는 서적 가운데 하나가 되었고, 2차 세계대전이 끝난 후에도 복각되어 출판될 정도였다.

전체적인 여행일정에서 절반 이상의 시간을 영국과 미국에 투자했지만, 나중에 결과적으로 보면 독일 방문이 일본의 장래에 가장 지대한 영향을 미쳤다. 사절단의 귀국 후 권력을 잡은 오쿠보와 그의 후계자인 이토 히로부미가 비스마르크를 존경하고 독일식 제도를 일본에 이식하려고 적극적으로 노력했기 때문이다. 결국 장기간의 시찰 결과 일본이 근대화의 모델로 선정한 국가는 독일이라고 해도 과언이 아니다.

제2장
영웅시대의 종말

- 사이고 내각
- 정한론 정변
- 오쿠보 정권
- 오쿠보 정권의 대외문제 처리
- 지조개정과 질록처분
- 자유민권운동과 오사카 회의
- 서남(西南)전쟁 발발과 구마모토 공방전
- 가고시마의 별이 지다

1
사이고 내각

 이와쿠라 사절단이 출발하자 사이고를 우두머리로 하는 정권이 탄생했다. 형식상 태정대신 산죠가 있었지만 허수아비에 불과했다. 내각제도는 아직 정식으로 만들어지지 않았지만 사이고 내각이라 칭해졌다. 아울러 정부 실세들이 외유하는 동안에 집권한 정권이라는 의미로 '부재(不在)정부'라는 표현도 흔히 사용된다.
 당초 사이고는 사절단과 약정한 대로 별다른 움직임을 나타내지 않았다. 그러나 10개월로 예정된 사절단의 여행일정에 중대한 차질이 생기자, 약속을 지키기 어려운 상황이라는 점이 분명해졌다. 여기서 이타가키는 사이고에게 근대화를 달성해야 하는 중대한 시점에 사절단이 돌아올 때까지 손가락이나 빨며 기다릴 수 없다고 설득했다. 이러한 설득이 사이고의 마음을 움직여 당초 사절단과 약속을 깨고 개혁을 추진하게 된다. 이점에 관해 오쿠보가 사전에 양해를 했는지 여부는 확실하지 않지만, 만약 알았어도 강력히 반대하지는 않았을 것이 분명했다.

이와쿠라 사절단이 출발하기 3일 전 사절단의 멤버와 사이고를 비롯한 잔류파 사이에 중요한 약정을 맺었다. 폐번치현의 사후처리를 제외한 신규 사업을 추진하지 않는 것, 행정기구의 개편을 금지하는 것, 주요 관직의 인사를 동결하는 것 등이 주된 내용이다. 당초 예정으로는 이와쿠라 사절단이 귀국하면 국내 잔류파가 교대해 해외에 나간다는 방침을 세웠다. 그렇기 때문에 사이고가 신규 사업을 추진하려 한 사실은 엄밀히 말한다면 사절단과 맺은 약속에 위반하는 것이다.

막상 개혁을 추진하려 해도 사이고는 행정실무에 익숙한 인물이 아니다. 그래서 각 행정부서에 자리 잡은 쟁쟁한 인재들이 개혁을 추진하고 사이고가 이를 후원하거나 승인하는 방향으로 진행되었다. 사이고 정권이 추진한 개혁 중 대표적인 것 3가지가 '징병제'와 의무교육을 실시하는 '학제', 근대적 조세제도를 확립한 '지조개정'을 들 수가 있다. 이를 메이지의 3개 개혁이라 한다.

여기에 더해서 질록처분, 경찰제도 창설, 국립은행제도, 우편제도, 태양력 실시 등도 이루어 냈다. 그 대부분은 이미 사절단이 출발하기 이전부터 실시가 예정되어 있었거나 준비가 추진 중이던 정책이었으나, 사이고가 전격적으로 실행에 옮긴 점에 특징이 있었다. 이것은 사이고의 지도력이 뛰어났기 때문이라기보다는, 개혁을 추진하려는 의욕에 불타고 있던 유능한 인재들에 대해 자유방임에 가까운 태도를 취한 것이 만들어낸 결과였다.

아무튼 사이고의 치하에서 짧은 기간에 폭발적인 스피드로 개혁을 이루어 낸 것만은 분명한 사실이다. 이 시기를 제외하고 일본 역사상 이렇게 단기간 동안 막대한 개혁의 성과를 이루어낸 경우는 찾아보기 힘들다. 정부의 핵심 멤버가 해외에 나가 있는 동안에도 개혁이 중단되기는커녕, 오히려 개혁의 걸림돌이 제거되기라도 한 것처럼 눈부신 속도로 진행했다. 이 중에서 지조개정과 질록처분은 사이고가 퇴진한 이후에도 진행되는 대사업이었으므로 나중에 따로 설명하기로 한다.

이 시기 사이고가 직접 추진한 사업으로는 경찰제도 창설을 들 수가 있다. 사이고는 수도인 도쿄의 치안을 유지하기 위해 경찰이 필요하다는 것을 인식하고 이를 추진했다. 이를 위해 사쓰마번의 하급무사인 향사(鄕士)를 대거 채용해 충당했다. 3,000명 중에서 무려 2,000명이 가고시마현 출신이었다. 애초 이들을 나졸(邏卒)이라 불렀는데 나중에 유명한 '순사(巡査)'라는 호칭으로 교체했다. 그리고 이들의 우두머리로 사이고가 발탁한 향사 출신의 가와지 도시요시(川路利良)를 앉혔다. 가와지는 무진전쟁에서 활약을 인정받아 사이고가 발탁한 향사 중 하나다. 이를 계기로 경찰은 사쓰마벌 텃밭의 하나로 굳어지는 결과가 되었다.

한편, 사이고 내각에서 가장 발군의 활약을 보인 인물이 사법성(司法省)의 우두머리였던 사가번 출신의 에토 심페이였다. 에토는 1834년 생으로 사이고보다는 7세 연하다. 같은 사가번 출신의 오쿠마와 비슷하게 막부 타도와 메이지 유신에 직접적으로 공헌한 것은 별로 없지만, 스스로 공부를 많이 했으므로 학식과 식견이 뛰어났다. 특히 법률과 제도에 관한 지식은 발군이었다.

에토 심페이(江藤新平)

좌원에서 활동을 하던 에토는 사법성이 신설되고 초대 사법경에 취임하는 것을 계기로 재능을 활짝 펼쳤다. 그는 평소 부국강병의 기초가 법과 제도의 정비에 있다는 신념을 가진 인물이다. 당시로서는 획기적인 발상이었다.

에토가 장악한 사법성은 상상을 초월하는 막강한 권한을 가진 행정부서였다. 아직 관료제도가 충분히 정비되지 않았던 탓에, 당시 사법경은 오늘날로 치면 대법원장·검찰총장·경찰청장·법무장관을 합친 것과 비슷한 위치에 있었다. 본래 사법성은 형사소송만을 담당하는 별것 아닌 기구였으나 에토가 사법경에 취임하면서 사정이 180도로 달라졌다. 그는 조직 만들기와 조직의 기반을 다지는 일에 뛰어난 솜씨를 발휘했다.

좌원이 만들어지자 기존에 없었던 좌원 부의장의 보직을 스스로 만들고 취임해 좌원을 입법 심의기관으로서 궤도에 올리고, 이번에는 법치주의와 사법제도를 정착시키려고 사법경에 취임한 것이다. 이러한 막강한 권한을 가진 사법성의 우두머리가 된 에토는 자신의 신념인 법치국가 건설을 위해 매진했다.

자신의 신념을 실현하기 위해 가장 먼저 착수한 것이 지방관이 가지고 있던 재판권을 사법성 관할로 회수하는 작업이었다. 중세의 지방관은 행정권과 사법권을 동시에 가지는 것이 특징이지만, 근대 이후 지방관은 삼권분립의 이념에 입각해 행정권만을 가진다. 이를 근거로 내세워 지방관들의 반발을 물리치고 재판권 회수를 강행했다.

각지에 재판소를 설립하고 판사를 임명해 배치하기 시작하는 한편, 여기에 수반해 지방관이 가진 경찰사무도 사법성이 회수했다. 불과 2개월 정도의 짧은 시간에 우선 관동지방 대부분 지역에 재판소가 설치되었다. 게다가 판사뿐만 아니라 검사도 만들어 형사소송 구조의 근대화를 도모하는 노력도 게을리 하지 않았다.

아울러 에토는 법치주의에 대한 신념을 잘 나타내는 획기적인 포고를 하나 만들었다. 바로 메이지 5년(1872) 11월 28일에 포고된 사법성달(達) 제46호였다. 이 포고의 요점은 지방관이 인민의 인권을 침해하는 경우 재판에 호소할 수 있다는 것이다. 지방관의 횡포와 자의적 행동을 억제해 법치주의를 확립하고, 인민이 인권을 침해당하면 구제를 받을 수 있는 합법적인 길을 열었다. 종래 막강한 권한을 가진 지방관이 인권을 침해해도 구제를 받을 수 있는 길은 없었고, 폭동을 일으키거나 탄원서를 제출하는 등의 방법이 있었을 뿐이었다. 게다가 마리아 루즈호 사건을 계기로 10월 2일에는 일체의 인신매매를 금지하는 포고도 냈다.

한편, 에토는 의무교육을 실시하기 위한 학제의 실시에도 깊이 관여했다. 메이지 4년(1871) 7월 18일 교육을 담당하는 문부성(文部省)이 설립되자 초대 문부대보로 에토가 임명되었다. 문부경에 임명된 사람이 없었으므로 사실상 에토가 문부성의 우두머리였다. 문부성에서 근무한 기간은 불과 1개월도 되지 않았으나, 그 짧은 기간에 문부성의 기초를 확립했다. 그리고 국가가 국민에게 필요한 교육을 제공해야 한다는 생각을 바탕에 두고 학제의 청사진을 기획한다. 이것이 나중에 문부경에 임명된 같은 사가번 출신의 오키 다카토(大木喬任)에게 계승되어 메이지 5년(1872) 8월 3일 학제의 포고로 결실을 맺은 것이다.

이에 따라 전국을 8개의 대학구(大學區)로 나누고, 1대학구는 32개의 중학구(中學區)로 1중학구는 210개의 소학구(小學區)로 나누었다. 소학구마다 1개의 초등학교를 설립한다는 이 계획에 의하면 전국에 초등학교 53,760개를 설립하게 된다. 나폴레옹이 만든 프랑스의 학구제를 참고로 한 중앙집권적 의무교육제도의 실시방침이었다. 교육과정에 있어서는 미국식을 많이 참고했다.

이 방법이 결코 최선의 방법은 아니나, 단기간에 의무교육제도를 확립한다는 점에 있어서는 획기적인 조치였다. 취학연령에 해당하는 아동에게 최소한 초등교육은 받게 한다는 방침에 중점이 두어졌다. 문제는 예산의 확보였다. 당시 예산으로는 학제를 뒷받침하는 것이 곤란했다. 게다가 대장성을 장악하고 돈줄을 쥐고 있는 이노우에가 비협조적인 태도를 나타냈으므로 초등학교 건설비용을 민중의 부담으로 돌려야 했다. 그래서 전국 각지에서 폭동과 소요가 일어났다. 지나치게 의욕만 앞세운 문부성의 날림행정이 빚어낸 결과다.

어린아이라도 농촌에서는 귀중한 노동력이다. 이러한 아동을 강제로 취학시킬 것을 명령하는 한편, 학교 건설비용을 주민에게 돌리고 수업료도 거두었다. 이러면 의무교육은 '공짜'여야 한다는 제도적 취지에 크게 어긋나고, 학부모들이 강하게 반발하는 것도 당연했다. 학제의 공표에 수반해 문부성이 발간한 해설서는 의무교육이 수익자 부담주의를 취하는 점을 명시했다. 오늘날 관점으로 보면 위헌적인 정책이다. 그럼에도 불구하고 3년 후에는 2만 4천개 정도의 초등학교가 만들어졌다.

비록 양적으로 폭발적 성장세를 보였지만, 질적인 측면에서는 역시 날림이었다. 교재로 사용할 교과서도 제대로 편찬하지 않았고 충분한 수의 교원도 확보하지 못했다. 또한 고등교육기관의 설립은 예산 부족으로 사실상 거의 포기상태였다. 학제의 실시는 당시 일본이 시행한 근대화정책의 모순을 적나라하게 보여주는 사례 중 하나였다. 국민 모두가 교육을 받게 한다는 이상을 표명하면서도 이를 위한 예산조차 확보하지 못한 상태에서 위로부터 강압적으로 급진적 정책을 실시하는 것은, 목적이 좋으면 수단과 방법은 문제되지 않는다는 발상에 다름 아니다.

징병제가 도입되기까지는 복잡한 사정이 있었다. 당시 군부의 실권을 장악한 인물은 죠슈번의 야마가타 아리토모였다. 오늘날 국방부에 해당하는 병부성은 메이지 5년(1872) 2월 육군성과 해군성으로 분리되었다. 문제는 번벌정부의 속성을 가진 메이지 정부가 군부도 역시 파벌투쟁의 결과로 육군은 죠슈벌이 장악하고, 해군은 사쓰마벌이 장악하는 상황으로 발전한 점에 있었다. 육군성은 육군 대보와 근위도독을 겸직한 야마가타가 장악했으며, 해군성은 해군 대보에 임명된 사쓰마 출신의 가와무라 스미요시(川村純義)가 장악했다. 해군경과 육군경을 따로 임명하지 않았으므로 이 두 사람이 사실상 육군과 해군을 대표하는 군부의 실권자가 되었다.

이처럼 가와무라가 해군 대보에 발탁된 것은 순전히 사이고와 인연에 의한 것이다. 가와무라는 사이고의 사촌여동생과 결혼해 인척관계에 있었고,

청소년 시절부터 10세 연상의 사이고를 형님으로 모시고 따라다녔다. 본래 그는 해군과 거의 관계가 없는 인물이다. 네덜란드의 지원으로 막부가 만든 나가사키 해군전습소에서 몇 개월 수업을 받은 것이 해군과 인연의 전부였다. 이러한 그가 엉뚱하게 해군 최고위직으로 발탁된 것은 사이고의 후원이 없었으면 불가능했다. 그래서 사이고가 가와무라를 해군의 수뇌로 발탁한 것은 변명의 여지가 없는 정실인사이다. 사이고는 경찰뿐만이 아니라 해군에도 사쓰마벌의 씨앗을 뿌렸다.

한편, 야마가타는 나중에 늙어서 기회가 있을 때마다 징병제가 자신의 결단에 의한 공적이라고 자랑했다. 그러나 사실 사이고가 징병제에 반대했다면 야마가타의 힘만으로 징병제를 도입하는 것이 불가능했다. 사이고는 문관으로 참의의 하나에 불과했지만, 무관인 군인으로는 원수·육군 대장의 절대적 지위에 있었다. 군인으로 사이고보다 상급자는 오직 대원수라는 직함이 부여된 천황만이 있을 뿐이다.

본래 야마가타가 전면적 징병제를 지지한 것은 결코 아니다. 죠슈번에서 기병대를 통솔한 경험을 가지고 있었으므로 일반 백성을 징병하는 것에 반대하지는 않았으나, 군 간부인 장교나 하사관은 어디까지나 무사 출신으로 모집한다는 발상을 가지고 있었다. 당시 군부의 실력자 중에서 전면적 징병제에 찬성한 사람은 거의 없었고, 대다수가 무사 출신으로 구성된 군대를 만드는 것에 찬성이었다. 그런데 어찌하여 야마가타가 전격적으로 징병제를 도입한 것일까? 여기에는 그가 저지른 비리 사건이 중요한 역할을 했다.

야마가타에게는 야마시로야 와스케(山城屋和助)라는 친구가 있었다. 야마시로야는 본래 기병대 출신이나 이렇다 할 활동은 없었고 주색에 빠져 지냈다. 막부 멸망 후 상인으로 변신해 육군의 죠슈번 출신자와 결탁했다. 기병대 출신이므로 접근에 아무런 어려움이 없었다. 야마시로야는 이들에게 유흥을 제공하고 국방예산을 빌려 자신의 사업자금으로 사용했다. 이 돈을 이용해 생사 시장에 투기했으나, 시세의 폭락으로 15만 엔이라는 거액을 날렸다. 게다가 만회하려는 생각에 계속 돈을 빌렸다. 결국 이렇게 빌린 총액이 64만 엔에 이르렀다. 이는 당시 국가예산의 1%, 국방예산의 10%에 해당하는 거액이었다.

궁지에 몰린 야마시로야는 사업실패를 만회하기 위해 직접 프랑스에 갔다. 실제로는 야마가타가 자신의 비리를 감추려고 야마시로야를 해외로 보낸 것일 가능성이 많았다. 아무튼 프랑스에서도 그는 주색잡기를 멈추지 않았다. 파리에서 돈을 흥청망청 쓰는 일본인에 관한 소문이 어느덧 프랑스 주재 일본 영사 사메지마 나오노부(鮫島尙信)에게도 알려지고 그를 통해 이것이 일본으로 전해지게 된다.

다른 한편 사쓰마번 출신으로 육군성 회계감독이었던 다네타 마사아키(種田政明)가 야마가타의 비리를 은밀히 조사해 사이고의 심복 중의 심복인 육군 소장 기리노 도시아키(桐野利秋)에게 알리면서 문제가 크게 확대되지 않을 수 없었다. 다혈질에다가 곧은 성격을 가진 기리노는 야마가타에게 거칠게 항의하고 그를 궁지에 몰아넣었다. 여기서 급기야 야마가타는 사표를 제출하는 상황에 이른다.

겉으로 보기에 육군의 사쓰마 세력이 죠슈벌 대표인 야마가타의 비리를 적발해 숙청하려는 구도가 되었다. 그러나 사이고는 야마가타를 구제해 주었다. 기리노를 비롯한 육군 내부의 사쓰마 세력을 제지했으며, 야마가타가 사표를 제출하고 나서 2개월 후 오히려 초대 육군경으로 취임시킨다. 이것은 평소 사이고의 성격을 생각하면 매우 의외의 행동이었다. 청렴한 성격의 그는 돈 문제로 비리를 저지르는 것을 무척이나 싫어했다.

대장성의 돈줄을 쥐고 있는 이노우에 가오루를 그토록 증오한 것도 지위를 이용해 미쓰이(三井)와 결탁했기 때문이다. 사이고가 어째서 야마가타를 구제해 줬는가는 확실하지 않다. 야마가타의 재능을 인정했기 때문이라는 견해가 설득력이 있지만, 그의 친동생인 사이고 쓰구미치의 입장도 고려했을 것이다. 쓰구미치는 육군성 육군 소보와 근위부도독의 직위에 있었고, 야마가타와 함께 보불전쟁을 시찰하러 유럽에 다녀온 이후로 절친한 친구가 되었다.

이처럼 사이고는 야마가타의 허물을 덮어줬으나 사법경 에토 심페이는 그렇지가 않았다. 법치주의 확립에 부심하는 에토의 입장에서는 야마가타의 비리를 용납할 수 없었다. 에토는 수사에 착수할 것을 명령한다. 그대로 수사가 진행하면 야마가타는 끝장이다. 일생일대의 위기에 빠진 그는 야마시로야에게 황급히 귀국할 것을 요청하고 빌린 돈을 갚으라고 독촉했다.

귀국한 야마시로야는 증거서류를 불에 태운 다음 육군성 응접실에서 할복 자살했다. 이때가 메이지 5년(1872) 11월 29일. 굳이 육군성을 자살 장소로 택한 것은 혼자만 책임을 부담하라는 야마가타에 대한 항의의 표시로 볼 수 있다. 또한 야마가타를 대신해 그의 수족인 육군성 회계감독관 후나코시 마모루(船越衛)가 처벌을 받았다. 후나코시는 히로시마번 출신이나, 오무라 마스지로의 제자였으므로 죠슈벌에 준하는 인물이라고 해도 무방했다. 야마가타는 굳이 죠슈번 출신이 아니라도 자신에게 충성을 하면 과감하게 발탁하는 것을 주저하지 않았다. 그는 인맥을 만드는 것에 탁월한 재주를 가지고 있었다.

야마시로야가 자살하기 전날인 11월 28일에 전격적으로 징병고유(告諭)와 조칙이 발표된다. 그가 자신의 비리를 감추고 주의를 다른 곳으로 돌리기 위한 극단적 조치였다. '징병령'의 정식 공포는 그로부터 15일 후이므로 날림 행정의 또 다른 표본이었다. 정상적인 절차에 따른다면 징병제를 실시한다는 조칙을 발표할 당시 징병령도 당연히 완성되어 있어야 한다. 웃기게도 법을 완성하기도 전에 법의 포고부터 먼저 한 셈이다.

징병령을 황급히 실시하면서 야마가타가 노린 진정한 목적은 근위병의 약화에 있었다. 비록 그가 근위도독으로 근위병의 우두머리였지만, 실제로 사이고의 심복인 기리노 도시아키와 시노하라 구니모토(篠原國幹)가 근위병을 완전히 장악한 상태다. 근위병은 당시 일본 정부가 보유한 유일의 정규군대였고, 이러한 상황을 배경으로 군부 수뇌에 대해 막강한 영향력을 행사했다.

징병제를 실시해 정규군을 대량으로 만들면 유일한 정규군이라는 근위병의 위상은 급속히 추락한다. 야마가타는 이것을 노린 것이다. 한편으로 이것은 진정한 국민의 군대를 건설할 것을 주장하는 에토 심페이를 만족시키는 효과도 있었다. 이러한 추잡한 사실이 징병제를 전격적으로 실시한 진정한 이유였다. 사실 당시 상황으로 징병제를 실시해 대규모 군대를 보유할 필요성은 거의 없었다. 일본의 국가안보를 위협하는 국가가 없었기 때문이다. 게다가 징병제를 실시할 만큼 예산이 풍요로운 것도 아니었다. 이러한 점을 고려해 징병제에는 매우 광범위한 면제규정이 만들어졌다. 특히 대인료(代人料)라는 명목으로 270엔을 납부하면 징병을 면제받는 것이 가능했다. 결국 돈이 있으면 군대에 가지 않아도 되는 불평등한 결과가 되었다. 270엔은 가난한 농민에게는 거액이나 잘사는 집의 자제는 감당하기 어려운 액수가 아니었다. 어차피 실제로 입대하는 자는 20%도 되지 않았다. 즉, 굳이 대인료라는 제도를 만든 것은 징병제 실시에 의한 국방예산의 부족을 조금이라도 덜기 위해 부유한 집안으로부터 돈을 뜯어내자는 발상이다. 그리고 호주와 그 상속자도 면제대상에 포함시켰다. 결국 집안의 자식 중에서 장남이나 외아들은 군대에 가지 않아도 된다. 또한 군복무를 하고 있는 형제가 있으면 역시 면제의 혜택을 받았다.

징병제가 실시되자 이것의 취지를 잘 이해하지 못하고 입대하면 영원히 헤어지는 것으로 오해해 동반자살한 모자도 있었다. 그러나 약삭빠르게 면제규정을 악용해 군복무를 면제받는 자도 대량으로 발생했다. 호적을 사서 상속자가 없는 집안에 서류상 양자로 들어가면 값비싼 대인료를 납부하지 않아도 간단히 해결된다. 징병을 회피하기 위해 다른 집안의 양자로 들어갔기 때문에 이를 보통 '징병양자'라고 불렀다.

또한 징병제가 실시되지 않은 오키나와나 홋카이도로 호적을 옮겨 징병을 피하는 경우도 있었다. 일본 지폐의 도안에도 등장하고 메이지 시대를 대표하는 문학가로 널리 알려진 나쓰메 소세키(夏目漱石)가 바로 이러한 경우에 해당된다. 군복무를 면제받는 방법이 적힌 소책자도 불티나게 팔렸다.

징병제 후유증으로 유명한 혈세폭동도 일어났다. 징병고유에서 병역의 의무를 '혈세(血稅)'라고 표현한 것을 오해해 징병제가 피를 뽑기 위해 실시하는 것으로 여겼기 때문이다. 메이지 6년(1873) 6월 돗토리(鳥取)현에서 농사를 짓던 농부가 낯선 자를 목격하고, 피를 뽑으러 온다고 오해하고 이를 사람들에게 알렸다. 이를 계기로 2만 명이 넘는 농민이 참가하는 어처구니없는 대규모 폭동으로 발전했다. 농민들은 징병제나 의무교육의 취지를 정확하게 이해하지 못해 반발하고, 자신들에게 새로운 부담을 강제하는 것에 대해 커다란 불만을 가졌다. 도쿠가와 막부 시절에 병역의 의무나 자녀교육의 의무는 없었기 때문이다.

급속한 개혁을 추진하던 사이고 정권이 커다란 위기에 처하게 된 것은 예산문제를 둘러싸고 일어났다. 대장성을 실질적으로 장악한 이노우에 가오루의 태도가 문제의 불씨였다. 이노우에는 대장경 오쿠보가 사절단에 참가하는 것을 겉으로는 반대했지만, 막상 오쿠보가 해외로 나가자 대장성을 자신의 텃밭으로 만드는 작업을 추진해 대장성을 완전히 장악하는 것에 성공했다. 이러한 목적을 위해 그는 오쿠보에게 협조해 죠슈벌의 우두머리인 기도가 사절단에 참가하도록 권유하는 것에도 중요한 역할을 했다.

문제는 자금줄을 쥐고 있는 이노우에가 편파적으로 예산을 배분하는 것에서 비롯되었다. 오쿠마나 에토 등의 쟁쟁한 인물들이 의욕적으로 새로운 사업을 추진하면서 좀 더 많은 예산을 자신의 부서에 할당해 주길 원했다. 어차피 당시 부족한 정부의 예산으로 이러한 요구를 모두 만족시키는 것이 무리였으나, 이노우에가 육군성에 대해서는 편파적인 태도를 나타내면서 반감을 샀다.

육군성 실권자가 같은 죠슈번 출신인 야마가타이므로 육군성 예산을 후하게 배정하고, 사가번의 출신자가 장악한 사법성이나 문부성이 요구한 금액은 대폭적으로 삭감해버렸다. 특히 이노우에는 사법성이 요구한 200만 엔 중에서 불과 45만 엔만을 인정해 갈등의 씨앗을 만들었다. 여기에 반발한 사법경 에토가 메이지 6년(1873) 1월 장문의 사직서를 작성하고 사의를 표명해 갈등이 표면화되기에 이르렀다. 이와쿠라 사절단이 출발하기 이전 근대화를 추구하는 상징처럼 여겨졌던 대장성이 오히려 근대화에 제동을 거는 부서로 전락한 것이다.

이를 계기로 정부가 분열하는 조짐이 보이자 사이고는 해결책으로 정원의 강화를 추진했다. 개개의 행정부서에 쟁쟁한 인물들이 할거해 서로 다투며 갈등과 알력이 일어나는 것을 중재하고 조정할 필요성을 느꼈기 때문이다. 그러나 여기서 중대한 문제가 발생했다. 정원의 강화를 위한 사전포석으로 새롭게 참의에 취임한 인물들이 전부 삿쵸 번벌 이외의 출신들로, 돈줄을 쥐고 횡포를 부리는 이노우에에게 적대감을 가진 인물들이었다. 특히 사법성을 앞세워 죠슈벌을 압박하는 에토가 참의에 취임한 것은 이노우에가 크게 위기의식을 느끼게 만들었다. 사이고의 의도대로 정원의 강화가 실현되면 종래 막강한 권한을 휘두르던 대장성은 현저하게 약화되는 것이 불가피했다.

5월 2일 정식으로 정원과 그 구성원인 참의의 권한을 대폭적으로 강화하는 직제의 개정이 행해지자, 그 다음날 이노우에는 심복 시부사와 에이치(澁澤榮一)와 함께 사직서를 제출하고 하야하고 만다. 그는 하야한 후 정부예산에 관한 자세한 내용을 언론에 누설해 사이고를 곤란하게 만드는 비열한 행동도 주저하지 않았다. 그러나 이를 계기로 정부의 예산안을 공표하는 관행이 만들어지기도 했다.

그럭저럭 정부가 분열하는 위기를 수습하기는 했지만 사이고는 넘지 말아야 되는 선을 넘고 말았다. 학제나 징병제 등 신규 사업의 추진은 사절단의 멤버가 귀국하고 나서 묵인하거나 추인하는 것이 가능했다. 그러나 죠슈벌의 우두머리인 기도 다카요시의 최측근 이노우에 가오루를 쫓아내고, 삿쵸 번벌 이외의 자를 대거 참의에 등용하며 권력지도를 크게 바꿔 놓은 것은 문제가 다르다. 이것은 정부의 분열을 야기할 위험성이 매우 높은 것이며, 결국 나중에 정한론 정변이 일어나는 근본적 원인을 제공했다. 아무튼 사이고는 사절단과 맺은 약속의 중요한 사항을 대부분 어겼다.

본래 이노우에는 돈을 무척 밝혔다. 당시 일본을 대표하던 부호가문 미쓰이와 매우 밀접하게 결탁한 것은 유명한 사실이고, 편파적인 예산 배정으로 물의를 일으켜 사이고의 비위를 건드렸다. 그는 단지 유력한 부호와 밀착하는 것에 그치지 않고 직권을 이용해 이권을 추구했다. 대표적인 사례가 오사리자와(尾去澤) 광산을 갈취한 것을 들 수가 있다. 이 광산은 형식상 난부(南部)번의 유력한 부호인 무라이 모혜(村井茂兵衛)의 소유로 되어 있었다. 그러나 사실은 무라이의 소유가 아니고 난부번이 대대로 소유한 자산으로 난부번의 재산이다. 다만 무진전쟁의 과정에서 역적이 된 난부번에 대해 정부가 70만 량이라는 막대한 헌금을 강요했으므로, 돈이 궁하게 된 난부번은 부호였던 무라이에게 광산의 경영권을 대여하고 돈을 빌렸다.

폐번치현이 실시된 후 대장성이 난부번의 자산을 인수하려고 조사하는 과정에서 무라이가 난부번으로부터 2만 5천량을 빌린 차용증이 발견되었고, 대장성은 이것의 반환을 요구했다. 그러나 사실은 무라이가 꿔준 돈이었고, 채무자인 다이묘의 체면을 고려해 빌린 것처럼 기재한 것이다. 이러한 현상이 난부번에만 특유한 것도 아니고, 이노우에도 사정을 잘 알고 있었지만 태연하게 빌린 돈을 갚으라고 강요했다.

평소 오사리자와 광산을 탐내고 있었던 이노우에는 무라이가 갚지 못하자 즉시 광산을 빼앗았다. 그리고 광산을 담당하는 공부성 수뇌 야마오 요죠(山尾庸三)에게 부탁해 이노우에의 부하에게 헐값으로 불하하도록 요청한다. 야마오는 이노우에와 같은 죠슈번 출신이고, 막부 말기 이노우에·이토와 함께

제2장 영웅시대의 종말

몰래 영국으로 유학을 간 5인 중 한 명이었다.

　비록 광산의 명의상 소유자는 무라이였지만 사실은 난부번의 가보와 같은 재산이었으므로 문제가 커지지 않을 수 없었다. 게다가 비열한 수법으로 직권을 이용해 권력자의 소유물로 만들었다. 그래서 이 사실을 알게 된 에토는 가만히 있지 않았다. 이노우에 일생일대의 위기가 찾아온 것이다. 이때가 메이지 6년(1873) 8월 무렵이다.

　이상에서 본 것처럼 에토는 야마가타와 이노우에를 비롯한 죠슈벌의 유력한 인물들을 공격하는 급선봉이었다. 죠슈번 출신으로 출세한 인물들이 돈을 밝히고 각종 이권에 개입하는 이상 사법권을 가진 에토와 충돌하는 것은 불가피했다. 즉, 에토가 본래 의도한 것이든 아니든지 간에 죠슈벌을 표적으로 하는 번벌투쟁을 벌이는 양상이 전개된 것이다. 아울러 에토는 기도 다카요시의 심복인 마키무라 마사나오(槇村正直)도 건드렸다. 마키무라의 직책은 교토의 참사(參事)였으나, 기도의 후광으로 사실상 교토 시장이나 마찬가지였다.

　마키무라는 교토를 근거로 활동하는 유력한 부호인 오노(小野) 가문으로부터 돈을 뜯어내 기도에게 정치자금을 공급했다. 즉, 그는 기도의 정치자금을 관리하는 핵심인물이다. 그런데 오노 가문이 본거지를 교토로부터 새롭게 경제 중심지로 부상하는 도쿄로 옮기고자 희망하면서 문제가 발생한다. 자금줄이 빠져나가는 것을 막기 위해 마키무라는 이것을 제지했다.

　여기에 대해 오노 가문은 앞서 말한 지방관의 횡포로 인민의 권리가 침해당한 경우 법에 호소할 수 있다는 사법성 포고에 희망을 걸고 소송을 제기했다. 그 결과 오노의 본거지를 도쿄로 옮기라는 판결이 내려졌다. 그러나 마키무라는 이것을 무시했다. 이 때문에 에토의 명령으로 마키무라는 체포되어 구속되었다. 이것을 계기로 기도 다카요시의 에토에 대한 증오심은 돌이킬 수 없는 상황까지 갔다.

2
정한론 정변

사이고 정권이 직면한 대외문제는 여러 가지가 있었다. 조선과 국교수립 문제와 사할린에서 러시아와 갈등, 대만에서 오키나와 어민이 살해된 사건 등이 해결해야 하는 문제로 등장했다. 특히 조선 문제는 메이지 신정권이 성립하고 나서도 전혀 진전이 없었다. 메이지 신정부가 도바·후시미 전투의 승리 직후 곧바로 조선에 왕정복고의 통지를 하고 국교수립을 요청했지만, 조선이 문서에 '황(皇)'이나 '칙(勅)'과 같은 글자가 있다는 이유로 국서의 수령을 거부한 것은 잘 알려진 사실이다. 일본에서는 이것을 문제 삼아 무례하다는 이유로 반감을 품기 시작했다.

애초 일본 정부 내부에서 국교수립을 완강히 거부하는 조선 문제가 중대하게 다루어진 적도 거의 없었다. 문자 그대로 건국 초기의 혼란한 상황이므로 한반도 문제는 우선순위에서 밀려나는 것도 당연했다. 그러나 기도 다카요시가 메이지 2년(1869)의 무렵 느닷없이 정한론(征韓論)을 주장하면서 상황이 달라지기 시작한다. 심지어 기도는 오무라 마스지로를 꼬드겨 한반도

침공을 위한 군사작전의 도상연습까지 했다. 앞서 본 것처럼 메이지 초기 막부 타도 과정에 적극적으로 참가하지 못한 기도는 정부 내의 정치적 입지가 오쿠보보다 뒤쳐졌다. 이를 만회하기 위한 충격요법의 하나로 정한론을 주장한 것이다.

야심차게 기도가 주장한 정한론은 오쿠보의 견제로 겉으로는 별다른 반향을 불러일으키지 못했지만, 신정부의 최고실력자였던 만큼 실제로는 조선과 국교 교섭을 담당하는 외무성의 실무관료들에게 커다란 영향을 주었다. 막부 말기부터 요시다 쇼인을 비롯한 수많은 지식인이나 재야인사가 정한론을 주장했다. 그러나 그러한 주장은 어디까지나 현실정치에 거의 영향을 미치지 못하는 백면서생의 탁상공론에 불과하다. 하지만 기도 다카요시는 오쿠보와 더불어 당시 일본 정부의 양대 기둥이었다.

대통령이 햇볕정책을 주장하는 것과 재야의 대학 교수가 햇볕정책을 주장하는 것은 영향력 측면에서 엄청난 차이가 있기 마련이다. 그래서 기도는 정한론의 씨를 신정부 내부에 뿌린 '원조' 정한론자라고 평가해도 과언이 아니다.

폐번치현을 계기로 조선과의 교섭은 쓰시마번의 소관에서 외무성 소관으로 넘어갔고, 외무성의 실무관료들은 기회가 있을 때마다 끊임없이 조선에 대한 강경책을 주장했다. 이노우에가 대장성을 떠나고 사이고 내각에 분열의 위기가 찾아왔을 때, 마침 조선의 왜관에 근무하는 외무성 관료가 조선의 강경한 태도에 관해 본국에 보고했다. 이때가 메이지 6년(1873) 5월 무렵이다. 특히 왜관에 게시한 벽보가 문제를 일으켰다. 그 벽보는 서양인과 교류하는 일본을 오랑캐로 멸시하는 어조로 되어 있었고, 일본인과 접촉하는 자는 사형에 처한다는 과격한 내용이었다. 이를 보고받고 격분한 이타가키가 적극적으로 정한론을 주장하기 시작했다. 우선 1개 대대의 병력을 조선에 파병하자고 각의에서 제안하고, 여기에 조선이 강경하게 대응해 무력충돌이 일어나면 이를 발판으로 조선과 전면전쟁을 의도한 것이다.

이타가키는 사이고 정권의 2인자이고 도사번 세력의 간판 인물이었다. 그러한 그가 흥분해서 강경하게 정한론을 주장하기 시작하자, 분위기가 정한론의 방향으로 크게 기울기 시작한다. 여기에 사이고의 심복인 기리노를 비롯한 군부의 사쓰마 세력들도 대거 가세했다. 정국이 답답한 정체양상을 보이기 시작하면, 대외적 방향에서 돌파구를 찾으려고 하는 것이 일본 정치가들의 습성이다.

그럼에도 불구하고 사이고는 병력 파견에는 일단 반대했다. 그때까지 교섭이 부진한 이유를 일본 정부가 고위관료를 파견해 성의 있는 태도를 보이지 않았기 때문이라고 주장하고, 스스로 조선에 사절로 가서 담판할 것을 제안한다. 여기서부터 문제가 복잡하게 꼬이기 시작했다.

본래 외교교섭은 외무성 담당이고 외무경 소에지마 다네오미(副島種臣)가 담판을 위해 조선에 가는 것이 순리에 맞았다. 그러나 당시 소에지마는 중국과 교섭하러 출장 중이었다. 그래서 사이고가 직접 가겠다고 나선 것이다. 여기서 사이고를 정한론자로 지목하는 중요한 근거는 그가 이타가키의 앞으로 보낸 편지가 남아있기 때문이다.

그 편지에서 사이고는 우선 조선에 병력을 파병하는 것이 바람직하지 않다는 점을 밝히고, 자신이 조선에 가면 살해당할 것이 분명하므로 이것이 개전의 계기가 된다고 했다. 결국 이 편지에 따르면 사이고는 자신을 희생해 조선과 개전의 계기를 만들려고 직접 조선에 간다는 것이다. 이것이 사이고를 정한론자로 지목하는 중요한 근거이다. 그렇다면 이타가키에게 이러한 편지를 쓴 목적이 무엇일까라는 의문이 든다.

강경하게 정한론을 주장하는 이타가키를 만류하고, 자신을 사절로 파견하는 것에 동의를 얻어내기 위한 목적이 아닐까라는 추측이 있다. 사이고가 이 편지를 쓰기 직전 소에지마 외무경이 중국과 교섭을 성공리에 마치고 귀국했다. 소에지마는 중국이 조선의 개국에 반대하지 않는다는 의향을 확인하고, 조선 문제의 처리에 대한 자신감을 가지고 자신이 직접 조선에 가길 원했다.

여기에 다급해진 사이고가 조선사절 파견에 관한 라이벌의 입장이 된 소에지마를 누르기 위해 이러한 극단적인 내용이 담긴 편지를 이타가키에게 보낸 것이라는 견해가 있다. 각료회의에 참가 가능한 참의 중 사쓰마 출신은 오직 사이고 혼자이고, 오쿠마와 에토를 비롯한 사가번 출신의 참의 3명은 동향 출신의 소에지마를 사절로 파견하는데 찬성할 가능성이 높았다. 이타가키마저 자기편으로 만들지 못하면 내각에서 고립될 위험이 있었다. 아무튼 이타가키에게 보낸 편지 덕분에 사이고는 그의 지지를 얻는 데 성공한다.

외무성 우두머리인 소에지마는 사가번 명문 무사가문의 출신자로, 본래 에다요시(枝吉) 가문에서 태어났지만 소에지마 가문에 양자로 들어갔다. 그런데 소에지마의 친형 에다요시 신요(枝吉神陽)는 사가번의 번교 홍도관(弘道館)의 교수로, 참의로 임명된 오쿠마 시게노부(大隈重信)・에토 심페이(江藤新平)・오키 다카토(大木喬任)를 전부 가르쳤다. 다시 말해 당시 사이고 정권의 사가번 출신 참의들은 소에지마 친형의 제자들이다. 그렇기 때문에 사가번 출신의 참의들은 소에지마를 조선에 사절로 파견하는 데 찬성할 가능성이 많았다.

다른 한편 사이고가 이타가키에게 자신의 진심을 알린 것은 아닌가라는 의문이 들 수도 있다. 사이고가 이타가키와 친밀해지기 시작한 것은 이와쿠라 사절단이 떠나고 정부를 인수한 직후부터고, 양자는 세계관이나 정치적 신념에서 상당한 차이가 있었다. 이러한 점은 정한론 정변 후에 극명하게 드러났다. 결론적으로 두 사람은 정치적 파트너라는 한계를 크게 벗어나지 못한 사이였다. 게다가 사이고가 조선에 간다 하더라도 조선이 사이고를 살해한다는 보장은 없었다. 또한 조선이 교섭을 하러 온 외교사절을 살해할 정도로 야만적인 국가인지도 의문이다.

　이러한 사실만을 부각시키면 사이고가 본심으로는 정한론을 주장한 인물이 아니라는 뉘앙스를 풍기게 된다. 사이고가 공식석상에서 노골적으로 정한론을 주장한 적이 없다는 것은 사실이다. 그러나 비공식석상에서는 스스로를 희생해 전쟁의 명분을 만들겠다고 열심히 주장하고 다닌 것도 역시 사실이다. 사이고의 공식적 입장만을 강조하고 부각시킨다면 그가 정한론자가 아니라는 결론을 이끌어내는 것도 가능하다.

　문제는 그가 정한론을 주장했느냐, 아니냐는 정한론 정변을 이해함에 있어 핵심요소가 아니라는 점이다. 어차피 당시 사이고가 정한론에 대해 어떠한 생각을 가지고 있었는지 입증할 결정적인 사료는 없다. 남아 있는 사료는 사이고가 정한론자라는 생각을 갖지 않을 수 없게 만드는 것이 거의 대부분이다. 중요한 점은 그가 외무성을 제치고 직접 조선에 가려고 고집을 부렸다는 점이다. 바로 이 점이 정한론 정변이 만들어지는 출발점이었다.

　또 다른 문제는 산죠 태정대신이 사이고가 조선에 가는 것을 결사반대한 점에 있었다. 겁이 많고 소심한 산죠는 사이고가 자리를 비우면 가뜩이나 흔들리는 정부가 와해된다고 두려워했다. 불안에 떠는 산죠를 설득하기 위해 사이고는 이타가키에게 말한 취지와 동일한 것을 말했지만 이것이 예상하지 못한 역효과가 되어 나타났다. 사이고가 조선에 가서 살해당할 것을 각오한 것처럼 암시한 발언은, 산죠에게 정부 와해와 전쟁이라는 감당할 수 없는 공포를 안겨다 주었다.

　산죠의 간곡한 만류에도 불구하고 사이고가 각의를 열어 사절 파견을 결정하라고 정신적 압박을 가하자, 그는 이와쿠라 사절단에게 급히 귀국하라는 전보를 보내기에 이르렀다. 사이고를 저지하기 위한 극약처방이었다. 독일 방문을 마치고 귀국길에 오른 오쿠보는 이미 귀국한 상태였고, 기도는 그로부터 2개월 후에 귀국했다. 결국 사이고 스스로 조선에 파견되길 원하며 강경한 자세를 보인 결과 유럽에서 관광여행에 여념이 없었던 이와쿠라 사절단을 본국으로 불러들였다. 여기서 정한론 정변이 출발점의 단계를 지나 본격적으로 개시된다.

막상 오쿠보는 귀국했어도 도쿄에 머물지 않고 휴양을 구실로 지방을 떠돌며 온천에서 보냈다. 그는 공훈을 세우겠다고 과욕을 부려 이와쿠라 사절단을 엉망진창으로 만든 장본인이었고 실의에 빠져 있는 상태였다. 해외시찰을 통해 그는 내면적으로 많은 것을 깨닫고 배웠지만, 겉으로 드러난 가시적인 성과는 아무것도 없었다. 아무리 신정부 실세인 오쿠보라도 아무 일도 없었다는 듯이 슬쩍 정부로 복귀할 수 있는 상태는 아니었다. 게다가 그가 귀국했을 당시 이미 사이고 정권이 폭발적인 스피드로 일본 역사상 유례를 찾아보기 힘든 눈부신 업적을 올리고 있었다. 그래서 그가 정부에 복귀하려면 무엇인가 확실한 장래 정국에 관한 구상이 있어야 가능했다.

한편, 기도 다카요시는 러시아 방문을 마치고 사절단 본진과 헤어져 오스트리아 빈에서 열린 만국박람회에 참석했지만, 사실상 관광여행을 2개월이나 더하고 귀국한다. 그는 귀국하고 나서 재빨리 상황파악에 들어갔다. 사이고가 자신의 심복 이노우에를 정부로부터 추방한 것을 비롯해 자신의 파벌에 공격을 가한 사실을 알고 무척 분노했을 것은 상상하기 어렵지 않다. 다른 한편 기도는 정한론에 반대하는 입장을 명확히 밝혔다. 시기상조라는 것이 그 이유다. 그러나 기도는 예전에 조선침공의 군사작전을 위한 도상연습까지 한 메이지 정부의 원조 정한론자다.

그러한 그가 정한론에 반대한다고 뻔뻔하게 표면으로 나서는 것은 논리적인 두뇌와 이성을 가진 그의 특성상 어려웠다. 또한 사이고와 직접 접촉하게 된다면 그동안 쌓인 분노가 일거에 폭발해 극한적인 정면충돌을 할 가능성도 많았다. 결국 기도도 이와쿠라 사절단의 본진이 귀국하기까지 기다릴 수밖에 없는 상황이었다. 기도가 오쿠보와 사이가 벌어지지 않았다면 오쿠보와 협의해 즉시 사이고에 대한 반격에 나서고도 남을 위인이지만, 자존심이 강한 기도는 차라리 침묵을 지키는 편을 선택했다.

　9월 13일, 마침내 이와쿠라 사절단의 본진이 요코하마로 돌아왔다. 2일 후 이와쿠라는 산죠를 찾아가 부재중에 벌어진 상황을 듣고 대책을 협의한다. 일단 사이고를 조선에 사절로 파견하는 것을 저지하는 데 원칙적으로 공감대를 형성했다. 그리고 이를 위해 일단 오쿠보가 정부로 복귀해야 한다는 점에 있어서도 역시 동의했다. 이러한 와중에 눈부시게 활약을 한 것이 이토 히로부미다.

　이토는 귀국 다음날 곧바로 기도를 방문했다. 붙임성이 좋은 이토는 기도와 서먹하게 된 사이를 복원하려 하였다. 비록 미국에서 기도로부터 크게 꾸지람을 듣고 사이가 벌어졌으나, 언제까지나 마음에 응어리를 담고 있는 성격은 아니다. 친화력이 뛰어난 것이 이토의 장점이었다.

　한편, 기도는 오쿠보나 이와쿠라와 관계를 회복하기 위해 이토가 필요했다. 기도와 이토는 몰락 위기에 있는 죠슈벌을 다시 예전으로 돌려야 한다는 점에 대해 강렬한 공감대가 형성되어 있었다.

　기도의 증오의 표적은 사이고였지만 당장 눈앞에 있는 공동의 적은 에토 심페이다. 사법권을 가지고 합법적으로 죠슈벌을 압박하는 에토를 제거하는 것이 급선무였다. 그러나 정한론이 화두인 이상 비록 참의의 신분에 있더라도 '원조 정한론자' 기도는 표면에 나설 수 없었다. 게다가 그가 앞장서 나선다면 사쓰마와 죠슈벌 사이의 번벌투쟁으로 문제가 엉뚱하게 전개될 가능성이 컸고, 그렇게 되면 피는 물보다 진하다는 속담처럼 오쿠보가 기도에게 등을 돌릴 것은 뻔했다.

　이러한 와중에 오쿠보는 이와쿠라 사절단이 귀국하고 1주일 정도가 지난 9월 21일 도쿄로 돌아왔다. 이와쿠라와 산죠는 오쿠보가 정부에 복귀하라고 설득했지만 그는 거듭 거절했다. 이러한 상황에서 이토는 정력적으로 움직였다. 일단 사쓰마의 차세대 리더 구로다 기요타카(黑田清隆)를 포섭하며 오쿠보와 연결통로를 만들었다.

　구로다는 본래 사이고의 수제자이고 그의 심복 중의 심복이었지만, 사이고가 북방문제에 대해 무관심한 것이 원인이 되어 감정의 골이 생겼다. 사실 사이고가 조선과 국교를 수립하려는 중요한 목적의 하나는 러시아에 대한 대비책에 있었다. 사이고는 러시아의 남하정책을 저지하기 위해 한반도를 일본의 세력권으로 만들어야 한다는 점을 중시했다. 그러나 구로다는 홋카이도 개척사(開拓使) 장관이라는 자신의 입장에서, 러시아와 교섭해 사할린 문제를 해결하는 것이 사이고 정권의 가장 중요한 외교정책이라고 생각했다. 게다가 사이고가 사절단과 약속을 깨고 인사문제에 손을 댄 것을 정치도의상 신의를 저버린 행동이라고 비난하면서 격렬하게 반발했다.

　번벌의식이 강한 구로다는 정부 내에서 삿쵸세력이 약화되고 있는 현실을 타파하고자 하는 생각도 있었다. 그렇기 때문에 오쿠보 복귀를 위해 정치공작을 하는 이토가 접근하자 협조하는 태도를 취한 것이다. 이리하여 사쓰마와 죠슈벌의 차세대 리더가 손을 잡고 오쿠보의 참의복귀를 설득하러 나섰다. 그러나 오쿠보는 움직이지 않았다. 이러한 상황에서 사이고는 조선에 사절로 가는 문제를 최종적으로 마무리하기 위해 이와쿠라와 접촉하기 시작했다.

　이처럼 사이고를 조선에 사절로 파견한다는 제안은 이미 8월 17일 정식으로 각료회의에서 결정되었고 천황의 재가도 얻었다. 그러나 천황은 매우 불안해하는 산죠의 입장을 고려해, 이와쿠라가 귀국하길 기다려 그와 협의하고 최종결정하라는 조건을 붙였다. 이렇게 천황이 변칙적으로 조건을 붙이는 행동이 정한론 정변의 중대한 변수를 만들었다. 사이고는 귀국한 이와쿠라와 협의하라는 조건을 요식행위에 불과한 것으로 받아들였으나, 만약 이와쿠라가 사이고의 주장에 반대하면 정치적 갈등으로 발전할 수밖에 없었다.

　이렇게 정한론 정변을 발전시키는 중대한 조건을 붙이도록 산죠가 천황에게 강요하거나 집요하게 요청했을 가능성은 희박하다. 투철한 근왕사상을 가진 그는 평소부터 메이지 천황에 대해 절대적인 충성심을 나타냈다. 그리고 이러한 산죠를 항상 가장 믿을만한 신하로 생각하고 있던 천황의 입장에서는, 불안에 떠는 그를 안심시키기 위해 호의를 베푼 것에 불과했다.

한편, 이와쿠라나 산죠는 오쿠보를 정부에 복귀시키는 문제에 몰두했으며, 사이고를 조선에 파견하는 것은 지연시키는 작전으로 일관한다. 여기에 분노한 사이고가 산죠에게 격렬하게 항의하는 것은 당연했다. 각의에서 정식으로 결정되고 한 달 이상의 시간이 지났고, 이와쿠라가 귀국하자마자 그의 형식적인 동의를 얻은 후 곧바로 조선으로 갈 생각을 하고 있었다. 하지만 이와쿠라와 접촉한 이후 산죠가 무관심한 반응을 보이자 속이 뒤집힌 것이다. 또한 사이고는 이와쿠라에게도 격렬하게 항의했다.

이러한 사이고의 태도에 위기의식을 강하게 느낀 산죠와 이와쿠라는 오쿠보를 복귀시키기 위해 필사적으로 설득했다. 결국 10월 8일 오쿠보의 동의를 얻는 데 성공한다. 그러나 오쿠보는 복귀에 특별한 조건을 붙였다. 만약 자신이 정부에 복귀하면 산죠와 이와쿠라가 도중에 변심하지 않고 일관해서 자신을 지지한다는 각서를 쓰라고 요구한 것이다.

권모술수의 화신이라 할 수 있는 오쿠보는 어째서 산죠와 이와쿠라가 자신의 정부 복귀를 간절히 원하는지 잘 알고 있었다. 만약 복귀하면 죽마고우 사이고와 정면대결하는 상황은 피하기 어려웠다. 이 때문에 자신의 의지로 복귀하는 것이 아니라 다만 상관의 명령에 따를 뿐이라는 태도를 명확히 하길 원했다. 오쿠보다운 교활한 수법이다.

그렇다면 오쿠보가 사이고와 대결을 결심한 원인이 무엇인지 의문이 들지 않을 수 없다. 오쿠보는 히사미쓰에게 발탁된 이후 정치의 중심에서 밀려난 경험이 없었다. 항상 사쓰마번의 핵심인물로 정국을 리드했고, 막부 멸망 후에는 메이지 정부의 기둥과 같은 존재였다. 그러한 그가 불과 2년도 안 되는 해외여행을 마치고 돌아오자 설 자리가 없어졌다. 인간은 궁지에 몰리면 평소와 다른 사악한 본성을 드러내기 마련이다. 강렬한 권력욕을 가진 그는 권력을 다시 차지하기 위해 눈이 뒤집힌 것이다.

　한편, 오쿠보는 유서도 썼다. 사이고를 절대 추종하는 심복들에게 암살될 가능성도 있었기 때문이다. 즉, 그는 나름대로 결사의 각오로 사이고와 대결에 나섰다.

　자신의 행동을 합리화하기 위해 어쩔 수 없이 사이고와 대결한다는 마음가짐을 나타냈지만 과연 본심은 어땠을까? 이를 뒷받침하는 명쾌한 사료는 없으나, 오쿠보의 냉혹한 성격과 권력에 대한 집착을 생각하면 설사 죽마고우와의 대결이라도 불사하지 않았을 것은 분명했다.

　이리하여 오쿠보는 이와쿠라와 산죠의 명령으로 사이고를 저지한다는 명분을 세우고 본격적인 반격계획을 수립하기 시작했다. 그는 산죠와 이와쿠라가 은밀히 사이고를 회유해 사절 파견을 연기하자는 제안에 반대했다. 사이고의 성격을 잘 알고 있는 오쿠보는 그와 당당하게 정면 대결하는 것 이외는 방법이 없다고 생각했다. 이를 위해 오쿠보는 소에지마 외무경을 참의로 승진시킬 것을 요구한다. 소에지마는 오쿠보의 인맥에 속한 인물은 아니지만 조선에 사절을 파견하는 문제에 대해 사이고와 라이벌 관계에 있었다. 오쿠보는 소에지마가 최소한 중립은 지킬 것으로 기대했다. 그러나 소에지마는 오쿠보의 기대에 어긋나게 번벌적 입장에서 결국 사이고 지지로 돌아섰다.

　이러한 준비를 끝내고 마침내 10월 14일 운명의 각료회의가 열린다. 기존에 7명이었던 참의의 진용이 오쿠보, 이와쿠라, 소에지마가 추가되어 10명이 되었다. 삿쵸세력 사이의 번벌투쟁으로 발전할 것을 우려한 기도 다카요시는 병을 이유로 참가하지 않았다.

　회의석상 사이고는 8월 17일의 결정사항을 명시하고 이를 최종적으로 다시 확인해 달라고 요청했다. 여기에 오쿠보가 나서서 반론했다. 산죠나 이와쿠라의 생각을 그대로 대변해, 조선에 사절을 파견하면 전쟁에 연결된다는 논리로 반대했다. 그리고 조선에 사절을 파견하면 안 되는 이유로서 7가지를 열거한다. 사실은 전쟁을 반대하는 7가지 논거였다.

　전쟁이 일어나면 러시아를 이롭게 한다, 국제수지가 악화된다, 영국의 내정간섭을 초래한다는 등을 내세웠다. 사이고를 조선에 사절로 파견하면 필연적으로 전쟁에 연결된다는 보장이 없음에도 불구하고, 당연히 전쟁이 일어난다고 강력하게 암시하는 주장을 한 것이다.

　이처럼 어설픈 논리를 내세워 반격을 시도하는 오쿠보의 태도가 사이고를 화나게 만들었다. 사이고와 오쿠보는 논쟁을 벌이기 시작하고 급기야 서로 얼굴을 붉히고 언성을 높이는 말싸움으로 발전하게 된다. 오쿠보는 해외에 나가 있는 동안 이러한 중대한 결정을 사이고가 멋대로 결정한 점을 비난했으며, 인사문제에 손대지 않는다는 약속을 위반한 점도 들추어내 공격했다.

　분명히 사이고는 사절단과의 약속을 위반했다. 그러나 먼저 약속을 지키지 않은 것은 사절단 쪽이다. 귀국하기로 예정된 기일을 훨씬 초과해 여행을 계속했다. 사이고는 주인이 여행을 떠난 사이 집을 지키는 개가 아니며, 막부 타도에 세운 공적은 오쿠보에게 결코 뒤지지 않았다. 즉, 사이고는 사절단이 언제 돌아올지 모르는 기약 없는 상황이라면, 정책을 결정하고 집행할 수 있는 충분한 자격이 있었다. 그렇지만 사전양해도 없이 정부 내부의 권력지도를 바꿔놓은 것은 권력투쟁으로 연결될 가능성이 높다는 점에서 사이고의 커다란 잘못이었다.

　아울러 원만하게 사후수습을 하려는 조치도 취하지 않았다. 특히 에토 심페이가 죠슈벌을 압박하는 것에 대해 자유방임적인 태도를 취한 것이 분쟁의 싹을 키웠다. 외부에서 보면 혼자 권력을 독차지할 목적으로 비겁하게 뒤통수를 치는 행동을 한 것이며, 사절단의 참가멤버가 자신을 공격하는 빌미를 제공하는 불필요한 행위에 다름 아니다. 이러한 상황에 무신경하게 대응하면서도 조선에 사절로 가는 문제에 집착하는 태도는 사절단의 멤버가 귀국한 후에도 정국의 주도권을 잡기 위한 행동으로 여겨지는 것이 당연했다.

험악하게 변한 분위기를 전환하려고 이타가키가 제기한 질문에 답변하는 과정에서, 오쿠보는 사절 파견 연기의 중요한 목적으로 내치를 우선해야 한다는 점을 들었다. 그리고 내치 우선을 실행하기 위해 자신이 직접 나서 내무성을 새롭게 신설하는 구상을 가지고 있다고 비장의 카드로 제시한다. 그는 내무성을 설치하고 기반을 다지기 위해서 적어도 50일 정도의 시간이 필요하다고 주장했다. 이 발언을 계기로 외무경 소에지마가 사이고에게 내무성을 만드는 동안 사절 파견을 연기하는 것이 어떤가라고 슬쩍 떠보았지만, 이미 인내심이 바닥나고 감정이 상한 사이고는 단호히 거부했다.

이처럼 오쿠보가 사절 파견 연기를 위해 전쟁반대와 내무성 설치안을 들고 나온 것에 주목해, 회의에 참석한 멤버 중 '내치우선'을 주장하며 사절 파견에 반대한 자들은 '문치파', 이와는 반대로 찬성한 자들을 '무단파' 라고 도식적으로 분류하는 견해가 종전에 널리 사용되었다.

무단파라는 용어는 사절 파견에 동의한 점이 조선과 전쟁에 찬성한 것과 마찬가지라는 인식을 밑바탕에 두고 만들어진 것이다. 반면, 문치파는 이와쿠라 사절단에 참가해 견문을 넓히고 부국강병과 산업진흥의 중요성을 인식했다는 점을 무단파와의 결정적 차이점이라고 주장한다. 그래서 문치파가 부국강병과 근대화를 추진하는 세력이고, 무단파는 보수·반동세력의 대표라고 규정하는 견해도 있었다. 이러한 흑백논리에 입각한 도식적 분류는 이해하기는 편리하나, 역사적 사실과 상당한 차이가 있다.

단기간에 일본 역사상 유례를 찾아보기 힘든 눈부신 개혁을 이루어낸 사이고 정권을 보수·반동의 대표세력으로 규정하는 것은 역사적 사실을 완전히 무시하는 행동이다. 문치파, 무단파로 나누는 분류는 이 문제를 그럴듯하게 설명하기 위해 주장된 것의 하나이며 가장 널리 알려지고 지지를 얻었다. 그러나 정한론 분쟁은 이념과 이상의 차이에서 유래하는 알력이라기보다는 번벌세력 사이의 권력투쟁이 가장 근본적이고 진실한 원인이다.

다만 그러한 권력투쟁이 충돌하는 쟁점으로 사이고를 조선에 사절로 파견하는 문제가 대두한 것에 불과하다. 이러한 이유로 사이고가 정한론을 주장했느냐, 아니냐는 문제의 본질적인 핵심이 아니다. 물론 한국사의 입장에서 근대 한일관계를 조명하는 경우 사이고가 정한론자이냐, 아니냐가 중요한 관심사로 부각되지 않을 수 없다. 특히 일본에서 사이고가 정한론자가 아니라는 새로운 해석을 시도하며 불난 집에 부채질을 하고 있기 때문에 더욱 그러하다.

이와쿠라 사절단이 출발하기 전 메이지 정부의 구도는 시작부터 분명히 삿쵸 번벌을 핵심으로 하는 그들만의 정부였다. 그러나 정부 실세들이 해외에 나가 있는 사이 상황이 180도 바뀌었다. 사이고 정권의 참의 중에서 삿쵸 출신은 사이고밖에 없었다. 오쿠보와 기도가 돌아와 가세해도 3명밖에는 안 된다.

공경 출신 이와쿠라를 제외한 나머지 5명이 도사번이나 사가번 출신이다. 순수하게 출신배경으로만 따지면 삿쵸의 세력을 수적으로 능가한 것이다. 게다가 사가번 출신의 에토 심페이가 앞장서 사법권을 무기로 죠슈벌을 합법적으로 타도하려 하고 있었다. 이러한 구도를 타파하고 다시 삿쵸세력이 주도권을 장악한 번벌정부를 만들려는 것이 정변이 일어난 가장 근본적인 원인이었다. 즉, 추잡한 파벌투쟁이 정한론 정변의 실체이다.

정한론 정변을 일으킨 원인제공자인 사이고가 번벌의식이 희박한 인물이라고 말하기 곤란한 것도 사실이다. 앞서 본 것처럼 경찰과 해군을 사쓰마벌의 텃밭으로 만드는 씨앗을 뿌린 것은 물론이며, 새롭게 참의로 등용한 인물들도 본질적으로는 번벌의 '비주류' 출신이다. 그래서 그가 대국적 관점에서 번벌 출신이 아닌 유능한 인재를 등용해 번벌정권의 구도를 타파하려는 생각을 가지고 있었다고 보기도 어렵다.

회의에 참석한 사람 중에서 오쿠보를 적극적으로 옹호한 인물은 아무도 없었다. 죠슈벌과 긴밀한 관계에 있는 오쿠마 시게노부도 내심 사이고의 사절 파견에 반대했지만, 오쿠보를 지원하려고 감히 사이고에게 맞설 담력은 없었다. 게다가 오쿠마는 회의 분위기가 가열되자 슬금슬금 도망치려 하였다. 약속이 있다는 핑계로 자리에서 일어나 밖으로 나가려는 오쿠마를 사이고가 호통치며 제지하자 다시 자리에 돌아와 앉는 형편이었다.

실무관료로는 발군의 재능을 발휘했지만, 오쿠마는 정치가로서 필요한 담력이나 수완은 부족했다. 이토도 담력이 강한 인물은 아니었으나 재빠르게 상황을 파악하고 적절하게 대처하는 수완은 뛰어났다. 그의 스승이자 인재를 보는 남다른 감각을 가진 요시다 쇼인은 이토를 '주선가'로서 소질이 있다고 봤다. 이러한 점은 삿쵸동맹을 알선해 성립시킨 사카모토 료마와 공통된 자질이다.

결국 이날의 회의는 결론을 내리지 못했고, 다음날인 10월 15일에 열린 각의에서 할 말을 다했다는 이유로 사이고는 참석하지 않았다. 비록 그는 참석하지 않았지만 회의 분위기는 엉거주춤하게 사이고를 사절로 파견하는데 찬성하는 방향으로 흘러갔다. 오쿠보가 특별히 회의의 흐름을 바꾸기 위해 노력하지 않았기 때문이다. 그는 시종일관 침묵을 지켰다.

결국 만장일치로 사이고 파견의 결정을 봤고, 천황의 형식적 승인만을 남겨둔 상태가 되었다. 자존심이 매우 상한 오쿠보는 10월 17일 산죠를 찾아가 사직서를 제출했다. 산죠와 이와쿠라가 자신에게 모든 것을 떠맡기고 회의 내내 거의 방관하는 태도로 일관하는 것에 대한 분노도 컸다. 같은 날 사이고도 산죠를 방문해 천황에게 회의 결과를 상주하고 최종적으로 재가를 얻으라고 요구했다.

분노한 오쿠보의 사표 제출에 뒤이어 방문한 사이고의 강력한 요청에, 산죠는 어쩔 줄 모르고 하루의 유예를 애원한다. 그에게는 악몽과 같은 날이었다. 그리고 그날 산죠는 인사불성의 상태에 빠졌다. 과연 진짜로 인사불성에 빠진 것인지 꾀병인지 알 수 없으나, 사이고를 저지하려는 세력은 반격을 위한 귀중한 시간을 벌었다.

이토는 산죠가 쓰러졌다는 소식을 듣자 이것을 기회로 이와쿠라를 태정대신 대리에 임명하고, 각료회의의 결정을 뒤집는다는 아이디어를 만들어냈다. 그리고 이것을 기도 다카요시와 협의한 후 오쿠보 설득에 나섰다. 그러나 오쿠보는 겉으로 이토의 제안에 시큰둥한 반응을 나타냈다. 이러한 표면적인 반응과 정반대로 그는 비밀리에 사쓰마벌의 차세대 리더 구로다 기요타카를 불러 이토의 아이디어를 실행에 옮긴다.

죠슈벌과 공동의 적을 눈앞에 두고도 오쿠보는 어디까지나 사쓰마벌이 주도권을 잡고 거사를 추진하려 하였다. 구로다를 움직여서 성충조 출신으로 오쿠보와 친분이 두터운 요시이 도모자네(吉井友實)에게 이와쿠라를 태정대신 대리로 임명하도록 정치공작을 하라고 의뢰했다. 요시이는 당시 궁내소보(宮內小輔)의 지위에 있었는데, 궁중을 통제하고 천황과 연결통로를 만들기 위해 오쿠보가 심어놓은 인물이었다. 그 결과 10월 20일 이와쿠라를 태정대신 직무대리로 임명한다는 칙명이 나왔다. 권모술수와 협잡의 달인인 오쿠보에게 이런 종류의 정치공작은 식은 죽 먹기에 지나지 않았다.

그로부터 이틀 후 사이고와 이타가키를 비롯한 사이고 지지파가 이와쿠라를 방문해 천황에게 회의의 결정사항을 상주하라고 요청했다. 이와쿠라는 자신은 산죠와 다르게 별도의 의견을 천황에게 상주할 생각이 있음을 내비쳤다. 다시 말해 각의에서 정식으로 결정된 사항과 아울러 사절 파견에 반대하는 자신의 의견을 함께 상주한다는 것이다. 즉, 노골적으로 각의의 결정을 뒤집는다는 생각을 밝혔다.

법 지식이 풍부한 에토가 직무대리의 월권행위라고 항의했지만 이와쿠라는 막무가내였다. 그 다음날인 10월 23일 사이고는 사표를 제출하고 잠적하고 만다. 그는 이와쿠라의 배후에 오쿠보가 있다는 것을 잘 알고 있었고, 비열한 음모에 환멸을 느끼고 주저 없이 행동에 옮긴 것이다. 24일 신속하게 사표가 수리되었으나 육군 대장의 지위는 그대로 유임되었다. 사이고가 군사 쿠데타를 일으키는 것을 우려해 취한 조치였다.

한편, 사이고가 오쿠보와 격돌한 10월 14일 회의의 휴식시간에, 사이고를 지지하는 이타가키·고토·에토·소에지마도 사이고와 거취를 함께 하기로 결정했으므로 역시 나란히 사표를 제출했다. 전부 도사번이나 사가번 출신인 번벌정권의 비주류 인물들만 사이고와 함께 사직한 것이다. 이것도 역시 10월 25일에 신속히 수리되었다. 게다가 사이고가 사표를 제출하자 근위병의 동요는 걷잡을 수 없이 확대되지 않을 수 없었다. 사표가 수리된 10월 25일에 천황이 궁내경 도쿠다이지 사네노리(德大寺實則)를 직접 파견해 근위병 장교들을 불러 동요를 만류하려 했으나, 기리노와 시노하라를 비롯한 수백 명의 장교와 하사관이 사표를 제출하고 사직했다. 게다가 시노하라는 천황의 소환명령에도 모습을 나타내지 않았다. 대부분이 사쓰마나 도사번의 출신이었다.

졸지에 재야의 인사가 된 이타가키는 사이고를 찾아가 은밀히 군사 쿠데타를 제의한다. 당시 근위병의 3분의 2 정도는 사쓰마와 도사번 출신이므로 만약 거사를 일으킨다면 성공은 보장된 것이나 마찬가지다. 그러나 사이고는 거절했다. 성공 가능성이 매우 높다는 것은 잘 알고 있었지만, 쿠데타를 일으킨다면 오쿠보의 생명은 보장할 수 없게 된다. 사이고는 자신의 손으로 죽마고우를 처단하는 짓은 차마 하지 못했다. 그러자 이타가키는 국회 개설을 추진하기 위한 정치운동을 할 계획임을 밝히고 사이고의 협조와 동참을 요청했다. 그러나 이것 역시 사이고는 거절했다. 여기서 그는 이타가키와 정치적으로 노선을 같이하지 않는다는 점을 분명히 하였다.

사직서를 제출한 후 사이고는 도쿄에 있으면 여러 가지로 귀찮은 일이 생기는 것을 고려해 고향인 가고시마로 돌아가기로 결심을 했다. 떠나기 전 오쿠보를 방문해서 작별을 알렸으나 오쿠보는 싸늘한 반응을 보였다고 한다. 이와 함께 사이고의 친동생 사이고 쓰구미치도 형을 따라 가고시마로 돌아가려 했으나 사이고는 이를 거절했다. 오히려 도쿄에 남아 오쿠보를 도우라고 명령했다고 한다. 오쿠보에게 배신당한 것을 생각하면 뜻밖이었다.

아무튼 사이고의 하야로 조선과의 외교문제는 오쿠보 손에 넘어가게 되었다. 필자는 사이고가 정한론자이냐, 아니냐에 과도하게 집착할 필요는 없다고 생각한다. 보다 중요한 점은 일본 근대사 전체의 흐름을 살펴보면서 누가 진정 정한론을 실현했는가를 파악하는 점에 있다고 생각하기 때문이다. 사이고는 정한론 정변으로 하야한 후 다시는 권력의 핵심으로 복귀하지 못했고, 설사 그가 정한론을 주장했다 하더라도 실제로 실현할 수 있는 위치에 있지는 않았다.

3
오쿠보 정권

 정한론 정변을 계기로 정치판을 새롭게 개편할 필요성이 생겼다. 오쿠보는 참의가 행정부처의 장관을 다시 겸임하는 것으로 직제를 바꿨다. 예전에는 행정부서가 할거하는 체제가 된다고 반대했었으나 자신이 권력을 잡자 필요에 의해 간단하게 뒤집은 것이다. 종전에 참의는 원칙적으로 중요정책을 토론해 결정하는 정치적 발언권을 가진 직책이었고, 참의들이 결정한 정책을 행정실무를 담당하는 각 부처의 장관이 담당하도록 하는 구도였다. 그래서 참의가 장관을 겸임하면 참의의 존재의의가 유명무실하게 될 수밖에 없다.
 근대적 관료기구를 고려하면 장관과 참의를 각각 따로 두어야 할 필요성은 절실하지 않으나, 번벌세력의 연립정권이라는 성격상 세력분포와 이해관계의 절충을 위해 참의와 장관이 따로 존재하는 구조를 쉽게 타파하기는 어려웠다. 근대 일본의 관료조직은 이토 히로부미에 의해 내각제도가 출범하기 이전까지, 참의와 장관을 따로 두느냐 아니면 겸임하느냐를 놓고 정치상황에 따라 변동을 거듭했다. 물론 오쿠보가 참의와 장관을 겸임하도록 해서 참의의 존재의의를 무력화시킨 것은 그 자신에게 권력을 집중하기 위한 의도였다.

아울러 그는 자신이 밝힌 구상대로 11월 내무성을 창설하고 초대 내무경에 취임했다. 기도 다카요시는 문부경에 임명되고, 오쿠마가 대장경, 이토가 공부경, 데라지마가 외무경, 오키 다카토가 사법경이 되는 것으로 체제를 정비했다. 겉보기에 사가번 출신으로 오쿠마와 오키의 2명이 참가했지만, 본질은 어디까지나 삿쵸 번벌정권이다. 왜냐하면 당시 관료기구에서 대장성과 내무성이 차지하는 비중이 너무나 컸기 때문이다.

대장경 오쿠마는 사가번 출신이나 실제로는 오쿠보의 부하였다. 여기에 공부경으로 임명된 죠슈번 출신의 이토 역시 오쿠보에게 충성했다. 이렇게 해서 오쿠보 체제가 출범하게 되었다. 오쿠보는 단지 내무성의 우두머리에 지나지 않았으나, 대장성과 공부성도 휘하에 넣고 정부 관료기구의 3분의 2 이상을 장악했으므로 사실상 총리나 마찬가지였다. 사이고가 상경하기 전 오쿠마를 앞세워 대장성과 민부성을 장악하고 정부를 좌지우지했던 기도 다카요시를 생각나게 하는 장면이다.

본래 기도와 밀착해 죠슈벌과 긴밀한 관계를 유지했던 오쿠마는 이와쿠라 사절단이 출발한 후, 사이고에 대항해 죠슈벌의 이익을 옹호하려는 적극적인 움직임을 보이지 않아 사실상 기도와 유대관계가 끊어지고 말았다. 정한론 정변 당시도 뚜렷한 입장을 표명하지 않고 침묵을 지켰기 때문에 기도를 크게 실망시켰다.

유력한 후원자를 잃게 된 오쿠마는 스스로 살길을 모색하게 되고, 과거 반목과 대립을 하며 사이가 별로 좋지 않았던 오쿠보에게 접근하지 않을 수 없었다. 오쿠보는 내무성 창설을 계기로 스스로 강력히 추진하기로 결심한 산업진흥정책을 원활히 수행하기 위해, 과거의 감정을 털어버리고 유능한 실무관료인 오쿠마를 포섭할 필요성이 있었다. 그래서 오쿠보 정권이 출범하자 오쿠마는 죠슈벌에서 사쓰마벌로 후원자를 바꾸며 권력의 핵심에 계속 머무는 데 성공했다. 이와쿠라 사절단이 출발하기 전까지만 하더라도 기도 휘하에서 장래가 촉망되던 이토와 오쿠마가, 정한론 정변 후에는 오쿠보의 심복이 된다는 현란한 변신술을 보여주며 승승장구를 거듭했다.

한편, 오쿠보가 구상한 내무성은 단순히 지방행정 사무를 처리하는 기구가 아니었다. 우선 사법성으로부터 경찰권을 빼앗아 치안을 장악했다. 게다가 산업 육성을 담당하는 부서를 만들어 내무성 휘하에 넣었다. 공부성은 정부가 설립한 기업의 관리를 맡는 기관으로 격하되었다. 다시 말해 오쿠보는 내무성을 통해 정권안보를 확보하고 민간산업 육성을 추진하겠다고 의도한 것이다.

또한 내무성은 대장성으로부터 호적, 체신, 토목, 지리를, 공부성으로부터 측량 사무를 뺏어 흡수했으므로 조직이 거대하게 비대화하지 않을 수 없었다. 그 후도 확장은 멈추지 않았고, 공중위생이나 도서관, 박물관 사업까지 업무에 포함시켰다. 그 때문에 일본이 제2차 세계대전에서 패전하기 전까지 대장성과 내무성이 관료기구에서 쌍벽으로 군림했다. 오쿠보는 암살될 때까지 줄곧 내무경으로 재직했고, 그가 죽은 후에야 비로소 이토 히로부미가 이를 물려받았다.

이처럼 강력한 권한을 가진 내무성을 통해 그는 국가가 주도적으로 산업진흥에 앞장선다는 소위 '개발독재'를 추진하려 하였다. 아시아에서 개발독재를 추진한 원조가 바로 오쿠보라고 해도 과언이 아니다. 이는 부국강병 중에서 '부국'에 우선순위를 둔 것이다.

오쿠보 측근이 관찰한 증언에 의하면 그가 이와쿠라 사절단에 참가한 것이 인생의 커다란 전환점이다 할 정도로 확고한 신념을 얻었다고 한다. 사절단에 참가하기 전 기도 다카요시가 개혁과 근대화를 추진하고 오쿠보는 이를 견제하는 입장이었지만, 직접 외국에 나가 견문을 넓히고 돌아온 후 근대화와 부국강병을 위한 전제조건이 급속한 산업개발에 있다고 인식했다. 이것은 물론 독일 방문의 영향을 강하게 받은 것이었다.

통일을 달성한 독일은 보호무역주의를 표방하고 국가가 주도적으로 산업개발을 추진하고 있었으며, 이것에서 오쿠보는 영감을 얻었다. 본래 내무성을 만들려는 구상은 예전부터 존재했었고, 막강한 권한을 가진 대장성을 견제할 목적으로 사이고와 오쿠보는 내무성 창설에 관한 공감대가 형성되어 있었다. 특히 에토 심페이는 지방관을 통제하고 지방자치를 발전시키기 위한 기구로 내무성 창설을 구상한 바 있었다. 그러나 오쿠보의 손에 의해 실제로 만들어진 내무성은 이와는 현저히 다른 방향이었다.

다른 한편 오쿠보는 삿쵸 번벌정부를 유지하기 위해 죠슈벌의 비리를 덮어주는 것에도 앞장섰다. 그렇기 때문에 그가 약점을 잡힌 죠슈벌에 대해 우위에 서는 것이 가능했다. 우선 구류 중에 있던 기도 다카요시의 심복인 교토 참사 마키무라 마사나오를 석방하는 조치를 취했다. 사이고 이외 4 참의가 사표를 수리한 바로 그날이다. 석방의 근거는 태정대신 직무대리인 이와쿠라의 특명이었다.

이러한 법치주의를 짓밟는 횡포에 사법성의 중견간부들이 대거 사표를 제출하고 사법성을 떠났다. 아울러 이미 말한 것처럼 오쿠보는 경찰권을 사법성으로부터 내무성으로 옮겼다. 사법성을 무력화시키기 위한 결정타였다. 기도에게 반항한 오노 가문은 패씸죄에 걸려 나중에 몰락의 운명에 처하고 말았다. 여기에 비해 죠슈벌과 밀접하게 밀착한 미쓰이는 오늘날까지도 의연하게 재벌로 군림하고 있다.

또한 이노우에가 저지른 오사리자와 광산의 비리사건에 대한 재판도 흐지부지되었다. 담당판사를 전근시키면서 재판을 지연시키다가 결국 메이지 8년(1875) 12월에 판결이 내려졌지만, 이노우에는 불과 벌금 30엔의 처벌로 끝났다.

정한론 정변으로 죠슈벌은 다시 기사회생의 발판을 잡았다. 사쓰마와 죠슈벌의 세력 균형상에서 정권을 유지하려는 오쿠보는 죠슈벌의 부활을 도와주고, 그 대가로 번벌정부의 최고수뇌가 되었다. 사쓰마벌의 쌍두마차였던 사이고의 하야에도 불구하고 오히려 오쿠보의 입지가 강화된 비결이 여기에 있었다.

죽마고우를 배신하면서 마침내 그토록 소원하던 최고 권력을 손에 넣었지만 오쿠보는 한가하게 자신의 이상을 실현할 기회는 별로 없었다. 비열한 권모술수를 통해 권력을 장악했으므로 오쿠보 정권에 대한 반발은 전국 각지에서 강하게 일어났다. 아직 번벌정부의 기초가 완전히 확립되지 않은 상황에서, 그는 정권안보에 최우선으로 신경을 쓰지 않을 수 없었다.

메이지 7년(1874) 1월 13일 참의를 사직한 에토는 고향인 사가현으로 귀향했다. 그런데 바로 다음날 이와쿠라 암살미수사건이 일어난다. 근위병 대위를 사직한 도사번 출신의 다케치 구마키치(武市熊吉)를 리더로 하는 암살단이 이와쿠라가 탄 마차를 습격한 것이다. 마차를 몰던 마부는 살해당했으나, 이와쿠라는 가지고 있던 단도로 저항하다 길가로 굴러 떨어진 후 도랑에 숨어 간신히 목숨을 건졌다.

만약 대낮에 습격을 당했다면 숨은 위치가 발각되어 목숨을 건지기 어려웠을 것이다. 비록 암살은 피했지만 암살자들이 어깨를 찌르고 허리를 칼로 베었으므로 건강을 크게 해치지 않을 수 없었으며, 예전의 원기왕성한 정치가로 돌아가기는 어려웠다. 이 사건은 번벌정부의 수뇌부에 엄청난 충격을 주었다. 그리고 암살의 주모자가 도사번 출신이기 때문에 배후에 하야한 이타가키가 있는 것으로 강하게 의심했다. 이를 계기로 번벌정부의 분위기는 반정부 세력을 단호하게 처단하고 제거하는 방향으로 은밀히 진행하기 시작했다.

최초의 표적은 에토 심페이였다. 에토는 죠슈벌과 돌이킬 수 없는 적대관계에 있었다. 오쿠보가 번벌정부의 최고 수뇌로 죠슈벌의 지지를 확보하고자 원한다면 에토를 제거해야만 했다. 에토는 도쿄에 머물러 있으라는 정부의 명령을 어기고 굳이 사가현으로 귀향하며 자기 무덤을 팠다. 이타가키를 비롯해서 에토의 동지나 지인들 대부분이 귀향에 반대했다. 오쿠보의 움직임이 심상치 않다는 것을 알았기 때문이다. 그러나 에토는 만류를 뿌리치고 고향으로 돌아갔다.

당시 사가현에는 정한당과 우국당이라는 두 개의 정치세력이 있었다. 정한당(征韓黨)은 문자 그대로 조선과 전쟁을 하자는 것을 간판으로 내세운 근대화 정책을 지지하는 세력이고, 이와는 정반대로 우국당(憂國黨)은 봉건체제로 복귀할 것을 주장했다. 양 세력은 사상적으로 정반대의 차이가 있었지만 오쿠보 정권 타도라는 공통의 목적을 가지고 손을 잡았다.

정한당은 에토를 우두머리로, 우국당은 시마 요시타케(島義勇)를 당수로 일방적으로 추대했다. 오쿠보는 기회를 놓치지 않고 에토가 반란을 일으킬 목적으로 귀향한 것으로 만들려 획책한다. 이를 위한 회심의 카드로 이와무라 다카토시(岩村高俊)를 사가현 현령으로 보냈다.

이와무라는 무진전쟁 당시 나가오카번의 가와이 쓰구노스케를 자극해 결국 나가오카번이 열번동맹에 참가하게 만든 장본인이었다. 호위병으로 1개 대대를 동반하고 사가현에 들어간 이와무라는 오만한 태도로 사가현의 사족들을 자극했다. 오쿠보는 도바·후시미 전투를 유발하기 위해 사용된 수법을 다시 사용한 것이다. 이것 역시 훌륭하게 성공을 거두었고, 결국 반란이 일어나고 말았다. 2월 15일에 반란군은 사가현 현청을 점령했으며, 현령 이와무라는 도주했다.

반란군은 불과 2,500명에 지나지 않았으나, 에토는 자신이 반란을 일으키면 가고시마를 비롯한 전국의 반정부 세력이 호응할 것으로 믿었다. 그러나 호응은 없었다. 오쿠보는 에토가 반란을 일으킬 것이라고 확실히 예상하고 있었으므로, 신속하게 큐슈와 오사카, 히로시마에 주둔한 병력을 움직이고 직접 사가현으로 가서 정부군을 진두지휘했다. 이를 위해 오쿠보는 미리 행정·사법·군사에 관한 전권을 부여받았다. 아울러 병력 부족을 보충하기 위해서 큐슈지역의 사족들도 대대적으로 모집했다.

　메이지 번벌정부가 성립한 이래 문관이 군사권을 장악하고 군대를 지휘한 경우는 오쿠보를 제외하고는 전무후무하다. 나중에 한반도 식민지 작업을 추진하기 위해 통감으로 부임한 이토 히로부미 역시 군사지휘권을 가졌지만 실제로 전투를 지휘한 것은 아니다. 사이고의 하야로 군부의 명실상부한 최고 실권자가 된 야마가타 아리토모는 이에 대해 오쿠보에게 항의할 수 있는 입장이 아니었다. 자신이 저지른 비리를 오쿠보가 눈감아 줬기 때문이다.

　압도적인 세력으로 공격하는 정부군 앞에서 반란은 간단하게 분쇄되었으며, 3월 1일에 정부군이 사가성에 입성했다. 야마가타가 정식으로 편성된 토벌군을 이끌고 사가현에 도착했을 때는 이미 상황이 종료된 후였다. 결국 야마가타는 아무런 역할도 하지 못하고 토벌군을 이끌고 다시 도쿄로 귀환하지 않을 수가 없었다. 그의 입장에서는 군인으로서의 자긍심을 짓밟는 거의 굴욕이나 마찬가지였다.

　거사가 실패하자 에토는 가고시마로 도주했다. 막강한 군사력을 보유한 사이고에게 반란에 동참하라고 설득하기 위해서였다. 온천에서 휴양 중인 사이고를 찾아가 단독으로 면담을 했다. 어떤 내용의 대화를 했는지는 알 수 없지만, 화난 목소리로 고성이 오고갔다고 한다. 결국 사이고는 에토에게 협조하는 것을 거부했다. 사이고는 가고시마에 귀향한 이래 혼자 사냥이나 온천을 즐기며 유유자적하는 생활을 보냈다. 이것은 그가 놀기 좋아하는 성격이어서가 아니었다. 자신을 절대적으로 추종하는 가고시마의 청년들이 통제 불능의 상태에 빠져 반란을 일으키고, 여기에 휘말려 드는 것을 우려해 일종의 도피생활과 비슷한 은둔상태로 지내고 있었던 것이다. 이러한 사이고의 의도를 모르고 반란을 선동하러 간 에토는 설득에 실패할 수밖에 없었다. 그는 이어서 협력자를 구하기 위해 고치(高知)현으로 도피했다. 그러나 오히려 자수할 것을 권유받자, 이를 거절하고 다른 곳으로 가려고 하던 도중에 발각되어 체포당한다.

다시 사가현으로 압송된 에토는 시마 요시타케와 함께 불과 2일 동안 재판을 받는다는 이례적인 초스피드로 4월 13일에 사형이 결정되었다. 게다가 단순한 처형이 아니라 효수형이다. 근대 일본이 배출한 유능한 인재 중 하나가 권력자의 비열한 음모에 걸려들어 형장의 이슬로 사라지고 말았다. 에토는 오쿠보가 권모술수에 능하다는 것은 잘 알고 있었지만, 처음부터 자신을 노리고 표적으로 제거하기 위해 반란을 유도했다는 점은 인식하지 못했다. 목숨을 건 싸움에서 상대방을 과소평가하고 방심하는 것은 금물이다. 아무튼 이 반란을 계기로 사가현에는 더 이상 강력한 반정부 세력이 존재하지 않게 되었다.

이처럼 신속하고 확실하게 반란을 진압하면서 오쿠보는 반정부 세력들에게 까불지 말라는 메시지를 행동으로 전달하는 한편, 사족들을 회유하기 위해 많은 자금을 투자하는 것도 잊지 않았다. 즉, 채찍과 당근을 동시에 사용한 것이다.

이를 위해 민간산업 육성에 할당된 예산의 절반 이상을 생계유지가 어려운 사족들의 생계대책을 지원하는 용도로 배정하는 조치를 취했다. 그러나 본래 돈에 대한 감각이 무딘 무사 출신의 사족들에게 자금을 대여하는 것은 커다란 효과를 기대하기 어려웠다. 그래서 척박한 토지를 주고 이를 개척하게 하는 경우가 많았다. 특히 낙후된 홋카이도나 동북지방에 집중되었다. 이들 중 상당수는 열악한 환경 속에서 제대로 먹지도 못하는 비참한 인생을 강요당한 경우도 많았다.

한편, 오쿠보는 사가의 반란을 수월하게 진압하고 얻은 자신감을 바탕으로 유명한 산업진흥에 관한 건의서를 작성해 제출했다. 그는 이 건의서에서 관존민비의 사상을 유감없이 드러냈다. 즉, 인민의 수준(民度)이 낮기 때문에 정부가 직접 나서 산업 발전을 주도해야 한다는 점을 주장하고, 무식하고 돈도 없는 인민에게 산업 발전을 기대하지 않겠다는 점을 분명하게 했다.

사실 이러한 정부 주도에 의한 경제개발 노선은 오쿠보가 이와쿠라 사절단에 참가하기 전부터 대장성과 공부성에 의해 추진되고 있던 사항이었다. 그러나 오쿠보가 내무성을 창설하기 이전에는 사상적으로 확고하게 개발독재 노선에 입각한 산업육성책을 취한 것은 아니다. 그 이전에는 등대·전신·체신 등 주로 사회간접자본의 정비에 중점이 두어졌다. 그는 장래 크게 성장할 가능성이 있는 기업에게 정부 차원에서 전폭적인 지원과 보호를 주는 한편, 민간기업에게 발전을 기대하기 어려운 분야는 정부가 직접 나서 투자를 하는 방침을 취했다.

오쿠보에게는 산업진흥을 위해 쓸 수 있는 자금의 여유도 부족했고 반정부 세력의 도전도 막아야 하는 입장에 있었으므로, 자신의 이상을 실현할 기회는 별로 없었다. 그러나 의지력이 강한 그는 제한된 시간을 쪼개 기회가 있을 때마다 산업진흥에 몰두하는 자세를 나타냈다. 서남전쟁의 와중에 만국박람회를 모방한 제1회 내국박람회를 개최한 것은 유명한 사실이다.

아울러 그는 농업의 진흥에도 많은 관심을 기울였다. 당시 일본 인구의 절대다수가 농업에 종사하는 현실을 감안해 농업의 근대화를 소홀하게 다루지

마쓰카타 마사요시(松方正義)

않았다. 고마바(駒場) 농업학교를 설립하는 한편, 우수한 종묘를 키우고 이를 시험하는 연구소도 만들었다. 공업에 있어서는 역시 면직물 공업에 우선순위를 두었다. 산업혁명의 시작은 섬유산업에서 출발하기 때문이다.

비록 자신의 이상을 실현할 시간과 기회는 많지 않았지만 오쿠보는 나름대로 산업의 진흥을 위해 심혈을 기울였고, 그의 이상과 신념은 오쿠마를 거쳐

유능한 경제 관료이자 고향 후배인 마쓰카타 마사요시(松方正義)에게 계승되어 자본주의 발전을 위한 기초를 확고히 다지게 된다.

4

오쿠보 정권의 대외문제 처리

　메이지 4년(1871) 10월 오키나와 어민이 조업을 하던 도중 난파해 대만까지 표류하는 사건이 발생했다. 문제는 생존한 어민 66명 중에서 54명이 대만 원주민에게 살해당하면서 일어났다. 당시 대만에는 본래부터 대만에 살던 원시생활을 하는 원주민과 중국의 영토로 편입된 후 거주하기 시작한 중국대륙에서 건너온 화교가 공존하고 있었다. 살아남은 어민들은 중국의 보호를 받다가 다음해 6월 다시 오키나와로 돌아왔다.
　이 문제에 가장 민감하게 반응한 것은 도쿠가와 막부 시절 오키나와를 장기간에 걸쳐 사실상 식민지로 지배한 가고시마현이다. 가고시마현은 당장 대만을 정벌해야 한다는 분위기로 들끓었다. 당시 사이고 정권의 수반인 사이고 역시 가고시마 출신이므로 이 문제를 간과하지 않았다. 그러나 사이고가 직면한 대외문제에서 우선순위에 두어질 문제는 아니었다. 그 무렵 외교상 가장 중요한 과제는 일본이 중국과 동등한 입장에서 정식으로 국교를 수립하는 점에 있었기 때문이다.

사이고 정권이 중국과 대등하게 국교 수립에 성공하자, 대만에서 어민이 살해당한 문제가 다시 중요한 정치문제로 부상하였다. 외무경 소에지마는 수호조약의 비준서 교환을 위해 중국으로 갔을 당시, 중국으로부터 대만이 중국의 영토가 아니라는 구두 답변을 들었다. 아울러 조선이 개국을 거부하고 일본에 대해 강경한 태도를 취하는 것을 항의하자, 조선은 독립국이므로 이 문제 역시 중국이 책임질 사항이 아니라는 대답을 들었다고 한다. 문서의 형식으로 답변한 것이 아니므로 사실 확인은 어렵다. 어쨌든 소에지마의 책임 추궁에 대해 청나라가 책임을 회피하는 태도를 나타냈다는 것은 분명한 사실이다.

여기서 대만 정벌에 착수하려는 움직임이 외무성을 중심으로 제기되었으나, 조선 문제를 계기로 부상한 사이고의 사절 파견 여부에 가려져 흐지부지되고 만다. 그러나 오쿠보가 정한론 정변으로 집권한 후 이 문제를 다시 끄집어냈다. 물론 그는 자신에 대한 불만을 외부로 돌리기 위해 대만의 원주민들을 희생양으로 삼으려 획책한 것이다. 다른 한편 귀속이 불분명한 오키나와를 일본의 영토로 확정하려는 의도도 가졌다. 여기에 적극적으로 찬성하고

사이고 쓰구미치(西鄕從道)

지지를 표명한 것은 대장성의 우두머리이자 오쿠보의 심복으로 거듭난 오쿠마 시게노부다.

이렇게 해서 두 사람은 합작으로 대만 정벌에 관한 의견서를 제출했다. 사가현의 반란이 일어날 무렵이었다. 오쿠보는 대만을 침공하기 위한 지휘관으로 사이고의 친동생 사이고 쓰구미치를 내정했다. 이것은 물론 사이고를 절대적으로 추종하는 가고시마현의 사족들을 의

식한 조치였다. 아울러 가고시마로부터 300명을 선발해 참가시켰다.

파병 준비가 착착 진행되던 중 죠슈벌의 우두머리 기도 다카요시는 오쿠보의 얄팍한 술수에 정면으로 반기를 들었다. 그는 오쿠보가 정한론 정변에서 내치를 우선해야 한다는 주장을 표방하고 내무성까지 창설한 마당에, 사소한 사건을 계기로 해외로 출병하려는 것은 앞뒤가 안 맞는 행동이라는 점을 지적했다. 게다가 전쟁비용으로 막대한 예산을 사용하는 것도 우려했다. 그러나 오쿠보는 이에 대해 반박을 하고 자신의 뜻대로 강행했다. 기도는 오쿠보가 집권한 이후 사사건건 견제하고 반대하는 태도를 취해왔다. 자신의 심복이었던 오쿠마와 이토를 오쿠보에게 빼앗긴 것은 물론이며, 권력의 중추에서 소외당하는 현실에도 불만을 가졌다.

자존심이 강한 기도는 자신의 의견이 무시되자 메이지 7년(1874) 4월 사직서를 제출하고 야마구치로 되돌아갔다. 재미있는 사실은 기도가 수도인 도쿄와의 거리로 자신이 분노한 정도를 나타내는 수법을 즐겨 사용했다는 점이다. 그가 사직하고 도쿄 근처에 머무르는 것이 아니라 고향으로 돌아갔다는 것은 최고수준의 분노를 의미한다. 나중에 기도의 부하였던 이토와 이노우에 가오루도 이 수법을 종종 사용했다. 일단 시급한 과제인 사가현의 반란을 진압하기 위해 오쿠보는 대만 문제를 일시적으로 뒤로 미루었다. 반란을 진압하고 4월 말 다시 도쿄로 돌아온 그는 뜻밖의 상황에 직면하게 된다.

일본의 대만 출병 움직임을 알게 된 중국이 대만을 중국의 영토라고 선언한 것이다. 이렇게 되면 일본이 대만에 병력을 보내는 것은 중국의 영토를 침공하는 셈이고 중국과 전쟁도 각오해야만 했다. 게다가 외국의 간섭도 들어왔다. 특히 영국이 일본의 행동을 제지하려 하였다. 만약 일본이 중국과 전쟁을 한다면 대중국 무역에 막대한 지장이 올 것을 우려했기 때문이다.

애당초 오쿠보는 대만에 3,500명 이상을 파견할 계획을 가지고 있었다. 문제는 이러한 대규모 병력을 수송할 수송선이다. 당시 일본의 해상운송능력으로는 어림도 없었으므로, 외국 선박을 고용해 병력을 수송하려는 계획을 세웠다. 이미 여기에 관해 선박 고용의 계약까지 마친 상황이었지만, 시종일관 일본에 호의적인 태도를 보이던 미국 영사마저도 대만 출병에 반대하는 뜻을 나타냈다. 그러자 오쿠보는 사가현 반란의 진압을 마치고 도쿄에 돌아온 다음날 대만 출병을 포기하기로 결심했다. 해외에 출병하려고 준비까지 마쳤으나 전쟁으로 발전하는 것을 우려한 서구 열강이 중립선언을 하고 수송선 제공을 방해하자, 곧바로 계획을 포기해버리는 약소국 일본의 실체를 적나라하게 보여주었다.

다급해진 오쿠보는 나가사키에서 출발 준비를 하고 있던 사이고 쓰구미치와 오쿠마에게 이 사실을 전보로 알렸다. 그러나 쓰구미치는 출발을 강행했다. 이미 선발대는 출항을 한 뒤였다. 당시 쓰구미치의 나이는 28세에 불과했지만 육군 중장의 계급을 가지고 있었다. 사이고 다카모리의 친동생이 아니라면 불가능한 일이다. 자신의 명령을 무시하는 쓰구미치를 제지하기 위해 오쿠보는 서둘러 나가사키로 직행했다. 5월 4일에 도착한 오쿠보는 쓰구미치를 설득하려 시도했지만 이미 엎질러진 물이었다.

출병 중지를 지시하는 전보를 받기에 앞서 이미 선발대를 출발시켰으나 2일의 시간차에 불과했다. 그래서 선발대를 태운 선박을 다시 나가사키로 회항시킬 시간적 여유가 있었음에도 불구하고 쓰구미치는 그대로 방치했다. 그는 오쿠보의 명령을 무시한 논거로 일단 전쟁에 출정한 장수는 누구의 명령에도 복종하지 않고 전투에 임한다는 점을 들었다. 즉, 오쿠보의 전보를 받기 전에 선발대가 출항한 이상 이미 전쟁이 시작되었다고 본 것이다. 그러나 실제로 전투가 시작된 것도 아니었고, 선발대가 출발하고 얼마 안 되는 시점에 불과하다면 명령에 복종하는 것이 옳았다. 게다가 쓰구미치의 논리는 중세 사무라이 입장에서 나온 시대착오적인 사고방식이었다. 이것이 일본 군부가 정치가의 통제를 벗어나 제멋대로 행동하는 최초의 사례다. 나중에 만주사변이나 중일전쟁의 발발에서 적나라하게 드러나는 것처럼 일본 군부의 폭주는 우연이 아니다.

아무리 냉혹하고 잔인한 성격의 오쿠보라도 사이고를 의식해 명령에 불복종한 쓰구미치를 건드리지는 못했다. 이것을 잘 알고 있다는 듯이 쓰구미치는 오쿠보를 뿌리치고 5월 17일 본진을 이끌고 당당히 나가사키를 출항한다.

이러한 사실을 알게 된 청나라의 반응은 예상 밖으로 매우 강경했다. 대만이 중국의 자치령임을 분명히 밝히고 병력 파견을 중지하라고 요구하는 한편, 신식무기를 구입하고 포대를 새로 건설하는 등 전쟁 준비에 착수하는 움직임을 나타냈다. 이러한 상태로 진행되면 전쟁이 불가피하게 된다. 군부 실세인 야마가타는 중국과 전면전으로 발전할 경우 승리할 전망이 희박하다고 봤다. 사실 당시 일본의 군사력이나 경제력으로는 대규모 전면전을 감당할 능력이 없었다.

중국은 겉으로 강경한 태도와 위압을 가해 일본을 굴복시키려 했지만, 일본이 이에 굴하지 않자 양보의 태도를 나타내기 시작했다. 물론 일본이 굴복하지 않은 이유는 전쟁을 각오했기 때문이 아니라, 현지 지휘관이 명령을 무시하고 폭주했던 것이 진정한 이유다. 그러나 중국은 이 사실을 잘 몰랐다. 청나라 역시 내우외환에 시달리며 국력이 고갈된 상태였고 일본과 본격적인 전쟁을 할 수 있는 상태는 아니었다. 오쿠보는 사태를 해결하기 위해 전권대사의 자격으로 직접 중국에 가기로 결심했다.

여기에 대해 산죠, 이와쿠라를 비롯한 정부 수뇌부가 모두 나서 일제히 반대했다. 메이지 정부의 기둥인 오쿠보가 자리를 비우는 것이 불안했기 때문이었다. 이러한 불안을 잠재우기 위해 오쿠보는 야마가타 아리토모와 구로다 기요타카를 새롭게 참의에 임명한 후 교섭을 위한 전권을 부여받고 중국으로 건너갔다. 내치가 우선이라고 주장하며 사이고의 조선 파견을 필사적으로 저지하던 오쿠보가 발등에 불이 떨어지자, 몸소 해외로 나가는 웃기는 상황이 벌어진 것이다. 남이 하면 불륜이고 자신이 하면 로맨스라는 사고방식이 엿보인다.

    교섭은 양국의 주장이 팽팽하게 맞서며 진전이 없었다. 이러한 상태로 1개월 이상 흐르고 거의 결렬 위기까지 갔으나, 오쿠보는 서구 열강의 외교관들과 접촉해 정보를 수집한 결과 중국이 일본과 전쟁을 할 의사가 없다는 확신을 얻었다. 특히 영국이 중국과 일본 사이의 전쟁을 원하지 않는다는 점도 파악했다. 이를 바탕으로 중국 측에 교섭을 포기하고 귀국한다고 통보하는 승부수를 띄웠다. 만약 이 상태로 오쿠보가 귀국하면 다음 수순은 전쟁밖에는 없다. 여기에 다급해진 영국이 중재에 나서 막판에 극적으로 교섭이 타결되었다.
    타결된 내용은 일본에게 유리한 방향이었다. 살해된 유족들에 대한 보상금으로 10만 량을 지급한다는 내용이 포함된 것이 가장 중요했다. 이것은 오키나와 주민이 일본 국민이라는 것을 의미하기 때문이다. 중국이 평소에 주장하는 것처럼 오키나와가 독립국이라면 일본에게 보상금을 지불해야 할 아무런 이유가 없다. 즉, 보상금의 지급으로 말미암아 오키나와는 일본의 영토라고 간접적으로 인정된 셈이다.
    오쿠보는 대만 출병의 비용으로 50만 엔을 초과하지 않을 것이라고 기도에게 장담했지만, 실제로는 무려 760만 엔이라는 거액을 사용했다. 그러나 돈이 문제가 아니라 국가의 명예와 위신을 높인 점에서 커다란 효과가 있었다. 게다가 이 기회에 요코하마의 외국인 거류지에 주둔하고 있던 영국을 비롯한 서구 열강의 군대를 철수시키는 것도 합의를 봤다.
    아시아의 초강대국으로 군림하던 중국이 신생 통일국가인 일본에게 귀속이 불분명한 영토에 관한 문제로 배상금을 지불하는 것은 추태에 가까운 행동이었다. 국가안보를 돈으로 때운다는 안이한 발상이다. 당시 일본의 군사력은 결코 강하지 않았다. 이제 겨우 징병제가 실시되고 기본골격이 만들어지는 단계에 불과했다. 경제적으로는 자본주의의 걸음마 단계에 있었다. 중국이 대만 문제로 일본과 전쟁을 했다면 굴복시키는 것이 가능했을 것이다. 중국은 이 기회를 놓쳤다. 그리고 나중에 일본이 원자폭탄을 맞고 항복할 때까지 그 대가를 두고두고 처절하게 치르게 된다.

협상을 마치고 귀국한 오쿠보는 영웅대접을 받으며 열렬한 환영을 받았다. 오쿠보 자신도 외교관으로 직접 나서 거둔 커다란 성공에 가슴이 뿌듯했을 것이다. 그러나 반정부세력의 시선은 싸늘했다. 기도 다카요시가 주장한 것처럼 내치우선을 주장하면서 자신의 정권유지를 위해 서슴없이 중국을 도발하는 행동에 냉소적인 반응을 보였다.

한편, 대만 문제를 해결하면서 오키나와가 일본의 영토라고 간접적으로 인정을 받은 상황이 되자, 오쿠보는 오키나와를 일본 영토로 만들기 위한 처분을 본격화했다. 그는 중국과 담판을 짓기 위해 중국으로 가기로 한 무렵, 오키나와를 외무성으로부터 내무성 관할로 옮겼다. 메이지 5년(1872)에는 일부러 류큐(琉球)번을 만들었다. 이미 폐번치현이 실행된 다음해에 새삼스럽게 번을 만든다는 불가사의한 조치를 취한 것은 오키나와를 일본의 영토로 편입하기 위한 사전포석이었다.

일단 번을 만들고 나중에 이를 해체해 기존에 존재하던 류큐왕국을 말살하겠다는 의도였다. 이것을 배후에서 외무성이 주도했다. 그래서 일단 류큐번을 외무성의 관할로 한 것이다. 오쿠보가 중국에 가서 주장한 것처럼 오키나와가 일본의 영토라면 오키나와를 외무성 관할로 해야 할 이유가 없었다. 용의주도한 오쿠보는 협상 과정에서 중국이 이 문제를 가지고 반격할 경우에 대비하기 위해 오키나와를 내무성 관할로 미리 옮겨놓고 중국으로 출발했다.

대만 문제를 성공적으로 마무리하자 오키나와의 운명은 바람 앞의 등불이 되지 않을 수 없었다. 메이지 8년(1875) 7월에는 내무성 중견관료인 마쓰다

미치유키(松田道之)가 오키나와에 파견되어 중국과 조공관계를 끝내라고 요구했다. 오키나와의 인민들은 당연히 여기에 격렬히 저항했고, 가고시마 출신으로 오키나와를 잘 알고 있는 오쿠보는 서두르지 않았다. 오키나와를 일본 영토로 편입하는 문제는 오쿠보가 암살된 후에도 점진적으로 계속 진행되었다.

메이지 12년(1879)에는 마침내 류큐번을 해체하고 새롭게 오키나와현으로 만들었다. 오키나와를 일본 영토로 포섭하는 과정을 보통 일본에서는 '류큐처분'이라고 부른다. 겉으로 드러난 사실만 놓고 봐도 분명히 제국주의적인 침략행위지만, 본래 일본 영토인 오키나와를 되찾고 중앙집권적 통일국가를 이룩해 나가는 과정으로 파악하는 황당한 견해가 일본 학계에서는 지금도 강력한 지지를 얻고 있다.

대만 출병은 한편으로 미쓰비시(三稜)를 성장시키는 결정적인 계기가 되었다. 서구 열강의 비협조로 인해 병력수송을 위한 수송선이 급히 필요했던 오쿠보는 우편증기선(郵便蒸氣船) 회사에 선박의 차출을 명령했다. 우편증기선 회사는 폐번치현 이후 개개의 번이 소유한 선박을 흡수하고, 이를 바탕으로 메이지 5년(1872) 설립된 사실상 공기업인 해운회사로 죠슈벌의 이노우에 가오루가 배후에서 움직이고 있었다.

기도 다카요시가 대만 출병에 반대하고 하야했기 때문에 기도의 최측근인 이노우에는 적극적으로 오쿠보를 도와 움직이려 하지 않았다. 게다가 라이벌 관계에 있는 미쓰비시에게 손님을 빼앗길 것도 고려했다. 이처럼 난처한 상황에 빠져 발을 동동 구르는 오쿠보에게 미쓰비시가 적극적으로 접근한다. 미쓰비시는 대장성 우두머리인 오쿠마 시게노부와 예전부터 대단히 밀접한 유착관계에 있었다. 그래서 오쿠마를 통해 정보를 입수하고 상황을 파악하자, 막대한 영업 손실을 감수하고 과감하게 연안항로의 선박을 빼돌려 수송선으로 제공했다.

미쓰비시의 창업자는 이와사키 야타로(岩崎彌太郎)다. 그는 도사번 출신으로 도사번이 설립한 무역상사를 인수하고, 이를 모태로 미쓰비시 기업을 발전시켰다. 해운업에 진출해 여객수송에 종사하며 세력을 확장하는 한편, 유력한 정치가와 유착해 보호를 받으려 하였다. 이와사키는 오쿠마를 발판으로 기회가 있을 때마다 정부에 적극적으로 협조하고 그 대가로 이권을 얻으려 노력했다.

대만 출병으로 수송선이 부족하게 되자 그는 기회를 놓치지 않았다. 오쿠보는 병력수송을 위해 외국으로부터 다급하게 구입한 13척의 증기선을, 기특하게 행동하는 미쓰비시에게 맡겼다. 그 대신 대만 출병에 관련된 모든 수송 업무를 미쓰비시가 담당하도록 명령했다. 게다가 대만 출병이 끝난 후에는 이 선박들을 전부 미쓰비시에게 무상으로 불하했다.

신예 증기선 13척을 공짜로 얻으며 사세가 단숨에 급격하게 팽창했고, 미쓰비시가 대도약하는 밑바탕이 되었다. 급기야 메이지 8년(1875) 라이벌인 우편증기선 회사가 해산하기에 이르렀다. 오쿠보가 거액의 예산을 들여 구입한 증기선을 미쓰비시에게 무상으로 불하한 목적이 바로 여기에 있었다. 오쿠보에게 협조를 거부한 우편증기선 회사는 괘씸죄에 걸려 몰락한 것이다.

대만 출병이 일어나기 전만 하더라도 미쓰비시는 우편증기선 회사와 치열하게 경쟁하는 라이벌에 불과했지만, 순식간에 일본 근해의 항로를 독점하는 위치에 올라섰다. 오쿠보의 미쓰비시에 대한 특혜는 여기에 그치지 않았다. 그는 미쓰비시에게 연안항로뿐만이 아니라 중국과의 국제 해운항로에도 취항하라고 요구했다. 그러나 이것은 이와사키로서도 받아들이기 어려운 요구였다. 왜냐하면 당시 일본과 중국 사이의 국제 해운항로는 미국의 태평양우편증기선(Pacific Mail Steam Ship Co.)이 독점하고 있었고, 미쓰비시가 경쟁하기는 벅찬 상대였기 때문이다. 이 점을 잘 알고 있는 오쿠보는 미쓰비시를 정부 차원에서 보호, 육성한다고 결정했다. 미쓰비시를 일본을 대표하는 해운회사로 만들려 작정을 한 것이다.

이를 위해 우편증기선 회사가 해산한 후 남은 선박 18척을 미쓰비시에게 무상으로 불하하고, 게다가 매년 2만 엔을 보조금으로 국가가 지원한다고 결정했다. 여기에 힘입어 40척 이상의 선박을 보유한 미쓰비시는 태평양우편증기선과 맞서는 것이 가능하게 되었다. 국제항로에서 보는 손실을 일본 국내의 연안항로에서 보는 이익으로 보충했기 때문이다. 비록 태평양우편증기선이 기득권을 가진 입장이나, 아무리 발버둥을 쳐도 일본 정부를 등에 업은 미쓰비시를 이기기는 어려웠다. 그래서 메이지 8년(1875) 가을 일체의 설비를 미쓰비시에게 넘기고 손을 떼기로 결심했다. 문제는 이와사키에게 이를 인수할 자금이 없었다는 점이다. 오쿠보와 오쿠마는 미쓰비시에게 인수자금 81만 달러를 15년 할부에 이자 20%의 조건을 붙여 대여하기로 결정을 내렸다. 이를 계기로 미쓰비시는 대만 출병의 다음해 국내 연안항로를 독점하고 중국에 연결되는 국제항로마저도 장악했다.

오쿠보가 미쓰비시에게 파격적인 혜택을 준 것은 단지 미쓰비시가 대만 출병에 협조했다는 이유만은 아니었다. 이와사키 야타로의 경영능력을 높이 평가했고, 일본을 대표하는 강력한 해운회사를 만들려는 의도도 있었다. 타성에 젖어 경쟁력이 없는 공기업보다 유능한 경영자가 이끄는 사기업을 육성하는 것이 바람직하다는 것을 잘 알고 있었기 때문이다. 그럼에도 불구하고 오쿠보가 미쓰비시에게 파격적인 혜택을 준 것은, 오쿠보 집권에 반감을 가진 세력에게 그가 특정기업과 결탁하는 부패한 인물로 오해하게 만드는 계기가 되었다.

이처럼 대만 문제를 원만하게 해결하자, 다음으로 사할린 문제의 처리가 있었다. 본래 사이고 정권의 소에지마 외무경은 사할린을 포기하는 방향으로 러시아와 교섭을 추진했었다. 그 이전에는 홋카이도와 아울러 사할린의 개척도 추진했지만 러시아인과 같이 거주한 탓에 끊임없이 충돌이 발생했고, '똘똘하고 교활한' 외무성의 실무관료들은 교섭을 통해 사할린의 국경을 명확하게 정하고 러시아와 나눠 갖자고 주장한다. 그러나 개척사 장관으로 북방 문제에 주도권을 갖고 있는 구로다는 사할린 포기를 강력하게 주장했다.

막부 시대에 홋카이도는 에조(蝦夷)라고 호칭되었으며 마쓰마에(松前)번이 관리했다. '홋카이도(北海道)'라고 개칭한 것은 메이지 2년(1869) 8월 무렵이다. 막부가 멸망한 후 본격적으로 홋카이도를 개척하기 위해 개척사가 설치되고, 메이지 3년(1870) 개척차관에 부임한 구로다가 실권을 장악했다. 그는 개척사가 폐지될 때까지 홋카이도에서 무려 15년간이나 머물며 개척사를 사쓰마벌의 텃밭으로 만들었다.

이러한 홋카이도에는 원주민 아이누족이 살고 있었다. 과거 도쿠가와 막부는 러시아와 영토분쟁을 의식해 아이누족이 일본인이라고 주장하고는 했다. 그러나 실제로는 착취와 학대를 당하며 미개인으로 취급받는 존재였다. 메이지 정부는 아이누인을 일본인으로 동화시키려고 하기보다는, 대량의 식민자를 보내 개척하는 것에 중점을 두었다. 특히 가난한 사족들을 대량으로 보내 둔전병(屯田兵)으로 만들고 국토방위와 개척을 동시에 추진한다는 일석이조의 효과를 기대했다.

영국을 비롯한 서구 열강은 일본이 사할린을 포기하라고 권고하는 외교적 압력을 가했다. 사할린 문제로 러시아와 일본이 군사적 충돌로 발전할 것을 우려해서다. 이러한 사정이 있었으므로 사할린을 포기하는 방향은 거의 확정적이었다. 정한론 정변을 계기로 사할린 문제는 관심의 대상에서 멀어졌지만, 대만 문제가 해결되자 다시 급부상하기 시작했다. 여기에는 물론 홋카이도 개척을 담당하고 사쓰마벌의 실력자로 부상한 구로다의 입김이 있었다.

무진전쟁을 계기로 구로다의 절친한 친구이자 심복이 된 에노모토 다케아키(榎本武揚)가 메이지 7년(1874) 6월 러시아 공사에 임명되었다. 에노모토는 교섭의 결과 메이지 8년(1875) 5월 사할린을 포기하는 대가로 쿠릴열도 전체를 일본이 가져간다고 확정했다. 그리고 일본이 사할린에 투자한 건조물이나 재산은 러시아가 매수하기로 낙착되었다.

현재 일본은 쿠릴열도의 4개 섬을 러시아로부터 반환받기 위해 국경분쟁을 하고 있다. 제2차 세계대전에 패배하면서 강제로 빼앗겼기 때문이다. 그러나 독도는 한국이 일본으로부터 강탈한 것이 아님에도 불구하고 일본의 영토라고 주장한다. 아직도 일본은 인접국가인 중국, 러시아, 한국과 영토분쟁을 일으키는 불씨를 계속 남기고 있다. 19세기 메이지 시대는 일본에게 비교적 유리한 방향으로 해결을 봤지만, 현재는 그렇지 않다는 점에서 욕구불만을 축적하고 있는 상태이다. 이러한 욕구불만은 일본이 정식으로 군대를 보유하게 되면 언젠가는 밖으로 나타날 것이 분명하다.

대만 문제와 사할린 문제를 해결하는 것 이상으로 중요한 점은 조선과 국교를 수립하는 문제였다. 이 문제는 유명한 강화도 사건을 통해 역시 오쿠보 방식대로 해결했다. 본래 강화도 사건은 그의 발상이 아니었다. 외무성의 실무관료가 건의한 아이디어다. 그러나 이것은 별로 중요하지 않다. 중요한 점은 오쿠보의 취향에 맞는 아이디어라는 사실이다.

상대방이 도발하도록 유도하고 이것이 성공하면 미리 준비하고 있던 우세한 무력으로 꺾는다는 방식은, 사가현 반란을 진압하는 과정에서 사용된 수법과 동일했다. 이것은 오쿠보 특유의 승리 방정식이라 할 수 있다. 집에서 새는 쪽박이 밖에 나가서도 새는 법이다. 그는 자신의 주특기를 국내에서 사용하는 것에 만족하지 않고, 대외적으로 조선에 대해서도 활용하기로 결심했다. 실무적인 차원에서 이를 추진한 것은 일본 해군이었으며, 해군은 사쓰마벌의 텃밭이다.

결국 강화도 사건은 정한론 정변에도 불구하고 정부에 잔류한 사쓰마 세력이 사쓰마벌의 우두머리인 오쿠보의 승인과 지지를 바탕으로 저지른 사건으로 봐도 무방하다. 유명한 군함 운요(雲揚)호를 보내 강화도 수비대를 도발하게 만든 수법은 오쿠보가 배후에 있다는 강한 암시를 풍긴다.

일본이 예상한 대로 중국은 이 문제에 관해 오히려 일본 편을 들었다. 중국은 일본과 조선이 갈등을 빚다가 무력충돌로 발전하는 것을 원하지 않았다. 그러면 중국 자신이 전쟁에 휘말릴 위험성이 크기 때문이다. 강화도 사건 후 조선과 국교수립을 위한 사절단을 파견하는 문제가 논의되기 시작하였다. '원조' 정한론자 기도 다카요시는 자신이 직접 전권대사가 되어 조선에 가길 원했다. 그러나 뇌졸중으로 다리를 제대로 움직이지 못했으므로 다른 사람에게 양보해야만 했다.

전권대사에는 사쓰마벌의 차세대 리더 구로다 기요타카가 임명되었고, 부사에는 기도 다카요시를 배려해 죠슈벌의 이노우에 가오루가 선발되었다. 조선에 파견하는 사절에도 사쓰마와 죠슈벌의 균형이 도모되었고 사쓰마벌의 우위가 나타났다. 오쿠보는 강화도 사건을 배후에서 지시했음에도 불구하고 직접 전권대신으로 조선에 가지 않았다. 오쿠보가 조선을 어떻게 생각했는지 잘 나타내는 증거이며, 대만 출병 당시 직접 중국으로 건너가 담판한 것과는 정반대의 태도다.

사절단은 함선 6척에다가 300명 이상의 병력을 동반했으며, 페리 제독이 일본을 개국시킨 상황을 참고해 상당 부분을 모방했다. 여기에 적임자가 구로다였다. 그는 페리를 흉내 낸 무례하면서도 난폭하고 거친 행동으로 조선 측을 당혹스럽게 만들었다. 본래 구로다의 성격이 그러했다.

사이고가 집권하던 당시 소에지마 외무경은 청나라와 대등한 관계로 국교수립에 성공하였다. 여기에는 단지 중국과 근대적 외교관계를 수립한다는 것만이 아니라, 조선과의 관계를 의식한 점이 은밀히 포함되어 있었다. 중국이 대외적으로 조선의 종주국 행세를 하는 상황에서 중국과 외교적으로 대등한 관계에 서게 되면, 조선은 일본의 하위에 위치하게 된다는 점을 노린 것이다. 이것 역시 외무성의 아이디어였다.

이러한 포석을 바탕으로 강화도 조약은 불평등조약이 되었다. 중국과는 평등한 조약을 체결하면서 조선에게 불평등조약을 강제한 것은, 국교수립을 계속 거부하는 조선에 대한 일본 외무성의 강력한 반감과 복수심의 결과라 해도 과언이 아니다. 외무성은 일본 정부 내에서 정한론을 퍼트리고 조선에 대한 반감을 조장하는 근거지였다.

　강화도 조약의 가장 중요한 점은 불평등조약이라는 점이 아니다. 조선이 자주독립의 국가임을 명확하게 규정한 것이 가장 중요했다. 이것은 결코 조선을 위해서 삽입한 조항이 아니다. 장래 한반도를 중국의 영향으로부터 차단해 일본의 세력권으로 만들겠다는 강력한 의지의 표현이었다. 즉, 조선이 자주독립의 국가라는 것은 조선이 중국의 세력권에 있다는 사실을 부정하기 위한 목적으로 삽입한 것이다.

5
지조개정과 질록처분

'지조개정(地租改正)'은 간단하게 말해서 토지 소유자를 확정하고 이를 바탕으로 기존에 쌀로 내던 세금을 돈으로 납부하도록 바꾸자는 것이다. 겉으로 보기에는 간단한 것처럼 보이지만 실제로는 대단히 어렵고 시간이 많이 필요한 사업이었다. 간단히 예를 들어 토지 소유자를 확정하는 문제를 들 수가 있다.

중세에는 농민에게 토지 소유가 인정되지 않았다. 토지는 원칙적으로 봉건 영주인 다이묘나 쇼군의 소유였기 때문이다. 그래서 실제로 토지를 경작하는 농민을 토지 소유자로 인정하는 문제는, 토지문서를 확인하는 작업으로 간단히 해결되는 것이 아니다. 직접 관리를 파견해 일일이 농민을 상대로 조사하고 사실을 확인하는 작업을 거쳐야 가능했다. 그나마 농토의 경우는 경작자가 있으므로 비교적 수월하나, 경작자가 없거나 불분명한 경우는 시간이 많이 걸리는 어려운 작업이다.

또한 토지 소유권을 놓고 분쟁이 발생했을 때 누구를 소유자로 결정해야 하는가도 골치 아픈 일이었다. 중세에는 자기 땅에 농사를 짓는다는 의식이 희박했으므로 농토의 경계에 엄격한 구분이 없이 농사를 짓는 경우가 많았다. 그래서 막상 토지의 경계를 명확히 설정하려 하면 분쟁이 발생할 여지도 농후했다.

지조개정은 여러 가지의 의미에서 대단히 중요한 의미를 가지고 있었다. 일본 정부의 입장에서 가장 중요한 점은 토지 소유권을 명확히 정하고 이를 바탕으로 근대적 조세제도를 마련하는 점에 있었다. 당시 불평등조약의 결과 관세자주권을 빼앗겼기 때문에 관세수입은 기대하기 어려웠다.

국민의 80% 이상이 농업에 종사하고 있었으므로, 대부분의 조세수입은 농민으로부터 징수하는 세금으로 충당하지 않을 수 없었다. 그렇기 때문에 지조개정 사업은 중요했다. 여기에 자본주의 발전을 위해 토지 소유권을 확립한다는 의미도 무시할 수 없다. 자본주의는 국민에게 재산의 소유권을 인정하는 것에서부터 출발한다. 농민에게 있어 토지는 무엇보다도 인정되어야 하는 소유권이었다. 봉건제도를 졸업하기 위해서 이러한 작업은 필수였다.

지조개정을 하자는 제안은 메이지 초기부터 활발하게 논의되었고 각계각층의 의견서 제출을 통한 건의가 행해졌다. 이 중에서 가장 뛰어난 것으로 인정받는 것이 메이지 3년(1870) 6월 간다 다카히라(神田孝平)가 제출한 건의다. 지조개정 사업의 골격은 이것에 바탕을 두고 만들어졌다고 해도 과언이 아니다. 이러한 지조개정의 실시를 확정한 것은 앞서 말한 것처럼 사이고 정권 당시이나, 그 이전에도 서서히 지조개정을 실시하기 위한 사전작업이 진행되고 있었다.

메이지 4년(1871)에는 농토의 자유로운 경작을 허락했다. 도쿠가와 막부 시절에는 원칙적으로 농토에다 농민이 임의로 쌀 이외 다른 곡식을 심는 것은 허용하지 않았다. 세금인 쌀의 징수에 차질이 생길 것을 우려했기 때문이다. 그러나 농민에게 토지 소유권이 인정된다면, 자신이 소유하는 토지에 무엇을 심던지 그것은 경작자의 자유에 맡겨야만 한다. 농민에게 토지 소유권을 인정해 주기 위한 중요한 사전포석이다.

또한 동년 말 우선 도쿄의 시가지를 대상으로 토지문서를 교부하고 과세를 시작했다. 본래 도쿠가와 막부 시절에는 시가지에 과세하지 않았다. 세금 징수의 기준을 정하기가 애매한 것도 있었고, 시가지의 상당수는 일반 백성의 거주구역이 아니었기 때문이다. 특히 참근교대제로 인해서 과거 에도였던 도쿄 시가지는 다이묘의 번저가 차지하는 면적이 매우 넓었다.

번저는 출장소이자 숙소의 성격을 가졌지만, 다이묘의 체면상 대학 캠퍼스 정도의 광대한 넓이를 가지는 경우가 많았다. 게다가 도쿠가와의 혈족이나 막부의 신하가 차지하는 면적까지 합치면 에도 시가지의 대부분은 무사계급을 위해 존재한다고 해도 과언이 아닐 정도였다. 시가지가 무사계급을 위해 존재하던 시대가 끝난 만큼, 새롭게 세금을 부과하기 시작하는 것은 당연했다.

다음해인 메이지 5년(1872) 2월에는 일반 농토를 대상으로도 토지문서의 교부를 개시했다. 그로부터 5개월 후 지조개정을 위한 조례가 공포되었다. 사전에 어느 정도 포석을 깔아놓은 상태에서 지조개정 사업이 본격적으로 시작되었음에도 불구하고 해결해야 할 숙제가 많았다.

무쓰 무네미쓰(陸奥宗光)

지조개정 사업의 실무 책임자는 메이지 5년(1872) 6월 대장성 조세두(租稅頭)로 임명된 무쓰 무네미쓰(陸奥宗光)였다. 오늘날로 따지면 국세청장 정도에 해당한다. 그는 가내가와(神奈川) 현령으로 재직 중 지조개정에 관한 좋은 의견서를 제출한 것이 계기가 되어, 당시

대장성 우두머리였던 이노우에 가오루가 발탁했다. 그리고 무쓰 무네미쓰의 휘하로 사쓰마번 출신의 마쓰카타 마사요시(松方正義)가 조세권두(租稅權頭)에 임명된다.

이 두 사람이 지조개정 사업의 실무를 책임졌는데 매우 적절한 인사배치였다. 왜냐하면 무쓰는 치밀하고 용의주도하게 계획을 세우는 능력이 발군이었고, 마쓰카타는 정책의 기획이나 입안에는 별다른 재능이 없지만 일단 만들어진 정책을 충실하게 실행에 옮기는 실무행정가로서 탁월했기 때문이다. 메이지 정권이 해결해야 하는 숙제 중 가장 어려운 사업 중 하나였던 지조개정 사업이 별다른 어려움 없이 순조롭게 해결된 것은 이 두 사람의 공이 컸다. 우연의 일치인지 몰라도 무쓰 무네미쓰는 나중에 메이지 시대 최고의 외교관으로 성장했고, 마쓰카타는 그 시대를 대표하는 경제관료가 되었다.

무쓰는 기슈(紀州)번 태생으로 사카모토 료마가 무역을 위해 만든 해원대라는 조직에 들어가 료마의 심복으로 재능을 인정받을 정도로 똑똑한 인물이었다. 그러나 료마가 암살되는 바람에 막부가 멸망한 후 무쓰는 스스로 출세의 활로를 개척해야만 했다.

만약 료마가 살아 있었다면 무쓰는 료마의 추천으로 별다른 어려움 없이 신정부의 요직에 등용되었을 것이다. 그러나 막부 타도에 별다른 공헌을 한 것이 없고 번벌 출신도 아닌 무쓰 앞에는 냉담한 현실이 기다리고 있었다. 그는 신정부가 삿쵸세력에 의한 번벌정권으로 형성되는 것에 강하게 반발했다. 자신보다 능력이 훨씬 뒤지는 인물이 번벌 출신이라는 이유만으로 눈부신 출세를 하는 것을 보면서 크게 분노하지 않을 수 없었다.

야심 많고 능력으로는 그 누구에게도 뒤지지 않는다고 자부하는 인물이 불합리한 현실에 좌절하고 방황하는 것은 당연한 것인지도 모른다. 그래서 무쓰는 관직에 취임했다가 사표를 제출하는 일을 되풀이하며 심하게 방황했다. 게다가 말없이 물러나기보다는 직속상관과 심하게 다투고 사직하는 일이 많았기 때문에 그에 대한 평판은 상당히 좋지 않았다.

폐번치현 이후 외교적 수완을 필요로 하는 가나가와 현령으로 임명되었고, 앞서 말한 것처럼 이노우에에게 발탁되어 지조개정 사업을 추진하는 실무책임자가 되었다. 무쓰는 이를 계기로 죠슈벌에게 접근하기 시작했다. 이노우에가 파문을 일으키고 대장경을 사임하자 후임자로 임명된 오쿠마에게 한동안은 조용히 협조했지만, 이와쿠라 사절단이 귀국한 후 기도 다카요시에게 접근해 오쿠마를 타도하려 하였다.

오쿠마와 정책을 둘러싼 의견대립으로 갈등을 일으킨 것은 물론 죠슈벌의 신임을 얻어 출세의 발판을 마련하려는 생각도 있었다. 여기서 무쓰 특유의 하이에나와 같은 기질이 드러난다. 그러나 정한론 정변으로 오쿠보가 권력을 잡자 오쿠보의 심복이 된 오쿠마를 건드리는 것은 어렵게 되었다. 이 때문에 무쓰도 메이지 7년(1874) 1월에 대장성을 떠나고 만다. 이를 계기로 무쓰의 번벌정부에 대한 반감은 더욱 증폭되었다.

여기에 비해 마쓰카타 마사요시는 사쓰마번 출신이므로 무쓰와는 다른 길을 걸었다. 본래 그는 뛰어난 검술실력을 인정받아 히사미쓰의 경호와 연락을 담당하는 심복으로 성장한 인물이다. 성충조 출신은 아니나 성실함과 충성심을 높이 평가받아 오쿠보와도 친분을 맺게 되었다. 마쓰카타는 오쿠보를 존경하는 형님으로 모셨고, 이것이 그의 출세에 결정적인 도움이 된 점은 말할 것도 없다.

이처럼 그는 히사미쓰의 심복이고 사쓰마번 출신임에도 불구하고, 뜻밖에도 막부 타도에 특별히 공헌한 것은 없었다. 1866년부터 막부가 멸망할 때까지 나가사키에 머물며 무기구입과 무역에 종사했다. 이때의 경험으로 실물경제에 눈을 뜨게 된다. 신정부가 성립되자 오쿠마 시게노부와 나란히 나가사키 통치를 담당하는 관료 중 하나로 임명되었다. 나중에 오쿠보의 후원으로 지방관을 거친 후, 메이지 3년(1870) 민부성의 중견관료에 임명되어 중앙정부에 입성했다. 그 후 민부성이 폐지되자 대장성으로 옮기고 여기서부터 본격적으로 경제 관료의 길을 걷기 시작했다.

정치적으로 마쓰카타는 보수적인 성격을 가진 인물이어서 애초 지조개정 자체에 반대하는 입장에 있었다. 그러나 중앙의 분위기가 지조개정을 추진하는 방향으로 움직이자 즉시 태도를 바꾸고 여기에 동참했다. 무쓰가 사임한 후에는 그의 후임자로 조세두에 임명되었으며, 지조개정 사무국이라는 부서를 신설할 것을 건의하고 이를 통해 지조개정 사업을 마무리한다.

지조개정 사무국의 총재는 어디까지나 내무경 오쿠보였지만, 그는 한가하게 지조개정 사업에만 몰두할 여유가 없었다. 그래서 지조개정 사무국을 실질적으로 장악한 인물은 마쓰카타였다. 이렇게 해서 지조개정 사업은 대장성 우두머리인 오쿠마의 손에서 벗어났다.

오쿠마는 나중에 마쓰카타에 대해 매우 냉소적인 평가를 내렸다. 사쓰마 출신이 아니었다면 기껏해야 지방관 정도가 출세의 한계라고 혹평했다. 사실 마쓰카타에게는 정치가로서 재능은 거의 없다고 해도 과언이 아니다. 리더십도 부족했고 다가올 미래를 예상해 올바른 방향을 제시할 수 있는 통찰력도 없었으며 상상력도 평범한 인물에 지나지 않았다. 오쿠보와 친분이 없었다면 그는 중앙 정계에 진출하는 것도 불가능했을 것이다. 그러나 실무가로 경제 관료라는 관점에서 보면 오히려 오쿠마보다 뛰어났다.

아무튼 마쓰카타는 지조개정 사업을 자신의 손으로 마무리하면서, 대장성 내에서 확고한 발판을 마련했다. 그리고 그 후 오쿠보의 권유도 있어서 프랑스로 유학 겸 시찰을 떠났다. 귀국 후에는 오쿠보 암살이라는 급격한 정세의 변화로 구로다 기요타카와 더불어 사쓰마벌의 유력한 인물로 급부상하게 된다.

사이고 정권 당시 포고된 지조개정 조례의 핵심적인 내용은 3가지이다. 우선 토지조사로 토지의 가격, 즉 지가를 산정하고 이를 바탕으로 과세한다는 점이다. 그리고 둘째로 세율은 지가의 3%로 하고, 셋째로는 세금은 쌀이 아니라 돈으로 납부한다는 점이다. 여기에 장래의 상황을 봐서 세율을 1%로 경감한다고 부가했다. 이것은 지조개정에 대한 농민의 저항을 봉쇄하려는 사탕발림에 지나지 않았다.

일본 정부가 애초 지조개정을 추진하며 가장 중시한 점은 도쿠가와 막부나 다이묘가 농민에게 거둬들인 세금과 거의 동등한 액수를 징수한다는 것이다. 이를 감안해 3%라고 정한 것이고, 1%로 경감할 뜻은 전혀 없었다고 해도 과언이 아니다. 1%로 경감하면 조세수입에 막대한 차질이 생긴다. 대장성 관료들은 장래에 세금을 감경한다는 헛된 희망을 심어주고 국민을 우롱하면서 자신들의 욕심을 채우려 하였다.

출발점인 토지 가격을 산정하는 문제부터 쉽게 해결하기 어려운 과제였다. 토지가 활발하게 매매되고 거래된다면 지가의 산정은 쉬워진다. 그러나 중세 봉건제에서 토지매매는 원칙적으로 금지되었다. 다만 돈이 필요한 농민이 고리대금업자나 잘사는 농민으로부터 농토를 담보로 돈을 빌리고, 약속한 기간 내에 갚지 못해 토지를 빼앗기는 경우는 사실상 토지매매와 비슷한 결과가 생겼다.

돈을 갚지 못하면 농토를 빼앗기고 고향을 떠나는 경우도 있었지만, 그대로 눌러 앉아 종전에 자신의 토지였던 농토의 소작인으로 전락하는 경우가 더 많았다. 이렇게 되면 겉으로 보기에 소유권의 변동은 없는 것처럼 보인다. 이러한 상황을 일일이 정확히 조사하기 위해서는 막대한 수의 조사요원을 전국 각지에 투입해야만 한다. 그러나 그러한 여유가 없었으므로 대장성은 원칙적으로 신고주의를 취했다. 즉, 토지의 소유자나 생산성 등에 관해 농민이 자발적으로 신고하도록 하고, 이를 바탕으로 지가를 산정한다는 것이다. 행정편의주의적 발상인 것은 말할 것도 없다. 나중에 한반도를 식민지로 편입한 후에도 역시 마찬가지로 신고주의를 취했지만, 신고가 없으면 일방적으로 토지를 몰수해 악명을 높였다. 이러한 작업을 원활하게 진행하기 위해서는 현지 실정을 잘 아는 지방관들의 적극적인 협조가 필수적이다.

여기서 무쓰는 대장성 휘하에 지방관 합동회의를 개최하는 것을 구상했으며, 전국을 대상으로 효과적으로 지조개정 사업을 추진하려 하였다. 그는 이를 바탕으로 전국에 획일적이고 통일적으로 사업을 추진하는 발판을 마련하고, 지가산정을 위한 기본골격을 잡는 데 성공했다.

지가의 산정방식은 필요한 조세수입을 최대한 확보하기 위해 교묘한 수법으로 일본 정부에게 유리한 방향으로 정했다. 예를 들어 토지의 평균수확량을 지가 산정의 중요한 척도도 삼았는데, 평균수확량을 어떤 식으로 정하느냐는 정부의 뜻에 달려 있었다. 농사는 풍년인가 흉년인가에 따라 수확량에 커다란 변동이 있기 마련이지만, 풍년에 중점을 두어 평균수확고를 산출하면, 이를 바탕으로 산출한 지가가 상승하고 당연히 정부의 조세수입도 늘어난다.

무쓰가 사직한 후 후임자가 된 마쓰카타는 앞서 말한 지조개정 사무국의 창설을 주도했다. 지조개정 사업의 골격이 잡힌 상태에서 본격적으로 이를 추진하려면 대장성만으로는 역부족이라는 것을 절실하게 느꼈기 때문이다. 그래서 마쓰카타는 대장성과 내무성의 실무관료들을 규합한 독자적인 사업단을 구상하고 지조개정 사무국의 창설을 추진한 것이다. 본래 마쓰카타는 대장성 우두머리인 오쿠마가 지조개정 사무국의 총재로 취임하는 것을 한사코 반대했다. 그렇게 되면 지조개정 사무국이 대장성의 부속기관처럼 될 것을 우려해서다. 그러나 마땅한 적임자가 없었다.

마쓰카타가 추대하고자 원했던 기도 다카요시는 건강상의 이유로 난색을 나타냈다. 여기서 오쿠보가 총재로 취임한 것이다. 그는 직속상관인 대장경 오쿠마를 무시하고 직접 오쿠보와 접촉해 지조개정 사업을 진행했다. 결국 지조개정은 대장성 우두머리인 오쿠마를 따돌리고 오쿠보 정권의 사쓰마벌이 주도해서 실행에 옮겨졌다.

이러한 경위로 지조개정 사업의 실질적 총지휘자가 된 마쓰카타는 전국을

8개의 구역으로 구분하고 대장성이나 내무성의 중견관료를 담당관으로 파견해 지방관을 감독하는 한편, 자신은 사업 진행이 현저하게 늦어지는 구역을 돌아다니며 직접 감독하고 독려했다. 겉으로는 전국적으로 일제히 실시하는 방향이었지만, 실제는 가장 쉽게 처리할 수 있는 지역에 우선순위를 두고 그 후 점점 까다로운 구역에 집중한다는 방법을 사용한 것이다. 이 방법은 상당히 효율적이고 합리적이었으므로 지조개정을 신속하게 완성시킬 수 있었다.

막상 지조개정이 실현되었지만 농민들의 불만은 사라지지 않았다. 도쿠가와 막부 시절과 비교해 조세 부담이 별로 줄어들지 않은 것은 물론이고, 오히려 새롭게 조세부담이 증가하게 된 경우나 불이익이 생긴 경우도 많았다. 예를 들어 시가지의 경우 막부시절과 달리 새롭게 과세 대상에 포함되면서 불만을 야기했고, 산림이나 임야의 경우 소유권을 확정하기 곤란하다는 이유로 광범위한 지역을 일방적으로 국유지로 편입시켜 농민이 땔감의 확보 등을 위해 이용하는 것에 크게 제한받지 않을 수 없었다. 그래서 지조개정에 반대하는 농민들의 폭동과 시위가 전국 각지에서 계속해서 일어났고, 나중에 오쿠보는 농민들의 불만을 잠재우기 위해 세금을 지가의 3%에서 2.5%로 낮췄다.

이것으로 조세수입이 20% 이상 줄어들었지만, 농민들이 반정부세력으로 변하는 것을 막는 점에는 확실한 효과를 발휘했다. 당시 오쿠보나 이와쿠라를 비롯한 번벌정부의 수뇌들이 가장 두려워한 점은 사족과 농민이 함께 손을 잡고 반란을 일으키는 상황이었다. 군사훈련도 받지 않고 실전경험도 없는 농민들이 일으키는 폭동이나 반란은 참가한 인원이 많아도 쉽게 진압되는 경우가 많았다. 그러나 무사 출신의 사족이 농민들과 제휴해 반란을 일으킨다면 상황이 달라진다. 아무튼 오쿠보가 지가를 0.5% 인하한 이후 농민들의 반란이나 폭동은 현저히 수그러들기 시작했다.

판적봉환과 폐번치현을 거치면서 막번체제는 완전히 해체되었고, 중세의 봉건적 무사계급은 형식적으로는 완전히 소멸했다. 그러나 비록 '사족'으로 호칭은 바뀌었지만 무사계급이라는 실체는 여전히 존재했고, 이들이 칼을 들고 일어서면 강력한 반정부세력이 된다는 것은 누구나 잘 아는 사실이다. 그래서 이들을 무마하기 위한 목적으로 막부가 멸망하기 전 다이묘가 주던 것과 비슷한 수준의 급여를 주며 일본 정부가 사족의 생계유지를 책임져야만 했다.

문제는 이것이 가뜩이나 어려운 신정부의 재정에 막대한 부담을 야기했다는 사실이다. 정부의 지방예산 지출에서 절반 이상이 폐번치현으로 실업자가 된 무사계급을 먹여 살리려고 사용되었다. 오늘날로 따지면 특정 실업자 계층을 위해 정부 예산의 30% 정도를 사용한 것을 의미한다. 뭔가 특단의 대책을 세워 이러한 재정 부담을 해소하지 않으면, 부국강병을 추진하는 것은 꿈도 꾸지 못하는 상황이다. 그래서 '질록(秩祿)처분'을 단행하지 않으면 안 되었다.

질록처분은 한마디로 간단하게 말해 정부가 무사계급에게 지불하던 실업수당의 지급을 중단하기에 이르는 과정을 말한다. 지조개정은 토지에 대한 소유권을 인정하고 근대적 조세체계를 확립해 자본주의 발전의 기틀을 만든다는 거창한 제도적인 목적이 있었다. 그러나 질록처분은 이와는 정반대로 거창한 이념과는 무관하지만 정부의 숨통을 짓누르는 불필요한 재정 부담을 없애야 한다는 절실한 현실적인 목적을 가진 점에서 차이가 있다.

가급적이면 빨리 이러한 재정 부담을 해소해야만 한다는 것은 정부 내의 공통된 의견이었지만, 재정적 여유가 없었으므로 뾰족한 방법이 없었다. 그래서 결국 예정된 수순으로 서구 열강으로부터 거액의 외채를 모집해 해결하자는 제안이 나왔다. 거액의 외채 모집을 통해 획득한 자금으로 실업수당을 '연금'의 형식이 아니라 '일시불'로 사족들에게 일정액씩 나눠주고, 단기간에 막대한 재정적 부담을 떨쳐버린다는 발상이다.

이러한 제안을 한 장본인은 사이고 정권에서 대장성으로부터 추방된 이노우에 가오루였다. 그는 종래 사족에게 지급되던 실업수당을 일괄적으로 3분의 1 삭감해 정부 재정의 숨통을 트고, 나머지는 외채 모집으로 6년 안에 해결한다는 급진적 제안을 했으나 강력한 반발에 부딪쳤다. 반발의 주된 이유는 역시 정치적인 측면을 고려했기 때문이다.

급진적 질록처분을 실행하면 전국에 40만 정도 있는 것으로 추산되는 칼을 가지고 군사훈련을 받은 사족들이 정부에 등을 돌리고 강력한 반정부 세력으로 변할 가능성이 컸다. 이들이 전국 각지에서 반란을 일으키면 반란을 진압하는 데 필요한 경제적·사회적 비용이, 오히려 질록처분으로 절약하게 되는 비용을 훨씬 초과할 가능성이 많았다. 게다가 생계유지에 대한 위협으로 궁지에 몰린 상황에서 일으키는 반란은 쉽게 진압하기 어렵다. 당시 일본 정부는 종래 소지한 총을 제출해 각인을 받으면 무사들의 총기소지를 허가했다. 현실적으로 총기를 압수할 만한 강력한 공권력이 없었기 때문이다. 그래서 일단 반란이나 폭동이 일어나면 총격전이 벌어지는 경우가 흔했다. 쥐도 궁지에 몰리면 고양이를 무는 것처럼 인간은 궁지에 몰리면 평소와 다른 본성이 나타나기 마련이다. 하물며 단련된 무장집단을 경제적으로 궁지에 몰아넣으면 대규모 무장반란이 일어날 것은 뻔한 사실이고, 만약 반란을 진압하는 데 실패한다면 걷잡을 수 없는 국면에 빠질 가능성도 많았다. 당시 정부군에서 믿을 만한 것은 웅번으로부터 차출된 병력으로 구성된 1만 명 정도의 친병밖에는 없었다.

아울러 거액의 외채를 도입하면 서구 열강의 경제식민지가 되는 빌미를 제공한다는 우려가 정부 내에 광범위하게 존재한 것도 사실이다. 당시가 제국주의 시대였기 때문에 이러한 인식도 무리는 아니었다. 혹을 떼려다가 혹을 붙이는 결과가 되지 않는다는 보장은 어디에도 없었다. 직접 경제발전에 투자하기 위해 막대한 액수의 외채를 빌리는 것이 아니라 불필요한 재정 부담을 해소하기 위해서라는 발상은, 경제 지식이 별로 없는 보수 세력에 대해서는 설득력이 부족했다.

이노우에의 급진적인 질록처분 방침이 강력한 반대로 주춤하는 사이, 이미 본 것처럼 사이고 정권의 분열이 일어나고 이노우에가 대장성에서 추방당했다. 그래서 질록처분은 정한론 정변 후 성립한 오쿠보 정권에서 대장성을 장악한 오쿠마 시게노부의 손으로 넘어갔다. 오쿠마는 사족에게 주는 실업급여에도 과세하는 방침을 추진했다. 물론 이것은 재정 부담을 조금이라도 줄여보려는 발상에서 나온 것이다. 예전부터 일관되게 무사계급의 기득권을 옹호하던 입장을 취하던 기도 다카요시는 이것에 강력히 반발했으나, 오쿠보의 지지를 얻어 10% 정도 삭감에 성공했다.

다음 단계로 오쿠마는 사족들이 자발적으로 실업급여를 반환하도록 유도하는 방침을 추진했다. 우선 메이지 6년(1873)에 100석 미만의 녹봉을 받는 저소득층을 표적으로 했는데, 사실 대부분의 사족들이 막부 시대에 100석 미만을 받는 하급무사층이었다. 자발적으로 반환을 신청하는 자에게는 경우에 따라 4년분이나 6년분에 해당하는 금액을, 절반은 현찰로 나머지 절반은 8%의 이자가 붙은 공채로 지급했다.

이것은 당연히 사족의 입장에서 불리한 조건이었다. 그러나 매년 지급되는 소액의 실업급여에 의존해서 근근이 입에 풀칠을 하며 사는 것보다는, 일시불로 많은 현찰을 손에 넣어 장사나 사업이라도 할 수 있다는 매력이 있었다. 그래서 전체 사족 중에서 20% 가량이 호응했다. 여기에 자신감을 얻은 오쿠마는 다음해 100석 이상의 자에게도 자발적인 반환을 허용했다. 이러한 조치의 결과로 정부의 재정 부담을 20% 정도 더욱 감소시키는 것에 성공하고 질록처분이 장래 성공할 전망을 얻을 수 있었다.

다른 한편 지조개정의 전국적인 실시로 농민이 납부하는 세금이 쌀에서 돈으로 바뀌자, 사족에게 지급하는 실업급여도 돈으로 지급하는 것이 필연적 과정이 되지 않을 수 없었다. 역시 지조개정을 마무리한 마쓰카타 마사요시가 이를 추진했다. 그래서 돈으로 환산한 액수는 무려 3,400만 엔에 이르고,

여전히 정부 재정의 30% 정도를 차지한다는 사실이 명확하게 수치로 밝혀지게 되었다.

오쿠보는 자신의 포부인 산업진흥을 위한 자금마련을 위해 이러한 재정부담을 없애기로 결심을 굳혔다. 그 결과 메이지 9년(1876) 3월 질록처분의 방침이 전격적으로 발표되기에 이른다. 강화도 조약 체결 후 대외문제에 한숨돌리고 여유가 생기자 질록처분을 단행한 것이다. 이렇게 해서 기존의 녹봉 등을 전부 폐지하고 사족들은 '금록(金祿)'이라 부르는 현찰로 지급하는 공채의 소유자로 전환했다. 공채의 이자는 각각 5%, 6%, 7%, 10%의 이자를 붙였다. 금록 1천엔 이상을 받던 자는 5%, 1백엔 이상은 6%, 1백엔 미만은 7%를 원칙으로 했으며, 오쿠보의 고향인 가고시마의 사족들을 배려해 예외적으로 10%를 주었다. 10%의 이자를 받으면 기존과 동일한 액수를 받는 거나 마찬가지였다. 그러나 이자만으로 생겨유지가 가능한 자는 5%와 6%를 받는 경우에만 가능했는데, 사족 전체의 5% 정도에 불과했다. 그 나머지 자들은 경찰관인 순사의 연봉과 비교하면 절반에도 못미쳤다.

공채는 5년의 유예기간을 둔 후 매년 '추첨'을 통해 30분의 1씩을 선정해서 반환하고, 결국 30년으로 전부 지급을 끝낸다는 것이 주된 내용이었다. 이렇게 해서 지급된 총금액은 1억 7,000만 엔 정도에 이르렀다고 한다. 당시 경제수준으로는 상상을 초월하는 천문학적인 액수다.

질록처분에 의해 사족들은 공채를 손에 쥐게 되었지만, 공채의 이자수입으로 식구들을 먹여 살리고 생계를 유지하기는 너무나 힘들었다. 정부가 공채를 현찰로 바꿔주는 '추첨'에 빨리 당첨되지 못하면, 공채를 현찰로 바꾸려고 최악의 경우 5년의 유예기간을 감안해 30년 이상을 기다려야 한다. 그래서 일정부분 손해를 감수하고 사채업자나 금융업자에게 공채를 매각해 현찰을 손에 쥐는 방법을 택하는 것은 자연스러운 순서였다. 이러한 방법은 오늘날에도 원하지 않게 국가로부터 반강제적으로 공채를 구입해야 하는 사람들이 널리 사용하고 있다.

이렇게 얻은 현찰에다가 정부가 사족들을 지원하기 위해 주는 자금을 대부받아 토지를 사서 농업에 종사하거나 상업 활동에 나서는 경우가 많았다. 그러나 경제적 감각이 무딘데다가 경험도 없으므로 상당수는 경제적 안정을 얻는 데 실패하는 것도 예정된 수순이었다. 사실 경제적인 감각도 없고 수완도 빈약한 인간이라면 천만금이나 억만금을 가지고 있어도 재산을 탕진하는 것은 시간문제에 지나지 않는다. 차라리 자식의 학자금으로 사용하는 편이 실속있는 투자였다.

아무튼 이러한 강압적인 조치로 재정 부담에서는 어느 정도 벗어났지만, 무사 출신의 정부 지도자들이 스스로의 손으로 무사계층의 몰락과 붕괴를 실행에 옮겼다는 모순도 지적되고 있다.

그러나 근대화와 부국강병을 추진하기 위한 자금을 마련하려면 외채를 도입하지 않는 이상은 딱히 다른 방법이 없었다. 게다가 메이지 정부의 지도자들이 기존의 봉건질서에서 기득권을 가지고 있던 자들의 권리를 보호하기 위해 목숨 걸고 막부 타도를 한 것도 아니다. 그럼에도 불구하고 사족층의 불만은 점점 높아져만 갔다. 오쿠보 정권이 대외정책에서 행한 내치우선과 모순되는 행동에도 불만을 축적해갔고, 대내적으로 질록처분에 의한 경제적 곤궁에 대한 불만의 분출구가 오쿠보에게 향했다.

그는 이러한 점을 의식해 앞서 말한 것처럼 사족들이 안정된 직업을 가지고 생업에 종사하도록 상당히 신경을 썼다. 그러나 제한된 자금과 일자리로 반정부세력을 만족시키기에는 한계가 있었고, 결국 무력으로 해결을 보지 않을 수 없었다.

6
자유민권운동과 오사카 회의

　정한론 정변에서 하야한 5명의 참의 중 사이고를 제외한 나머지 4명은, 오쿠보 정권과의 투쟁노선을 언론을 이용한 투쟁으로 한다고 공감대를 형성하고 이를 추진했다. 이를 상징하는 유명한 '국회설립에 관한 건의서'를 정부에 제출한 것은 메이지 7년(1874) 1월 17일이었다.

　사이고를 제외한 4명의 전직 참의가 전부 서명했으며, 이와쿠라 암살미수 사건이 발생하고 3일 후의 시점이었다. 이 건의서는 정부 권력을 극소수의 관료가 장악하고 있다는 점을 지적하고 오쿠보 정권에 대한 통렬한 정면비판을 가하는 것을 주저하지 않았다. 아울러 국민의 기본적 인권을 보장하고 정부 권력을 견제하기 위해 국회를 설립하라고 주장하는 한편, 조세를 부담하는 국민에게 참정권을 부여하는 것이 당연한 이치라는 의견도 제시했다.

　이 건의서를 제출한 사건이 일본에서 민권운동의 출발점으로 평가받고 있기 때문에, 이를 보통 '자유민권운동'이라고 한다. 이에 대해 번벌정부는 공식적 반응을 보이지 않고 애써 무시했으나, 오쿠보나 기도는 메이지 초기부터 언젠가 국회를 만들어야 한다는 점에 대해 공감대를 형성하고 있었다. 그러나 국회 개설의 시기나 방법에 관해서는 어디까지나 정부가 주도해야 한다고 생각했으므로, 재야 정치인들이 멋대로 자유민권운동을 전개하는 것에 대해서는 결코 찬성하지 않았다. 특히 기득권을 가지고 있는 이와쿠라나 오쿠보의 경우 그러한 경향이 현저했다. 게다가 건의서 제출을 정한론 정변으로 하야한 자들이 주도한 탓에 자유민권운동을 추진하는 그 자체를 반정부 투쟁이라는 시각에서 봤다. 그러나 오쿠보는 이러한 속마음을 숨기고 건의서 제출을 계기로 세간에 일어난 국회 개설에 관한 관심을 잠재우기 위해, 정부 주도로 지방관 회의를 개최하고 국회 설립을 위한 사전준비와 연구에 들어가는 것처럼 행동했다.

한편, 국회 설립을 위한 건의서가 제출되기 5일 전 이타가키의 주도로 애국공당(愛國公黨)이라는 정치결사가 탄생하였다. 사리사욕을 위해서 만든 것이 아니라는 의미에서 '공당'이라는 단어가 들어갔다. 이것이 일본에서 정당의 효시가 되는 최초의 정치결사 조직이다. 그러나 본격적인 정당조직이 아니고 어디까지나 국회 개설에 찬동하는 유력한 인물들을 결속시키기 위한 과도기적 성격을 가지고 있었으므로, 재정적으로도 매우 빈약했고 강력한 조직력이나 행동력을 발휘하기는 불가능했다. 게다가 여기에 참가한 유력한 인물의 하나인 에토 심페이가 사가현 반란사건의 주모자로 처형되는 상황이 되자, 매우 곤란한 상황에 빠지고 자연스럽게 조직이 소멸되는 지경에 이르렀다.

상황이 여의치 않자 이타가키는 고향인 고치현으로 돌아가 입지사(立志社)라는 단체를 결성한다. 그러나 이것은 정치적인 결사가 아니라 봉건사회의 기득권자였던 사족들의 구제와 상호부조를 목적으로 하는 친목단체의 성격이 강했다. 물론 일반 주민들을 상대로 토론회를 개최하고 계몽활동도 했지만, 어디까지나 사족을 단결시키고 그들의 이익을 대변하는 것에 중점이 있었다. 당시 이러한 성격을 가진 단체는 스스로 생존에 대한 위기의식과 오쿠보 정권에 대한 불만 등이 원인으로 우후죽순처럼 전국 각지에서 만들어졌다.

이를 통해 그는 고치현을 자신의 텃밭으로 만드는 결실을 거두었지만, 무사계급이 주도한다는 봉건적 잔재를 완전히 청산하지 못했다. 그래서 자유민권운동이 범국민적인 진정한 민권운동으로 거듭나지 못하고 번벌투쟁의 성격을 탈피하지 못하는 한계도 아울러 만들었다.

오쿠보는 대만 출병에 관해 충돌하고 하야한 기도 다카요시와 사이가 크게 벌어졌다. 그러나 대만 출병을 마무리 한 후, 시간이 지나면서 오쿠보는 기도를 다시 정부로 끌어들일 필요성을 강하게 느끼게 된다. 무엇보다도 정부 내 죠슈벌과 관계회복이 중요했다. 죠슈벌이 관료세력 내부에 깊숙이 자리 잡고 있는 상황에서 오쿠보에게 적극적으로 협조하는 인물은 이토 히로부미밖에 없었다. 내우외환을 겪고 있는 마당에 번벌정부 내부의 분열은 한사코 피해야만 하는 상황이다.

죠슈벌의 협조를 얻어내고 원활하게 정부를 움직이기 위해서는 아무래도 기도 다카요시가 필요했다. 이러한 오쿠보의 뜻을 받들어 이토 히로부미가 움직였다. 이토는 재야에 있는 이노우에 가오루와 접촉해 기도에게 간접적으로 정부 복귀의 의사를 타진했다. 이때가 메이지 8년(1875) 1월 무렵이다. 이노우에는 대장성으로부터 사이고에 의해 쫓겨난 후 재야를 떠돌았다. 게다가 대만 출병 당시 노골적으로 오쿠보에게 비협조적인 태도를 취하기도 했다. 그 결과 오쿠보의 눈 밖에 나서 정한론 정변 이후도 중용되지 못한 것이다.

마침 기도는 부부동반으로 부인 마쓰코(松子)와 함께 교토에 놀러 왔고, 그 무렵 이노우에는 오사카에서 무역회사를 차리고 경영에 전념하고 있었다. 마쓰코는 본래 기생 출신의 여자다. 교토에서 죠슈번의 번저를 관리하며 존왕양이운동을 주도하던 기도는, 단골로 다니던 술집에서 일하는 이쿠마쓰(幾

松)라는 기생에게 반해 돈을 주고 그녀를 빼돌리고 교토번저의 근처에 살림을 차렸다.

　신분의 차이로 결혼은 하지 못했으나, 막부 멸망 후 정식으로 아내로 맞아들이고 마쓰코라고 이름을 바꿨다. 사쓰마 출신들과 다르게 존왕양이운동에 투신한 죠슈번 출신자들은 기생을 아내로 둔 경우가 많았다. 이토 히로부미의 아내 역시 기생 출신이고, 다카스기나 이노우에, 야마가타도 기생과 깊은 관계를 맺었다. 언제 죽을지 모르는 위험한 정치운동에 투신하며 불안을 달래려 술과 여자를 끼고 생활한 것이 원인이다. 그래서 죠슈벌은 여자와 돈을 밝힌다는 이미지가 사쓰마 출신보다 상대적으로 강했다.

　이토는 이노우에의 동의를 얻어 나란히 교토로 기도를 찾아갔다. 기도 역시 싫지 않은 눈치를 보였다. 애초 기도는 중국과 전쟁을 우려해 대만 출병에 강하게 반대한 것이 사실이다. 그러나 오쿠보가 직접 중국에 가서 평화적으로 문제를 해결하고 돌아온 것을 크게 기뻐하고, 이에 관해 직접 오쿠보에게 칭찬하는 편지를 썼을 정도다. 아마도 기도는 내심 정부 복귀를 바라고 있었을 것이다.

　자존심이 강한 기도의 성격을 고려해 이토는 오쿠보에게 오사카로 올 것을 요청했다. 오쿠보도 결코 자존심이 없는 인물은 아니나, 권력을 위해서라면 악마에게 영혼을 팔고도 남을 위인이다. 그는 지방시찰을 한다는 명목으로 오사카로 출장을 갔다. 오쿠보가 자신의 체면을 세워주자 기도는 오사카로 찾아가 그를 방문하고는, 자신의 견해를 밝힌 다음 여기에 동의한다면 정부에 복귀하겠다는 뜻을 밝혔다.

　기도가 요구한 사항 중 가장 중요한 것은 지방관 회의의 설치문제였다. 이것은 전부터 그가 구상하던 것으로 장래 국회 개설을 위한 포석이었다. 그리고 더 나아가 헌법을 제정하려고 생각했다. 국회 개설이나 헌법 제정에 관해서 오쿠보도 이의는 없었다. 언젠가는 실현해야 하는 일이라고 공감하고 있었기 때문이다. 그러나 오쿠보는 입헌정치의 창설에 관해 자신이 주도권을 쥐고 자기식대로 처리하려 했으며, 다른 사람에게 이에 관해 양보할 생각은 조금도 없었다.

여기에다가 기도는 이타가키의 정부 복귀도 오쿠보에게 제안한다. 오쿠보는 정한론 정변으로 갈라선 정적 이타가키를 받아들이기 꺼려했지만, 기도는 이토 히로부미를 자신의 주장에 동조하도록 포섭하고 열심히 설득해 결국 승낙을 얻어냈다.

표면적 이유는 이타가키에게 정부 복귀의 기회를 주고 함께 국회 개설을 추진한다는 것이다. 그러나 기도와 오쿠보는 나름대로 계산을 가지고 있었다. 오쿠보는 재야에서 활발하게 벌어지고 있는 자유민권운동을 약화시키기 위해 이타가키의 포섭에 동의한 것이고, 기도는 오쿠보를 비롯한 정부 내 사쓰마벌을 견제할 유력한 정치적 동지로 끌어들이려 하였다.

회담은 1개월 이상에 걸쳐 계속되었다. 문제가 단지 기도의 정부 복귀를 추진한다는 차원을 넘어서 장래 입헌정체에 관한 의견을 교환하고 합의점을 찾아내는 것으로 변질되었기 때문이다. 오쿠보는 기득권을 가진 입장에서 기도와 이타가키의 요구사항을 검토하고 면밀하게 계산한 다음 결정을 내렸다. 이러한 와중에 오쿠보는 합의가 원활하게 진행되지 않는 경우 기도나 이타가키에게 툭하면 바둑을 두자고 했다.

이미 본 것처럼 히사미쓰에게 접근하기 위해 배운 바둑은 오쿠보의 평생 취미가 되었다. 그는 회담이 과열될 상황이 되면 만사 제쳐두고 일단 바둑을 두면서 머리를 식혔고, 이러한 엉뚱한 행동에 이타가키가 크게 화를 내기도 했다는 일화가 남아있다. 오쿠보, 기도, 이타가키가 회담의 결과 얻은 합의사항은 다음과 같았다.

우선 원로원(元老院)의 설치가 있었다. 이것은 이타가키의 제안이다. 물론 이타가키의 의도는 국회 개설을 위한 사전준비 작업을 추진하는 기관으로 생각하고 있었다. 한편, 기도는 같은 목적을 가지고 지방관 회의의 설치에 관해 오쿠보의 동의를 얻었다. 게다가 대법원에 해당하는 대심원(大審院)을 설치하고 사법부의 강화와 독립을 추진한다는 사항도 합의되었다. 그리고 참의와 장관이 겸직하는 상태를 다시 분리하는 것도 협의되었고, 지방마다 부현회(府縣會)라는 지방자치의회를 설립하는 사항도 결정되었다. 이렇게 해서 새롭게 만들어진 정치구조를 보통 '오사카 체제'라고 부른다.

결국 기본적으로 입헌정체를 추진하는 방향에 중점이 있었지만, 사실 오쿠보는 속마음으로 서두르려는 생각은 조금도 없었다. 입헌정체가 제대로 실현된다면 정권교체라는 개념이 자연스럽게 생겨난다. 오쿠보는 죽마고우를 배신하며 잡은 권력을 다른 사람과 나눠 갖고 싶은 마음은 조금도 없었다. 그가 진정으로 원한 것은 유력한 번벌의 실력자를 정부에 복귀시켜 정부의 강화를 도모하는 것에 있었을 뿐이다.

한편, 오쿠보 역시 이와쿠라 사절단에 참가한 경험을 바탕으로 장래의 입헌정치에 관한 구상을 건의서 형태로 밝힌 바가 있었다. 거기서 그는 민주정치가 으뜸이라는 점은 인정했지만, 후진국인 일본의 현실과는 맞지 않는다고 배척하는 태도를 보였다. 영국식 입헌정치에 대한 거부를 의미하는 것임은 물론이다. 그래서 차선책으로 일본의 현실에 적합한 것은 독일식 입헌정치라고 주장했다. 오쿠보는 이를 '군민공치(君民共治)'라고 표현했다. 이것은 천황을 정치적 권위의 근원으로 삼고, 이를 방패로 이용하면서 번벌정부가 통치를 실제로 담당하는 구도에 안성맞춤이었다.

또한 그는 정치형태가 군주제 → 군민공치 → 민주정치로 발전해 왔다고 나름대로 분류했다. 그리고 민주정치가 일본이 장래 종국적으로 지향해야 하는 정치체제이나, 과도기적으로 군민공치를 채택하는 것은 불가피하다고 주장했다. 그는 장래 입헌정치의 구도는 상황과 풍속에 맞춰 만들어야 한다고 주장하며 노골적으로 독일식을 주장하지는 않았지만, 건의서의 전체적인 뉘앙스는 분명히 독일식에 대한 지지에 있었다.

이러한 점은 이와쿠라와 오쿠보의 사이에서 공감대가 형성된 사항이다. 오쿠보는 암살되었기 때문에 이를 실천에 옮기지 못했고, 그의 정치적인 후계자라고 할 수 있는 이토 히로부미에 의해 실현되기에 이르렀다.

다른 한편 새롭게 정치적인 파트너가 된 기도와 이타가키는 장래 입헌정치체제를 만드는 것에는 공감대를 가지고 있었으나, 세부적인 부분에서 의견 차이가 많았다. 이타가키는 되도록 빨리 국회를 설립하길 원했지만 기도는 여기에 반대했다. 당장 국회가 개설되면 선거를 통해 국회의원을 선발해야만 한다. 그러면 자유민권운동을 통해 국민들의 좋은 호응을 얻고 있던 이타가키나 고토 쇼지로에게 유리했다. 비록 오쿠보와 싸우고 하야했지만 기도는 본질적으로 죠슈벌의 우두머리로서 강력한 번벌의식을 가진 인물이므로 이를 선뜻 받아들이려고 하지 않은 것은 당연하다.

기도가 지방관회의의 창설을 의도한 진정한 목적은 어디까지나 정부를 지지하는 세력을 지방에 심기 위해서였다. 전국 각지에 정부를 지지하는 세력을 확실히 심어놓은 다음 국회를 개설하고, 국회의원선거를 통해 번벌세력이 국회도 장악하려는 심산이었다. 그렇기 때문에 기도는 이타가키가 제안하는 동맹안이나 타협안을 모조리 거부했다. 그럼에도 불구하고 이타가키는 정부에 복귀하는 결심을 바꾸지 않았다.

소위 오사카 체제로 합의된 사항은 처음에는 차례차례 실행에 옮기며 순조롭게 진행했다. 3월에는 기도와 이타가키가 나란히 참의에 복귀했고, 4월에 점차 입헌정치를 추진한다는 방침을 천황의 이름으로 공표했다. 게다가 5월에는 대심원 설치와 이에 부속하는 고등법원·지방법원 등 하급재판소의 설치도 진행되었다.

이러한 일련의 개혁조치는 정부 내 보수적 세력에게 반감을 주었으며, 새로운 정부 분열의 씨앗이 될 조짐을 보였다. 이와쿠라는 입헌정체의 창설과정에 관해 오쿠보나 자신이 주도권을 가지지 않은 것이 불만이었다. 특히 원로원의 설치를 놓고 치열한 힘겨루기가 시작되었다.

이타가키는 원로원이 국회로서 기능하는 것을 명확하게 못 박으려 시도했다. 원로원에 법률안에 대한 심의권은 물론이며, 청원에 대한 심사와 수리 및 행정부에 대한 감시와 통제 기능을 부여하려 하였다. 여기에 더 나아가 법률안 제정권과 예산 심의권을 비롯해 사실상 국회로서 실질을 갖추려했다. 이타가키의 구상이 실현되면 번벌정부의 권력구도가 크게 바뀌게 된다. 이에 대해 정부의 수뇌부가 강하게 반발한 것은 물론이다. 특히 오쿠보의 의도와는 크게 어긋났다.

이미 기득권을 갖고 있는 오쿠보의 입장에서 이타가키는 기도 다카요시를 회유하기 위해 데려온 것에 불과한 존재다. 그러한 이타가키가 자신의 세력 확대를 위해 거침없이 행동하며 정부 내에서 파문을 일으키자 강한 반감을 가지게 되었다. 분쟁과 우여곡절을 거듭한 끝에 오쿠보의 뜻을 받든 이토 히로부미가 해결사로 나섰다. 이토는 법제국(法制局) 장관으로 취임해 원로원의 권한을 대폭적으로 축소하고 유명무실한 기구로 개편하는 작업을 추진했다. 여기에 반발한 이타가키는 결국 사임해 버리고 말았다.

정부 내 삿쵸 번벌 세력의 타파를 의도한 이타가키는, 원로원에만 관심을 가진 것이 아니라 오쿠보 세력에 대한 공격도 시도했다. 가장 중요한 표적이 된 인물은 대장경 오쿠마 시게노부와 사법경 오키 다카토였다. 두 사람 모두 사가번의 출신이다. 삿쵸 번벌에 대한 직접 공격보다는 사가번 세력을 몰아내고 그 빈자리를 도사번 출신자로 채우려는 의도였다. 이를 위해 좌대신에 취임한 히사미쓰와 합세해 참의와 장관의 겸직을 해제할 것을 주장했다. 기도는 애초에 이타가키의 주장에 동조했고, 오쿠보가 반대하자 사직할 의사까지 밝혔을 정도였다. 그러나 이타가키의 진정한 의도를 알아채자 사직을 철회하고 이타가키를 배신하는 한편, 오쿠보와 합세해 이타가키의 행동을 봉쇄하는 조치를 취했다.

이것과 대조적으로 지방관회의는 순조롭게 추진되었다. 지방관회의를 만드는 목적이 전국에 골고루 중앙정부의 시책을 알리고, 지방에 정부를 지지하는 세력을 심기 위한 것이므로 특별히 오쿠보의 반감을 살 이유가 없었기 때문이다. 의장에 기도 다카요시가 선임되고, 6월 20일 전국에서 모인 현령·참사 등은 물론이고 천황이 직접 참석한 가운데 성황리에 개최되었다. 가장 관심의 초점이 된 것은 광역지방의회에 해당하는 부현회(府縣會)를 설치하는 문제였다. 기도는 지방에 먼저 부현회를 만들어 풀뿌리 민주주의를 정착시킨 다음 국회를 만드는 것이 바람직하다는 지론을 가지고 있었다. 여기에 관한 의안이 지방관회의에 제출되자 커다란 논쟁이 일어났다.

논쟁의 핵심은 만약에 지방의회가 설립된다면 그 구성원인 지방의회 의원을 누구로 충당하는가에 있었다. 선거로 새롭게 뽑아서 구성하느냐, 아니면 예전부터 지방자치를 담당하며 이미 존재하고 있는 호장(戶長) 등 지방공무원으로 충당하느냐이다. 전자를 주장하면 민선 의회의 구상이 되고, 후자는 관선 의회의 그것이 된다. 기도는 선거로 지방의회 의원을 선발하는 것을 거부했다. 그렇게 되면 지방의회가 자유민권운동을 전개하는 반정부세력의 합법적 소굴이 될 것이 분명했기 때문이다.

결국 지방의회는 원칙적으로 지방공무원으로 구성되는 관선 의회의 방향으로 추진하기로 결정되었다. 이것마저도 즉시 설립되는 것이 아니라 점진적으로 실행에 옮겨지는 것으로서 뒤로 미루어졌다. 어쨌든 풀뿌리 민주주의를 시작한다는 첫발을 내딛은 것에는 성공했다. 이를 계기로 전국 각지에서 지방의회를 설립하려는 움직임이 활발하게 진행되었고, 지방에서도 민주주의의 싹이 자랄 수 있는 토양이 만들어졌다.

7

서남(西南)전쟁 발발과 구마모도 공방전

가고시마로 돌아온 사이고를 따라 기리노 도시아키 등 수백 명의 추종자가 관직을 사임하고 귀향했다. 사이고가 사직하라고 강요한 것이 아님에도 불구하고 절대적으로 그를 믿고 따르는 세력이었다. 신의를 중시하고 정이 많은 사이고로서는 이들을 방치할 수 없었다. 게다가 느닷없는 그의 귀향을 계기로 가고시마의 청년들 사이에서 오쿠보 정권에 대한 반감이 강렬하게 되었다. 이들을 어떻게 통제하느냐가 사이고의 정치생명과 직결되는 중대한 문제였다.

사이고가 가고시마로 돌아온 것은 정계은퇴를 결심했기 때문은 결코 아니다. 내심 언젠가 다시 중앙으로 돌아간다는 포부를 가지고 있었다. 자신을 강력하게 지지하는 가고시마의 무사들은 그의 권력의 원천이자 두통거리라는 동전의 양면과 같은 성질을 가지고 있었다. 이들이 격분해 통제불능의 상태에 빠지면 반란의 무리가 되고, 사이고도 자동적으로 휩쓸려 들게 된다. 여기서 그는 가고시마 현령인 오야마 쓰나요시(大山綱良)의 권유를 받아들인다는 형식으로 이들을 가고시마현의 관직에 취임시키는 한편, 군사학교를 만들어 수용하는 방침을 취했다.

말이 군사학교지 사실은 거대한 군사조직이었다. 군사학교의 본교는 가고시마 근처의 시로야마(城山)에 있던 마구간 유적지를 사용했다. 게다가 가고시마에 12개의 분교를 만드는 한편, 그 이외의 각지에 무려 124개의 분교를 두었다. 특별한 직업도 없이 반정부적인 태도로 소일하는 무사 출신의 청년들이 적어도 수천 명이 있었기 때문이다. 그 이외에 포병학교도 있었고 일종의 사관학교에 해당하는 유년(幼年)학교라는 조직도 있었다. 흔히 '사학교(私學校)'라고 칭해지는 이러한 군사학교를 통해 가고시마의 소년층에서부터 장년층에 이르는 무사 출신의 사족들을 거의 대부분 포섭할 수 있었다. 그래서 이들 세력을 총칭해 흔히 사학교당이라고 한다.

사학교 세력은 귀향한 근위병 출신의 장교들을 주축으로 가고시마현의 경찰조직과 행정조직도 장악했다. 결국 사이고 왕국이라 해도 무방할 정도로 가고시마는 반정부세력의 대표적인 소굴이 되고 만다. 중앙정부의 통제가 미치지 않는 지역으로 마치 독립국가와 같은 양상을 나타냈다. 여기에는 오쿠보의 소극적 태도가 결정적인 역할을 했다. 그는 사이고를 자극하지 않기 위해 많은 신경을 썼다.

대만 출병 당시는 앞서 말한 것처럼 사이고의 친동생 쓰구미치를 사령관으로 임명하고 일부러 가고시마에서 300명 정도를 모집했다. 지조개정을 실시할 때도 가고시마현은 정부의 방침에 따르지 않고 버텼지만 오쿠보는 눈감아 주고 묵인했다. 게다가 오쿠보는 금록공채의 발행에 있어 가고시마현의 사족에게는 특별한 금전적 특혜를 주었다.

이러한 오쿠보의 태도에 대해 정부 내에 강한 비판이 생기는 것은 당연했고, 특히 기도 다카요시가 앞장서서 맹공격을 퍼부었다. 기도의 사이고에 대한 증오심은 이미 잘 알려진 사실이며, 번벌 간 항쟁의식에 바탕을 두고 가고시마를 감싸는 오쿠보를 견제하려는 의도도 있었다.
　전국 각지에서 농민들의 폭동과 사족들의 반란이 계속되는 가운데, 오쿠보가 가고시마를 언제까지나 독립왕국으로 방치하는 것은 불가능했다.
　한편, 가고시마에서 반정부적인 기세가 점점 높아져 간 것도 사실이었다. 각지에서 계속해 일어나는 반란에 자극을 받은 것도 있었고, 오쿠보 정권의 시책에 사사건건 불만을 품으며 울분을 축적했다. 기회만 주어지면 이러한 울분이 폭발할 기세였다.
　이러한 점을 잘 알고 있는 사이고는 툭하면 사냥이나 온천을 다니면서 가고시마에 있지 않으려 하였다. 현실도피적인 태도지만 달리 뾰족한 방법이 없었다. 어떠한 계기로 불과 극소수의 청년이 과격한 행동을 하면, 순식간에 가고시마의 전체가 전염되고 거대한 반란세력이 되는 것은 시간문제였다. 그러면 꼼짝없이 사이고는 반란의 우두머리로 지목되고 역적으로 몰린다. 그래서 사이고가 군사학교를 만든 것은 앞날이 창창한 청년들을 교육시키려는 목적보다도, 혈기왕성한 청년들이 제멋대로 행동하지 못하도록 통제하려는 의도가 보다 중요했다.

　이렇게 정부와 가고시마 사이의 대치상태가 계속되던 와중에, 오쿠보는 마침내 이러한 애매모호한 상황을 종식하려고 결심했다. 사태를 방치하는 것에도 한계가 있었다. 가장 바람직한 방법은 오쿠보가 사이고를 직접 만나 담판하는 방법이다. 그러나 그는 사이고를 직접 만나 담판할 자신이 없었다. 사이고의 성격을 잘 알고 있는 오쿠보는, 그가 자신과 다시는 손을 잡지 않으리라고 생각했다. 오쿠보는 기도 다카요시와도 툭하면 싸우고 사이가 벌어졌지만 결국 다시 손을 잡았다.
　이것이 가능했던 이유는 기도가 죠슈벌의 기둥과 같은 존재이므로, 오쿠보가 정권을 유지하려면 죠슈벌의 협조를 얻기 위해 기도의 존재를 필요로 한 것도 있었고, 기도 역시 이해관계를 민감하게 따지고 권력욕이 강했기 때문이다. 그러나 무사도 정신으로 무장한 사이고는 물욕이 매우 희박한 청렴결백한 성격을 가지고 있었다. 자신을 절대적으로 추종하는 세력에게 가고시마를 장악하도록 방치한 것에서 나타나는 것처럼 권력욕이 없는 인물이라고 말할 수는 없으나, 권력을 잡기 위해 수단과 방법을 가리지 않는 타입의 인물은 아니다. 아울러 징병제의 실시로 대규모 군대를 보유한 오쿠보의 입장에서 사이고와 그 추종세력이 정권안보를 위해 절실하게 필요한 존재도 아니었다.

경천애인을 신조로 삼고 있는 사이고는 죽마고우인 오쿠보를 인간적으로 미워하지는 않았으나, 정한론 정변에서 비열하게 뒤통수를 친 죄는 용서하지 않았다. 사이고가 가장 중요시하는 신의나 의리에 비추어 보면 당연했다. 그래서 사이고는 하야한 후 그를 회유하려는 모든 시도를 뿌리쳤다.

따지고 보면 가고시마가 반정부세력의 대표적 소굴로 중앙정부에게 위협을 가하는 상황은 오쿠보가 정한론 정변에서 비열한 방법으로 권력을 장악한 사실에서 유래한 것이다. 그러나 사이고 역시 책임을 면하기는 어렵다. 노골적으로 반정부적 태도를 취하는 것도 아니고 정부의 시책에 협조하는 것도 아니면서, 자신을 절대적으로 추종하는 강력한 반정부적 성향을 가진 청년들을 군사조직화해 여차하면 반란을 일으킬 것처럼 무언의 압력을 가했다. 즉, 사이고의 본심이 무엇이든지간에 스스로 반정부세력의 우두머리라는 무덤을 판 것이다. 유연함과 융통성이 부족한 사이고는 이러한 애매한 상황을 타파할 마땅한 해법을 스스로 찾지 못했다.

한편, 오쿠보는 가고시마 현령 오야마 쓰나요시를 통해 가고시마를 통제하려는 시도도 하였다. 오야마는 분명 중앙정부가 임명한 가고시마의 통치담당자다. 그러한 그가 가고시마현을 사이고 왕국이 되도록 방조한 책임은 컸다. 오쿠보는 메이지 9년(1876) 7월 오야마를 도쿄로 소환해 현의 행정조직에서 사이고의 충성분자를 추방하라고 명령했다. 그러나 현실적으로 이것을 실행하는 것은 불가능에 가까웠고, 고양이 목에 방울을 달라는 명령이나 마찬가지였다.

사이고가 하야한지 벌써 4년이나 지났음에도 불구하고, 마땅한 해결책을 찾지 못한 상태로 시간은 계속 흘러갔다. 인내심이 바닥난 오쿠보는 마침내 경시총감 가와지 도시요시(川路利良)를 호출했다. 앞서 말한 것처럼 가와지는 본래 사이고가 도쿄에 경찰을 창설하며 책임자로 발탁한 인물이지만, 정한론 정변 후 사이고를 따라 사직하지 않고 그대로 정부에 잔류했다. 가와지는 메이지 4년(1871) 사이고의 강력한 권유로 프랑스에 유학을 다녀왔다. 그리고 이것을 계기로 국가 주도의 강력한 근대화 추진 정책만이 일본이 나아갈 방향이고, 이를 위해 경찰이 국가 행정의 전반에 개입하고 수족이 되어 움직이는 것이 옳다는 신념을 얻었다. 다시 말해서 경찰국가를 이상형으로 생각한 것이다.

이러한 이유로 오쿠보가 내무성을 설립하고 경찰을 내무성의 핵심 부서로 격상시킨 사실이 가와지의 신념에 부합했으므로 적극적으로 협조한 것이다. 그 결과 가와지는 경찰조직을 민중의 지팡이로서 역할을 수행하는 것이 아니라 반정부세력을 감시하고 탄압하는 공안경찰로 만들어 나갔다. 이를 위해 그는 이와쿠라 암살미수 사건을 계기로 경찰 내부의 오쿠보 반대세력을 숙청하고 전국 각지의 반정부세력을 감시하는 한편, 오쿠보의 뜻을 받들어 정치공작도 수행했다. 결국 가와지는 오쿠보 정권의 정권안보를 담당하는 충실한 사냥개였다.

구체적으로 오쿠보가 가와지에게 어떠한 명령을 내렸는지는 알 수 없다. 어쨌든 가와지에게 적어도 가고시마의 동정을 탐색하라고 명령한 것은 확실하다. 이를 위해 가와지는 무려 23명이라는 대규모 밀정을 가고시마에 파견하기로 결정했다. 여기에는 현직 경찰이 17명이나 포함되었다. 문제는 가와지가 이들에게 명령한 내용이다.

단순히 동정을 염탐하는 것에 그치지 않고, 군사학교의 청년들을 이간질시키고 기회를 봐서 간부들을 암살하라는 명령도 있었다. 여기에 사이고의 암살이 포함되느냐 아니냐가 중대한 쟁점이었다. 그리고 이러한 가와지가 내린 명령의 배후에 오쿠보의 승인과 지시가 있었는지의 여부도 의문이다. 이것을 명확하게 밝혀줄 사료는 없다. 이것은 마치 김구의 암살이 이승만의 지시에 의한 것인지, 이승만의 지시에 의한 것이 아니면 그가 어느 정도 김구의 암살에 개입했는가를 해명하는 문제와 비슷하다.

여기에 관해 일본에서는 견해가 상당히 다양하게 엇갈린다. 오쿠보가 처음부터 사이고를 암살하라고 가와지에게 지시했다는 주장에서부터, 오쿠보와는 전혀 상관이 없고 가와지가 과잉충성해 독단으로 사이고 암살을 지시했다는 견해도 있다. 또한 오쿠보나 가와지는 사이고의 암살을 의도한 것이 아니고 다만 염탐하러 보냈을 뿐이지만, 가고시마의 청년들이 멋대로 확대해석해 판단하고 제풀에 흥분해서 궐기했다는 식으로 단정하는 견해도 있다.

어쨌든 밀정을 보내 가고시마의 청년들을 자극한 것에 대해 오쿠보나 가와지는 책임을 면하지 못한다. 가와지는 평소에 중앙정부에 반기를 드는 가고시마의 반정부세력을 뿌리 뽑아야 한다는 확고한 신념을 가지고 있었던 만큼, 이를 위해 사이고 암살을 지시했다고 해도 크게 이상할 것은 없다.

용의주도하고 교활한 오쿠보는 설사 사이고 암살을 지시했더라도 증거를 남기지는 않았을 것이다. 그러나 오쿠보가 아무리 권력에 눈이 멀었다 해도 죽마고우인 사이고를 암살하라고 지시를 내렸다고 믿기 어려운 것도 사실이다. 아무튼 서남전쟁을 일으킨 수법은 전형적인 오쿠보 스타일이었다. 미리 충분한 준비를 갖춘 후 상대방을 자극해 도발하도록 유도하고, 우세한 군사력으로 격파한다는 오쿠보 특유의 승리 방정식이 그대로 사용되었다.

가와지가 파견한 밀정들은 경부(警部)의 계급을 가진 나카하라 히사오(中原尚雄)를 선두로 메이지 9년(1876) 12월 말 속속 가고시마를 향해 출발했다. 이들은 고향에 돌아오자 경찰을 그만두었다거나 휴가를 얻었다는 식으로 둘러대고 접근을 시도했으나, 사학교 측에서는 도쿄의 소식통으로부터 미리 밀정을 파견할 것이라는 정보를 입수하고 있었다. 그래서 나카하라의 수상한 행동을 예의주시하다가 이중간첩을 접근시켰다. 고다마 군지(兒玉軍治)와 다니구치 도타(谷口登太)의 두 사람으로, 나카하라와는 이전부터 안면이 있었고 무진전쟁의 전우이자 그 후 경시청에서 함께 근무한 경험도 있었다. 게다가 두 사람은 사학교에 소속되지 않았다.

이를 신용한 나카하라는 경솔하게 본심을 털어놓고 협력을 요청한다. 사학교 측은 치밀한 준비를 갖춘 후 2월 3일에 나카하라를 체포하고, 2월 6일까지 계속해서 나머지 밀정들을 체포해 일망타진에 성공했다. 게다가 이 소식을 듣고 체념해 자발적으로 자수한 밀정이 사이고 암살을 가와지가 지시했고, 오쿠보도 이를 알고 있다고 진술했다. 고문에 의한 것이 아니고 자발적인 진술이므로 신빙성이 매우 높았고, 나중에 보고를 받은 사이고도 커다란 충격을 받았다.

단지 이 사건만 발생했다면 오쿠보는 정치적으로 궁지에 몰렸을 것이다. 그러나 밀정단을 체포할 무렵 또 다른 사건이 발생했다. 사학교 소속의 청년들이 화약고를 습격한 것이다. 본래 가고시마에는 나리아키라가 일으킨 집성관 사업으로 생산된 총기나 화약이 대량으로 있었고, 이것들을 따로 화약고를 만들어 보관했다. 폐번치현 이후는 당연히 일본 정부의 소유물이었다. 문제는 가고시마의 반란을 우려해 이것들을 오사카로 빼돌리려 시도한 것에서 비롯되었다. 사이고가 발탁한 해군의 실권자 가와무라 스미요시는 가고시마의 청년들을 자극한다는 이유로 반대했으나, 육군의 주도로 미쓰비시의 증기선을 차출해 심야에 은밀히 반출을 시도했다.

처음에는 이를 눈치 채지 못했지만 꼬리가 길면 잡히는 법이다. 1월 29일 밤 회식을 하던 사학교 생도들 사이에서 이 이야기가 화제에 올라가자 화약 반출을 저지하자는 제안이 나왔고, 삽시간에 분위기가 달아올라 근처의 생도들을 선동해 총기류와 화약을 탈취하고 사학교로 옮겼다. 오야마 현령은 이를 제지하려 했으나 2월 2일까지 습격은 계속되었으며, 여기에 가담한 자가 1,000명을 넘어섰다고 한다.

사이고는 화약고 습격사건이 발생할 당시 사냥을 나가서 부재중이었다. 이 소식을 전달하기 위해 사이고의 막내 동생 사이고 고헤(西鄕小兵衛)가 찾아가자 아무 말 없이 황급히 가고시마로 돌아왔다. 그가 가고시마에 도착했을 때 이미 폭동은 끝난 상태였다. 사학교 생도의 대표들로부터 상황보고를 받은 사이고는 크게 분노했지만 이미 엎질러진 물이다.

상황이 이렇게 되자 사이고가 선택할 수 있는 방법은 두 가지가 있었다. 폭동에 가담한 자들을 색출해 주동자를 정부에 넘기는 방법이 있고, 다른 한편 이들과 함께 적극적으로 반란에 가담하는 방법이 있었다. 만약 정부가 보낸 대규모 밀정단이 체포되지 않았다면 사이고는 반란을 선택하지 않았을 가능성이 높다. 그러나 사이고 암살이라는 자극 목적을 가진 밀정단의 체포로 상황은 완전히 달라졌다.

오쿠보가 사이고를 암살하기 위해 자객을 파견했다는 소식은 삽시간에 가고시마 전역으로 퍼져 나갔고, 단지 일부 청년들이 흥분한 것을 넘어서 가고시마 전체가 분노의 도가니에 휩싸였다. 사학교 소속이든 아니든 묻지 않고 전쟁을 기정사실로 생각했으며, 자발적으로 무장하고 전투준비를 한 후 사학교로 집결하고 있었다. 사이고가 우려한 최악의 상황이 현실이 된 것이다. 신의를 중시하는 그는 혼자만 살아남자고 추종자들을 팔아넘기는 성격은 결코 아니다. 그래서 목숨을 가고시마의 청년들에게 맡기고 운명을 함께하기로 결의를 굳혔다.

막상 행동에 나서려 하자 어떤 방식을 선택할 것인가를 놓고 의견이 갈리기 시작했다. 대부분의 청년들은 사이고를 앞세우고 전진한다는 단순한 발상을 가지고 있었다. 분별력이 있는 나가야마 야이치로(永山彌一郎)는 사이고와 사학교의 간부 극소수가 상경해 오쿠보와 담판하는 방법을 제안했다. 그러나 사학교 간부 중에서 가장 영향력을 가진 기리노는 여기에 정면으로 반대한다.

 기리노는 사이고를 앞세우고 정정당당하게 전진할 뿐이라는 주장을 펼쳤고, 회의에 참석한 대부분의 참석자들이 이 방법을 지지했다. 병력을 나눠 전진하자는 제안도 있었다. 그러나 기리노의 주장대로 모두 함께 뭉쳐 단숨에 전진하자는 것이 대세가 된다. 기리노는 사이고의 명망을 앞세우면 연도의 주민들이 열렬하게 환영할 것이고, 정부군도 저항하지 않고 길을 비킬 것이라는 터무니없는 낙관론을 펼쳤다. 사이고는 아직도 현역 육군 대장의 직위를 가지고 있었고, 기리노는 현역 육군 소장의 신분이었다.

 여기에 대해 일본 육군의 실세인 야마가타 아리토모는 전쟁이 일어나면 승리할 자신이 있었다. 사실 일개 지방의 반란세력이 징병제 실시로 대규모 군대를 갖춘 정부군과 싸워 이길 가능성은 거의 없었다. 야마가타는 이미 전쟁에 대비한 만반의 준비를 갖춰 놨다. 화약고 습격이 일어난 시점에서 전쟁을 예상해 은밀히 동원령을 내리고 편제를 정비 중이었다. 정부군은 5만 이상의 병력을 동원할 능력이 있었고, 특히 포병과 해군력에 있어서는 절대 우위에 있었다.

 이러한 상황에도 불구하고 기리노는 반란군이 승리한다고 믿는 구석이 여러 가지 있었다. 우선 가고시마 청년들의 용맹함에 크게 기대를 걸었다. 비록 최신식 라이플 소총이나 중화기로 무장한 것은 아니나 사학교에서 열심히 군사훈련을 받으며 단련되었고, 사이고에 대한 절대적인 신뢰와 충성심을 바탕으로 사기가 매우 높았다. 게다가 기리노는 징병에 대해 경멸감을 가지고 있었다. 이러한 인식은 비단 기리노에게만 해당되는 것이 아니라 당시 사족들의 대부분이 그러했다. 농사만 짓던 농민의 자식을 징집해 훈련시키고 최신식 소총으로 무장해도, 막상 실전에서는 제대로 싸울 수 없을 것이라는 생각이 널리 공감을 얻었다. 그러나 전쟁의 승패는 병사의 용맹함이 결정하는 것이 아니다.

아울러 사이고가 일어서면 정부 내 사쓰마 세력들이 호응할 것이라고 생각했고, 전국 각지의 반정부세력도 일제히 궐기할 것이라고 믿었다. 자아도취적 경향이 강한 기리노는 상황을 지나치게 자기위주로 판단하고 낙관론만을 펼쳤다. 사이고는 역사적인 도바·후시미 전투를 승리로 이끈 장본인이나 본질적으로는 정치군인이며, 그가 존경하는 나폴레옹처럼 야전과 정치에서 골고루 탁월한 재능을 발휘한 불세출의 군인은 아니다.

사이고 휘하에 기리노나 시노하라와 같은 용감한 맹장이 많이 있었으나, 치밀하게 작전을 세우고 지휘할 능력이 있는 지장은 없다고 해도 과언이 아니다. 여기에 바로 정치군인 사이고의 비극이 있었다. 기리노에게 작전을 일임하고 지휘를 맡긴 것이 실수였다. 막부가 멸망하기 전 자객으로 활동한 경험이 있으며, 뛰어난 검술실력으로 평판이 자자했던 기리노는 실전에서 용맹을 유감없이 발휘했고 현장에서 전투지휘도 매우 훌륭했다. 그러나 전황을 전체적으로 바라보며 전략적 관점에서 작전을 세우는 능력은 평범한 수준이었다.

반란군의 실질적인 총지휘자가 된 기리노는 안이하게 큐슈를 북상해 구마모토(熊本)를 통과하고, 시노모세키 해협을 거쳐 바다를 건너 혼슈에 상륙한 후 동쪽으로 교토를 향해 전진한다는 계획을 세웠다. 그래서 일단 구마모토를 노리고 진격하는 것으로 방향을 잡았다.

최초에 모인 1만 3천 정도의 병력에다가, 나중에 전황의 추이에 따라 병력부족을 채우기 위해 징집한 1만 명을 더하고, 큐슈 각지에서 자발적으로 참전한 병력을 합쳐 반란군으로 참전한 병력의 총수는 3만 8천명에 이르렀다. 기존의 반란과는 비교도 되지 않을 정도의 대규모다. 그러나 최초에 모여든 1만 3천명을 제외한 나머지는 오합지졸에 불과했다. 사이고는 병력을 7개 대대로 편성했다. 한편, 포병은 200명에 불과했고 공병이나 기병은 전혀 없었다.

사이고의 막내 동생 사이고 고헤가 영예의 1대대 1소대장으로 임명되었다. 물론 반란군의 편제가 오늘날 군대와 다르므로 사실은 대대 규모에 가까운 병력을 지휘했다. 그는 사이고와 무려 23세의 나이 차이가 있었던 사정으로 사이고가 친자식처럼 귀여워하고 아꼈다. 선발대가 먼저 출발하고 본진은 2월 15일과 16일에 걸쳐 사학교 연병장에서 사이고의 열병을 받으며 위풍당당하게 출발했다. 가고시마에는 드물게 출발 당시 폭설이 내렸으나 반란군의 사기는 하늘을 찔렀다. 화약고 습격으로부터 불과 2주일 정도밖에 지나지 않은 시점이었다.

서남(西南)전쟁

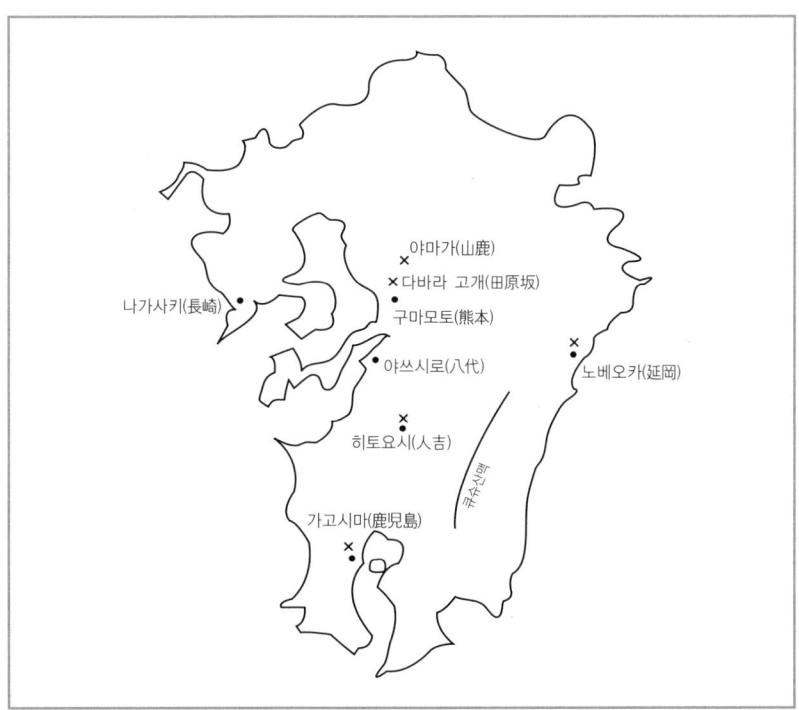

일본에서는 이를 '서남(西南)전쟁' 이라고 부른다. 가고시마가 일본 서남쪽

에 있기 때문에 유래한 호칭이다. 사건의 본질을 말하자면 '사이고의 난' 정도로 부르는 것이 바람직하다. 그러나 일개 지방의 반란세력과 정부군 사이의 전투라고는 믿을 수 없을 정도로 격렬한 전투와 극적인 장면이 계속 연출되었다. 적어도 청일전쟁보다는 훨씬 전쟁다운 전쟁을 했다고 평가해도 과언이 아니다.

구마모토에는 구마모토 진대가 있었다. 큐슈지역을 담당하는 유일한 정부군이다. 문제는 구마모토에 유명한 구마모토성이 있다는 점이다. 이 성은 전국시대의 무장으로 임진왜란에도 참전한 가토 기요마사(加藤淸正)가 사쓰마의 침공에 대비하기 위해 만들었으며 매우 공략하기 어려운 요새였다. 그럼에도 불구하고 기리노가 구마모토로 전진하자고 강력하게 주장한 것은, 구마모토에서 일어난 신풍련(神風連)의 반란사건이 지대한 영향을 끼쳤다.

스스로 신풍련이라고 칭하던 이들은 본래 존왕양이사상을 가진 시대착오적 반동의 무리들이었으며, 정부가 발표한 '폐도령(廢刀令)'에 반발해 메이지 9년(1876) 10월 24일 봉기했다. 서남전쟁이 발발하기 불과 5개월 전의 사건이다. 폐도령은 문자 그대로 무사의 상징인 칼을 차고 다니는 것을 금지한 법령이다. 이러한 조치에 대해 무사 출신자의 반감이 무척 컸다.

반란세력은 170명 정도에 불과했고 칼로 무장했다. 이러한 열세를 만회하기 위해 밤중에 구마모토 현령과 진대 사령관을 비롯한 주요 간부들을 습격하기로 계획하고 실행에 옮겼다. 현령은 혼비백산해서 도망쳤으나 진대 사령관 다네타 마사아키(種田政明)와 연대장이 피살되었다. 이들은 기습으로 병사들이 대혼란에 빠진 틈을 이용해 포병대를 점거하고 대포를 탈취했다. 그러나 어이없게도 대포의 사용법을 몰랐다. 부득이하게 보병 병영을 습격해 소총을 탈취하려 했지만 반격을 받아 막대한 피해를 입고 궤주했다. 어처구니없는 반란사건이지만, 구마모토 진대가 보여준 위기 대처능력은 그야말로 형편없었다. 대부분의 보병부대가 크게 동요하고 도망치기에 바빴다.

가와카미 소로쿠(川上操六)

한편, 야마가타는 신풍련 사건 후 구마모토 진대를 대폭 강화했다. 우선 신임사령관에 도사번 출신의 다니 다테키(谷干城)를 임명했다. 다니 다테키는 뛰어난 군인은 아니나 담력이 있었고 견실한 인물이었다. 여기에 참모장으로 가바야마 스케노리(樺山資紀)를 배치했다. 가바야마는 사쓰마 출신으로 본래 사이고가 발탁한 인물 중 하나다. 기리노는 이러한 가바야마가 내통할 것으로 은근히 기대했다. 그러나 기리노의 기대에 어긋나게 가바야마는 시종일관 충실히 반란군 토벌의 직무를 수행해 그를 실망시켰다.

또한 참모로 사쓰마 출신의 가와카미 소로쿠(川上操六)와 죠슈 출신의 고다마 겐타로(兒玉源太郎)를 배치했다. 가와카미는 청일전쟁을 승리로 이끈 장본인이고, 고다마는 러일전쟁의 작전계획을 입안하고 지휘한 인물이다. 즉, 이 두 사람 모두 메이지 시대 일본 육군을 대표하는 작전통 가운데 가장 뛰어난 인재들이다. 여기에다가 문관으로 시나가와 야지로(品川彌二郎)도 배속시켰다. 시나가와는 쇼카촌숙 출신으로 나중에 죠슈벌을 대표하는 인물의 하나로 성장했다. 야마가타는 그야말로 쟁쟁한 인물들을 골라서 구마모토 진대를 대폭 강화한 것이다.

구마모토 진대의 지휘관 다니 다테키는 반란군을 맞이해 밖으로 나가 싸우기보다는, 성에 들어가 농성하며 지원군을 기다리는 편을 택했다. 4,800명의 징병을 가지고 정면으로 대결해봤자 승산이 없다고 봤기 때문이다. 여기에 대해 반란군은 별다른 작전도 없이 무작정 구마모토성으로 밀려드는 꼴이 되었다. 단단하게 방어하고 있는 성을 공략하는 것은 시간이 많이 걸리고 어렵다. 그나마 병력이 충분히 집결하기 기다려 포병의 지원을 받으며 일제 공격을 해야 효과적이다. 그러나 반란군은 어느 정도 병력이 도착하면 성급하게 공격을 개시했고 손실만 늘어나는 결과가 되었다.

예상외로 강력한 저항에 부딪치자 반란군의 대책회의가 열렸다. 구마모토 공략을 중지하고 병력을 나눠 북상하자는 의견이 나왔다. 어차피 구마모토성은 포위하고 기다리면 식량이 떨어져 항복하기 때문에, 큐슈에 상륙하려는 정부군을 저지하기 위해 큐슈 북쪽의 나가사키와 오쿠라를 확보하고 대비하자는 의견이었다. 그러나 기리노와 더불어 반란군의 쌍벽이라고 할 수 있는 1대대장 시노하라는 이러한 주장에 반대했다. 설사 보유한 병력의 절반을 잃더라도 구마모토성을 점령하면 상황은 반란군에게 유리하게 된다고 총공격을 주장했다. 양쪽 모두 일리있는 주장이다.

서로 양보하지 않는 팽팽한 설전이 계속되자 결국 사이고가 결정을 내려야 했는데, 그는 양쪽의 주장을 절충해 병력을 나누기로 결정을 내렸다. 총공격을 감행해 구마모토성을 점령한다는 보장도 없었으며, 설사 점령하더라도 막대한 병력손실이 발생하면 계속 증강되는 정부군에게 결국 밀린다는 점을 고려했기 때문이다. 이렇게 해서 3,000명 정도의 병력이 구마모토를 포위하고 나머지 병력은 정부군의 큐슈상륙을 저지하려고 북상하기로 정해졌다. 이러한 결정은 정부군의 대응이 느렸다면 현명한 조치였을 것이다.

정부군이 본격적으로 큐슈에 상륙하기 전 구마모토를 제외한 큐슈의 전 지역을 제압해 상륙작전을 봉쇄하면 장기전을 할 수 있다는 전망이 섰다. 반란군에게 유리한 방향으로 장기전이 계속되면 각지에서 반란이 일어날 시간적 여유도 벌 수 있고, 지지기반이 약한 오쿠보 정권이 흔들릴 가능성도 높았다. 그러나 정부군의 대응은 눈부시게 교통이 발달한 오늘날과 비교해도 손색이 없을 정도로 신속했다.

8

가고시마의 별이 지다

　메이지 천황은 2월 17일 칙사를 보내 사이고를 달래려고 결정했지만, 그 다음날 구마모토에서 전신망을 통해 사이고가 병력을 이끌고 북상하고 있다는 소식을 보고했다. 정부군은 근대문명의 상징 중 하나인 전신을 매우 잘 활용했다. 전쟁의 추이에 따라 전신망을 큐슈의 각지에 확대하며 정보 수집과 명령 전달에 유용하게 사용했다. 이에 따라 칙사의 파견은 취소되고 2월 19일에 토벌군이 편성된다. 토벌군 총독에는 다루히토 친왕이 임명되었고, 참군(參軍)으로 육군의 야마가타와 해군의 대표자로 가와무라를 선발했으나 사실상 야마가타가 토벌군 총사령관이었다.
　토벌군의 편제를 편성한 다음날인 2월 20일 제1여단과 제2여단이 고베(神戶)를 출항하였고, 22일 큐슈에 상륙했다. 즉, 사이고가 반란을 일으켰다는 소식이 들어오고 불과 5일째 되는 날에 2개 여단의 정부군이 큐슈에 나타난 것이다. 19세기라고는 믿어지지 않을 만큼 신속한 병력출동은, 오쿠보가 미리 전쟁을 예상하고 사이고를 도발했다는 증거의 하나다.

사이고나 기리노가 정부군의 놀랄 만큼 신속한 대응을 알았다면 구마모토성을 공략할 생각은 안했을 것이다. 일단 구마모토는 포위 상태에 두고 신속하게 나가사키나 시모노세키 해협을 장악해 정부군의 상륙을 저지하려 움직였을 것이 분명하다. 단단하게 방어하고 있는 구마모토성을 공격하느라 소비한 3일 정도의 시간이 반란군의 운명을 결정지었다. 그리고 일단 정부군의 큐슈 상륙을 저지할 수 없는 경우는 병력손실을 감수하더라도 구마모토성을 점령하는 것이 차선책이었다.

이처럼 사이고는 상황판단을 정확히 하지 못하고 병력을 나누어 애매하고 엉성하게 대응하면서 소모전에 말려드는 꼴이 되고 말았다. 이것은 병력에서 압도적인 우위를 가진 야마가타가 바라는 바였다.

야마가타가 편성한 전투단위로서 여단은 오늘날 여단과는 성격이 상당히 다른 것이다. 일종의 향토방위 사단이라고 할 수 있는 진대별로 출동하지 않고, 굳이 따로 여단을 편성한 이유는 정부군 내에 존재하는 반정부세력을 고려했기 때문이다. 그래서 각 지역에 있는 진대에서 대대나 연대를 차출해 이를 혼합해 여단을 구성했다.

1여단의 주축은 도쿄 진대의 병력이지만 여기에 오사카 진대의 병력 1개 대대가 혼합되었고, 3여단은 근위보병과 오사카 진대의 병력을 섞어서 만드는 식이었다. 정식 편제로 만들어진 것이 아니므로 여단의 병력은 들쭉날쭉했다. 게다가 포병이나 기병이 없는 여단도 있었고, 경찰로 구성된 수백 명 규모의 백병전을 전담하는 특수임무를 가진 여단도 있었다.

서서히 북상하던 반란군을 더욱 놀라게 한 것은 노기 마레스케(乃木希典)가 이끄는 14연대의 출현이었다. 노기는 오늘날 일본에서 '군신(軍神)'으로 추앙받는 인물이다. 그는 단지 6개월의 군사훈련만 받고 불과 23세의 나이에 소령으로 임명되어 군인 생활을 시작했다. 이러한 파격적인 출세가 가능했던 것은 물론 야마가타의 후원이 있었기 때문이다. 노기는 죠슈번의 기병대와 별다른 관계는 없다. 그는 막부가 멸망할 당시 19세에 불과했다. 그렇지만 야마가타와 친분이 있는 기병대 출신 친척의 추천으로 일약 소령으로 군인생활을 시작하고, 매우 젊은 나이에 연대장으로 서남전쟁에 참전했던 것이다.

본래 그는 구마모토성에서 열린 작전회의에 참석하고 부대로 복귀하는 도중이었지만, 반란군의 공격으로 위기에 빠진 구마모토로 다시 돌아오라는 명령을 받고 서둘러 회군했다. 그러나 이미 반란군이 구마모토성을 포위했다는 사실을 알았다. 그럼에도 불구하고 융통성이 없이 후속부대나 지원부대를 기다리지 않고 무리하게 전진을 계속하다가 패배를 자초했다.

아무튼 홀연히 나타난 노기의 부대에 깜짝 놀란 반란군은 노기의 부대를 토벌군의 선발대로 오해하고 적극 요격했다. 노기의 부대는 병력상 열세에다가 무리한 행군으로 지쳐있었다. 그래서 연전연패를 한 것은 물론이고, 연대장인 노기마저도 부하의 희생으로 간신히 도망쳐 목숨을 건지는 상황에까지 몰렸다. 게다가 천황에게 직접 하사받은 연대기까지 빼앗기는 치욕을 당했다.

반란군은 노기의 부대를 격파한 여세를 몰아 신속하게 일제히 북상하는 것이 바람직했지만, 지휘계통이 혼란했기 때문에 그 기회를 놓쳤다. 가고시마를 출발할 당시부터 명확하게 사령관으로 지정된 인물이 없었고, 개개의 대대장들이 나름대로 실력을 갖춘 맹장들이었으므로 애당초 일사불란하게 전군을 통제하기 어려웠다. 게다가 사이고는 지휘관들을 적극적으로 통제하고 지휘하려 하지 않았다. 사이고의 신임이 두터운 기리노가 가장 강력한 발언권을 가지고 사령관 행세를 하는 경우가 많았으나, 그 역시 본질적으로는 대대장 중 하나에 불과했다.

이렇게 반란군이 주춤하는 사이 큐슈에 상륙한 정부군 제2여단이 어느새 다가왔다. 사이고가 북상한다고 결정한 방침에 따라 병력을 계속 증강한 덕분에, 비록 국지전이지만 각지에서 정부군 부대와 조우해 승리를 거두었다.

반란군의 대표적인 맹장 기리노는 야마가(山鹿)로 진출했고, 시노하라는 다바루(田原) 고개 방향으로 전진했다. 중요한 것은 국지전에서의 승리가 아니다. 재빨리 병력을 집중해 상륙한 정부군이 진용을 갖추기 전에 우회기동으로 무너트려야 했다. 용맹하고 사기가 충천한 반란군은 이를 위해 필요한 기동력은 충분히 갖추고 있었으나, 전반적인 상황을 정확히 파악하고 적절하게 통솔할 지휘관이 없었다. 이 와중에 사이고의 막내동생 사이고 고헤도 전사했다.

그저 아무 생각 없이 북상해서 만나는 정부군과 전투를 벌이는 것은, 야마가타가 원하는 소모전에 말려드는 결과밖에 되지 않는다. 반란군이 눈앞의 적에 현혹되는 동안 정부군의 배치는 신속하게 움직였다. 야마가타는 2월 25일 직접 제3여단을 이끌고 큐슈에 상륙했다. 3여단의 여단장은 나중에 조선 공사로 명성황후 암살을 총지휘한 것으로 유명한 미우라 고로(三浦梧樓)였다. 미우라 역시 죠슈번 기병대 출신이었다. 야마가타가 큐슈에 상륙한 것을 계기로 반란군도 북상을 중지하고 수비로 방향을 전환했다.

야마가타는 병력의 우세를 이용한 적극적 공세보다는 신중하고 착실히 전진하는 편을 택했다. 그는 다바라 고개를 중시하고 이곳에 병력을 집중했다. 이곳은 불과 100미터 정도의 높이에 불과한 고개이나, 구마모토성의 외곽 방위거점으로서 이 성을 건설한 가토 기요마사가 방어에 유리하도록 인위적으로 만들어낸 지형이었다. 그래서 매우 구불구불한 도로를 통과해야지 고개의 정상까지 갈 수 있었다.

이 도로는 대포가 통과하는 것이 가능했으므로 정부군이 반드시 점령해야만 했다. 그래서 다바라 전투가 서남전쟁 최대의 격전지가 되었다. 방어하는 반란군도 필사적이었다. 정부군은 이곳을 점령하기 위해 하루 평균 32만 발, 가장 격렬할 때는 60만 발의 탄환을 소비했다고 한다. 러일전쟁 당시 가장 치열했던 여순 공략전을 능가하는 수치다.

당시 탄환의 제조능력인 하루 12만 발을 훨씬 초과하는 양이기 때문에 외국에서 급히 탄약을 수입해 보급해야만 했다. 이곳을 지키는 반란군의 경우 탄약 부족으로 정부군이 쏴서 땅에 떨어진 탄환을 농부를 고용해 줍고, 이것을 재생해 탄환을 만드는 지경이었다.

이곳을 지키는 책임자 시노하라도 진두지휘를 하다가 저격을 받아 사망했다. 정부군은 교착상태를 타개하기 위해 일종의 특공대라고 할 수 있는 발도대(拔刀隊)라는 명칭의 부대까지 편성해 투입했다. 발도대는 경찰관 중 검술에 능숙한 자를 특별히 선발해 구성한 것이다. 이것은 검술에 능한 반란군이 걸핏하면 칼을 뽑아들고 돌격해 괴로움을 당한 것에 대항하기 위해 만들어졌다.

반란군이 즐겨 사용하는 전법은 정부군과 거리를 좁힌 다음 총으로 일제 사격을 하고, 그 후 칼을 뽑아들고 함성을 지르며 돌격하는 전법이었다. 정부군도 총검술로 대항하는 것은 가능했지만, 뛰어난 검술실력을 가진 반란군의 병사들에게 겁을 먹고 대열이 무너지는 경우가 흔히 있었다. 이러한 상황을 감안해 특별히 만들어진 발도대의 상당수는 아이즈번을 비롯한 동북지방 출신으로, 이 기회를 이용해 사쓰마번 무사들에게 무진전쟁의 복수를 한다는 전투 의욕에 불탔다.

이러한 백병돌격으로 고개 정상까지 갈 수 있는 교두보를 확보하자 3월 20일 새벽에 총공격해 탈환에 성공했다. 비가 많이 내리고 안개까지 낀 날씨에 정부군이 공격하지는 않을 것이라 방심하고 격전에 지친 반란군 병사들이 잠을 자는 사이 기습공격을 가한 것이다. 공격은 훌륭하게 성공했다. 이렇다 할 저항도 해보지 못하고 반란군은 붕괴해 다바라 고개를 빼앗겼다. 이를 계기로 반란군의 방어선은 구멍이 뚫려 전면적으로 붕괴 위기에 처하게 되었으며, 전군이 후퇴해 방어선을 다시 짜지 않을 수 없었다.

3월 4일에서 20일에 걸친 다바라 전투로 정부군 사상자는 2,400명을 넘어섰다. 다바라의 탈환을 계기로 승리의 여세를 몰아 야마가타가 과감하게 공격을 가했다면, 방어를 위한 예비 병력이나 물자보급이 거의 없는 반란군의 방어선을 전면 붕괴시키는 것도 가능한 상황이었다. 그러나 야마가타는 어디까지나 신중하게 전진했다.

한편, 정부군이 다바라 언덕을 돌파하지 못하고 교착상태에 빠져 있는 동안, 후방에서는 이러한 상태를 타개하기 위해 적의 배후에 상륙작전을 하자는 주장이 활발하게 의논되었다. 이를 적극 주장한 사람은 나가사키 경비를 책임지는 다카시마 도모노스케(高島鞆之助)였다. 가고시마 출신인 그는 야마가타를 직접 만나 설득했다.

이에 따라 3월 12일 구로다 기요타카를 참군으로 임명하고, 다카시마에게 임시로 별동(別動) 제2여단을 주어 상륙작전을 실시하라는 명령이 내려졌다. 구로다는 육군 중장의 직함을 가지고 있었으나, 이것은 어디까지나 홋카이도 방위 때문에 만들어진 둔전병의 지휘를 위해 부여한 형식적인 계급이었다. 비록 정식 육군 중장이라고 할 수는 없지만 구로다는 실전경험이 풍부한 인물이다. 그는 쿠퍼 제독이 이끄는 영국 함대가 가고시마를 포격할 당시 해안 포대의 포수로 참가했었고, 도바·후시미 전투는 물론이며 무진전쟁에서도 각지를 전전하며 싸웠다.

다카시마는 이 상륙부대의 절반을 수송선에 태우고 3월 18일 나가사키를 출발해서 야쓰시로(八代) 근처에 상륙했다. 반란군 역시 상륙작전이 있으리라 어느 정도 예상해 방어병력을 해안에 배치했다. 하지만 가뜩이나 부족한 병력으로 방어하기에 너무나 해안선이 길었다. 정부군의 상륙작전도 수송선 부족으로 엉성하게 실시할 수밖에 없었으나, 허를 찔린 반란군도 상륙작전을 저지할 병력이 충분하지 못했다.

상륙작전 소식이 전해지자 해안방어의 책임자로 임명된 3대대장 나가야마 야이치로가 자원해 병력을 이끌고 출동했지만 역부족이었다. 먼저 선발대로 상륙한 부대를 격파하기에도 벅찬 마당에 3월 21일에는 별동 제2여단의 나머지 병력과 별동 제3여단이 상륙했다. 별동 제3여단은 가고시마를 도발한 장본인 가와지 도시요시가 여단장이다. 상륙부대가 8천명 수준까지 팽창했기 때문에, 반란군의 주력부대를 투입해도 격퇴한다고 장담할 수 없게 되었다.

요격을 위해 출동한 반란군은 궤멸되었고, 이것에 책임을 지고 나가야마는 장렬하게 자살했다. 나가야마는 본래 육군 중령으로 홋카이도 둔전병의 관리책임자였다. 그는 정한론 정변을 계기로 사이고의 추종세력이 일제히 사표를 내고 하야하는 것에 비판적이었고, 가고시마 출신으로는 이례적으로 정한론 자체에도 찬성하지 않았다. 그러나 오쿠보가 사할린을 포기하고 쿠릴열도와 교환한 것에 반발하고 사임한 후 귀향했다.

귀향 후에도 사이고의 추종세력과 일정한 거리를 유지했지만, 화약고 습격사건이 있은 후 출전이 결정되자 기리노가 직접 찾아가 간절히 설득해 대대장으로 참전하게 되었다. 기리노가 직접 찾아가 부탁했다는 것은 사이고가 나가야마의 참가를 원했던 것으로 해석해도 무방하다. 본래 사이고 추종세력으로 분류하기는 어려운 인물이나, 누구보다도 용감하게 싸우고 자신에게 주어진 임무수행에 최선을 다했다.

때마침 부족한 병력을 보충하기 위해 가고시마에서 1,500명 정도를 새로 모집해 부대를 편성하고 있었던 벳푸 신스케(別府晋介)와 헨미 쥬로타(辺見十郎太)에게 야스시로를 급습하라는 기리노의 특명이 전달되었다. 야스시로는 상륙부대의 병참기지로서 식량과 탄약이 풍부하게 있었다. 이것을 탈취하는 것에 성공하면 반란군에게 커다란 도움이 된다. 게다가 상륙한 정부군이 구마모토를 향해 전진하는 중이었으므로 야스시로의 방어는 극히 허술했다. 이른바 '빈집털이'의 시도다. 이들은 새롭게 편성된 병력으로 야스시로를 급습했지만, 성급하게 서둘다가 집중력 있게 공격하지 못했던 탓에 정부군의 증강을 허용했고, 결국 성공하지 못했다.

제2장 영웅시대의 종말

상륙부대는 착실하게 전진을 계속해 마침내 구마모토성 근처에 도달했다. 반란군은 배후에 적을 두는 상황이 되었으므로, 성의 포위는 저절로 풀어지게 되었다. 50일 정도 농성하고 있던 구마모토 수비병들에게는 감격적인 순간이었다. 식량이 떨어져서 말고기까지 먹어야 하는 절박한 상황이 마침내 끝났다. 상륙작전이 없었다면 구마모토 수비군은 굶주림에 지쳐 저절로 항복했을 것이다.

상륙부대의 총지휘관 구로다는 사이고와 맞서는 것이 양심에 찔렸는지 상륙작전이 성공하고 구마모토성을 해방하자, 스스로 사임하고 홋카이도로 다시 돌아갔다. 이러한 돌발행동은 소극적인 지휘로 일관하는 야마가타에 대한 불만도 있었다.

다른 한편 북쪽에서 정부군과 대치중이던 반란군의 방어선도 배후에 적을 두게 되어 부득이 후퇴하지 않을 수 없었다. 한국전쟁 당시 인천상륙작전이 성공하자 북한군의 낙동강 전선이 저절로 와해된 것과 비슷한 상황이다. 아직도 반란군은 8,000명 정도의 병력이 남아있었으며 조직적인 저항을 하기에 충분했다. 여기에 대해 정부군은 배후에 상륙한 부대를 포함해 10개 여단 규모로 팽창되었고 병력에서 압도적 우위를 나타냈다.

아무리 징병제로 만들어진 군대라도 이기는 것이 확실한 상황에서는 사기가 하늘을 찌르고 용감하게 싸우기 마련이다. 그러나 야마가타가 신중하게 전진하는 것을 계속 고집했던 탓에 후퇴하는 반란군의 주력을 포착해 섬멸할 수 있는 기회를 번번이 놓쳤다. 서남전쟁이 8개월 동안이나 지속된 것은 사이고 추종세력들이 용맹하게 잘 싸웠던 것도 있지만, 정부군의 총지휘자인 야마가타가 지나치게 신중하고 소극적으로 지휘한 점도 커다란 원인이다.

기리노는 이러한 상황에서도 낙관론을 잃지 않았다. 히토요시(人吉)에 자리 잡고 방어선을 구축하면 2년은 버틸 수 있다고 장담했다. 그러나 반란군의 정예 병력은 이미 전사하거나 거듭되는 전투로 기진맥진해 제대로 전투력을 발휘할 수 있는 상황이 아니었다.

히토요시는 구마모토에서 훨씬 남쪽으로 떨어진 지역이며, 험준한 산지의 한가운데 위치한 방어하기 좋은 지형이었다. 그러나 아무리 방어하기 좋은 지형이라도 충분한 방어병력과 방어시설이 있어야 위력을 발휘하는 법이다. 2년은 버틴다는 기리노의 장담이 무색하게 5월 30일 단 하루의 총공격으로 히토요시는 정부군에게 점령당했다. 아직 방어준비를 충분히 하지 못한 상태에서 공격을 받았던 탓이다.

히토요시에서 쫓겨난 반란군은 일단 남하했다가 큐슈의 동쪽 해안으로 북상하며 후퇴를 거듭했다. 병력은 후퇴할 때마다 계속 줄어들었다. 큐슈 동해안의 노베오카(延岡)가 더 이상 물러날 곳이 없는 마지막 거점이 되었다. 험준한 산악지형에 앞이 가로막혔기 때문이다. 게다가 노베오카는 해안에 위치했으므로 바다로부터 해군의 함포사격마저도 받았다. 그래서 반란군은 사기가 크게 떨어졌고, 노베오카마저 정부군에게 내주었다.

이곳마저 빼앗기면 대규모 병력을 이끌고 저항하는 것이 불가능하므로 다시 탈환하기 위해서 결사의 각오로 사이고가 직접 나서 진두지휘했다. 그러나 정부군이 병력을 증강해 완강히 수비한 탓으로 결국 탈환작전도 실패하고 만다.

사이고는 진퇴양난의 위기에 빠졌다. 위와 아래는 정부군이 포위하고 있었고 동쪽은 바다였다. 서쪽이 유일한 돌파구이지만 대단히 험준한 산악지형이다. 그는 이곳을 통해 탈출하기로 결심을 굳혔다. 8월 17일 휘하 장병들에게 사실상 전투를 포기하는 선언을 했다. 이에 따라서 4,000명 정도 남은 병력이 대부분 항복했고, 사이고와 죽음을 함께할 자만이 따라갔다. 그는 병력을 해산시키고 출발하기 전 육군 대장 제복이나 밀정이 자백한 진술서 등도 불태우고 아끼던 애견마저도 풀어줬다. 그야말로 죽을 결심을 굳힌 것이다.

700명 정도의 병력이 비만증으로 거동이 불편한 사이고를 가마에 태운 후, 밤을 이용해 에노다케(可愛岳)를 은밀히 등산해 정상에 올라가 기습을 가했다. 이곳을 지키고 있던 정부군의 1여단과 2여단 병력은 설마 험준한 산을 기어 올라올 것이라고 생각하지 않았기 때문에, 놀라 저항할 겨를도 없이 여단장을 필두로 도망치기에 바빴다. 기습공격이 성공한 후 어디로 갈 것인지는 명확히 정하지 않았다. 그러나 발걸음은 저절로 고향 가고시마를 향하고 있었다. 사이고는 일부 병력을 다른 방향으로 전진시키는 기만전술을 구사해 정부군의 추격을 따돌리고는 신속하게 산악행군을 거듭하며 남하했다.

이리하여 9월 1일 기적적으로 가고시마에 돌아왔다. 이를 전혀 예상하지 못한 정부군은 완전히 허를 찔렸다. 가고시마 현령 오야마 쓰나요시는 거액의 자금을 반란군에게 제공해 반란을 도운 혐의로 체포되어 이미 가고시마를 떠났으며, 소수의 정부군만이 가고시마에 주둔하고 있었을 뿐이었다. 오야마는 도망칠 수도 있었으나 올바른 행동을 했다고 믿고 순순히 가고시마에 파견된 칙사를 따라가 나중에 처형당했다.

가고시마 시민들은 극적인 귀환을 환영하는 분위기였지만, 사이고가 직접 나서 징집에 노력해도 거의 응하지 않았다. 이미 전세는 누구의 눈에도 확연하게 반란군의 패배였다. 사이고는 사학교 본교가 있는 시로야마에 방어진지를 구축했고, 정부군 포격에 대비하기 위해 작은 동굴과 참호도 만들었다. 총을 가진 자도 많지 않았으며, 소구경 대포를 약간 보유한 것에 지나지 않았다.

압도적인 병력을 가지고도 탈출을 허용해 망신을 당한 야마가타는, 이번에는 탈출하지 못하도록 완벽한 포위망을 만들기 위해 심혈을 기울였다. 그래서 구마모토 진대를 비롯한 4개의 정규 여단과 별동 여단 2개가 동원되었다. 여기에 비해 시로야마에 자리 잡은 반란군은 불과 372명에 지나지 않았다. 야마가타는 시로야마 주변에 보루를 만들고 대나무로 목책을 만들어 연결해 빈틈없는 포위망을 갖추었다. 아울러 포위망을 무려 20겹으로 만들고 밤에는 야마가타가 직접 순찰을 하며 점검했다.

마침내 9월 24일 최후의 총공격이 개시되었다. 집중포격을 2시간 정도 실시한 후, 정부군이 일제히 총을 쏘며 밀려 들어왔다. 정부군의 총공격이 시작되자 성급하게 할복자살한 사람도 있었지만, 사이고는 일행을 거느리고 앞으로 걸어 나갔다. 총탄이 빗발치는 상황에도 불구하고 의연하게 행동했다. 이러한 와중에 그는 총탄에 맞아 복부와 허벅지에 관통상을 입었다. 그러나 중상에도 불구하고 즉시 다시 몸을 일으키고 천황이 있는 동쪽을 향해 절을 하고 정좌를 하자, 뒤따르던 벳푸 신스케가 사이고의 목을 친다. 최후까지 용감하게 싸우다 전사한 기리노를 비롯해 약 100명이 전사하고 200명이 항복했다.

메이지 천황은 사이고가 반란을 일으킬 당시 아버지 고메이 천황의 제사를 지내기 위해 교토에 있었다. 그런데 천황은 사이고를 토벌하는 결정이 내려지자 집무를 거부했다. 사이고가 상경해 집권한 이후 정한론 정변이 발생하기 이전까지 친밀한 접촉을 가졌던 천황은, 그가 자신을 겨냥해 반란을 일으켰다고 믿지 않았으며 심리적 동요를 일으킨 것이다. 오쿠보나 이와쿠라와 다르게 사이고는 천황을 그저 정치적인 도구로 이용하려는 태도를 나타내지 않았다.

천황이 지방순시를 나갈 때 직접 천황이 탄 말의 고삐를 잡고 걸을 정도로 사이고는 천황에게 성심껏 대했다. 메이지 시대의 권력자 중 사이고만큼 천황에게 극진히 대한 인물은 없었다. 나중에 권력을 잡고 천황의 총애를 받은 이토 히로부미도 가끔 천황 앞에서 무례한 행동을 일삼았다. 게다가 사이고의 하야로 군부의 실권을 장악한 야마가타는 노골적으로 천황을 무시하고 마치 부하처럼 다루는 경향마저도 나타냈다.

도쿠가와 막부가 멸망하기 전 사쓰마번의 실질적인 소유주였던 시마즈 히사미쓰는 서남전쟁에 대해 나름대로 독특한 해석을 했다. 당초 오쿠보는 히사미쓰가 서남전쟁에 가담하는 것을 우려했지만, 히사미쓰는 조금도 그럴 마음이 없었다. 오히려 서남전쟁이 오쿠보와 사이고 사이의 권력투쟁으로 보고, 두 사람을 법정에 세워 진실을 가려야 한다는 독특한 건의서를 정부에 제출하기도 했다. 히사미쓰가 제출한 건의서는 무시당했지만 사건의 본질을 정확히 파악한 것으로 오쿠보를 뜨끔하게 만들었다.

기리노를 비롯한 반란군의 수뇌부는 사이고가 궐기하면 전국의 사족들이 호응할 것이라고 믿었다. 그러나 반란이 일어난 큐슈 지역을 제외하고 이렇다 할 호응은 없었다. 치밀하고 용의주도한 오쿠보가 미리 전국 각지에 경시청 스파이를 대거 파견해 철저한 견제와 감시를 했기 때문이다.

비록 사이고는 역적으로 몰려 비참한 최후를 맞이했으나 가고시마에서 그의 인기는 식지 않았다. 오늘날에도 그는 가고시마를 대표하는 인물로, 그를 몰락시킨 오쿠보와는 정반대로 불멸의 존재로 추앙받고 있다. 정한론 정변을 계기로 한국에서 정한론자의 대표적인 인물로 지목되고 있으며, 나중에 군국주의자들로부터 신격화된 인물이라는 점을 생각하면 이러한 반응이 결코 좋게 받아들일 수 없는 것도 사실이다. 아울러 일본 역사상 사이고만큼 평가가 엇갈리는 인물이 없다는 점에도 유의해야만 한다.

상경하기 전에는 번벌정부의 급진적 근대화정책에 비판적이었으나, 막상 이와쿠라 사절단이 떠나고 실권을 장악하자 유례를 찾아보기 힘든 초스피드로 개혁을 추진했다. 그러다가 정한론 정변으로 하야한 후에는 반란군의 우두머리로 비참하게 일생을 마감한다는 파란만장하면서도 극적인 삶을 살았다. 또한 신념에 따른 일관된 행동을 하지 못하고 상황에 따라 입장을 바꾸는 것도 그에 대한 평가가 상당히 엇갈리게 만드는 중요한 요인 중의 하나다. 이러한 예는 애초에 마지막 쇼군 요시노부를 반드시 죽여야 한다고 주장했다가 나중에 태도를 180도 바꾸는 사례에서 잘 드러난다. 아무튼 서남전쟁의 종결과 사이고의 죽음으로 인해 일본의 근대사는 새로운 방향전환이 불가피하게 되었다.

제3장

제국으로 가는 길

- 참모본부의 창설
- 번벌정부의 분열
- 오쿠마 추방사건
- 입헌제도 창설을 위한 준비작업
- 교육제도의 정비와 관료의 양성
- 임오군란과 갑신정변
- 불평등조약 개정문제
- 메이지 헌법의 제정

1

참모본부의 창설

　서남전쟁 승리 후 가장 각광받은 인물은 역시 정부군을 총지휘한 야마가타 아리토모다. 이토 히로부미는 정한론 정변을 계기로 번벌정부 내에서 죠슈벌의 차세대 리더로 자리잡았다. 그러나 정한론 정변 자체는 사이고를 추방한 것이지 제거한 것은 아니다. 야마가타는 사이고를 제거하고 정권안보를 확고히 만들었다. 서남전쟁이 끝난 이후 더 이상 무력으로 정부에 도전하는 강력한 반정부세력은 존재하지 않았다.

　한편, 서남전쟁이 가고시마에서 일어난 탓에 육군 내 사쓰마 세력은 서남전쟁에 적극적으로 참전했음에도 불구하고 크게 위축되지 않을 수 없었다. 그래서 바야흐로 육군에서 야마가타의 전성기가 시작된다. 그는 서남전쟁 당시 정부군을 지휘한 것에서 나타난 것처럼 야전 군인으로 뛰어난 재능을 가진 인물은 아니나, 정치군인으로는 발군이었다. 그는 자신에게 주어진 황금같은 기회를 놓치지 않았다.

서남전쟁이 끝나자 야마가타는 자신의 텃밭인 육군에서 발판을 확실히 다지기 위한 절호의 기회를 얻는다. 바로 '참모본부(參謀本部)'의 창설을 추진한 것이다. 본래 참모본부는 보불전쟁에서 승리한 독일의 영향을 받은 것이다. 야마가타가 가장 존경한 인물은 근대적 참모제도를 확립하고 보불전쟁을 승리로 이끈 몰트케였다. 이토 히로부미가 일본의 비스마르크가 되길 원한 것처럼 그는 일본의 몰트케가 되고자 했다. 그렇다고 야마가타가 비스마르크에 대해 무관심했던 것은 결코 아니다.

참모본부를 창설하자는 제안은 그다지 신선한 아이디어가 아니지만, 이것을 추진한 진정한 의도는 정치에 대한 '군부의 독립'이다. 그가 굳이 군부의 독립을 결심한 계기는 사가현 반란사건에서 오쿠보가 직접 군대를 이끌고 지휘해 반란을 평정한 것에서 굴욕감을 느낀 영향이 컸다.

명색이 군부의 실세이면서도 야마가타는 이 반란사건에 아무런 활약을 하지 못하고 정치가 오쿠보에게 휘둘렸다. 게다가 대만 출병에서도 계속 무시당했다. 대만 출병 당시 잘못하면 전쟁이 일어날 수도 있던 상황이었다. 그러나 오쿠보는 군부의 대표자 야마가타와 상의해 중국에 대한 전략을 결정하려 하지 않았으며, 스스로 중국에 직접 가서 담판하고 귀국했다. 야마가타는 중국과 전쟁을 의식해 대만 출병에 반대했지만 소용없었다.

이러한 상황에 자존심이 상하고 굴욕감을 느낀 야마가타는 장차 군부가 정치가에게 농락당하는 것을 피하고자 결심했으며, 이를 위해 참모본부를 만들고자 원했다. 다시 말해 군부를 정치로부터 독립시키는 것과 아울러 육군을 확실하게 자신의 텃밭으로 만들려고 참모본부 창설을 추진한 것이다. 그러나 날카로운 두뇌를 가진 기도 다카요시는 참모본부의 창설 그 자체에 반대였다. 야마가타가 참모본부를 창설하고자 하는 진정한 의도를 눈치챘기 때문이다. 게다가 기도는 야마가타가 참의에 취임한 것을 기회로 정치에 관여하려는 움직임도 강력히 견제했다.

죠슈벌 우두머리인 기도 다카요시는 군인은 정치에 관여하면 안 된다는 확고한 신념을 가지고 야마가타를 철저하게 눌렀다. 그는 야마가타가 넘기 어려운 거대한 산이다. 설사 죠슈번 출신이라도 기도는 자신에게 반항하거나 대항하면 무자비하고 철저한 보복을 가했으므로, 야마가타는 그저 숨죽이고 가만히 있을 수밖에 없었다. 그래서 그는 이토 히로부미보다 3세 연상임에도 불구하고 정치가로서 출발은 상당히 늦었다. 그러나 기도 다카요시는 서남전쟁의 와중에 45세로 사망하고 만다.

오쿠보와 충돌하다가 메이지 9년(1876) 3월 참의를 사임한 기도는 서남전쟁이 발발한 상황에서 이미 중병에 걸려 있었다. 그럼에도 불구하고 사이고에 대한 적개심으로 스스로 토벌군 총사령관이 되길 원했다. 임종이 확실시되자 천황이 직접 기도의 집을 방문했으며, 오쿠보도 병문안을 위해 교토로 달려갔다. 선천적으로 몸이 약한 기도가 오래살기 힘들다는 것은 야마가타도 잘 알고 있었다. 게다가 기도의 사망에 뒤이어 오쿠보마저도 암살된다.

참모본부의 창설에 관해 오쿠보가 어떠한 생각을 가지고 있었는지는 명확하지 않지만, 참모본부를 창설한다는 그 자체에는 반대하지 않았을 가능성이 크다. 야마가타가 서남전쟁을 승리로 이끈 장본인이므로, 그를 달래기 위해 참모본부 창설을 강하게 요구하면 들어줬을 것이다. 그러나 야마가타는 오쿠보가 살아 있는 동안은 참모본부를 만들어도 감히 군부의 독립을 꿈꾸지 못한다. 권력의 화신이자 권모술수의 대가인 오쿠보를 상대로는 승산이 없었다. 그래서 그는 잠자코 있었다. 그러면서도 참모본부를 창설하기 위한 준비 작업은 은밀히 계속했다.

오쿠보가 암살된 것은 메이지 11년(1878) 5월 14일 아침이었다. 서남전쟁에서 승리하고 1년도 되지 않은 시점이다. 출근하기 위해 마차를 타고 출발한 그는 시마다 이치로(島田一郎)가 이끄는 6인의 자객단의 습격을 받았다. 본래 시마다는 오늘날 이시카와(石川)현에 해당하는 가네자와(金澤)번 출신으로, 정한론 정변으로 하야한 근위병 장교 중 하나였다. 서남전쟁이 발발했

제3장 제국으로 가는 길   181

다는 소식을 듣고 사이고를 도와 거병하길 원했으나 정부의 철저한 감시와 견제로 뜻을 이루지 못했다.

여기에 복수의 기회를 기다리며 벼르고 있다가 마침내 오쿠보 암살에 성공한 것이다. 시마다는 전직 근위병 장교였다는 점을 이용해 근위부대의 인맥과 접촉했으며, 오쿠보가 출근하기 위해 늘 이용하던 루트를 파악하고 잠복해 있다가 습격했다. 마차 안에서 오쿠보는 자객이 휘두르는 분노의 칼을 팔로 막으려 했으나, 팔이 잘리고 그대로 두개골이 갈라져 사망한다.

출근하기 직전 오쿠보는 지방관회의에 참석하고 인사차 들린 후쿠시마(福島)현령인 야마요시 모리노리(山吉盛典)와 담화를 나눴다. 여기서 그는 장래의 정치구상을 밝혔는데 메이지 초기 10년은 창업의 시대이고, 앞으로 10년은 국가 기틀을 확립하고 산업을 발전시키는 시기로 삼고 스스로 여기에 매진할 뜻을 내비쳤다. 그리고 그 후 10년인 메이지 30년대는 이미 이룩한 성과를 확고히 굳히며 유능한 후계자를 만들어 자신의 뜻을 이어가게 할 생각이라고 말했다고 한다. 이것이 오쿠보의 유언이 되었다.

시마다는 암살에 성공한 후 즉시 자수했다. 그리고 암살의 정당성을 밝히기 위한 문서를 제출했다. 그는 오쿠보의 죄목을 5가지로 열거했는데 권력을 사유화하고, 외교상 실책으로 국권을 실추시켰으며, 불필요한 토목공사로 국가 재정을 낭비한다는 등, 당시 반정부세력이 오쿠보에 대해 어떠한 인식을 가졌는가를 잘 나타내는 내용이었다. 그러나 미쓰비시와 결탁해 상당한 치부를 했을 것이라는 세간의 추측과는 다르게, 사후에 재산을 조사해보니 거액의 채무만 남아 있었다고 한다.

심복인 경시총감 가와지의 건의를 무시하고 오쿠보는 주변에 경호요원을 배치하지 않았다. 경찰이 내무성 소속이므로 내무성 우두머리인 그가 원하기만 한다면 수백 명의 경호원을 동반하고 다니는 것도 어렵지 않았다. 그러나 단 한 명의 경호원도 동반하지 않고 혼자 돌아다니고는 했다. 주변 사람의 관찰에 의하면 숱한 죽음의 고비와 정치적 위기를 넘긴 경험이 있었기 때문인지 죽음에 대해 초연한 것처럼 행동할 때가 많았다고 한다. 만약 그가 약간만 경호에 신경을 썼어도 일본의 근대사는 크게 바뀌었을 것이다.

이렇게 오쿠보마저 암살당하자 야마가타를 통제할 인물은 없게 되었다. 흔히 말하는 유신을 이루어낸 3명의 영웅, 즉 기도 다카요시, 사이고 다카모리, 오쿠보 도시미치가 서남전쟁을 계기로 모두 사라졌다. 오쿠보 사망으로 내무성을 물려받은 이토 히로부미는 야마가타를 통제할 처지가 되지 못했다. 야마가타보다 정치력은 뛰어났지만 군부를 위압할 카리스마도 없었고 그의 약점을 잡은 것도 아니다.

따지고 보면 야마가타는 행운아 중의 행운아다. 쇼카촌숙에서 짧은 시간 재학한 것에 불과한 것으로 죠슈벌 인재들과 인맥을 만들고, 이를 발판으로 기병대의 지휘자가 되며 죠슈번 실세 가운데 하나가 되었다. 게다가 다카스기 신사쿠가 요절한 덕분에 정치군인으로 성장할 수 있는 숨통이 트였다. 또한 징병제를 추진하던 오무라 마스지로가 암살되지 않았다면, 야마가타는 결코 육군성을 장악할 수 없었을 것이다.

비리사건으로 위기에 처한 상황을 사이고가 도와줘 기사회생하고, 정한론 정변으로 사이고와 그의 추종세력이 하야해 군부의 공백상태가 만들어졌다. 게다가 서남전쟁을 승리로 이끌고 주가가 한참 오르던 때 오쿠보마저 암살당한 것이다. 그러나 신중한 성격의 야마가타는 어디까지나 서서히 자신의 세력을 확장해 나갔다. 군부를 확실하게 장악하는 것부터 시작하여 차근차근 전진해 마침내 최고 권력자로 등극하기에 이른다.

인재를 보는 남다른 감각을 가진 요시다 쇼인은 야마가타를 참모로서 재능이 있다고 봤다. 즉, 야마가타를 군인으로 최고의 인재라고 평가하지 않았다. 문제는 이러한 그가 우여곡절을 거쳐 일본 군부의 최고실력자로 등극한 점이다. 여기에 바로 근대 일본의 비극이 잉태되는 싹이 자라나고 있었다.

서남전쟁 후 야마가타가 군부 장악에 심혈을 기울이며 착수한 것이 '군인훈계'의 제정이다. 이것은 근위병이 일으킨 반란사건의 영향이 컸다. 사건이 발생한 장소의 이름을 따서 흔히 다케바시(竹橋)사건이라고 한다. 사건의 개요는 무척 간단하다.

메이지 11년(1878) 8월 23일 밤 근위포병의 부대원들이 대대장을 살해하고 무장봉기했다가 그날 바로 진압되었다. 해프닝에 가까운 사건이나 번벌정부의 수뇌에게 준 충격은 매우 컸다. 근위병이라는 부대가 가지고 있는 존재감 때문이다. 근위병은 친병을 계승한 근대 일본 육군의 출발점이 되는 부대로 각별한 의미가 있었고, 특히 천황을 지키기 위해 만들어진 부대이므로 절대 반란이 일어나서는 안 되는 부대다.

근위병들이 가진 불만은 서남전쟁 승리에 지대한 공헌을 했음에도 불구하고, 오히려 급료를 삭감하는 조치에서 발단이 되었다. 서남전쟁에서 승리하기 위해 막대한 돈을 소비한 탓에 인플레이션이 매우 심해졌고, 국방예산도 대폭 삭감되지 않을 수 없었다. 근위부대도 예외는 아니었다. 그러나 일반 보병인 진대병은 급료를 삭감하지 않았지만, 근위보병은 10%, 근위포병은 20%를 삭감당했다. 문제는 근위병들의 자긍심과 자존심이 이를 용납하지 않았다는 점이다.

당시 근위병은 부대원 선발이 징병제에 바탕을 둔 일반 보병부대와 달랐다. 3년의 군복무기간 중 2년을 채운 사병 중 우수한 자를 후비역(後備役) 편입을 면제하는 조건으로 군복무 기간을 강제로 연장시켜 선발했다. 후비역은 굳이 오늘날 한국으로 따지면 예비군 정도에 해당한다. 다시 말해서 군복무 경험이 풍부하고 우수한 사병을 선발해 근위병을 구성한 것이다. 그러나 후비역 편입을 면제한다는 조건이 파격적인 혜택은 아니었다.

전쟁이 일어나지 않는 이상 별다른 의미가 없는 혜택이었다. 군복무를 강제적으로 연장하는 것을 좋아할 사람이 누가 있을까? 일반 보병은 3년을 복무하지만 근위병으로 선발되면 5년을 더 복무해서 합계 7년을 병영에서 보내야 한다. 이러한 이유로 근위병에 선발되면 기본적으로 상당한 불만을 가지게 된다. 이러한 불만을 달래기 위해 근위병에게는 급료나 복장을 비롯한 여러 가지 면에서 특별한 혜택이 주어졌다. 그래서 엘리트 부대로서 자긍심이 매우 강하다. 특히 이 가운데 근위포병의 경우 서남전쟁에서 맹활약했는데 정확한 포격으로 반란군을 괴롭게 만들었다. 그럼에도 불구하고 오히려 급료를 삭감하고 논공행상에서 소홀히 대하자 불만이 커져갔고, 이 점을 천황에게 직접 호소하자고 일부 사병이 선동하자 그대로 봉기한 것이다. 서남전쟁의 포상은 대위 이상의 계급에게만 주어졌는데, 전쟁에 승리하면 말단 사병까지 전리품과 포상을 주던 중세시대의 관념으로는 용납할 수 없었다. 시대는 근대로 바뀌었지만 당시 일본인들의 사고방식은 여전히 중세시대를 크게 벗어나지 못했음을 증명하는 에피소드의 하나다. 본래 반란 계획은 근위보병과 도쿄 진대의 예비포병도 포함한 대규모였으나 실제로는 근위포병만 실행에 옮겼다.

반란계획은 사전에 탐지되었다. 근위포병들이 격문을 돌리는 등 경솔하게 행동한 탓이다. 그래서 반란에 대한 대처도 신속했고 사후처리도 전광석화 같았다. 반란이 일어난 바로 다음날인 8월 24일부터 재판이 시작되었으나, 재판과정은 비밀리에 진행되었으며 무자비한 판결이 내려졌다.

10월 15일 사형을 선고받은 53명에 대해 즉시 사형이 집행되어 판결이 선고된 날 모조리 총살당했다. 처형당한 사람은 대부분 계급이 낮은 사병이었다. 이것은 야마가타가 자신의 치부를 감추기 위해 하찮은 사건으로 진실을 은폐하고 부랴부랴 얼버무린 것이다. 야마가타는 정한론 정변으로 사이고가 하야하자 근위도독의 보직을 다시 차지했다. 그래서 근위병의 반란사건에 대해 일차적 책임은 그에게 있었다.

위기의식을 느끼고 간담이 서늘해진 야마가타는 이를 계기로 군인훈계를 만들었다. 엄밀히 말하면 반란사건이 일어나기 전부터 군인훈계의 제정이 추진되고 있었지만, 반란을 계기로 서둘러 10월에 제정했다. 군인훈계의 핵심은 군인정신의 강조였다. 상관에 대한 절대적인 충성과 복종을 강조하고, 성실하게 군복무 할 것을 요구하는 것이 주된 내용이다. 특히 상관의 명령에 불합리하다고 생각되는 점이 있어도 무조건 복종하라고 요구했다. 이것은 군대 내에 자유민권운동이 침투하는 것을 방지하고, 무조건 복종하는 천황의 군대로 만들기 위한 정신교육이 목적이었다. 물론 겉으로 천황의 군대이나 군부의 실권은 야마가타에게 있었으므로 야마가타의 군대를 위한 훈계였다. 사실 야마가타는 누구에게 훈계할 입장에 있을 만큼 청렴하고 훌륭한 군인은 아니다. 윗물이 맑아야 아랫물도 맑은 법이지만, 윗물이 탁한데 아랫물에게만 맑으라고 강요한다는 것은 우스운 일이다.

아울러 야마가타는 군인정신을 강제로 주입하고 군기를 확립하기 위해 메이지 14년(1881) 1월에 헌병제도의 창설도 추진했다. 표면적으로 헌병은 군대 내 비리를 적발해 수사하고 치안유지도 담당하는 것을 목적으로 했지만, 그가 의도한 가장 중요한 목적은 헌병으로 하여금 군대 내 군기를 잡는 역할이었다. 그리고 이것은 우리나라 군대에도 그대로 계승되었다. 아울러 근위병의 복무기간을 7년에서 3년 반으로 줄이고, 근위병이 제대하는 행사에는 천황이 직접 참석해 일정금액을 하사하는 등 회유책을 사용하는 것도 잊지 않았다.

한편, 야마가타는 군인훈계를 제정할 무렵 본격적으로 참모본부의 창설을 진행했다. 오쿠보가 암살되고 불과 반년밖에 되지 않은 시점이다. 야마가타는 참모본부의 창설을 계기로 육군을 독일식으로 개편하길 원했다. 본래 일본 육군의 모델은 프랑스였다. 도쿠가와 막부가 프랑스를 모범으로 근대군을 건설한 것도 있고, 오무라 마스지로가 프랑스식을 모델로 정했기 때문이다. 야마가타는 주도권을 잡고 개혁을 추진하기 위해 독일식으로 바꾸고자 했다. 문제는 그에게 그러할 능력이 없다는 점이다.

여기서 구세주와 같이 등장한 인물이 가쓰라 다로(桂太郞)다. 죠슈번 출신의 가쓰라는 도바·후시미 전투를 비롯해 무진전쟁에 참가한 후, 독일로 첫 번째 유학을 다녀오고 메이지 6년(1873) 귀국해 육군 대위에 임명되었다. 무진전쟁이 끝나자 오무라 마쓰지로의 추천으로 요코하마 어학소에서 프랑스어를 배웠으나, 본인의 강력한 희망에도 불구하고 경제 형편상 외국 유학을 갈 수 있는 상황은 아니었다. 당시 자비로 유학을 가려면 다이묘나 상급무사의 자제여야

가쓰라 다로(桂太郎)

가능했을 정도로 경제적으로 커다란 부담이 되었다. 그가 평범한 군인이었다면 외국 유학 대신 병부성에 눌러 앉았을 것이다.

기필코 유럽으로 유학가기 위해 방법을 모색하던 가쓰라는 무진전쟁에 참전한 공로로 받은 250석을 죠슈번에 헌납하고 유학자금 마련에 성공했다. 3년간에 걸친 첫 번째 유학을 마치고 귀국한 그는 야마가타와 친분을 쌓게 되고, 그의 강력한 후원으로 일개 소령 신분으로 육군성을 상대로 참모본부 설치를 위한 조직개편의 실습을 했다. 그러나 아직 부족하다고 느꼈는지 다시 독일로 유학을 간 그는 서남전쟁이 끝난 다음해인 메이지 11년(1878) 7월에 귀국했다.

두 번째 유학의 주된 목적은 참모본부 창설에 필요한 지식을 얻기 위한 것이다. 그러나 표면적으로는 유학이 아니라 독일 주재 일본공사관 무관으로 발령받은 것에 불과했다. 그는 독일로 출발하기 전 만약 서남전쟁이 발발한다 하더라도 유학 도중 귀국하지 않겠다고 주장해 야마가타의 동의를 얻어냈다. 전쟁으로 인해 학업이 중단되기를 원하지 않았기 때문이다.

사전에 약속한 대로 서남전쟁이 발발했음에도 불구하고 독일에서 계속 유학생활을 하던 그는 오쿠보가 암살되었다는 소식을 접하자 귀국하기로 결심

했다. 오쿠보가 사라졌으므로 참모본부 설립을 위한 걸림돌이 없어졌다. 그는 당시 일본에서 독일식 군사제도에 해박한 지식을 가진 거의 유일한 권위자다. 그렇기 때문에 야마가타는 가쓰라에게 전폭적인 신뢰를 보내고 거의 모든 것을 일임했다. 가쓰라가 있었기에 야마가타의 절실한 숙원사업인 참모본부 창설이 가능했으며, 이것을 계기로 그는 야마가타의 후계자이자 육군의 실세로 확고하게 자리 잡는다.

참모본부는 천황에 직속하는 기관으로 규정해 육군성의 통제를 벗어났음을 분명히 했다. 이것이 참모본부를 창설한 의도의 핵심이다. 오직 천황에게만 책임을 지므로 정치가의 관여가 허용되지 않았다. 당시 일본 정부의 조직상 군사에 관해서는 태정대신과 대등한 위치에 있었고, 권한과 책임에 있어서는 육군성 우두머리인 육군경을 훨씬 능가했다. 게다가 참모본부는 전시 통수권을 가진 것은 물론이며, 평시의 군정에 관해서도 광범위한 간섭이 가능한 막강한 권한이 부여되었다. 여기에 대해 번벌정부 내에서 별다른 이의 제기는 없었다. 기껏해야 오쿠마가 육군성과 참모본부의 권한다툼이 발생할 경우 심각한 사태가 일어날 수 있음을 지적한 정도에 불과했다. 이것 역시 야마가타의 능력을 얕잡아 본 발상이다.

야마가타는 스스로 초대 참모본부장에 취임했다. 참모본부장은 나중에 참모총장으로 호칭이 바뀌었다. 육군의 실권은 참모본부장이 가지고 있었으므로 육군경은 누구를 임명해도 상관없게 되었다. 그렇기 때문에 육군경의 보직은 사쓰마 출신으로 채웠다. 야마가타가 배후로 물러난 이후 오랫동안 사쓰마 출신이 육군성 장관을 독점했으므로, 겉으로 보기에 육군이나 해군은 전부 사쓰마벌이 장악하고 있는 것처럼 보였다.

이토 히로부미처럼 표면에 등장해 화려하게 활동하기보다는, 음지에 물러나 독버섯처럼 권력 증식을 도모하는 것이 야마가타의 특징이다. 그래서 세밀히 관찰하지 않는다면 그가 차지하는 중요성을 놓치게 된다. 그는 참모본부장에 취임한 것을 계기로 육군을 자신의 아성으로 만드는 작업에도 박차를 가했고, 대외적으로 침략을 노린 군비확장에도 열을 올렸다.

다른 한편 그는 육군을 죠슈벌의 텃밭으로 만들기 위해 사쓰마 출신의 유력한 인물을 해군으로 추방하는 용의주도한 조치도 아울러 취했다. 그 결과 사이고의 친동생 사이고 쓰구미치를 느닷없이 육군 중장에서 해군 대장으로 전보한다는 황당한 인사조치가 취해졌다. 근대 이후 육군 장성이 해군 제독으로 전보되는 경우는 유례를 찾아보기 힘들다. 쓰구미치는 파벌의식이 강한 인물이 아니지만, 그대로 방치하면 육군 내 사쓰마 세력이 쓰구미치를 우두머리로 추대해 야마가타와 대결할 가능성이 높았다. 야마가타는 평생의 은인으로 생각하는 사이고의 친동생이자 절친한 친구를 숙청하는 사태를 피하고 싶었다. 그래서 교묘히 쓰구미치를 해군으로 쫓아낸 것이다. 게다가 가바야마 스케노리(樺山資紀)도 해군으로 추방했다.

앞서 말한 것처럼 가바야마 역시 사이고가 발탁한 인물 중 하나로, 서남전쟁에서 구마모토성의 방어책임자 가운데 하나로 참가했다. 그는 번벌의식이 강하고 파벌을 만들어 권력투쟁을 할 수 있을 만큼 야무진 인물이었다. 이러한 조치는 야마가타가 육군에서 자신의 세력을 확고하게 만들기 위해 취한 것이나, 이것이 결국 사쓰마의 해군을 만드는 계기가 되었다. 그가 육군으로부터 추방한 가바야마가 해군을 사쓰마벌의 아성으로 만드는 작업을 추진했기 때문이다. 즉, '죠슈의 육군', '사쓰마의 해군'을 만들어낸 장본인이 바로 야마가타였다.

본래 해군 창설에는 사가번의 공헌이 컸다. 막부가 멸망하기 전 막부를 제외하고 가장 강력한 해군력을 갖춘 것이 사가번이었기 때문이다. 그러나 사가번 출신의 해군장교 중에서 파벌을 만들어 해군을 장악할 야무진 인물이 없었다. 가바야마는 사가번 출신의 유력한 해군장교들을 차례로 숙청하는 한편, 핵심 보직은 사쓰마 출신으로 채워나갔다. 가바야마의 활약으로 사이고 쓰구미치가 해군의 우두머리로 전면에 등장할 무렵 사쓰마 해군의 기초는 단단히 굳어졌다.

결국 육군과 해군이 각각 독자적인 파벌을 가지고 따로 노는 폐해가 생겨나게 되었으며, 이러한 현상은 제2차 세계대전에서 패전할 때까지 계속되었다. 이것은 순전히 야마가타가 육군을 자신의 텃밭으로 만들기 위해 저지른 과오라 해도 과언이 아니다. 그가 참모본부를 만들 무렵 일본 해군은 미미한 존재였지만, 청일전쟁을 전후해 급격히 팽창을 거듭하고 러일전쟁 후에는 육군과 맞설 수 있을 정도로 성장했다. 해외로 진출해 침략전쟁을 하려면 해군의 존재를 무시하는 것이 불가능하기 때문이다.

아울러 야마가타는 군비 확장에도 심혈을 기울였다. 그가 가상 적국으로 삼은 국가는 러시아가 아니라 중국이다. 야마가타가 러시아를 매우 두려워한 것은 잘 알려진 사실이지만, 사할린 포기 이후 러시아와 무력충돌 가능성은 거의 없는 상황이었다. 그렇기 때문에 부득이하게 중국을 표적으로 정한 것이다. 신중하고 치밀한 성격을 가진 그는 먼저 부하들에게 중국의 군사력을 탐색하고 연구하도록 시켰다.

이를 바탕으로 메이지 13년(1880) 11월 중국을 가상 적국으로 기정사실화하고, 이에 대비하기 위해 군비증강을 주장하는 상주문을 천황에게 제출한다. 야마가타가 중국을 가상 적국으로 삼은 것은 당연히 한반도를 염두에 두었기 때문이다. 당시 일본이 중국과 정면으로 충돌한다면 한반도를 둘러싼 분쟁 이외의 다른 이유는 없었다.

2
번벌정부의 분열

느닷없이 오쿠보가 암살된 후 번벌정부는 이토 히로부미와 그에게 유착한 이와쿠라의 콤비를 중심으로 돌아갔다. 그러나 이토는 어디까지나 죠슈벌의 차세대 리더라는 점에서 우위에 있을 뿐이고 오쿠보같이 절대적 우세에 있지는 않았다. 막부를 타도하고 메이지 유신을 이루어낸 소위 1세대의 유력한 정치가들이 서남전쟁을 계기로 대부분 사라진 상황에서, 느닷없이 2세대의 정치가들이 정치 전면에 등장했고, 그 중 이토 히로부미는 가장 눈에 띄는 존재에 불과했다.

1세대와 2세대는 나이 차이로 따지면 대략 10세 전후에 불과하나, 정치적으로는 분명한 차이가 있었다. 2세대는 막부 타도의 과정에서 별다른 역할을 하지 못했거나 1세대를 보조하는 정도에 머물렀기 때문이다. 2세대 인물 중에는 이토와 더불어 그의 절친한 친구 이노우에 가오루와 오쿠마 시게노부가 대표주자로 부상했다.

이 중 오쿠마는 재능이나 능력에서 이토에게 뒤질 것이 없지만, 삿쵸 번벌 출신이 아니라는 중대한 약점이 있었다. 오쿠마가 권력의 핵심에 접근하는 것이 가능했던 것은 1세대의 실력자인 기도와 오쿠보의 후원이 있었던 덕분이다. 오쿠보 암살 후 후원자를 잃어버린 그는 스스로 자신의 앞길을 개척해야 하는 상황이었다. 그래서 오쿠마는 정부 내에 자신의 세력을 확장하려 시도했다. 이를 위해 장관과 참의의 분리를 주장해 메이지 13년(1880) 2월 실현시킨다. 장관에 자신의 부하들을 앉히기 위해서였다. 이것은 본래 이타가키가 오사카 회의를 통해 실현하려 했다가 좌절된 것이다.

참의는 사쓰마 출신이 4명, 죠슈 출신이 4명, 사가 출신이 2명이라는 구도가 유지되었지만, 대장경에 임명된 사노 쓰네타미(佐野常民)와 문부경 고노 도가마(河野敏鎌)는 오쿠마의 심복부하들이다. 그는 여기에 그치지 않고 후쿠자와 유키치(福澤諭吉)가 창설한 게이오(慶応)대학 출신자들을 대거 채용해 관료로 등용했다. 이러한 오쿠마의 움직임이 죠슈벌의 의혹을 사는 것은 당연했다.

이토가 오쿠마의 장관·참의 분리안에 찬성한 것은 오쿠마의 권력증식을 도와주기 위한 목적이 결코 아니다. 대장성을 장악하고 경제정책을 주무르는 오쿠마를 참의로 승격시켜 대장성으로부터 손을 떼게 하기 위해서였다. 그러나 오쿠마는 이러한 이토의 의도에 어긋나게 의연히 자신의 심복을 대장경에 임명해 경제정책을 주도하려 해서 이토와 감정적 대립의 불씨를 남겼다. 서남전쟁이 끝나고 위협적인 반정부세력이 존재하지 않는 이상, 전쟁의 후유증으로 발생한 인플레이션을 비롯한 경제문제가 번벌정부 내에서 가장 큰 관심사가 되지 않을 수 없었다. 즉, 서남전쟁이 끝나고 오쿠보가 암살된 이후 가장 중요한 정치적인 쟁점은 경제문제다.

오쿠마의 경제정책은 오쿠보를 계승한 것으로 정부 주도의 적극적인 산업진흥과 사족에 대한 구제정책의 실시가 핵심이다. 문제는 서남전쟁을 계기로 발생한 인플레이션의 압박에 있었다. 서남전쟁에 승리하기 위해 대규모 공채와 화폐를 발행했으므로, 물가가 급격하게 상승하고 화폐가치가 하락하는 것은 불가피한 현상이었다. 화폐가치의 하락은 지조개정의 실시를 계기로 현금으로 세금을 거두는 정부의 재정에도 매우 나쁜 영향을 주었다.

여기에다가 오쿠보가 농민의 불만을 잠재우기 위해 지조를 3%에서 2.5%로 인하한 탓에, 정부의 조세수입은 매년 17% 정도에 해당하는 약 100만 엔이 감소되었다. 이러한 사정으로 정부 차원에서 더 이상 산업진흥정책을 추진할 자금의 여유가 고갈되었다고 해도 과언이 아니다.

그나마 마련한 산업진흥을 위한 자금도 직접 기업 발전을 위해 투자한 것이 아니라, 도로·철도·항만 등 사회간접자본에 투자했으므로 상황은 더욱 심각했다. 오쿠마는 메이지 초기부터 경제정책의 실권을 장악한 이후 사회간접자본에 열심히 투자하는 것을 선호하는 버릇이 있었다. 자본주의를 발전시키기 위해서는 사회간접자본에 대한 투자도 장기적 시각에서 불가피하나, 당장 국내 경제가 심각한 압박을 받는 상황에서는 최우선 순위가 될 수 없다.

심각한 인플레이션 상황 아래 경제를 크게 압박하는 국제무역 적자를 해소하기 위해서는, 제조업체를 진흥시켜 경제를 활성화하고 수입을 방지하는 것이 중요하다. 그러나 오쿠마가 중점적으로 투자한 방적업의 경우 재정 압박으로 규모가 작은 방적기계를 수입한 탓에 좋은 경영실적을 내는 것이 불가능했다. 그가 희망을 건 것은 무려 총액 1억 7천만 엔에 이르는 공채를 손에 쥔 사족들이 적극적으로 제조업을 비롯한 기업에 투자하는 것이다.

실제로 같은 번의 출신자들을 중심으로 현금을 손에 쥔 사족들이 모여 기업을 설립하거나 투자하는 열풍이 일어난 것도 사실이다. 문제는 경제감각이 무딘 무사 출신의 사족들이 투자하거나 창설한 기업의 상당수가 결국 실패로 끝났다는 점이다. 무사계급의 대부분은 봉건시대에 막부나 번으로부터 쌀을 지급받는 일종의 샐러리맨이었고, 봉급생활자가 퇴직 후 연금으로 자영업이나 주식투자에 나설 경우 실패를 맛보는 것은 오늘날에도 흔히 나타나는 현상이다.

한편, 인플레이션에 대한 대책으로 오쿠마는 긴축재정이 아니라 엉뚱하게도 적극적인 산업진흥정책의 주장으로 일관했다. 그는 인플레이션이 발생하는 원인이 국내 통화팽창의 문제가 아니라, 지나친 수입 초과에 의해 화폐가 해외로 유출하고 이로 인해 화폐가치가 하락하는 것에 있다고 진단했다. 그래서 인플레이션에 대한 대책으로 수입을 억제하고 국내 산업을 진흥하는 처방을 제시한 것이다.

오쿠마가 긴축재정에 대한 인식이 없었던 것은 아니지만, 오쿠보가 추진한 개발정책의 기조를 유지해 사쓰마벌의 지지를 획득하고 경제정책에 대한 주도권을 계속 잡고 싶은 욕심이 있었다. 이러한 오쿠마의 괴상한 경제정책에 대한 비판의 급선봉에는 대장경으로 근무한 경험이 있는 죠슈벌의 이노우에 가오루가 앞장섰다. 그러나 오쿠보를 계승한 오쿠마의 정책을 구로다 기요타카를 비롯한 정부 내 사쓰마벌이 강력히 지지한 탓에, 문제가 복잡하게 꼬이기 시작하고 해법을 찾지 못한다.

이러한 팽팽한 대치상황이 계속되던 중 오쿠마는 한술 더 떠서 인플레이션에 대한 획기적인 대책으로 5천만 엔이라는 천문학적인 외채를 모집하자고 주장했다. 외채로 획득한 자금을 투입해 신용이 불투명한 불환(不換)지폐를 단숨에 소각하고 금융을 안정시킨다는 것이 핵심이었다. 거액의 외채를 도입하는 아이디어는 보수파 거두인 이와쿠라의 심기를 건드렸다. 이와쿠라는 외채를 도입하는 것이 서구 열강의 경제 식민지화가 되는 빌미를 제공한다는 확고한 신념을 가진 인물이다.

이러한 신념을 가지고 이와쿠라는 메이지 초기부터 경제발전이나 예산 부족을 충당하기 위해 외채를 도입하자는 제안이 나올 때마다 철저하게 견제했다. 오쿠마는 외채 모집의 아이디어를 끄집어내면서 이와쿠라를 적으로 만든다. 당시 국가예산과 맞먹는 규모의 외채를 도입하는 것에 대해 이와쿠라를 필두로 죠슈벌이 앞장서 반대했지만, 여기에 대해 사쓰마벌의 대표인 구로다는 이에 찬성하고 오쿠마를 지지해 맞섰기 때문에 경제정책을 둘러싸고 심각한 정부 분열의 양상이 전개되었다.

본래 삿쵸 번벌정권은 양 세력이 팽팽하게 균형을 이룬 상태로 성립하는 구조를 가지고 있으므로, 양쪽의 주장이 첨예하게 대립하는 경우 타협점을 찾기가 매우 어려웠다. 특히 오쿠보와 같이 중간에서 조정과 중재를 할 수 있는 유연하고 카리스마를 갖춘 인물이 없는 경우는 심각한 사태로 발전할 가능성이 많았다. 사쓰마번 출신이지만 마쓰카타 마사요시는 긴축정책에 찬성했다. 마쓰카타는 경제이론에 관한 해박한 지식은 없었으나, 현실을 정확히 파악하고 이에 따른 가장 합리적인 해결책을 제시할 능력은 있었다. 인플레이션에 대한 대책으로 긴축정책이 정석이라는 것은 긴말이 필요하지 않다.

급기야 천황이 직접 나서는 상황에까지 이르렀다. 천황은 메이지 13년 (1880) 6월 외채 모집을 중단하라는 조칙을 내리고 긴축정책을 실시하라고 명령했다. 번벌정부 내에서 정책 대립이 발생해 타협점을 찾지 못할 경우, 천황이 중재와 조정에 나선다는 최초의 사례가 탄생한 것이다. 메이지 천황 역시 경제에 관한 별다른 지식이 있는 것은 아니었다. 그러나 외채 모집이 야기하는 부작용에 대한 막연한 공포감과 유교적 군주관에 입각한 근검절약을 강조함으로써 외채 모집에 쐐기를 박는다. 이 때문에 부득이하게 긴축재정으로 정책을 전환해야 했으나 오쿠마는 산업진흥정책에 대한 미련을 버리지 않았다.

이러한 와중에 사쓰마 출신으로 재계의 실력자인 고다이 도모아쓰(五代友厚)가 인플레이션에 대한 대책으로 지조를 현금이 아니라 다시 쌀로 납부하자는 제안을 했다. 이것이 지조개정 사업의 결과를 정면으로 뒤집는 발상은 아니다. 단지 지조의 4분의 1 가량을 현금을 대신해 쌀로 대체하자는 것이기 때문이다. 고다이가 이러한 주장을 한 까닭은 인플레이션으로 쌀의 가격은 올라가고 화폐의 가치가 떨어진 것이 원인이다.

지조는 농민의 반발을 고려해 지가의 2.5%로 사실상 고정되어 있는 상태이므로, 종전처럼 세금을 쌀로 납부하게 한다면 정부의 조세수입을 실질적으로 증가시키는 효과가 있었다. 이 주장에 번벌정부의 실력자 이와쿠라가 적극 찬성하고 지지하며 정부 내에 커다란 논란을 불러일으켰다.

중요한 사실은 지조를 현금으로 납부하느냐 쌀로 납부하게 하느냐가 아니라, 경제정책의 주도권을 이토를 우두머리로 하는 죠슈벌이 차지하는가 아니면 구로다를 우두머리로 하는 사쓰마벌이 장악하느냐와 깊은 관련이 있었다. 인플레이션에 대한 대책으로 죠슈벌이 지지하는 긴축정책과 사쓰마벌이 추진하는 적극적인 팽창정책은 타협점을 찾기가 어려웠다. 사쓰마벌이 가장 우려한 점은 경제정책의 의견조율을 거치는 과정에서 오쿠마가 이토나 이노우에 가오루에게 설득당해 죠슈벌과 유착할지도 모른다는 점이다.

당시 사쓰마 출신 중 이토나 이노우에게 맞설만한 능력과 식견을 가진 인물이 없다는 점과 오쿠마가 정부 내에서 차지하는 비중을 생각하면, 오쿠마가 죠슈벌에 포섭될 경우 사쓰마벌은 번벌정부의 소수파로 전락하고 만다. 이러한 위기의식이 있었으므로 경제정책으로서는 그다지 중요성이 없는 지조를 쌀로 납부하게 하자는 논의가 중대하게 다루어진 것이다. 결국 정부의 분열을 우려한 이와쿠라가 지조를 쌀로 납부하자는 의견에 대한 지지를 철회하면서 흐지부지 되었지만 갈등의 불씨는 조금도 수그러들지 않았다.

천황의 명령에 따라 부득이하게 긴축정책을 실시해야 했기 때문에, 오쿠마는 죠슈벌의 대표인 이토와 이 문제에 대해 협의하지 않을 수 없었다. 오쿠마는 이토와 담판을 한 결과 증세는 물론이고 불필요한 관료와 행정부서 경비의 절감, 국고보조 축소 등을 통해 900만 엔 정도의 잉여자금을 만들어 내기로 합의했다. 게다가 정부가 운영하다가 적자만 쌓여가는 국영기업들을 민간기업에 불하하는 방침도 결정되었으며, 아울러 이러한 업무를 추진하기 위해서 농상무성(農商務省)을 신설한다는 방침에도 합의했다.

겉보기에는 긴축정책에 대해 이토와 오쿠마 사이에 합의가 성립한 것처럼 보였다. 그러나 문제는 오쿠마가 진심으로 긴축재정을 추진할 생각이 없었다는 점이다. 그는 긴축재정을 통해 마련된 잉여자금을 무역진흥에 투자한다는 생각을 가지고 있었다. 그래서 이토나 이노우에 등 죠슈벌과 경제정책에서 진정한 제휴관계를 맺는 것은 불가능했다. 게다가 긴축정책에 관해 죠슈벌과 긴밀한 협조관계를 구축하면서 적극적인 팽창정책을 지지하는 사쓰마벌과 거리가 벌어지게 되었다. 특히 긴축정책에 사쓰마벌의 텃밭인 홋카이도 개척사와 해군 예산의 대폭 삭감이 포함되었던 탓에, 오쿠마와 사쓰마벌 사이에는 긴장관계마저도 생겨났다.

여기에 또 다른 문제가 있었다. 정부의 탄압에도 불구하고 자유민권운동의 기세가 수그러들지 않자, 국회 개설과 헌법 제정이 부득이하다고 인식한 태정대신 산죠와 우대신 이와쿠라는 참의들에게 장래 입헌정치에 관한 의견서를 제출하라고 요구했다. 이에 따라 메이지 12년부터 13년에 걸쳐 참의들이 차례차례 의견서를 제출하기 시작했다.

가장 먼저 의견서를 제출한 사람은 군부의 실권을 장악한 야마가타였다. 야마가타는 국회 개설을 서서히 추진할 것과 입법부에 대한 행정부의 절대적 우위를 주장했다. 이어서 의견서를 제출한 구로다는 아예 자유민권운동 자체를 싸잡아 비난했다. 재야의 국회설립추진운동에 관해 그저 외국의 번역서를 읽고 일본의 현실을 감안하지 않은 경박한 행동으로 비난하며, 산업진흥을 가장 우선시해야 한다는 주장을 펼쳤다.

다음으로 천황의 측근세력인 오키 다카토(大木喬任)가 의견서를 제출했다. 오키는 주변의 비웃음을 각오하고 아예 입헌정치 자체에 대한 인식이 희박하다는 것을 드러냈다. 국회 개설보다는 천황제 국가를 만드는 것을 우선해야 하며, 만일 국회를 만든다면 천황이 결정하고 주도해야 한다는 의견을 제시한다.

이토가 제출한 의견서는 기도 다카요시와 오쿠보의 영향을 골고루 받았다. 즉, 원칙적으로 서서히 추진해야 하고 관선의원을 중심으로 국회 개설의 준비를 추진하며, 때가 무르익으면 천황이 직접 국회 개설에 관한 포고를 한다는 취지였다. 그러나 명쾌하게 독일식 입헌체제를 지지한다는 생각을 밝힌 것은 아니다. 이노우에 역시 이토와 비슷한 의견서를 제출했으며, 다만 장래 민선의원에 대항하기 위해 따로 관선의원으로 구성된 의회를 별도로 구성하는 것에 중점을 둔 구상을 밝혔다. 그러나 본심으로는 영국식 입헌정치를 지지했다.

삿쵸 출신의 유력한 실력자들의 공통적인 의견은 점진적으로 국회 설립을 추진하고, 이에 대비할 충분한 시간적 여유를 설정하는 것에 있었다. 이와쿠라가 참의들에게 입헌정치에 관한 의견을 요구한 진정한 의도는 정부 내 실력자들이 어떤 생각을 가지고 있는지 표명해 의견 통일을 이룩하기 위해서다. 장래 입헌정치를 어떠한 방식으로 할 것인지에 관해서는, 이와쿠라와 그의 법률참모 이노우에 고와시(井上毅) 사이의 긴밀한 협의를 통해 별도로 은밀히 진행되고 있었다.

이토와 오쿠마는 경제정책에 관해 일단 긴축정책 추진으로 합의를 보자 장래 입헌정치를 어떻게 할 것인가, 특히 국회 개설의 시기와 방법을 놓고 타협점을 찾기 위한 모색을 하게 된다. 어느덧 메이지 13년(1880)의 계절은 가을로부터 겨울로 접어들고 있었다. 이토는 영국식 입헌정치의 우수성에 관해서는 공감하고 있었지만, 결코 그것이 최선의 선택은 아니라고 분명히 인식하고 있었다. 그러나 자신의 생각을 명확하게 밝히면 영국식 입헌정치를 지지하는 오쿠마와 정치적으로 대립할 가능성이 높았던 탓에 표면상 명쾌히 자신의 의견을 말하지는 않았다. 또한 절친한 친구이자 정치적 동지인 이노우에 가오루가 영국식 입헌정치에 관해 호감을 가지고 있는 상황이어서 더욱 그러하다.

이노우에는 오쿠보가 암살될 당시 영국에서 유학생활을 하고 있었다. 이 시기 그는 게이오대학을 창설한 후쿠자와 유키치의 문하생들과 교류하면서 지냈고, 특히 후쿠자와의 친조카이자 게이오대학 출신인 나카미가와 히코지로(中上川彦次郞)와 긴밀한 친분관계를 맺었다. 이러한 인연으로 나카미가와는 오쿠보가 암살된 후 귀국한 이노우에의 참모로 등용된다. 이것은 영국식 입헌정치의 채용을 일관되게 주장하던 후쿠자와가 정부의 유력한 실력자에게 자신의 주장을 반영할 수 있는 기회를 얻은 것을 의미했다. 물론 후쿠자와는 앞서 본 것처럼 번벌정부의 유력한 실력자인 오쿠마와도 게이오대학을 매개로 깊은 교감을 가지고 있었다.

주목할 점은 이노우에가 영국에서 유학을 하던 도중 오쿠보가 암살되자 이토의 귀국 요청으로 돌아왔다는 사실이다. 또한 이 귀국길에는 참모본부를 창설하기 위해 독일에 유학 중이던 가쓰라 다로가 동행했다. 사쓰마벌의 거두가 쓰러지자 재야에서 기회를 엿보며 해외에 나가 있던 죠슈벌의 전도유망한 인재들이 나란히 귀국했다는 점은 흥미로운 사실이 아닐 수가 없다.

오쿠마와 이토가 입헌정치에 관해 확실하게 합의를 본 것은 구로다를 대표로 하는 사쓰마벌이 주장하는 것처럼 국회 개설을 최대한 늦춰야 한다는 주장에 반대한다는 것에 불과했다. 이처럼 확실한 합의를 이끌어 내지 못했으므로 다음해인 메이지 14년(1881) 1월, 시즈오카(靜岡)현의 온천휴양지 아타미(熱海)에서 회담이 열렸다. 이것은 오쿠보가 실권을 장악한 후 개최된 오사카 회의와는 성격이 상당히 달랐다. 오사카 회의는 기도 다카요시를 포섭하기 위해 열린 것이지만, 아타미 회담은 정부 내의 죠슈벌과 사쓰마벌 사이에서 정책문제를 놓고 팽팽하게 대치하던 중 개최되었다. 즉, 오사카 회의는 기득권을 가진 오쿠보가 기도의 요구를 받아들인다면 성공이 보장된 회의였다. 그러나 아타미 회담은 참석자인 이토 · 이노우에 · 오쿠마 · 구로다의 생각이 크게 달랐기 때문에, 협의와 토론을 거듭해 의견의 조율을 이룩해내지 못하면 실패는 예정된 수순이었다. 겉으로는 어느 정도 합의를 도출한 이토와 오쿠마가 구로다를 포섭하려고 개최하는 것처럼 보였다. 그러나 이토와 오쿠마 사이에서도 갈등의 불씨는 여전히 많았다.

아타미 회담에서 확인한 것은 참석자들 사이에 생각과 의견의 차이가 타협점을 찾기 어려울 정도로 크다는 것에 불과했다. 아타미 회담이 실패로 끝난 결과, 소위 말하는 메이지 14년의 정변은 예정된 사건이라고 해도 과언이 아니다. 문제는 과연 누가 희생양이 되느냐의 문제만이 남아있을 뿐이었다.

장래 입헌정치에 관한 의견서 제출을 요구받았음에도 불구하고, 오쿠마는 최후까지 의견을 제출하지 않고 계속 미루었다. 사실 오쿠마는 이미 의견서를 작성해 놓은 상태였다. 그러나 좌대신 다루히토 친왕의 독촉에도 불구하고 끝까지 버텼고, 급기야 참의들이 모여 천황에게 국회 개설에 관한 의견서를 상주할 때 자신이 직접 천황에게 상주한다고 주장했다. 이것이 거부되자 오쿠마는 극비리에 누구에게도 알리지 않고 다루히토 친왕에게 의견서를 제출했다. 오쿠마가 이러한 돌출된 행동을 한 이유는 그가 제출한 의견서의 내용이 다른 참의들과 상당히 다르기 때문이다.

오쿠마의 의견서를 기초한 인물은 그의 비서관인 야노 후미오(矢野文雄)였다. 야노는 본래 후쿠자와의 문하생으로 영국에 유학을 다녀온 덕분에 영국식 입헌정치에 일가견을 가진 인물이다. 단지 책을 통해 영국식 입헌정치에 대한 지식을 흡수한 자들과는 차원이 달랐다. 그래서 오쿠마 의견서는 서둘러 헌법을 제정하고 국회의원을 선출한 후 메이지 16년(1883) 국회를 개설하고, 의원내각제에 바탕을 둔 본격적인 정당정치를 시작하는 것을 핵심으로 했다.

그럼에도 불구하고 오쿠마가 구상한 내용이 천황제 국가나 번벌정치를 부정하는 것도 아니고, 영국식 의원내각제를 전면적으로 채용하자는 주장은 결코 아니었다. 게다가 정당정치를 실시하는 경우에도 정당의 창설은 번벌정부의 실력자인 이토나 오쿠마가 맡는다는 생각을 가지고 있었다. 다시 말해 이미 존재하는 번벌정치의 구도를 근대적 정당정치의 구도에 맞춰 재편하려는

이노우에 고와시(井上毅)

것이 오쿠마가 정당정치를 주장한 본심이었다.

아무튼 다른 참의들의 의견에 비하면 대단히 급진적이고 도발적인 내용이었다. 이것에 충격을 받은 다루히토 친왕이 오쿠마의 건의서를 이와쿠라에게 보여주고 상담을 요청했기 때문에, 이토도 오쿠마 건의서의 내용을 알게 되었다. 그런데 그 이전 이토가 오쿠마를 방문해 자신이 작성한 의견서를 보여주고 오쿠마의 의견서가 어떠한 내용인지 열람하고자 원했던 적이 있었다. 그러나 오쿠마는 이토의 의견서와 내용이 동일하다고 말하며 이를 거부했다. 이러한 이유로 이토는 오쿠마의 행동에 감정이 크게 상하지 않을 수 없었다. 게다가 오쿠마의 주장은 국회 개설을 가급적이면 늦추자고 주장하는 사쓰마벌과는 정치적으로 완전히 정반대 입장에 있었다.

이러한 오쿠마의 급진적 의견에 정면으로 반대하고 맹공격한 인물은 이와쿠라의 법률참모인 이노우에 고와시(井上毅)다. 이노우에 고와시는 구마모토 출신으로 보불전쟁 후 독일로 유학을 다녀왔다. 귀국 후에는 주로 이와쿠라의 참모로 활약했고, 번벌정부 내에서 거의 유일하게 독일 계통의 해박한 법률지식을 가지고 있었다. 그는 독일식 입헌정치를 추진하는 이와쿠라나 오쿠보, 이토에게 법률고문의 역할을 하는 한편, 스스로 앞장서 독일식을 적극적으로 추진했다. 그렇기 때문에 오쿠마가 비밀리에 제출한 건의서의 내용을 읽어보고 그 위험성을 단번에 알아차렸다.

장래 독일식 입헌정치를 추진하는 것에 관해 그는 이와쿠라·이토와 대단히 긴밀한 관계에 있었다. 그래서 이토를 앞세워 오쿠마를 정부로부터 추방하는 공작을 추진해 영국식 입헌정치를 도입하자는 주장에 쐐기를 박으려 했다. 그는 특히 정당정치를 시작하자는 주장이 오쿠마가 번벌세력을 타도하고 혼자서 권력을 차지하기 위한 사전포석이라는 왜곡된 해석을 하고, 이것을 중점적으로 부각시켜 번벌의 실력자들에게 위기의식을 부추긴다. 이 때문에 이토 히로부미는 오쿠마를 맹렬하게 비난하기 시작했다.

본래 이토는 오쿠마와 예전부터 강력한 라이벌 의식을 가졌음에도 불구하고 그와 정면으로 대결할 생각은 없었다. 오쿠마가 사쓰마벌의 우두머리인 구로다와 긴밀한 유대관계에 있었으므로, 그를 섣불리 건드리면 사쓰마벌과 전면적인 권력투쟁으로 발전할 가능성을 우려했기 때문이다. 그러나 이노우에 고와시의 부추김과 아울러 주변상황에 있어서도 오쿠마와 구로다의 관계가 크게 나빠졌다는 점을 감안해 기회를 놓치지 않기로 결심한다. 이러한 배경을 바탕으로 이토는 평소의 우유부단한 성격과 다르게 과감하게 오쿠마 공격에 나선 것이다.

뜻밖의 강력한 반격에 당황한 오쿠마가 이토를 직접 찾아가 해명하는 것으로 문제가 일단 낙착된 것처럼 보였다. 그러나 사실은 배후에서 예전부터 오쿠마에 대한 반감을 가지고 있던 보수파와 쵸슈벌을 중심으로 그를 추방하기 위한 이면공작이 활발하게 진행되고 있었다.

한편, 오쿠마와 마찬가지로 정당정치나 영국식 입헌정치에 대해 호의적이던 이노우에 가오루도 오쿠마에게 등을 돌렸다. 아타미 회담의 결과 그가 진정으로 긴축정책을 원하지 않는다는 사실이 확실해졌기 때문이다. 이노우에 입장에서 긴축정책은 반드시 채택해야 하는 것이고, 영국식 입헌정치는 선택사항에 불과했다. 그래서 오쿠마가 정부의 실력자로 군림하는 이상 긴축정책으로 확실히 방향전환을 하기가 불가능하다는 사실을 깨달았다. 그가 오쿠마 추방을 배후에서 적극적으로 추진한 이유가 바로 여기에 있었다.

3
오쿠마 추방사건

　입헌정치에 관한 건의서 제출로 야기된 갈등관계에 더해 오쿠마에게 결정타가 된 것은 홋카이도 개척사 소유물 불하사건이었다. 홋카이도의 개척을 추진하기 위해 설립된 개척사의 폐지를 정식으로 결정한 것은 메이지 14년(1881) 5월이다. 본래 개척사는 구로다가 우두머리로 장기간 재직하며 사쓰마벌의 텃밭 중 하나로 만들었다. 그래서 구로다는 당연히 개척사 폐지에 반대했으나, 천황의 명령으로 긴축재정을 실시한다는 차원에서 폐지는 부득이했다.

　문제는 개척사가 보유한 각종 시설과 물건의 처분이다. 당연히 민간인에게 불하해야 하지만 여기서 갈등이 발생했다. 구로다가 사쓰마 출신의 고다이 도모아쓰의 주도로 설립된 무역회사에 터무니없는 헐값으로 처분하는 특혜를 주기로 결정했기 때문이다. 선박에서부터 목장, 맥주 양조장 등 2,000만 엔 정도의 가치가 있다고 평가되는 재산을 단돈 38만 엔, 게다가 무이자 30

년 할부로 불하한다고 결정했다. 사실상 공짜나 마찬가지다.

여기에 대해 대장성을 배후에서 조종하는 오쿠마가 반발했다. 고다이는 메이지 초기부터 오쿠보를 비롯한 사쓰마벌에 정치자금을 제공하는 자금줄이었다. 그래서 오쿠마와도 두터운 친분이 있었고 동향출신인 구로다와는 대단히 친밀한 관계다. 또한 고다이가 무역회사를 설립해 무역진흥에 노력한다는 구상을 밝히자, 팽창정책을 신념으로 하는 오쿠마는 이것을 적극적으로 지지하기도 했다. 그럼에도 불구하고 오쿠마가 고다이의 행동에 제동을 건 이유는 그가 청렴하고 강직한 성격의 인물이기 때문은 결코 아니다. 개척사 재산의 불하를 미쓰비시가 탐냈던 것이 오쿠마가 반대한 진정한 원인이다. 미쓰비시가 오쿠마에게 줄곧 막대한 선물과 정치자금을 제공하며 밀접하게 유착한 것은 앞서 말한 대로이다.

이러한 와중에 개척사의 자산이 터무니없는 헐값으로 매각된다는 방침이 언론에 누설되면서 문제가 크게 확대된다. 언론에 누설한 장본인이 오쿠마인지 아닌지는 확실하지 않다. 그러나 각료회의에서 구로다가 개척사 재산의 처분문제를 제기한 바로 그날 곧바로 신문에 기사화되었기 때문에, 누설의 장본인으로 구로다가 개척사 재산의 불하에 반대한 오쿠마를 의심하지 않을 수 없었다.

어쨌든 당시 오쿠마와 긴밀한 관계에 있던 후쿠자와 유키치의 문하생들이 장악하고 있는 신문을 중심으로 이 문제를 중점적으로 다루고, 연일 번벌정권의 비리사건으로 성토하면서 전국을 들끓게 만들었다. 공교롭게도 마침 구로다와 오쿠마는 나란히 천황을 수행해 7월 말에 시작된 동북지방의 순시를 하고 있었다. 그래서 오쿠마는 여기에 대처할 수 있는 기회를 놓치고 만다.

도쿄에서는 오쿠마가 부재 중인 기회를 이용해 개척사 자산의 불하를 중단하고, 그 대신 비신사적 행위를 한다고 간주되는 오쿠마를 추방하는 방안이 은밀하게 결정되었다. 그리고 이를 실행에 옮기기 위해 교토에서 요양 중이던 이와쿠라에게 도쿄로 돌아와 달라고 요청했다. 이와쿠라가 도쿄로 돌아온 다음날인 10월 7일 그를 방문한 이토는 오쿠마를 참의에서 면직하자고 주장했다. 게다가 오쿠마와 동행하고 있던 구로다 역시 동일한 취지를 편지로 써서 이와쿠라에게 보냈다.

이와쿠라는 이미 오래전에 정국을 리드할 지도력이 크게 쇠퇴한 상태다. 그러나 1세대의 대표주자인 사이고, 오쿠보, 기도와 어깨를 나란히 하는 거목으로, 2세대들로부터 원로로 대접받으며 막강한 권위를 가지고 있었다. 오쿠보가 암살되기 전에는 사쓰마벌과 밀접한 관계를 유지했고, 오쿠보 사망 이후 그의 후계자라고 할 수 있는 죠슈벌의 이토와 유착하며 여전히 정국의 흐름을 좌우할 수 있는 영향력을 유지했다.

오쿠보가 암살되자 그 직후 후임으로 누가 내무경이 되느냐가 문제되지 않을 수 없었다. 내무경으로 임명되는 자가 오쿠보의 정치적 상속자가 되는 것은 당연한 이치다. 유력한 후보자는 오쿠보의 심복인 이토와 오쿠마 두 명 밖에 없었다. 여기에 대해 결정권을 가진 자는 오쿠보의 정치적 파트너 이와쿠라였다. 그런데 그는 죠슈 출신의 이토를 선택했다. 이토는 오쿠보가 암살되고 불과 하루 뒤에 내무경으로 취임했다. 이와쿠라 특유의 신속하고 명쾌한 결단력이 빛을 발한 경우의 하나다. 평소에는 숨을 죽이며 정세를 관망하다 정치적 위기가 찾아오거나 결단이 필요한 시기가 오면 동물적 감각을 발휘하는 것이 이와쿠라의 가장 뛰어난 장점이었다.

한편, 구로다는 오쿠마가 비겁하게 언론을 이용해 자신의 뒤통수를 친 것으로 생각해 매우 화가 나 이성을 잃었다. 개척사 재산을 탐낸 미쓰비시는 게이오대학 출신자들을 대거 채용해 중용했다. 게다가 게이오 출신자들이 장악한 신문사가 앞장서 공격했으므로 구로다의 의혹은 절정에 달한다. 그는 자신을 공격하는 자들의 배후에 게이오대학을 창립한 후쿠자와 유키치가 있다고 생각했고, 오쿠마가 영국식 입헌정치에 관해 공감대를 형성하고 있던 후쿠자와를 움직였다는 확신을 갖기에 이른다. 그렇지만 실제로 후쿠자와는 이 사건과 아무런 관련이 없었다.

구로다와 오쿠마가 천황을 수행해 동북지방을 순시하고 있을 무렵, 정부 내에서는 장래 입헌정치를 독일식으로 한다는 것과 이것을 추진하는 담당자를 이토로 한다고 합의가 형성된 상태였다. 이와쿠라는 예전부터 장래 입헌정치의 구상에 관한 의견서를 꾸준히 제출했으며, 그해 7월 초에는 이러한 의견서의 결정판이라고 할 수 있는 '대강령(大綱領)'이라는 제목의 의견서를 제출해 장래 독일식 입헌정치를 추진할 것을 확고히 했다. '대강령'의 실질적 집필자인 이노우에 고와시는 부지런히 정부의 유력자들을 찾아다니며 독일식 입헌정치를 추진하는 데 공감대를 만드는 정치공작도 성공시켰다.

다른 한편 긴축정책을 실시하는 점에 관해서는 이노우에 가오루와 마쓰카타 마사요시가 확고하게 이것을 지지했으며, 이토나 이와쿠라 역시 찬성하는 입장에 있었다. 다만 사쓰마벌의 구로다가 적극적 팽창정책을 지지했기 때문에, 오쿠마 추방을 위해 완고하고 고집 센 구로다를 설득하고 포섭하기 매우 까다롭다는 점이 유일한 걸림돌일 뿐이다. 그런데 개척사 불하사건의 보도가 나간 후 오쿠마에 대한 증오심에 불타는 구로다를 설득할 필요조차 없게 되었다.

8월말부터 9월초에 걸쳐 개척사 문제로 여론이 들끓고 이것을 계기로 긴축정책을 채택해야 한다는 공감대가 정부 내에 형성되었다. 바로 이 기회를 놓치지 않고 마쓰카타는 9월 6일 '재정의(財政議)'라는 의견서를 제출해 오쿠마의 팽창정책을 엄하게 비판하는 한편, 중앙은행 설립을 핵심으로 하는 긴축정책으로 전환을 촉구했다. 이 건의서를 신호탄으로 경제정책에 있어 긴축정책을 채택하는 방침이 확실히 자리 잡았다.

이리하여 죠슈벌의 대표자 이토와 사쓰마벌의 구로다가 나란히 손잡고 오쿠마 타도에 나섰다. 여기에 이와쿠라 역시 외채 모집에 대한 미련을 버리지 못하는 것은 물론, 영국식 정당정치를 지지하는 오쿠마에 대해 강력한 반감을 가지고 있었다. 오쿠마의 능력으로는 이러한 상황을 역전시키기 불가능했다.

후원자의 입장에 있던 사쓰마벌이 오쿠마에게 등을 돌리는 순간, 오쿠마가 삿쵸 번벌 출신이 아니라는 한계가 그대로 적나라하게 드러났다. 10월 11일 동북지방 순시를 마치고 천황이 돌아오자 이와쿠라가 직접 천황을 마중 나가 개척사 재산의 불하중지와 오쿠마 파면을 결재해 달라고 요청했으므로 어전회의가 열렸다. 물론 어전회의에 오쿠마가 참석하는 것은 허용되지 않았다. 이와쿠라는 정한론 정변 당시 사용했던 천황의 권위를 이용하는 수법을 이번에도 유감없이 발휘한 것이다.

이토와 사이고 쓰구미치가 각각 죠슈벌과 사쓰마벌의 대표자로 나란히 오쿠마를 방문해 어전회의의 결과를 통보하고 사임하라고 요구했다. 그러자 오쿠마는 다음날 천황을 직접 만나 사직서를 제출한다고 주장했다. 그 기회를 빙자해 직접 천황에게 억울함을 호소한다는 얄팍한 계획이었다. 그러나 천황은 다음날 면회를 거부했다. 부득이하게 다루히토 친왕을 찾아갔지만 역시 면회사절이었다.

이렇게 해서 오쿠마는 철저하게 왕따를 당하며 비참하게 재야로 쫓겨났다. 오쿠마 추방사건이 메이지 14년(1881)에 일어났으므로 일본에서는 흔히 이를 '메이지 14년의 정변'이라고 한다. 이 사건을 계기로 삿쵸 번벌정부 내에서 독자적인 세력을 구축하려던 유일한 이질분자가 제거되었고, 좀 더 순수한 형태의 삿쵸 번벌정권이 만들어진다. 그리고 이것은 번벌정부가 메이지 초기의 혁신에 대한 추진력을 잃고 보수화되어 간다는 의미이기도 했다.

재야로 추방되기 이전 오쿠마는 권력의 핵심에 머물며 많은 정책을 집행하고 업적을 남겼다. 특히 메이지 초기 신정부가 추진한 근대화정책은 거의 대부분 오쿠마의 공로로 돌려도 무방하다. 그러나 추방된 후 그의 업적은 의도적으로 말살되었다. 예를 들어 폐번치현을 지지하고 추진한 유력한 인물임에도 불구하고 이러한 사실은 파묻혀 버리고 만다. 오쿠보가 사망하고 권력을 차지한 이토, 이노우에, 야마가타 등 죠슈벌이 그에게 등을 돌린 탓에 단지 실무관료에 지나지 않았던 인물로 폄하되는 비운을 겪지 않을 수 없었다.

이미 자세히 본 것처럼 오쿠마는 삿쵸 출신이 아님에도 불구하고 매우 젊은 나이에 이례적으로 출세하였으므로, 자신의 능력에 대해 강렬한 자신감을 가지고 매사 자기중심적으로 해석하는 경향이 있었다. 업무처리에 있어서도 확고한 신념과 정치철학을 바탕으로 업무를 처리하기보다는, 그때그때의 상황에 맞게 임기응변으로 대처하는 경우가 많았다. 또한 대인관계에 있어서도 오만방자하게 처신하는 경우가 많아 주변 사람들의 반감을 샀다. 그가 장기간 핵심적인 요직에 있었으면서도 강력한 인맥이나 파벌을 만들지 못한 이유가 바로 여기에 있었다.

메이지 초기부터 많은 사람들이 권력을 가진 오쿠마의 주변에 모였던 것도 사실이지만, 그의 독선적이고 자기중심적인 성격이나 변덕스럽고 편협한 행동거지에 질린 나머지 계속 그의 곁을 떠났다. 결국 오쿠마가 정부로부터 추방당한 근본적인 원인의 하나로 그의 성격적인 결점을 꼽지 않을 수 없다.

오쿠마 추방이 결정된 10월 11일의 다음날인 10월 12일, 천황의 이름으로 홋카이도 개척사 재산의 불하중지와 국회 개설을 약속하는 역사적인 조칙이 발표되었다. 이 조칙에서 10년 후인 메이지 23년(1890)에 헌법 제정과 국회를 설립한다고 분명하게 밝혔다. 중요한 사실은 재야에서 전개된 민권운동의 결과로 얻어낸 성과가 아니라, 번벌 정부 내 권력투쟁으로 얻은 부수적 산물이라는 것이다. 오쿠마 추방사건이 없었다면 국회 개설에 한사코 반대하는 사쓰마벌의 구로다를 설득하지 못해 더욱 늦춰졌을 것은 분명하다.

사실 명확하게 시한을 정해 국회 개설이나 헌법 제정을 약속할 필요는 전혀 없었다. 그렇게 되면 정치적인 부담을 스스로 자초하는 꼴이 된다. 그러나 나름대로 메이지 유신에 대한 사명감을 가지고 있는 이토는 국민에게 약속하고 그 약속을 지키고자 했다. 겉으로는 단지 헌법의 제정만을 약속했으나 이미 내부적으로는 독일을 모방해 헌법을 제정한다는 구체적인 방안이 기정사실화되어 있는 상태였다. 이것과 아울러 10월 21일에는 마쓰카타가 대장경에 취임하고 긴축정책을 본격적으로 실시에 옮겼다.

앞서 본 것처럼 오쿠마 추방을 계기로 번벌정부가 장래 입헌체제를 만든다고 국민에게 약속하는 성과가 있었지만, 이러한 결과가 재야에서 활동하던 이타가키를 중심으로 하는 자유민권운동과 별다른 관련이 없었다는 점도 간과하기 어려운 중요한 사실이다. 이 시기에 자유민권운동이 어떻게 전개되었는가 간단히 살펴보기로 한다.

정한론 정변으로 하야한 후 고지현에서 입지사(立志社)라는 폐쇄적 단체를 만들어 활동하던 이타가키는, 지역적 한계를 극복한 전국적 정치결사를 노리고 애국사(愛國社)라는 조직을 만들었다. 그러나 애국사를 창설하던 와중 오사카 회의의 결과 이타가키가 정부에 다시 복귀했던 탓에, 창설하자마자 애국사의 활동은 흐지부지되지 않을 수 없었다. 게다가 이타가키가 다시 하야한 후 서남전쟁이 발발했고, 이것에 호응해 반란음모를 꾸미던 이타가키의 측근들이 거의 대부분 체포되었다. 이타가키도 공안당국의 엄중한 감시 아래 손발이 묶인 것은 물론이다.

이러한 상황을 극복하고 애국사의 활동을 다시 재개하려는 찰나에 오쿠보 암살사건이 터진다. 그런데 오쿠보 암살의 주모자인 시마다 이치로가 애국사와의 관련을 진술한 덕분에 또다시 당국의 엄중한 감시와 견제에 시달리고 활동이 크게 위축되지 않을 수 없었다. 이 후유증을 극복하고 애국사가 정치결사로 자리를 잡아가는 계기가 된 것은 메이지 12년(1879) 11월 오사카에서 개최된 제3차 대회였다. 동북지방에 위치한 후쿠시마(福島)현의 유력한 지도자이자 무진전쟁을 계기로 이타가키와 친분을 가지게 된 고노 히로나카(河野廣中)가 이 대회에 참석하면서, 고치현에 한정된 지역적 정치결사라는 구도가 깨졌다는 점에 가장 큰 의의가 있었다.

이 대회에서 결정된 핵심 사항은 애국사를 전국적인 정치결사로 만들 목적으로, 10명 이상의 회원을 보유한 정치결사 중 별도로 국회기성동맹이라는 조직을 만들어 국회 설립을 위한 청원운동을 펼친다는 점이다. 그 결과 다음 해인 메이지 13년(1880) 3월 국회 개설을 청원하기 위한 전국대회가 개최된다. 전국에서 모인 72명의 대표가 난상토론을 거듭한 끝에 천황에게 국회 개설을 요망한다는 형식의 문서를 제출한다고 결정되었다. 그러나 천황을 상대로 국회 개설을 요구할 권리가 없다는 이유로 결국 원로원(元老院)으로부터 청원서의 접수조차 거부당했다.

이 해 10월에 국회기성동맹의 제2차대회가 열렸으나, 정치집회를 규제하기 위해 번벌정부가 시행한 '집회조례(集會條例)'의 영향으로 활동이 크게 위축되지 않을 수 없었다. 이것과 아울러 장래 성공가능성이 불투명한 국회 개설의 청원운동에 전념할 것인가, 아니면 국회기성동맹을 모체로 정당을 창설해 운동을 펼쳐나갈 것인가를 놓고 커다란 의견대립이 전개되었다. 국회기성동맹을 주도하던 이타가키의 측근들은 국회 개설의 청원운동이 가진 한계성을 인식하고 정당 창설을 강력하게 주장했다. 그래서 국회기성동맹의 활동은 사실상 종지부를 찍게 된다.

이러한 사정으로 메이지 14년(1881)에 접어들자 재야의 단체가 번벌정부를 상대로 국회 개설의 청원을 하는 사례는 현저히 감소되었다. 게다가 때마침 메이지 14년에 오쿠마 추방사건이 일어나고 이 여파로 국회 개설을 약속하는 천황의 조칙이 발표되었기 때문에, 국회 개설의 청원을 구심점으로 하는 자유민권운동도 새로운 방향전환을 모색하지 않을 수가 없었다. 즉, 오쿠마 추방사건은 번벌정부의 권력구도에 전환점이 된 것은 물론이고, 재야의 정치세력에 있어서도 본격적인 정당 창설에 나서는 전환점이 된 것이다.

4
입헌제도 창설을 위한 준비작업

　국민에게 공개적으로 헌법 제정을 약속한 이상 이토는 그 약속을 지켜야만 했다. 문제는 독일 헌법에 관한 풍부한 지식을 가진 자가 당시 일본에 없었다는 점이다. 결국 누군가 독일에 직접 가서 헌법을 연구해야만 했다. 그런데 이토는 자신이 직접 유럽에 가기로 결심한다. 사실 이토가 직접 갈 필요는 없었다. 똘똘한 관료 몇 명을 선발해 유럽에 보내고 그들이 조사한 결과를 바탕으로 헌법을 만들면 그만이다. 그러나 그는 헌법 제정으로 메이지 유신을 완성시켜야 한다는 특유의 사명감과, 동아시아 최초의 근대적인 헌법을 자신의 손으로 만들고 싶다는 공명심이 있었다. 이토가 직접 독일로 가기로 결정됨에 따라 헌법의 제정과 관련된 주도권은 철저하게 그의 손으로 이루어지게 되었다.

　오쿠마 추방의 다음해인 메이지 15년(1882) 3월 14일 이토는 유럽을 향해 출발했다. 수행원으로 심복인 이토 미요지(伊東巳代治)를 비롯해 이와쿠라의 아들인 이와쿠라 도모사다(具定)도 있었다. 아울러 대장성과 내무성을 주축으로 유능한 실무관료를 선발해 동행시켰다. 조사하고 연구할 임무로서 부여된 항목은 무려 31개에 이르렀다.

조사대상에 황실제도 · 귀족제도 · 양원제 · 헌법 · 내각제 등 통치제도와 관련된 핵심적인 것은 모두 망라되었다. 이토는 과거 이와쿠라 사절단의 전철을 밟지 않기 위해, 자신이 해외에 나가 있는 동안 중요한 정책결정이나 인사에 관한 사항을 동결하라고 각료 전원에게 각서로 요구했다. 그는 돈에 대한 욕심은 별로 없었으나 권력에 대한 집착은 그 누구에게도 뒤지지 않았다. 오쿠마 추방으로 움켜쥔 권력을 해외에 나가 있는 동안 다른 사람에게 빼앗길까봐 극도로 경계했다.

독일에 체류하면서 이토가 과연 얼마나 열심히 공부했는지 입증할 자료는 사실상 없다고 해도 과언이 아니다. 헌법 강의를 듣고 그것을 필기한 노트가 현존하는 거의 유일한 사료다. 그나마 이것마저도 이토 자신이 직접 필기한 것이 아니었다. 놀기 좋아하고 주색을 밝히는 이토가 오직 공부에만 열중했다고 보기는 어렵지만, 나름대로 상당한 공부와 연구를 한 것은 사실이다.

베를린에 도착한 이토는 독일 주재 일본공사 아오키 슈죠(青木周藏)를 동반하고 비스마르크를 방문했다. 이와쿠라 사절단이 독일을 방문했을 당시 유학생 신분으로 독일어 통역을 담당한 것을 계기로 등용된 아오키는, 당시 독일통 외교관으로 성장한 상태였다. 그는 심지어 독일 귀족의 딸을 아내로 맞이했다. 비스마르크는 머나먼 극동의 섬나라에서 온 정치가에게 의례적인 격려를 했고, 독일 황제는 격려와 아울러 의회정치에 대한 혐오감을 이토에게 은근히 암시했다.

독일 현지의 사정을 잘 아는 아오키에게 얻은 정보를 바탕으로, 이토는 그나이스트(Rudolf von Gneist)를 방문했다. 그나이스트는 베를린 제국대학의 교수와 판사 등을 역임했으며, 당시 독일에서 헌법과 행정법에 관해 권위자로 손꼽히는 인물이었다. 그나이스트는 이토로부터 방문목적을 듣자 극동의 섬나라가 서구식 헌법을 제정하려 하는 의도 그 자체에 대해 회의적인 반응을 노골적으로 드러냈다.

헌법을 모방해 제정하는 것은 어려운 일이 아니지만, 헌법을 바탕으로 제대로 입헌정치를 정착시킬 수 있는지에 대해 의문을 가졌기 때문이다. 이토는 그나이스트의 반응에 실망했으나, 일단 평일에는 그의 제자 모세(Albert Mosse)로부터 강의를 들었다. 그나이스트 역시 주말에 직접 강의했다. 그러나 헌법에 대한 기초적 지식이 거의 없는데다가 독일어를 알아듣지 못했으므로, 강의를 따라잡기에 매우 어려움을 느끼지 않을 수 없었다.

절망감을 느낀 이토는 여름휴가를 이용해 오스트리아의 수도 빈을 방문했고, 거기서 법학자 슈타인(Rorenz von Stein)과 운명적인 만남을 가졌다. 슈타인은 빈대학의 교수로 헌법뿐만 아니라 경제학·행정학 등 사회과학 전반에 걸쳐 조예가 깊은 학자였다. 게다가 그는 영어회화가 가능해 이토와 통역 없이 직접 대화할 수 있었다. 슈타인은 영국식 입헌정치에 관해 대단히 부정적 견해를 가지고 있었다. 영국에서 정당정치가 고도로 발전한 점은 인정했지만, 그것을 곧바로 다른 국가에 적용하기 곤란하다는 점을 이토에게 거듭 강조했다.

영국의 정당정치는 왕권에 대항하면서 발전했다는 영국 특유의 정치적 상황에서 유래한 것이고, 이를 독일에 직접 적용하려고 시도한 경우 나타났던 부작용에 관해서도 상세하게 설명했다. 즉, 슈타인의 주장의 요점은 각국이 처한 정치적 현실을 감안하고 선진국의 입헌정치를 참조하면서, 자국에 맞는 입헌정치의 모델을 발견해야 한다는 점에 있었다. 그래서 맹목적으로 영국식 입헌정치를 모방할 경우 실패할 수밖에 없다는 점을 강조한 것이다.

이것은 영국식 입헌정치를 채택할 것을 주장하는 자유민권운동을 저지할 수 있는 이론적 근거를 이토에게 제공하는 결과가 되었다. 게다가 슈타인은 행정부에 폭넓은 재량권을 부여하고, 입법부에 대한 절대적 우위에 바탕을 둔 강력한 중앙집권국가를 만드는 것을 바람직한 통치구조로 주장했다. 이것 역시 이토가 평소에 갖고 있던 생각에 일치했다. 슈타인은 법학뿐만 아니라 사회학, 경제학 등 사회과학 전반에 걸친 풍부한 지식을 바탕으로 자신의 주장을 펼쳐 이토에게 깊은 감명을 주었다.

풍부한 지식을 바탕으로 나름대로 가치관을 만들고 화려하게 논리를 전개하면 누구나 현혹되고 압도당하기 마련이다. 특히 별다른 학식이 없는 이토는 슈타인의 주장과 사상에 푹 빠지지 않을 수 없었다. 오늘날 의회민주주의나 정당정치에 대해 부정적 견해를 가진 사람은 거의 없다. 그러나 당시는 영국이나 미국에서만 볼 수 있는 특유한 정치현실이었고, 그 무렵 독일의 헌법학자는 거의 대부분 영국식에 대항한 독자적인 입헌정치를 이론적으로 확립하고 정당화시키려 궁리하고 있던 상황이다.

빈에서 슈타인에게 받은 강의로 자신감을 얻은 이토는 다시 베를린으로 돌아와 그나이스트와 모세의 강의를 듣고 메이지 16년(1883) 8월 귀국했다. 18개월의 시간이 지났다. 그가 귀국하기 2주일 전 이와쿠라가 사망했다. 이토의 입장에서는 자신을 강력하게 지지하던 이와쿠라의 죽음은 애석한 것이지만 한편으로 좋은 점도 있었다. 이와쿠라와 견해를 달리하던 부분에 관해 마찰을 일으킬 필요가 없이 자신의 주장을 일방적으로 관철할 수 있는 기회를 얻었기 때문이다.

다시 말해 헌법을 비롯한 통치제도 전반에 관해 이토는 철저하게 자신의 주도로 실행하는 것이 가능하게 되었으나, 그 반면 그 책임도 전적으로 혼자 부담해야만 했다. 그는 귀국 후 헌법 제정을 위해 필요한 준비 작업을 시작했다. 즉, 헌법을 '흠정(欽定) 헌법'으로 만든다는, 사전에 결정된 방침에 따라 궁중에 들어간 것이다. 흠정 헌법은 헌법을 제정하는 주체가 국민이 아니라 왕이라는 의미다.

메이지 17년(1884) 3월 17일 궁중에 제도조사국이 만들어졌고, 21일에는 이토가 궁내경에 취임했다. 제도조사국에서 이토의 수족이 되어 주도권을 장악한 사람은 이노우에 고와시였다. 이토가 가장 먼저 착수한 것은 종래 봉건사회에서 기득권을 가진 계층으로 구성된 화족제도의 정비에 있었다. 그런데 화족제도를 둘러싸고 이토와 이와쿠라는 생각이 달랐다.

보수적인 이와쿠라는 종전의 봉건사회와 마찬가지로 화족을 특권적 귀족계급으로 만드는 것에 찬성했지만, 이토는 여기에 더해 능력주의를 가미하려 하였다. 다시 말해 기존 봉건사회에서 기득권이 없던 신분이 낮은 자라도, 막부 타도와 메이지 유신에 공훈이 있다면 공신으로 추가해 화족제도를 정비한다는 의도를 가지고 있었다. 본래 이토는 오쿠마 추방사건 직후 이것을 추진하려 했으나, 이와쿠라의 강력한 반대로 실현에 옮기지 못했었다. 그러나 이와쿠라가 죽었기 때문에 이제는 방해할 사람이 아무도 없었다.

이리하여 메이지 17년(1884) 7월 새로운 화족제도의 개편안이 발표되었다. 그 결과 공작·후작·백작·자작·남작의 5가지 계급이 만들어졌다. 서열로 따지면 공작이 가장 높은 계급이고 남작이 가장 낮다. 이것은 물론 유럽의 귀족제도를 모방한 것이다. 이토는 화족이 국제적으로 통용되는 귀족계급이 되길 원했다. 유신의 공신들을 화족에 추가한 것에 대해 기득권을 가진 과거 조정의 공경세력을 중심으로 강력한 반발이 있었지만, 새롭게 화족에 편입되는 자를 최소한으로 억제했기 때문에 저항을 무마하는 데 성공한다.

재야의 지식인들 사이에서는 이토가 서구식으로 화족제도를 개편한 것에 대해 냉소적인 반응을 나타냈다. 모든 사람은 법 앞에 평등하다는 원칙에 어긋나는 것은 물론이고, 꼭 필요한 것도 아니면서 굳이 서구를 모방한 귀족계급을 억지로 창설한 점에 반발한 것이다. 이토가 천황과 황실을 지키고 보호하는 울타리로서 화족제도가 반드시 필요하다고 인식한 것과는 커다란 차이가 있었다.

또한 이토는 단지 화족제도를 서구식으로 개편한 것에 머무르지 않고, 화족들을 강력하게 통제·관리해 귀족으로서 품위를 유지하도록 하는 것에도 노력했다. 여자는 작위에 대한 상속권이 없었고, 결혼과 양자를 맞이하는 것에도 궁내성의 허가가 필수요건이었다. 특히 재산을 방탕하게 낭비하고 빈털터리가 되어 평민에게 작위를 팔아넘기는 것을 경계했다. 이를 위해 화족들의 '재테크' 마저 관리하고 지도하는 등 세심한 주의를 기울인다.

화족의 재산으로 지정된 것은 민간인이 소유권이나 저당권을 설정할 수 없도록 규정함으로써, 경제적으로 불가침 특권에 가까운 성격이 부여되었다. 이 덕분에 화족의 재산은 아무리 빚이 많아도 채권자로부터 차압을 면하는 것이 가능했다. 그러나 이와는 반대로 재산을 마음대로 처분하지 못했으므로, 가난한 화족들은 생활고를 견디다 못해 재산을 처분할 목적으로 귀족신분을 포기하는 현상도 나타났다. 다이묘 출신의 화족들은 대체적으로 상당한 재산을 가지고 있었지만, 교토의 공경 출신자 중에는 별다른 경제적 능력이 없는 자가 많았다.

화족제도의 정비가 일단락되자 이토는 다음 순서로 내각제도 창설에 착수한다. 그러나 조선에서 갑신정변이 일어나 그 사후처리를 위해 실행이 대폭적으로 연기되었다. 갑신정변의 처리를 위해 이토가 직접 중국 천진에 가 청일전쟁의 발단을 만든, 유명한 천진(天津)조약을 체결하고 돌아온 후에야 본격적으로 내각제도 창설을 실행에 옮기는 것이 가능했다.

메이지 18년(1885) 5월 이토는 기존의 태정관제도를 전면 폐지할 것을 주장하고, 총리대신을 우두머리로 한 내각제도의 창설을 추진한다. 여기에 대해 이와쿠라 사망 후 마지막 남은 공경인 태정대신 산죠는 강력하게 반발했다. 그 이유는 내각제도의 창설이 기존의 문벌제도를 완전히 부정하는 것을 전제로 했기 때문이다. 또한 산죠는 내각의 우두머리인 총리가 1명인 점을 비판하고, 삿쵸 번벌정부의 균형이 깨지는 것을 극도로 경계했다. 산죠의 사고방식으로는 사쓰마와 죠슈 출신이 나란히 총리가 되는 것이 바람직한 권력구도였다. 즉, 그는 총리가 2명이어야 한다고 생각했다.

산죠는 이토를 우대신에 취임시켜 회유하려 했으나, 내각제도 창설에 확고한 신념을 가진 이토는 이것을 단호히 거부했다. 천황이 산죠의 견해를 지지했기 때문에 이토는 일단 뒤로 물러나 형세를 관망한다. 집요하게 우대신에 취임할 것을 요구하는 산죠에 대해 이토는 사쓰마벌 구로다 기요타카를 대타로 추천해 공세를 막으려 했다.

부득이하게 산죠가 구로다를 우대신으로 천거하자, 이번에는 난폭한 성격의 구로다를 꺼려하는 천황이 이를 거부한다. 산죠는 내각제도 창설을 저지하기 위해서 필사적으로 움직였다. 그렇지만 좌대신에 죠슈벌의 대표 이토를 임명하고 우대신에 사쓰마벌의 구로다를 앉히지 않는 이상 문제를 해결할 방법이 없었다. 궁지에 몰린 산죠는 결국 어쩔 수 없이 내각제도 창설에 동의하게 된다.

막상 내각제도 창설에 합의했으나 초대 총리로 누가 되느냐의 문제가 생겼다. 이토는 스스로 최초의 내각수상에 취임하길 원했지만 여기에 대해 천황이 반대했다. 미천한 출신성분을 가진 이토가 총리가 되는 것은 바람직하지 않고, 명망 있고 출신성분이 좋은 자가 취임하는 게 바람직하다는 의견을 제시한 것이다. 구로다의 우대신 취임을 거부한 것과 동일한 취지다.

천황은 겉으로 드러난 근대적 군주의 이미지와는 다르게 유교 교육을 충실히 받은 탓에, 정부의 최고수뇌 자리에 취임하는 자는 덕망과 인덕을 갖추고 있어야 하며, 출신성분도 좋아야 한다는 고정관념을 강하게 가지고 있었다. 다시 말해 능력이 문제가 아니라 격식과 신분이 중요하다는 발상이다. 그때까지 일본 역사상 평민 출신자가 당당하게 최고관직을 차지한 경우는 임진왜란을 일으킨 도요토미 히데요시(豊信秀吉)가 거의 유일한 경우다. 이토는 가짜로 호적을 만들면서까지 자신이 총리에 취임하는 것을 고집했기 때문에 천황도 결국 양보하지 않을 수 없었다.

이리하여 메이지 18년(1885) 12월 7일 정식으로 이토 히로부미가 초대 총리에 임명된다. 이토는 자신의 내각을 구성해야 할 과제를 짊어졌다. 사쓰마 벌과 균형이 모색되어 구로다의 입각이 중요한 관건이었으나, 구로다는 이토가 자신을 제치고 수상에 취임한 것에 불만을 가졌기 때문인지 입각을 거부하고 행패를 부렸다. 이토 내각에 입각하라고 설득하기 위해 방문한 이노우에 가오루에게 술에 잔뜩 취해 권총을 휘두르며 죽이겠다는 위협을 가했다.

결국 구로다를 제외하고 내각을 구성할 수밖에 없었으나, 이토는 번벌의 균형을 세심하게 배려하는 것을 잊지 않았다. 각료에는 사쓰마와 죠슈 출신이 각각 4명씩 임명되었다. 체신장관에 임명된 에노모토 다케아키는 구로다와 인연으로 사쓰마벌에 속한 인물이다. 특히 구로다의 딸과 에노모토의 아들이 결혼했으므로 두 사람은 사돈지간이기도 했다.

결국 이토가 에노모토를 기용한 것은 구로다를 배려했기 때문이다. 그리고 도사번 출신으로 다니 다테키가 농상무장관에 발탁되었다. 다니 다테키는 서남전쟁 당시 구마모토성을 수비해 방어에 성공한 수훈갑이었고, 고치현 출신임에도 불구하고 자유민권운동과 별다른 관련이 없는 보수적이고 국수주의적인 인물이다. 그렇게 때문에 이토 내각에 삿쵸 번벌 이외의 출신자로 입각한 에노모토와 다니 다테키는 결코 이질적 분자는 아니었다.

군부를 대표해 이토 내각의 육군장관에는 오야마 이와오(大山巖)가, 해군장관에는 사이고 쓰구미치가 임명되었다. 두 사람 모두 사쓰마 출신이고, 오야마는 사이고 다카모리의 종형제이며, 쓰구미치는 사이고의 친동생이다.

이색적인 인사는 교육부장관에 해당하는 문부(文部)장관에 취임한 사쓰마 출신의 모리 아리노리(森有礼)다. 모리는 이와쿠라 사절단이 미국을 방문했을 당시, 미국과 조약개정의 본교섭에 들어가라고 이토를 선동해 사절단의 일정을 엉망으로 만든 원흉이었다. 또한 대단히 급진적으로 서구화를 추구하는 인물로 널리 인식되어 보수 세력에게 증오의 대상이기도 했다.

천황은 문제가 많은 모리를 문부장관에 임명하는 것을 강력히 반대했지만,

이토가 직접 나서 자신이 모든 책임을 지겠다고 설득해 결국 승낙하게 만들었다. 이토가 천황의 반대까지 물리치며 굳이 모리를 문부장관에 임명한 것은 교육정책의 혁신을 추진하기 위해서였다. 급진적 인물로 인식되는 모리가 교육정책의 서구화를 추구하면 오히려 반발이 적을 것이라는 점을 노렸다.

내각의 핵심 보직의 하나인 내무장관에는 야마가타 아리토모, 외무장관에는 이노우에 가오루가 기용되었다.

한편, 대장성 장관에는 마쓰카타 마사요시가 등용되었는데, 오쿠마 추방사건 이후 마쓰카타는 사실상 '경제대통령'의 지위에 있었다. 그는 내각제도 발족 이래 연거푸 거듭해서 대장성 장관자리를 독차지하고 일본의 경제발전을 도맡았다. 일본에서 내각제도가 창설되고 나서 마쓰카타만큼 장기간에 걸쳐 장관의 자리에 머문 인물은 없다고 해도 과언이 아니다. 그가 장관으로 재직한 기간은 무려 14년에 이른다.

마쓰카타가 정치에 관여하지 않고 순수하게 경제 관료의 직무에만 전념했다면, 재직기간은 이보다 더 길어졌을 것이 확실할 정도로 대장성을 확고한 자신의 텃밭으로 만들었다.

한편, 내각제의 발족에 수반해 공부성은 폐지되고 체신성이 신설되었으며, 산죠는 내대신에 임명된다. 내대신은 궁중에서 석차는 수상보다 높았지만 실권은 전혀 없는 지위였다.

아울러 이토는 총리에게 강력한 권한을 부여해 내각수상을 중심으로 내각이 움직이도록 하길 원했다. 총리가 내각을 전반적으로 통제하는 것은 물론, 필요한 경우 개개의 행정부서에 명령을 내릴 수 있도록 하였다. 그러나 규정은 어디까지나 규정에 불과하다. 이토는 내각제도의 창설에 관해서는 압도적인 우위를 가지고 주도했지만, 현실적으로 내각을 압도할 정도와는 거리가 멀었다.

야마가타나 이노우에는 이토와 나이도 비슷하고 고분고분하게 그의 지시에 복종할 인물이 아니다. 대장성을 장악한 마쓰카타와 군부는 아예 손을 대기가 어려웠다. 그나마 외무장관 이노우에는 절친한 친구사이였으므로 긴밀히 협조할 수 있었으나, 야마가타의 경우는 그렇지가 않았다. 야마가타는 이토가 입헌제도 창설에 열중하는 동안 내무성을 발판으로 관료층을 장악하기 위해 손을 뻗기 시작했다.

본래 일본에서 관료벌이 형성되기 시작한 것은 오쿠보가 내무성을 창설하면서부터이다. 그러나 오쿠보는 암살되어 그 결실을 거두지 못했고, 그 열매를 수확할 가장 가까이에 있는 사람은 내무성을 물려받은 이토 히로부미였다. 그러나 이토는 파벌을 만들어 권력을 증식하는 것에는 별다른 관심이 없었다. 자신에게 충성하는 인물을 확보해 조직을 장악해 나가고, 그것에 반대하거나 거부하는 인물은 냉혹하게 숙청해 나가면서 서서히 자신만의 파벌을 만드는 작업은 야마가타의 신중하고 치밀한 성격과 맞아 떨어졌다.

야마가타는 죠슈벌 출신이든 아니든 묻지 않고, 자신에게 충성하는 인물이라면 유능하지 않더라도 끝까지 뒤에서 후원했다. 즉, 정치적으로는 이토가 오쿠보의 후계자라 할 수 있을지 몰라도, 오쿠보가 키워낸 내무성을 실제로 물려받은 자는 이미 육군을 장악한 야마가타다.

의원내각제에서 수상은 동료 중 1인자라는 위치에 있으며, 당연히 그래야만 내각제도를 정상적으로 운영하는 것이 가능하다. 그러나 이제 겨우 출발하기 시작한 일본의 내각제도는 시작부터 흔들렸다. 명색이 수상이면서도 휘하의 각료들을 제대로 통솔하지 못하면 내각제도는 집단지도체제에 유사한 것으로 변질되지 않을 수 없다. 게다가 번벌정부의 구도를 그대로 유지하면서 내각을 만들다보니 내각제도 역시 '번벌내각'의 성격을 벗어나지 못했다. 결국 이토는 번벌정권에게 내각제도라는 서양에서 만든, 그럴듯한 옷을 입혀 준 것에 불과하다.

5
교육제도의 정비와 관료의 양성

애써 독일까지 갔다 와 내각제를 창설한 후, 이토가 가장 중점을 둔 것 중 하나가 유능한 고급관료를 양성하는 문제였다. 그는 독일의 교육제도와 비교해 일본에는 고급관료를 양성하기 위한 학교가 없다는 점에 주목하고 이를 적극적으로 추진한다. 당시 독일은 엘리트 교육을 성공적으로 정착시켜 모범이 된 국가였다. 특히 이토는 베를린 제국대학에 강렬한 인상을 받았다.

베를린 제국대학 출신으로 고등시험에 합격한 유능한 전문직 관료가 독일의 발전을 주도하고 있다는 사실을 직접 목격하고, 그는 이것을 일본에도 그대로 모방해 정착시키길 원했다. 이를 위해 그는 초대 내각의 문부장관으로 임명된 모리 아리노리와 손잡고 도쿄대학을 도쿄제국대학으로 개편하는 작업에 착수했다. 단순한 명칭의 변경에 그치는 것이 아니라, 고급관료 양성을 위한 기관으로 변모시키고자 의도한 것이다.

본래 도쿄대학은 막부가 창설한 번서조소를 계승한 개성학교와 의사양성을 목적으로 한 의학교를 흡수·통합해 메이지 10년(1877)에 설립한 학교였다. 도쿄대학은 종합대학이 아니었으므로 개개의 행정부서는 관료양성과 교육에 필요한 학교를 독자적으로 운영하고 있었다. 그 중 가장 유명한 것이 공부성이 설립한 공부(工部)대학교다.

공부대학교는 스위스의 취리히 공과대학을 모델로 일본 정부에 고용된 다이어(Henry Dyer)의 건의와 구상을 받아들여 설립되었다. 다이어는 영국 글래스고대학 출신으로 이와쿠라 사절단이 영국을 방문했을 당시 이토의 요청을 받아들여 일본에 왔다. 취리히 공과대학은 당시로서는 획기적으로 공과교육을 목적으로 설립한 대학이다. 농업국에서 공업국가로 변신하고자 강렬히 원하는 일본은 유능한 기술자를 대량으로 양산할 수 있는 대학을 만들길 원했다.

유럽의 전통적인 대학교는 인문학부와 자연과학부를 중심으로 발전했던 탓에, 19세기 후반의 시점에서 공과교육을 전문으로 하는 대학은 새로운 타입의 교육기관으로 상당히 이단시되었다. 이러한 편견이 존재하지 않던 일본에서는 공과교육을 전문으로 하는 대학을 설립하는 것에 대한 거부감이 별로 없었다.

또한 공부대학교 이외에 홋카이도 개척사가 설립한 삿포로 농업학교, 사법성이 만든 법학교 등이 있었다. 그래서 고등교육을 체계적이고 통일되게 추진하는 것은 불가능했으며, 도쿄대학은 각 행정부처가 필요에 의해 만든 고등교육기관 중 교사양성을 주된 목적으로 문부성이 관할하는 학교에 불과했다. 도쿄대학은 단지 의학부만이 각광을 받는 정도에 불과했다. 이토는 이러한 문제점을 시정하고 각 행정부서가 독자적으로 운영하는 교육기관을 통합해 도쿄대학을 종합대학으로 승격시키고자 원했다. 이를 실행에 옮긴 사람이 바로 이토 내각의 문부장관인 모리 아리노리였다.

모리는 메이지 19년(1886) '제국대학령'을 공포해 도쿄대학을 제국대학으로 만드는 한편, 법학부·의학부·공학부·문학부·이학부의 5가지 학부를 가진 종합대학으로 승격시켰다. 가장 특이한 점은 역시 공과대학과 농과대학이 포함된 점이다. 당시 종합대학에 공과대학을 포함하고 있는 대학은 거의 없었다고 해도 과언이 아니다. 게다가 나중에 포함된 농과대학은 그야말로 유럽에서도 유례를 찾아볼 수 없는 희귀한 경우다. 이 중 법과대학이 고급관료 양성을 위해 가장 주목을 받았다. 신입생의 3분의 2가 법과대학에 몰릴 정도로 인기가 좋았다. 이토와 모리는 베를린 제국대학을 모방해 도쿄제국대학에 특권적 귀족대학의 성격을 부여했다.

이것을 뒷받침하기 위해 다음해인 메이지 20년(1887) 고급관료의 등용문인 문관시험에 관한 규정이 제정되었다. 여기서 도쿄제국대학의 법과와 문과대학의 졸업생과 도쿄대학 시절의 법학부 졸업생은 '무시험'으로 주임관(奏任官)에 임명된다고 명확히 정했다.

당시 일본의 관료층을 크게 나눠보면 판임관(判任官)·주임관(奏任官)·칙임관(勅任官)으로 나눌 수 있었다. 판임관은 하급 관료층이고, 주임관은 행정부처 과장급 이하의 중견간부층, 칙임관은 국장급 이상의 고위 관료를 지칭했다. 칙임관 중에서도 가장 서열이 높은 친임관(親任官)은 문자 그대로 천황이 직접 임명하는 관직으로, 수상, 장관, 추밀원의장, 추밀원고문관, 특명전권대사 등이 있다.

이토가 취한 조치는 오늘날의 한국으로 따지면 서울대학교 법과와 문과대학 출신자를 무시험으로 사무관이나 법관에 임명하는 것과 비슷하다. 또한 판임관은 한국에서 7급 이하의 공무원, 주임관은 5급 이하의 공무원으로 생각해도 크게 다르지 않다. 이토는 도쿄제국대학의 출신자에게 고급관료 선발에 우선권을 주고, 나머지 인원은 고등문관시험을 통해 선발한다는 방침을 택했다. 고등문관시험은 오늘날 한국의 각종 고시(高試)시험의 원조에 해당한다.

이러한 도쿄제국대학의 특권에 대해 강렬한 반발이 일어났으며, 특히 사립대학들이 가만히 있지 않았다. 재정적 기반이 취약한 사립대학들은 재학생이 내는 수업료가 사실상 거의 유일한 수입원이었다. 제국대학에게만 그러한 특권을 부여한다면 사립대학에 진학하려는 학생들이 급격히 감소하는 것은 불가피했다. 다시 말해 이 문제는 사립대학의 사활과 연결되는 것이다.

그 결과 6년 후에는 제국대학 출신자의 무시험 특권은 폐지되었지만, 고등문관시험에서 도쿄제국대학의 출신자에게는 1차 시험에 해당하는 예비시험 면제의 특권을 주었다. 무시험 특권이 폐지되자 그 다음해 시행된 고등문관시험에 제국대학 출신자가 전원 응시를 거부한다는 사건이 발생하기도 했다. 이토가 이러한 특권을 만든 것은 제국대학에서 법학을 전공한 자들을 정부에 끌어들이기 위해서다. 당시 제국대학의 법과 졸업생들은 자유민권운동의 영향도 있어서 관료가 되는 것을 그다지 선호하지 않았다.

극단적으로 말하면 당시 일본에 존재하는 대학은 도쿄제국대학과 그 이외의 대학으로 양분하는 것이 가능할 정도였다. 학벌의 폐해가 심각한 오늘날 한국에서 대학을 서울대와 그 이외의 대학으로 나누는 것과 비슷한 현상이다. 이토 히로부미는 제국대학을 특권적 대학으로 위치시켜 '학벌'을 만들어 낸 장본인이다.

고등문관시험은 행정관과 사법관의 시보(試補)를 선발하는 것으로 분야를 양분했으며, 엄격한 수험자격의 제한을 부여하지 않았다. 이것은 독일의 경우 대학에서 소정의 학과에 입학해 필요한 과목을 이수해야지 시험에 응시할 수 있는 자격을 준 것과 커다란 차이점이다. 시험과목은 독일과 마찬가지로 법률과목을 중심으로 했고 출제자가 제국대학 교수들이므로, 도쿄제국대학 법과대학 출신자에게 매우 유리한 것은 당연했다. 행정관의 경우 3년 정도 수습기간을 거친 후 고급관료로 임명한다는 코스를 만들었고, 사법관은 법관으로 임용했다. 이것도 역시 독일과 크게 다른 점이다.

독일은 수습기간을 거친 후 적어도 10년 이상 월급을 받지 않고 시보로 근무해야지 정식으로 고위관료에 임명될 수 있었다. 즉, 전문적인 지식과 풍부한 실무경험을 동시에 요구했다. 그러나 일본에서는 고등문관시험에 합격하면 짧은 수습기간을 거치고 곧바로 임용되었다. 도쿄제국대학 출신자라면 빠르면 20대 후반에 간부급의 관료가 되는 것도 가능하다. 우수한 인재를 보다 빨리 활용하기 위해서라는 조급증이 만들어 낸 결과다. 이러한 탓에 오늘날 한국에서도 문제가 되고 있는 '애송이 법관'이나 '애송이 사무관'이 탄생하게 되었다.

사실 동아시아에는 고급관료를 양성하기 위해 유명한 과거시험제도가 있었다. 과거시험은 유럽에서도 훌륭한 인재선발 시스템으로 좋은 평가를 받았다. 그러나 일본에는 존재하지 않았다. 이것이 우리나라와 매우 다른 점이다. 과거시험의 특징은 법률 등 실무적인 전문지식이 아니라 유교의 교양을 갖춘 인물을 선발한다는 점에 있다. 서양에서도 당시 영국의 경우 그리스어·라틴어를 비롯한 교양을 위주로 관료를 선발했다.

유럽에서 라틴어는 동아시아의 한문과 비슷한 위치에 있다. 즉, 당시 영국의 관료선발 시험은 중국의 과거시험과 유사했다. 그래서 이토는 영국식 관료선발 시스템을 거부한 것이다. 새삼스럽게 과거시험을 채용하는 것과 비슷한 결과가 되기 때문이다.

고위관료의 대부분은 특정한 명문대학 출신들이 독점하고, 타성에 젖어 그들만의 폐쇄적인 관료벌이 탄생하게 되었다. 시간에 따라 고등시험 합격자의 비율에 변화의 추이는 있지만, 도쿄제국대학 출신자가 대략 합격자의 70% 정도를 차지했다. 이들은 고등시험에 합격했다는 것과 특정대학을 연결고리로 강력한 동질성을 확보하는 한편, 외부에서 들어오는 이질적 분자를 배척하는 성향을 드러냈다. 특히 나중에 정당의 인사가 관료조직의 상층부에 들어오면 철저하게 따돌리고 배척해 관료벌의 단결력을 과시한다는 현상도 흔히 일어났다. 또한 관료조직 내에서도 사립대학 출신자나 학벌이 빈약한 자는 설사 고등시험에 합격했다 하더라도 순조롭게 출세하기 어렵다는 풍토도 정착시켰다. 이들은 담당하는 분야에 전문지식을 가지고 있다는 것과 행정실무경험이 풍부한 것을 긍지의 원천으로 했지만, 결국 직업공무원제도 안에서 안주하는 우물 안의 개구리이자 번벌정권에 충성을 바치는 도구에 불과했다.

아울러 이러한 현상은 도쿄제국대학의 교수진에서도 나타났다. 제국대학이 국립대학인 이상 여기에 소속된 교수도 당연히 공무원의 신분을 갖는다. 제국대학이 존재하는 주된 목적이 학문 연구가 아니라 국가와 사회에 필요한 인재 공급이라는 취업기관의 성격을 가졌으므로, 교수들도 역시 학문연구에 전념하기보다는 그들끼리의 파벌을 만들어 폐쇄적인 관료집단처럼 변질되었다. 제국대학의 초대 총장으로 임명된 와타나베 코우키(渡辺洪基)가 공부성 등에서 경력을 쌓은 관료출신이라는 점에서도 이러한 사실은 잘 드러난다.

도쿄제국대학을 대표하는 학과는 역시 법학과와 의과대학이다. 이 중 의과대학은 제2차 세계대전에 패배할 때까지 철저하게 독일식을 고집했다. 19세기 후반에는 독일 의학이 세계최고 수준을 자랑했지만, 20세기에 들어서면서 미국 의학이 독일을 따라잡기 시작했다. 그러나 이미 관료화해 타성에 젖은 도쿄제국대학의 의대교수들은 이러한 현실을 무시하고 변화에 적응하지 않았다. 법과대학의 교수들 역시 독일법에 대한 열렬한 추종자로, 영미법이나 프랑스법을 전공한 자들을 소외시키고 그들만의 독점적 세력을 구축해 나갔다.

이토와 모리의 콤비는 제국대학의 창설뿐만 아니라 오늘날 고등학교에 해당하는 고등중학교의 설립에도 손을 댔다. 메이지 19년(1886) 전국을 5개의 구역으로 분할하고 5개의 고등중학교를 설치하는 방안이 확정된다. 그 해 도쿄에 제1고등중학교가 개교했고, 오사카에는 제3고등중학교가 만들어졌다. 다음해는 센다이(仙台)에 제2고등중학교, 가나자와(金澤)에 제4고등중학교,

구마모토(熊本)에 제5고등중학교가 개교했다.

유명한 '넘버스쿨'의 탄생이었다. 고등중학교의 이름에 번호를 붙였기 때문에 넘버스쿨이라고 하며, 이 넘버는 편의상 붙인 것은 결코 아니다. 제1고등중학교는 문자 그대로 고등중학교 중에서 넘버원을 의미했다. 메이지 말기에 이르자 제국대학 학생의 거의 대부분이 고등중학교 출신자로 채워졌다. 그 중에서도 제1고등중학교가 제국대학에 진학하는 비율이 가장 높았다는 점은 물론이다. 고등중학교가 고등학교로 명칭이 변경된 것은 메이지 27년(1894)이다. 고등학교라는 명칭은 현재 한국에서도 그대로 사용하고 있다. 한편, 오사카의 제3고등중학교는 메이지 22년(1889)에 교토로 이전했다.

특이하게도 이러한 관립 고등중학교 이외에 가고시마현과 야마구치현에는 별도의 고등중학교가 독자적으로 만들어졌다. 물론 학교 재정을 유지하기에 충분한 기부금이 있고, 운영에 문부성이 간섭하는 것을 허용하면 규정상으로는 아무런 문제가 없었다. 그러나 이미 학구별로 고등중학교가 만들어지는 상황에서 유독 예전의 사쓰마번과 죠슈번에 해당하는 현에만 별도의 고등중학교를 만들어진 이유가 뭘까? 이것은 번벌의 시대에서 학벌의 시대로 변화하는 환경에 적응하기 위한 방편이라는 성격이 강했다.

스스로 고등중학교를 만든 덕분에 야마구치나 가고시마 고등중학교는 출신지역 중학교 졸업자에게 무시험 입학의 특혜를 주었다. 당시 고등중학교 출신은 거의 자동으로 도쿄제국대학에 입학하는 것이 보장되어 있었던 결과, 학벌의 상징인 도쿄제국대학에 무시험으로 수월하게 번벌 출신의 청소년들을 대거 보내는 것이 가능했다. 바로 이것을 노리고 굳이 거액을 투자해 고등중학교를 만든 것이다.

이러한 편법적인 행태에 대해 비판이 일어나는 것은 당연했으며, 메이지 27년(1894)에 '고등학교령'의 제정을 계기로 가고시마 고등중학교가 스스로 폐교했다. 전문부(專門部)를 설치하는 것이 의무로 됨에 따라 이에 관한 재정적인 부담을 견디지 못했기 때문이다. 당시의 고등중학교는 예과(본과)와 전문부(분과)를 두고 이원적으로 운영되었다.

예과는 제국대학에서 수업을 받는 데 필요한 기초학습을 목적으로 했으며, 전문부는 법과·의과·공과·이과·농업 등의 전문분야를 가르쳤다. 고등중학교의 전문부는 나중에 독립해 공업학교나 의과전문대학으로 변신하는 경우가 많았고, 학위를 목적으로 하기보다는 실용 교육을 중시했으므로 실업학교의 기반이 되었다. 아무튼 제국대학에 진학하기 위해서는 반드시 예과를 거쳐야 했다.

그럼에도 불구하고 야마구치 고등중학교는 규정을 무시하고 태연하게 예과만 설치해 야마구치 고등학교로 거듭났다. 덕분에 야마구치의 학벌적 특권은 계속 유지되었다. 그러나 메이지 35년(1902)에 고등학교 입시시험이 문부성 관할로 넘어가고, 전국 획일적으로 실시하도록 바뀌자 존폐의 위기에 처한다. 새롭게 변한 입시시험에 따르면 모집정원의 미달을 이유로 무시험으로 입학시키는 것은 불가능하게 되었으며, 무조건 시험성적에 따라 입학시켜야만 했다.

제1고등학교에 지원했다가 낙방한 학생들이 재수를 피하려고 야마구치 고등학교로 몰려들었다. 덕분에 야마구치 고등학교에 입학하는 야마구치현의 출신자는 50% 정도에서 10%대로 급격히 감소하게 되었다. 타지 출신자를 교육하기 위해 야마구치현 주민들이 재정 부담을 가질 이유가 없었으므로, 야마구치 고등학교는 문부성이 학교 재정을 부담해 달라고 요청했다. 즉, 학교를 포기하겠다는 선언이다. 그래서 결국 야마구치 고등학교는 상업학교로 변신했다. 과연 무엇을 위한 교육인지 의문이 들게 하는 기가 막힌 현실이다.

고등학교의 창설과정에서도 일본은 영국식의 유명한 퍼블릭 스쿨(public school)과는 상당히 다른 길을 갔다. 퍼블릭 스쿨은 단어에서 풍기는 뉘앙스와 다르게 공립학교가 아니라 영국의 명문사립학교를 의미한다. 퍼블릭 스쿨은 수백 년에 걸쳐 점진적으로 형성된 것이며, 귀족 자제를 교육하기 위한 목적을 가지고 있었다. 본래 귀족의 자제라면 개인교사를 고용해 교육을 받아도 무방하다. 그렇지만 기숙사에서 생활하며 집단생활을 통해 사회성을 기르고 규율을 익힐 수 있었으므로 학부모들이 선호했다.

다시 말해 퍼블릭 스쿨은 원칙적으로 기숙사 생활을 하며, 엄청난 수업비를 부담할 능력이 있어야 입학이 가능했다. 그래서 귀족들을 위한 학교이다. 가난한 평민의 자녀가 퍼블릭 스쿨에 입학하려면 매우 뛰어난 시험성적으로 장학금을 받는 경우에만 가능했다. 근대 물리학을 완성한 아이작 뉴튼의 경우가 그러하다. 퍼블릭 스쿨은 영국의 식민지였던 미국에도 이식되어 오늘날 미국 동부에 존재하는 명문 고등학교의 원형이 되었다.

퍼블릭 스쿨에 입학하면 거의 자동으로 옥스퍼드나 캠브리지와 같은 명문대 진학이 보장되었기 때문에 누구나 입학하길 원했다. 그러나 영국은 퍼블릭 스쿨의 입학에 많은 장벽을 만들었다. 신분의 장벽과 경제적 부담능력, 입학시험 등이 그것에 해당한다. 퍼블릭 스쿨에서 명문대로 진학한다는 엘리트 코스는 일본과 비슷했지만, 일본의 고등학교는 입학시험을 제외하고는 강력한 장벽을 만들지 않았다. 게다가 당시 일본의 고등학교는 사립이 아니라 공립이다.

신분 또는 경제적 차별을 부여하지 않고, 수업을 들을 능력이 있으면 누구나 배움의 기회를 준다는 취지였다. 물론 당시 일본에서 고등학교에 자녀를 보낼 만큼 경제적 여유가 있는 가정은 많지 않았던 것이 사실이다. 그러나 명문 퍼블릭 스쿨은 그야말로 최상위계층만 학비를 감당할 수 있을 정도로 학비가 비쌌다. 이처럼 일본이 고등학교 입학을 위해 입학시험이라는 장벽을 만든 것이 예상하지 못한 부작용을 만들어냈다. 바로 치열한 입시경쟁이라는 '입시지옥'을 탄생시킨 것이다.

경제발전의 결과 시간이 지날수록 자녀를 대학에 보낼 수 있을 만큼 경제적인 여유를 가진 가정이 늘어나자 입시경쟁은 치열해졌고, 고등학교에서 대학교로 진학하는 것만이 아니라 중학교에서 고등학교로 진학하기 위해서도

입시경쟁을 치러야 했다. 급기야 나중에는 초등학교에서 중학교로 진학하는 것조차 입시경쟁을 거쳐야만 하는 상황이 되고 만다. 이러한 구조적인 악순환은 평준화 조치로 오늘날에는 사라졌지만, 학력의 평준화와 공교육의 추락이라는 또 다른 부작용을 만들어냈다. 결국 과도한 입시열기가 사라지지 않는 이상은 아무리 교육제도를 바꾸어도 새로운 부작용을 만들어 낼 수밖에 없다.

다른 한편 이러한 정규 교육제도 외에 프랑스의 영향으로 유년(幼年)학교라는 별개의 조직이 메이지 초기부터 존재했다. 유년학교는 사관학교에 진학할 학생들의 예비 교육을 목적으로 한 것이며, 이토 히로부미와 모리에 의해 교육제도가 정비되기 이전까지는 중등교육에 중요한 역할을 담당했다.

유년학교는 군사학교의 성격을 가진 것이나 실제로 군사교육은 그다지 강조되지 않았다. 그 대신 메이지 초기에 육군이 프랑스식을 채용한 것을 반영해 교육내용이 프랑스식으로 일관한다는 특징을 나타냈다. 교관이 전부 프랑스인이어서 프랑스어로 교육이 이루어졌으며, 지리와 역사도 일본의 것이 아니라 프랑스의 지리와 역사를 교육시켰다.

메이지 8년(1875)에야 비로소 일본어에 의한 교육이 시작되었고, 일본의 상황에 맞게 교육과정도 개편했다. 유년학교는 가난하지만 출세의 욕구를 가진 소년들에게 인기가 높았다. 왜냐하면 수업료가 무료인 것은 물론이며 휴가를 나갈 때 소정의 용돈조차 지급했기 때문이다. 더군다나 공짜로 외국인으로부터 외국어를 배울 수 있는 기회를 제공했고, 기숙사 생활을 했으므로 그야말로 경제적인 부담이 거의 없었다.

청일전쟁 후에는 지방에도 유년학교가 설립되어 총 6개의 유년학교가 존재했으며, 따로 중앙유년학교라는 상급학교를 만들어 2년의 과정을 거치도록 해 5년의 교육과정을 완성시켰다. 유년학교를 졸업한다고 반드시 사관학교에 입학하는 것은 아니지만 졸업생의 상당수는 사관학교에 진학을 했다.

그래서 메이지 말기에 본격적으로 등장하기 시작한 군벌의 유력한 엘리트들은 유년학교 → 육군사관학교 → 육군대학교라는 군사교육 시스템을 거친 경우가 많았다.

본래 도쿄제국대학이 설립되기 전에 각 행정관서가 운영하던 공부대학교를 비롯한 관립고등교육기관은 유년학교와 비슷하게 사실상 공짜나 마찬가지였던 경우가 많았다. 경제적으로 가난한 무사계급의 자제들을 교육시키는 것이 주된 목적이었기 때문이다. 봉건제도가 몰락한 후에 새롭게 '사족'이라는 칭호를 부여받은 무사계급 출신 중에서, 교사·관리·경찰·군인 등 공무원으로 재취업하는 경우는 제한적인 일자리로 말미암아 생각만큼 많지는 않았던 것이 사실이다. 통계자료에 의하면 전체 무사계급의 25% 정도에 불과했다. 그러나 일단 공무원으로 취업하면 안정된 소득과 관료로서 긍지가 만족감을 주었다.

그렇지만 과거 봉건시대와 다르게 이러한 공무원의 지위는 자동으로 자식에게 세습되지 않았다. 자식도 공무원이 되게 하려면 고등교육을 통해 새로운 시대에 어울리는 지식과 소양을 배우도록 해서 채용시험에 합격시킬 필요가 있었다. 이러한 이유로 메이지 초기 고등교육기관의 학생들은 거의 무사 출신의 자제들이 독차지하는 경향이 두드러지게 나타난 것이다. 그런데 제국대학을 창설한 모리는 수업료의 대폭 인상을 통해 가난한 무사계급 출신의 자제들이 고등교육을 독점하는 현상에 결정적 쐐기를 박았다.

재야로 추방된 오쿠마 시게노부는 이토가 도쿄제국대학을 만들기 4년 전인 메이지 15년(1882) 10월 유명한 와세다(稻田)대학을 창립했다. 개교 시기는 메이지 최대의 계몽사상가인 후쿠가와 유키치가 만든 게이오대학보다 한참 뒤졌으나, 20세기에 접어들 무렵이면 게이오대학과 나란히 사립대학의 쌍벽으로 발전했다. 와세다대학은 창립자 오쿠마 덕분에 번벌정권으로부터 반정부세력의 소굴로 간주되어 게이오대학과 나란히 혹독한 감시와 탄압을 받지 않을 수 없었다.

앞서 말한 것처럼 당시 일본에서 공식적으로 대학으로 인정받은 것은 '제국대학령'에 의해 설립된 도쿄제국대학이 유일한 존재였다. 사립대학이 대학으로서 정식으로 인정받은 것은 메이지 시대가 끝나고 7년이나 지나 제정된 '대학령'에 의해서다. 그러나 오쿠마나 후쿠자와는 이러한 현실에 굴하지 않고 각자 자신들이 세운 대학을 어엿한 종합대학에 어울리게 개조하는 작업에 열심히 몰두했다.

고등문관시험에서 제국대학의 무시험특권이 폐지된 이후, 사립대학 출신자들이 제국대학 출신자들과 당당히 실력으로 겨루어 예상외로 많이 합격한다는 사실이 사립대학 운영자들에게 힘을 불어넣어 주었다. 사립대학에 진학하는 학생들의 대부분은 경제적 사정 등으로 인해 초등교육 → 중등교육 → 고등교육의 체계적인 교육을 받지 못한 자들이며, 제국대학에 입학자격이 없었던 사정으로 부득이 사립대학에 진학한 것에 불과했다. 학생의 수업료에 의존하는 사립대학은 이러한 사실을 묻지 않고 수업료만 내면 누구나 받아들였다. 그 결과 대다수 사립대학의 교육환경은 엉망에 가까운 상태였다.

당시 사립대학 중 어엿하게 학부를 만들어 종합대학과 비슷한 모양새를 갖추고 있는 학교는 게이오대학과 와세다대학이 거의 유일했고, 오직 법과교육만을 담당하는 법률학교가 대부분인 상태였다. 자금력과 조직력이 없으므로 의학이나 법학 등 실용학문을 중심으로 하는 단과대학 위주로 편성된 것도 무리가 아니다.

법률교육을 위한 전문학교로 가장 대표적인 메이지(明治) 법률학교의 경우 과거 사법성이 설립한 법학교 졸업자들이나 도쿄대학 법학과 출신자들이 무료로 자원봉사 하는 형태로 운영되었다. 물론 교수진이 현직의 법관이나 관료의 신분을 가지고 있었던 사정으로 그들이 출근하기 전이나 퇴근 후 강의를 진행했으며, 사실상 야간대학이나 마찬가지였다. 그러나 이러한 상황은 경제적으로 가난해 생활비를 직접 벌어야 하는 사립대학의 재학생들에게는 오히려 매력 있는 요소였다.

　변변한 캠퍼스조차도 없는 엉성한 사립대학들이 대부분이었지만 강사진만큼은 제국대학에 크게 뒤질 것이 없었다. 덕분에 고등문관시험에서 상당수의 합격자를 배출할 수 있었던 것이다. 일본 정부는 이러한 사립대학을 말살하기보다는 제국대학과 차이점을 부각시켜 압박을 가하는 한편, 중앙정부가 만든 교육체계에 순응하도록 만드는 것에 중점을 두었다.

6

임오군란과 갑신정변

　일본은 강화도조약을 체결하면서 대륙 진출의 실마리를 마련했지만, 그 이후 조선과의 관계에서 이렇다 할 획기적인 발전이 있었던 것은 아니다. 조선보다는 오키나와 영유권을 둘러싸고 대만에 출병하는 등 중국이나 러시아와의 외교처리가 우선시되었다.

　비록 강화도조약이 체결되었지만 그 이후 조선이 적극적으로 개국에 나선 것도 아니었고, 일본 역시 서남전쟁의 발발과 오쿠보 암살, 더 나아가 오쿠마 추방사건 등으로 국내 사정이 복잡하게 변했기 때문이다. 메이지 14년의 오쿠마의 추방으로 정치체제가 비로소 안정을 찾은 바로 다음해인 메이지 15년(1882) 7월 공교롭게도 조선에서 임오군란이 일어났다.

　잘 알려진 것처럼 임오군란이 일어난 직접적인 원인은 일본인 교관에 의해 훈련을 받는 신식군대를 우대한 것에 대해 기존의 구식군대가 소외감과 불만을 느꼈던 탓이다. 즉, 그 밑바탕의 하나에는 반일감정이 있었던 것이다.

이러한 이유로 일본인 교관 4명이 살해되었지만, 조선 민중들이 노골적으로 반일행동에 나선 것은 아니었다. 단지 일본공사관을 포위하고 주변에 불을 질러 겁을 주고 돌을 던지는 정도에 지나지 않았다. 그러나 당시 일본공사였던 하나부사 요시타다(花房義質)는 이러한 분위기에 공포를 느끼고, 스스로 공사관에 불을 지른 후 직원들을 인솔해 탈출하기로 결정했다.

일단 궁궐로 가 도움을 요청하려 했으나, 한밤중이라서 이렇다 할 도움을 받을 수 없는 상황이었다. 그래서 마땅히 갈 곳을 잃고 인천으로 향했다. 인천에 도착한 후 습격을 받아 사상자가 나왔고, 영국 측량선에 구조를 요청해 본국에 돌아갔다. 이상이 임오군란과 관련해서 일본 측이 입은 피해의 전말이다. 당시 번벌정부의 외교 담당자인 이노우에 가오루는 사건의 신속한 해결을 도모하는 데 중점을 두었다.

그 결과 임오군란의 사후수습을 위해 '제물포조약'이 체결되었다. 제물포조약으로 일본이 획득한 가장 중요한 외교적 성과는 일본공사관의 경비를 명목으로 병력을 주둔할 수 있게 되었다는 점이다. 이것은 서구 열강이 중국으로부터 획득한 조차지나 일본의 요코하마에 만들어진 외국인 거류지에 군대를 주둔시킨 것을 연상하게 하는 조치이다. 그러나 일본이 조선의 수도에 병력을 주둔시킨 것은 서구 열강의 사례와는 엄청난 차이가 있었다. 애초부터 한반도를 일본의 세력권으로 만들고자 하는 흑심을 가지고 있었기 때문이다. 예를 들어 요코하마에 주둔한 외국군은 나중에 자발적으로 철수할 때까지 순수하게 거류지와 외국인을 보호한다는 임무에만 충실했다. 그러나 일본은 공사관의 경비 병력을 이용해 중국을 견제하는 한편, 조선에 정변을 일으키거나 내정간섭을 하는 발판을 마련하려 하였다. 갑신정변을 비롯해 그 후 일본이 조선에 적극적으로 개입한 중요한 사건의 배후에는 일본이 한반도에 주둔시킨 병력이 있었다. 바로 그 출발점이 임오군란을 계기로 만들어진 것이다.

한편, 임오군란과 관련하여 예상외로 신속하고 강력한 조치를 취한 중국의 태도가 일본에서 커다란 반향을 불러일으켰다. 일본은 이 사건을 계기로 군사·외교적으로 중국에 대해 열세라는 사실을 확실히 깨달았다. 외교적으로는 조선 내부에 친일파를 육성하는 문제가 중점으로 떠올랐고, 군사적으로는 해군력의 열세를 통감하고 해군력 강화에 나섰다. 군사력의 뒷받침이 없는 외교는 속빈 강정에 불과하므로, 일본 해군 수뇌부로부터 전력증강의 요구가 거세게 대두했다.

일본이 임오군란으로 인해 공사관이 소실된 것은 물론이며 사상자가 발생했음에도 불구하고, 중국이나 조선에 대해 강력하게 대응하지 못한 근본적인 이유는 군사력에 자신이 없었기 때문이다. 특히 해군력의 열세는 심각한 수준이었다. 임오군란이 발생했을 당시에 일본 해군이 보유한 실전에서 사용가능한 경쟁력 있는 군함은 불과 6척에 지나지 않았다. 일본 해군은 이미 예전부터 문제점을 인식하고 대대적인 군비증강 계획을 실천에 옮기려 했었다. 그렇지만 오쿠마가 추방된 이후로 경제정책의 실권을 장악한 마쓰카타가 역사상 유례를 찾아보기 힘든 긴축정책을 실시하고 있는 상황이었으므로 재정상 장벽에 부딪친 상태였다.

임오군란을 계기로 해군 수뇌인 가와무라 스미요시(川村純義)가 24척이라는 대규모 증강계획을 요구했으나, 경제적 이유로 도저히 들어 줄 수가 없다는 사실은 변함이 없었다. 그래서 당분간 형세를 관망하는 것에 머무르지 않을 수 없었다.

갑신정변과 임오군란의 사이에는 2년 정도의 시간적 간격이 있다. 이 와중에 일어난 가장 중요한 사건은 인도차이나반도의 영유권을 둘러싸고 중국과 프랑스가 갈등관계에 들어간 사실이다. 일명 '청불전쟁'이라고 부르는 이 전쟁은 동북아시아의 국제정세에 미묘한 영향을 주었다.

이 전쟁에서 중국은 프랑스가 일본과 연합하는 것을 두려워했고, 이와는 반대로 일본은 청불전쟁에서 중국이 승리한 후 한반도의 패권을 확실히 하기 위해 일본을 침공하는 것이 아닌가라는 점을 우려했다. 당시 일본은 양무운동을 활발히 추진한 중국의 군사력을 실제보다 높이 평가하고 있었다. 아무튼 서로 신경전을 벌이다가 갑신정변이 일어나기 몇 개월 전인 메이지 17년(1884) 8월 마침내 양국 사이의 전쟁이 본격적으로 시작되었다. 그러나 중국 해군이 기습공격을 가한 프랑스 함대에게 일방적으로 참패를 맛보면서 일본과 조선을 술렁이게 만들었다.

중국 해군이 참패한 가장 중요한 원인은 당시 중국의 실력자인 이홍장(李鴻章)이 회심의 카드라 할 수 있는 북양(北洋)함대를 참전시키지 않았기 때문이다. 이홍장은 어디까지나 중국의 화북지방을 보존해 부국강병을 실현하고 이를 바탕으로 장차 서구 열강의 세력을 중국으로부터 몰아내고자 했다. 그래서 인도차이나반도를 포기하는 대신, 한반도를 중국의 영향권 아래에 두어 일본과 완충지대로 남겨두는 점을 가장 중시하는 태도를 취한 것이다.

당시 중국 내에서는 한반도를 강제로 점령해 확실하게 중국의 식민지로 만들자는 주장도 제기되었지만, 일본과 군사적 마찰을 우려한 이홍장은 결단을 내리지 못했다. 그에게 가장 위협적인 존재는 한반도를 넘보는 일본이 아니라 만주를 노리는 러시아의 진출이었다. 이러한 이홍장의 소극적인 태도가 청불전쟁을 프랑스의 승리로 돌아가게 만들었다. 이를 계기로 일본 국내에서는 예상보다 허약한 군사력을 가진 중국과 무력대결을 통해 한반도를 확보해야 한다는 강경론이 후쿠자와를 비롯한 영향력 있는 정치가·지식인 계층을 통해 강력히 대두했으며, 이것이 일본의 외교정책에도 영향을 주지 않을 수 없었다.

한편, 청불전쟁에서 중국의 패배는 급진적 개혁을 통해 근대화와 자주독립을 이룩하려는 박영효·김옥균 등 조선의 혁명세력에게 용기를 주었다. 이미 임오군란의 사죄사 자격으로 일본을 방문한 적이 있는 박영효·김옥균 등은 일본의 도움으로 중국의 세력을 한반도에서 몰아내려 시도했다. 청불전쟁에서 중국이 패배한 사실과 임오군란 이후 한반도에 주둔한 중국 병력의 절반이 빠져나갔다는 사실이 용기를 주었다.

이와는 정반대로 일본에서는 이들을 어디까지나 한반도에서 일본의 세력을 확장하기 위한 도구에 불과한 친일세력으로 간주했고, 진정 조선의 자주독립이나 근대화를 도와주려는 생각은 애당초 없었다. 청불전쟁이 본격적으로 발발하기 전에는 중국과 마찰을 우려해 이들을 지원하길 자제했지만, 조선 현지에서 일본공사로 활동하던 다케조 신이치로(竹添進一郎)는 적극적으로 쿠데타를 지원하는 활동을 펼쳤다.

여기에 대해 최종 결정권을 가지고 있는 이노우에 가오루는 현지 일본공사 다케조의 행동을 방관하는 한편, 중국과 전면적 무력충돌을 우려해 명확한 결단을 내리지 못하고 우물쭈물하는 태도를 나타냈다. 그러는 사이 일본의 지원을 믿은 김옥균 등에 의해 메이지 17년(1884년) 12월 4일에 갑신정변이 터졌다. 갑신정변의 자세한 경과에 대해서는 생략한다. 어쨌든 임오군란 직후 체결된 제물포조약으로 일본공사관 경비를 명목으로 주둔하고 있던 일본군이, 김옥균 등의 요청을 받은 형태로, 국왕 보호를 명목으로 참가했다는 사실이 중요했다.

남의 나라에서 일어난 정변에 일본이 사실상 무력개입을 한 셈이다. 여기에 대해 이홍장의 심복으로 임오군란 이후 조선에 파견된 원세개(袁世凱)가 병력을 이끌고 12월 6일 반격을 시작하면서 상황이 일본 측에게 현저히 불리하게 돌아가기 시작했다. 병력의 열세로 대항이 불가능하다는 사실을 깨달은 일본공사 다케조는 일본군은 물론이거니와 공사관 직원과 거류민까지 거느리고 인천으로 도피하지 않을 수 없었다. 그 와중에 신속하게 상황에 대처하지 못한 일본인 민간인들이 다수 살상되었다. 그러나 이러한 사실에도 불구하고, 국제법상 일본이 갑신정변에 개입한 것이 불법이라는 점은 변명의 여지가 없는 사실이다. 외교적으로 보면 일본이 조선이나 중국에 대해 사과를 해야 하는 상황이었다.

이노우에는 여기서 저자세로 물러선다면 한반도 정책이 궁지에 몰린다는 점을 잘 알고 있었다. 그래서 오히려 뻔뻔하게도 강경책을 취하기로 결정했다. 이노우에 스스로 전권대사가 되어 무려 62명의 전권사절과 육군 2개 대대병력의 호위를 받으며 한반도로 건너갔고, 조선을 강압적으로 압박해 다음 해 1월 9일에는 소위 '한성조약'이 체결되기에 이른다. 일본이 사과를 해야 하는 상황임에도 불구하고 조약 내용에는 오히려 조선의 사과를 요구하는 것은 물론, 사망자의 유족이나 부상자에 대한 배상금 지불과 아울러 일본군 장교를 살해한 자를 처형하라는 요구 등 매우 뻔뻔한 내용을 담고 있었다.

아무튼 이노우에의 입장에서 보면 외교적으로 커다란 성공이다. 그러나 아직 갑신정변을 둘러싼 중국과 선후처리의 문제가 남아 있었다. 일본 정부가 갑신정변의 정확한 진상을 공표하지 않았던 탓에, 일본 국내의 반응은 단지 조선 국왕의 호위를 담당하던 일본군을 중국군이 부당하게 습격해 갑신정변을 좌절시킨 것으로 오해했다. 일본 국내의 여론은 당장 중국과 전쟁을 하자는 분위기로 들끓었으며, 군부도 사쓰마 세력을 중심으로 중국과 전쟁을 선동하는 형편이었다.

대외문제, 특히 한반도와 관련된 문제에 있어 일본 정부는 언론을 통제하고 여론을 조작하는 수법을 즐겨 사용했다. 교통과 통신이 발달하지 않은 19세기 당시 정부가 앞장서 언론을 통제하고 여론을 조작한다면 국민들이 진실을 알기는 어려웠다. 언론의 자유가 고도로 발달한 오늘날 미국의 경우도 일단 전쟁을 결정하면 신문이나 방송이 거의 무조건적으로 지지하고 정부 차원의 여론조작에 협조한다. 하물며 황색언론이 판치던 19세기는 말할 것도 없다. 이러한 분위기로 인해 중국과 교섭에 저자세로 임한다면 번벌정부의 정치적 입장이 크게 곤란해질 가능성이 컸다. 그러나 갑신정변의 진상에 비추어 보면 중국에 대해 강경한 태도를 취하기 어려운 상황이었다.

국내의 강경 분위기를 반영해 중국과 교섭사항 중 중국군 장교의 처벌을 요구하는 내용을 포함시키기로 각료회의에서 결정하기는 하였으나, 막상 그러한 요구를 관철한다는 자신이 없었다. 게다가 국제적인 상황도 그다지 좋은 것은 아니었다. 청불전쟁이 막바지에 이르고 프랑스와 강화교섭이 진행되고 있던 무렵이므로, 중국 입장에서는 일본이 프랑스와 연합할 가능성을 크게 우려하지 않아도 되는 상황이었다.

사안의 중대성에 비추어 이노우에 대신 이토 히로부미가 직접 중국 천진으로 건너가 이홍장과 담판하기로 결정했다. 이토는 집요하게 중국군 장교의 처벌을 요구했지만 이홍장은 냉담한 반응을 보였다. 일본의 논리에 따른다면 중국도 갑신정변 당시 중국군에 대해 발포한 일본군 장교의 처벌을 요구하는 것이 가능했기 때문이다.

갑신정변의 배후에 일본이 개입했다는 것이 분명함에도 불구하고 중국은 강경하게 대응하지 못했다. 아직 군사력에 자신이 없는 일본이 중국과 전면적인 무력충돌을 피하려 했던 것과 마찬가지로, 이홍장 역시 일본에게 전쟁의 빌미를 만들어 주지 않도록 소극적인 자세를 취한 것이다. 프랑스가 인도차이나반도를 석권한 후 대만을 노리고 일본에게 동맹을 제의할지도 모르는 상황이었기 때문이다. 결국 중국의 저자세는 일본이 무서워서가 아니라 프랑스의 침략야욕을 우려한 탓이라는 점이 본심이라고 할 수 있다.

이토의 집요한 요구에도 불구하고 중국군 장교의 처벌에 관해서는 이홍장의 개인적인 약속에 그쳤다. 그렇지만 천진조약 자체는 양국 군대가 한반도로부터 철수하는 것과, 유사시 한반도에 출병하는 때는 상대국에 통지한다는 외교적 성과를 얻어냈다. 이것은 사실상 한반도를 중국과 일본 사이의 중립지대로 한다는 의미이며, 청불전쟁과 갑신정변이 없었다면 획득하기 어려운 커다란 성과임은 물론이다. 그러나 한반도를 세력권에 포섭하길 원하는 일본의 입장에서는 단지 한반도를 중립지역으로 하는 것만으로는 별다른 만족감을 느끼지 못했다.

다른 한편 조선의 입장에서 갑신정변은 자주적으로 근대화를 달성할 수 있는 사실상 처음이자 마지막 기회였다. 사실 갑신정변이 성공했어도 조선이 독립을 유지할 수 있을지는 장담할 수 없는 상황이었다. 자주독립을 위해 가장 중요한 군사개혁에 관한 사항은 부실했기 때문이다.

한편, 급속한 근대화 추진 정책에 국민들이 얼마나 호응했을까도 미지수다. 김옥균이 일본의 지원을 등에 업고 근대화를 추진하려 했으므로, 친일정권으로 매도되고 급진적 개혁정책이 거국적으로 강렬한 저항과 반대에 부딪쳤을 가능성도 매우 높았다.

갑신정변은 일본의 입장에서는 어설프게 한반도에서 중국 세력을 몰아내려 시도하다 실패한 사건에 불과했지만 조선에게는 돌이킬 수 없는 뼈아픈 타격이 된다. 이노우에는 갑신정변의 실패를 계기로 조선이 근대적 국가로 성장하는 것을 간접적으로 지원하며 친일정권을 수립한다는 방침에 종지부를 찍었다. 천진조약을 체결한 결과 이제는 중국과 무력대결을 통해 한반도에서 절대적 우위를 확보하지 않는 이상 한반도 문제에 직접 개입하기 곤란한 상황이 된 것이다.

아울러 청불전쟁을 계기로 일본 해군은 프랑스식으로 외도 아닌 외도를 했다. 프랑스식에서 독일식으로 바꾼 육군과 다르게, 일본 해군은 메이지 초기부터 일관되게 영국식을 채택했다. 그러나 청불전쟁에서 보여준 프랑스 해군의 활약은 일본의 예상을 뛰어넘었다. 사실 청불전쟁에서 프랑스가 승리한 것은 해군 덕분이라고 해도 과언이 아니다. 그러나 중국의 복건(福建)함대를 일방적으로 기습공격해서 승리를 거둔 것이지, 이것이 프랑스 해군 자체가 우수하다는 점을 의미하지는 않았다.

그럼에도 불구하고 아편전쟁 당시 영국 해군을 능가하는 눈부신 활약에 깊은 인상을 받은 일본 해군은 프랑스 해군에 대한 관심이 급속도로 높아져 가지 않을 수 없었다. 여기에는 예산상 문제로 해군력의 대폭적인 증가를 실행할 수 없다는 사정이 밑바탕에 있었다. 당시 프랑스 해군은 대형 군함보다는 소규모 어뢰정의 공격에 의존한 효율성을 중시하는 함대 편성을 주축으로 하고 있었다.

이러한 이유로 프랑스식을 채택하게 되면 국방예산의 절감이라는 측면에서 커다란 효과를 기대하는 것이 가능했다. 이러한 유혹을 뿌리치지 못한 일본 해군은 메이지 19년(1886)에 프랑스 기술자를 초빙해 군함의 설계·제조를 담당하게 하는 것은 물론이며, 함대 구성과 편성에 있어서도 프랑스 해군을 모델로 채택했다. 그러나 나타난 결과는 기대와 크게 어긋났다.

청일전쟁 당시까지 일본 해군의 주력함이던 일명 '3경함(三景艦)'의 제조과정에서부터 문제가 속출했기 때문이다. 3경함은 일본의 유명한 명승지 3곳에서 이름을 따온 것이며, 이 중 마쓰시마(松島)와 이쓰쿠시마(嚴島)는 프랑스 조선소에서 제조되었고, 하시다테(橋立)는 일본에 체류하던 프랑스의 기술자가 마쓰시마와 이쓰쿠시마의 설계도를 참조해 자매함으로 만든 것이다. 이 함정들은 예정된 준공기일을 크게 초과해 완성된 것은 물론이거니와, 완성되자마자 엔진고장이나 사고가 속출해 일본 해군을 당황하게 만들었다. 이것을 계기로 다시 영국식으로 바꾸자는 논의가 일어나고 당시 해군의 수뇌였던 사이고 쓰구미치가 이것을 지지해 다시 영국식으로 바뀌었다. 이러한 현상은 일본에만 나타나는 특유의 것이 아니다. 예를 들어 미국의 경우 제1차 세계대전에 참전한 것을 계기로 전후 몇 년 동안 프랑스 육군의 영향을 강하게 받았다. 그러나 미국은 특정한 나라의 군대를 맹목적으로 추종하지는 않았다.

우여곡절 끝에 결국 메이지 25년(1892)에 구입이 결정된 전함 2척은 영국의 암스트롱사와 템즈사에 주문했다. 그러나 주력함인 3경함의 열세를 극복하기에는 한계가 있었으며, 청일전쟁에서 일본 해군이 북양함대에 대해 우세에 서지 못했던 이유는 프랑스식으로 외도한 탓이라 해도 과언이 아니다. 신예함의 구입처를 영국으로 바꿨어도 주력함이나 함대의 기본적인 편성은 프랑스식을 벗어나지 못한 상태에서 청일전쟁을 맞이했기 때문이다.

아무튼 갑신정변을 계기로 일본은 대륙 침공을 위한 본격적인 군비증강에 박차를 가하게 되었다. 군부의 대표자 야마가타는 중국을 가상 적국으로 상정한 대대적인 군비증강안을 천황에게 상주해 승인을 얻어냈으며, 아울러 일본 해군 역시 새로운 군함의 건조를 추진했다. 혹독한 긴축정책을 추진하던 당시의 경제상황에 비추어 대대적인 군비확장에 착수할 여유는 없었지만, 중국에 대한 군사력 열세를 확실하게 깨달은 번벌정권의 수뇌들은 군비증강에 대한 강력한 공감대가 형성되어 있었다. 천황이 직접 나서 지방관들을 소집해 증세에 협력할 것을 명령하는 한편, 증세와 군비증강에 착수하기 시작했다.

이처럼 대대적인 군비증강을 추진하는 것으로 합의한 후, 한반도를 둘러싼 대외문제는 정치무대에서 수면 아래로 가라앉았다. 일본 군부는 10년 후의 미래를 바라보고 거시적 관점에서 군비증강을 추진했다. 즉, 일본의 군사력이 중국과 전쟁을 하는 것이 가능한 수준이 되기까지 10년 동안 대외문제에서 평온한 상태가 계속된 것이다. 실제 청일전쟁은 갑신정변의 사후처리를 위한 한성조약이 체결된 메이지 18년(1885)으로부터 10년째에 해당하는 메이지 27년(1894)에 터졌다. 바로 이 10년이 조선이 자주적으로 근대화와 독립을 달성할 수 있는 마지막 기회였다.

7

불평등조약 개정문제

　번벌정권이 외교적 측면에서 해결해야 할 가장 중요한 숙원사업은 막부 시대에 서구 열강과 체결한 불평등조약을 평등한 조약으로 개정하는 문제다. 자주독립을 달성하기 위해서는 반드시 풀어야 하는 문제이므로 거국적 공감대가 형성된 사항이었다. 조선에 대해서는 강화도조약으로 뻔뻔하게 불평등조약을 강요하는 반면, 정작 일본 자신은 서구 열강의 강요로 체결한 불평등조약을 개정하기 위해 몸부림쳤다.

　일본이 조약개정의 교섭을 하는 과정은 실제로는 메이지 시대의 거의 전 시기에 걸쳐 진행되었던 문제다. 당시 일본 정부가 추진했던 모든 사업 중에서도 가장 많은 시간과 노력이 투자된 대사업이 바로 불평등조약을 개정하는 문제였다고 해도 과언이 아니다. 여기서는 조약개정의 교섭을 시작한 초반부를 먼저 간단히 살펴보기로 한다. 그 나머지 부분은 개개의 정치상황과 긴밀히 관련된 부분에서 개별적으로 설명할 예정이다.

일본 정부가 본격적으로 조약개정의 교섭에 착수한 것은, 정한론 정변 이후 외무경에 취임한 데라지마 무네노리에 의해서다. 불평등조약을 개정하자는 논의의 핵심 쟁점은 관세자주권을 회복하는 것과 치외법권을 해소하는 문제에 있었다. 이 두 가지 중에서 어느 것을 우선하느냐 혹은 어느 것에 중점을 두느냐는 외무장관으로 취임한 사람의 취향에 따라 달랐다. 그래서 외무장관이 바뀔 때마다 방침이 달라져 매우 복잡한 양상을 나타낸 것도 사실이다.

결론적으로 일본은 이 두 가지 사항을 동시에 해결하는 것에 실패했다. 결과를 미리 말한다면 치외법권의 철폐는 청일전쟁 무렵에, 관세자주권은 러일전쟁이 끝난 후에야 완전히 회복했다. 데라지마는 우선 관세자주권을 회복하는 것에 중점을 두었다. 당시 재정적인 어려움을 겪고 있는 일본 입장에서, 치외법권의 회복보다 일단 관세수입을 얻는 것이 실속 있는 정책이었다. 또한 그는 일본에 호의적인 국가와 개별적으로 교섭해 평등조약을 체결하고, 이를 발판으로 다른 국가와 협상을 한다는 개별교섭의 방침을 취했다. 그래서 데라지마는 미국에 주목한다.

이와쿠라 사절단이 미국을 방문할 당시 각지에서 열렬한 환대를 받은 것은 물론이며, 미국 의회는 막부가 멸망하기 이전 죠슈번의 시모노세키 포격사건으로 획득한 배상금을 전액 일본에 반환하는 결정을 내렸다. 심지어 사절단의 여행비용에 보태라고 5만 달러를 주기도 했다. 미국이 국가적 차원에서 일본에 대해 우호적인 태도를 나타낸 것은 일본을 좋아했기 때문은 결코 아니다. 극동에서 영국을 비롯한 서구 열강과의 경쟁심이 밑바탕에 있었다. 어쨌든 이와쿠라 사절단이 방문한 국가 중에서 미국처럼 일본에게 친근한 태도를 나타낸 국가는 없었다고 해도 과언이 아니다.

메이지 9년(1876) 데라지마는 본격적으로 미국과 교섭에 들어갔고, 관세자주권의 회복을 중점으로 하는 통상조약이 그로부터 2년 후 체결된다. 그러나 새로운 통상조약은 최혜국조항으로 인해 다른 국가와 동등한 내용의 조약을 체결하는 경우에만 적용된다고 명확히 규정했다. 결국 영국의 태도가 문제해결의 핵심이었다.

영국은 막부 말기부터 줄곧 서구 열강의 대표자로 대일외교를 주도하고 리드했다. 그 중심에는 유명한 영국의 외교관 파크스(Parkes)가 있었다. 그럼에도 불구하고 영국은 조약개정의 과정에서 일본이 영국을 따돌리고 개별교섭을 하려 시도하자 불쾌하다는 반응을 나타냈다. 또한 대일 무역에 지장이 생기는 것을 꺼려해 관세자주권에 제동을 걸었다. 결국 이러한 영국의 태도로 미국과 체결한 새로운 통상조약은 휴지조각이 되고 만다.

데라지마 이후 조약개정을 추진한 인물은 이노우에 가오루였다. 이노우에는 이토와 다르게 오쿠보에게 협조를 거부하다가 미운털이 박혀 숨죽이고 지냈다. 오쿠보가 암살된 후 정부의 강화를 꾀하는 이토의 요청으로 다시 정부에 복귀한 이노우에는 외교 쪽으로 관심의 방향을 돌렸다. 내심 대장성을 다시 장악하고 싶었으나 이미 오쿠마가 군건하게 발판을 다진 상태였고, 오쿠마가 추방된 이후는 마쓰카타가 대장성을 장악했으므로 부득이하게 외교 분야로 활동 무대를 옮긴 것이다. 그래서 오쿠마가 정부에서 추방된 이후 헌법을 비롯한 입헌제도 창설에 몰두하는 이토의 전폭적인 후원 아래 본격적으로 조약개정의 교섭에 나서기 시작한다.

메이지 15년(1882)에 이노우에의 주도로 조약개정을 위한 예비회담이 1월 25일부터 반년에 걸쳐 21회나 개최되었다. 그는 과거 데라지마의 실패를 거울삼아 서구 열강과 일괄적으로 교섭하고 관세자주권과 치외법권의 회복을 동시에 추진하기로 하였다. 이를 위해 외국인에게 본토를 일부 개방하는 양보방안을 추진한다. 그때까지 외국인의 활동은 어디까지나 개항장에 국한되어 왔었다. 여기에 대해 정부 내에서 강력한 반발이 있었지만, 보수파의 거두 이와쿠라의 지지를 얻어 반발을 억누르는 것에 성공하고 서구 열강으로부터도 환영을 받았다.

예비회담의 결과 관세자주권의 회복이나 치외법권에 관해 대체적인 합의점을 찾는 것에 성공했다. 그러나 문제의 불씨는 영사재판권에 있었다. 일본 정부의 입장에서 관세자주권을 되찾는 것이 재정수입을 늘린다는 측면에서 실속이 있지만, 일반 국민의 관점에서는 치외법권의 회복을 가장 중요한 문제로 인식했다. 외국인이 일본에서 저지른 범죄행위나 가해행위에 대해 전혀 손을 대지 못하는 것은 민족적 자존심이 무척 상하는 일이었고, 그러한 경우가 종종 발생할 때마다 일반 국민의 민족주의 감정을 크게 자극했다.

이것과 관련된 역사적 사실도 제법 있었다. 특히 일본이 섬나라이므로 선박이나 해운과 관련된 것에는 민감한 반응을 나타냈다. 예를 들어 독일 상선이 일본 항구에 도착한 후 콜레라 검역을 위한 승선요구를 치외법권을 내세워 무시한 것이 일본인들을 크게 분노하게 만든 사건을 들 수가 있다. 일본은 개항 이후 항구에 입항한 외국선박으로부터 콜레라를 비롯한 전염병이 전파되어 대도시를 중심으로 막대한 희생자를 냈다. 그래서 치외법권을 방패로 검역을 거부하는 태도에 거국적으로 분노한 것이다.

이처럼 민족주의 감정을 자극하는 사건이 발생할 때마다 극우단체를 중심으로 치외법권을 철폐하자는 논의가 활발하게 전개되었으며 폭넓은 국민적인 공감대를 형성했다. 그래서 치외법권의 철폐문제는 잘못 건드리면 폭발할 가능성이 높은 정치적으로 민감한 사항이었다. 그런데 이노우에는 이 문제에 대해 일본의 법률로 재판하지만, 판결은 외국인 법관이 한다는 방안을 제시했다. 이렇게 되면 전면적 치외법권의 철폐가 아니다. 그러나 어디까지나 예비회담에서 합의된 사항이어서 일단 별다른 문제는 되지 않았으나, 본격적으로 조약개정의 교섭에 들어가자 커다란 난관에 봉착하게 되었다.

서구 열강이 치외법권의 회복을 시도하는 일본에 대해 완강한 거부감을 보인 이유는 일본의 법률체계가 문명국의 기준에 적합하지 않다고 봤기 때문이었다. 당시 일본이 서구식 법률과 사법제도를 완비하지 않은 것에 대한 불신감이 밑바탕에 있었다. 즉, 문명국 국민인 서양인이 전근대적인 일본의 법률에 의거해 일본인 재판관으로부터 재판을 받는 것이 부당하다는 것이다.

모든 법률의 기초이자 근본법이라고 할 수 있는 헌법조차 없는 것이 당시 일본의 실정이었다. 이점을 내세워 서구 열강은 치외법권의 회복에 강한 거부감을 나타냈다. 만약 일본이 서구 열강과 대등한 수준의 법률과 사법제도를 갖추고 있다면, 서구 열강이 치외법권을 철폐하자는 제의를 거부할 명분이 없어지게 된다.

이노우에가 진정 똑똑한 인물이었다면, 조약개정의 본교섭에 들어가기에 앞서 법과 제도의 정비에 혼신의 노력을 기울였을 것이다. 그가 근대적 법치제도의 정비에 신경을 쓰지 않은 것은 아니지만, 이노우에의 역량이나 능력으로는 단기간에 달성할 수 있는 성질의 사업은 아니었다. 그래서 그는 그 대신 서구 열강에게 일본이 문명국이라는 인상을 주는 손쉬운 방법을 선택했다. 일명 '녹명관(鹿鳴館, 로쿠메이칸)' 외교가 바로 그것이었다. 녹명(鹿鳴)은 중국의 고전《시경(詩經)》에서 귀빈접대의 의미로서 따온 말이다.

녹명관은 영국인 콘더(John Condor)의 설계에 의해 2층의 네오 바로크식 건축양식을 기본으로 하면서 인도나 이슬람풍을 가미해 지어졌으며, 메이지 16년(1883) 11월 28일 낙성식이 개최된 이노우에의 비장의 카드였다. 콘더는 공부대학교의 건축과 교수로 초빙되어 방일했으며, 우수한 일본인 제자를 많이 배출하여 일본 근대건축의 아버지라고 평가받았다. 메이지 시대의 유명한 서양식 건축물은 대부분 콘더나 그의 제자들이 설계한 것이다. 다음해인 메이지 17년부터 본격적으로 개장한 그 건물에서 거의 날마다 무도회나 연회, 바자회 같은 행사가 열렸다. 참석자는 정부 고위관료의 부부나 황족 등 상류층이었고 복장에서부터 철저하게 서양식이었다. 이토 역시 수상관저에서 가장 무도회를 열어 스스로 부인과 함께 이탈리아 귀족으로 분장하고 내외 귀빈들을 초대해 불타는 밤을 보냈다. 그래서 언론과 대중의 주목을 받지 않을 수 없었다.

이윽고 녹명관은 문명개화의 상징처럼 받아들여지기 시작했다. 이노우에는 녹명관을 통해서 서구 열강의 외교관들에게 일본이 얼마나 서구화되었는가 과시하려 했으나, 겉멋만 든 서구화에 대한 혐오감과 거부감을 나타내는 따가운 눈총도 많았다. 아울러 그는 녹명관 건설에 만족하지 않고 외국 귀빈의 숙박을 목적으로, 녹명관 바로 옆에다가 재계의 유력자들을 설득해 제국호텔이라는 일본 최초의 근대식 호텔을 건설하는 노력도 아끼지 않았다.

내각제도의 발족 후 외무장관에 취임한 이노우에는, 메이지 19년(1886) 5월 1일에 서구 열강 외교단과 조약개정을 위한 본교섭의 첫 번째 회담을 시작한다. 갑신정변을 비롯한 조선과 관련된 문제의 처리로 인해 스케줄이 상당히 뒤처진 상태였다. 서구 열강 외교단에서 교섭의 주도권을 가지고 리드한 국가는 영국과 독일이었다.

일본에 대해 강경한 태도를 취하며 조약개정을 방해하던 영국공사 파크스가 메이지 17년(1884) 3월 마침내 일본을 떠난 사실도 있어서, 교섭은 일본에게 유리한 방향으로 진행했다. 관세자주권에 관해서는 거의 이노우에의 주장이 그대로 관철되었다. 그러나 치외법권에서 민감한 쟁점이 발생했다. 가장 문제가 되는 사항은 예비회담에서 이미 결정된 것처럼, 외국인에 관련된 소송은 외국인 재판관이 일본 법정에서 일본의 법률로 재판한다는 사항이다.

또한 새로운 조약이 비준되면 2년 내에 일본이 법률제도를 정비하고 이를 서구 열강에게 '통지' 한다는 사항도 문제가 되었다. 서구 열강의 외교단은 '통지' 가 일본이 만든 법률을 감독하고 승인한다는 의미로 받아들였다. 그렇게 되면 외국인 재판관이 일본 법정에서 재판하는 것을 훨씬 능가하는 주권에 대한 중대한 침해가 된다. 게다가 치외법권 철폐의 대가로 일본 본토를 개방한다는 내용이 많은 사람을 자극했다.

흔히 말하는 섬나라 근성의 폐쇄적 경향을 가진 일본 국민의 관점에서 본토 개방은 공포와 두려움을 유발하기에 충분했다. 우월한 자본력을 가진 외국 상인들이 일본 국내의 상권을 장악하고 부동산을 매입하면, 중국의 전철을 밟아 서구 열강의 경제식민지가 되는 것은 아닌가라는 막연한 우려와 두려움이 강했다. 그러나 이노우에는 서구 열강 외교단의 비위를 맞추기 위해 녹명관이라는 서구식 건물까지 건설하는 정성을 들였음에도 불구하고, 정작 국내의 이러한 불안감과 공포심에 대해서는 무신경한 대응으로 일관했다.

재야세력의 견제와 반대를 우려한 이노우에는 조약개정 교섭의 세부적인 사항에 대해 철저하게 비밀에 붙이고 추진했다. 그렇지만 이노우에의 방안에 정면으로 반대하는 보아소나드(G. Boissonade)의 의견서가 외부로 유출되면서 문제가 커지기 시작한다. 그는 프랑스 법학자로 일본 정부의 법률고문이며, 해박한 법률지식으로 민법·상법·형법·형사소송법 등 주요한 법전의 편찬을 주도했다. 게다가 법률뿐만 아니라 정치적 사항에 관해서도 종종 조언을 하면서 영향력을 행사했다.

프랑스에 유학을 갔던 이노우에 고와시를 비롯한 일본인 유학생들에게 법률 강의를 한 것이 계기가 되어, 그는 메이지 6년(1873) 정식으로 초빙 받아 일본에 왔다. 명목은 법률 강의를 위해서지만 해박한 법률지식에다가 정치적 식견까지 갖추고 있었으므로, 오쿠보나 이와쿠라를 비롯한 정부 수뇌에게 빈번하게 호출을 받았다. 오쿠보가 대만 출병의 담판을 위해서 중국에 갔을 당시 그를 수행해 동행한 적도 있었고, 조선에서 임오군란이 발생하자 외교상 조언을 할 정도였다.

보아소나드의 의견서를 누가 유출했는가는 알려지지 않았지만, 이것을 입수한 자유민권운동 세력이 대량으로 복사해 유포하면서 세론을 크게 끓어오르게 만들었다. 특히 자유당 소속의 호시 도루(星亨)가 이것을 주도했다. 정체상태에 있던 자유민권파는 이것을 기회로 연일 이노우에를 성토하며 맹공격을 퍼부었다.

이노우에가 치외법권에 관해 서구 열강의 외교단과 합의한 사항은 일본의

호시 도루(星亨)

민족적 자존심을 자극하기 충분한 것이었다. 재야의 정치세력은 그 점을 잘 활용했다. 외교에 관한 지식이 부족한 일반 국민들이 조약개정의 세부적인 사항에 대해 충분히 이해한 것은 아니나, 이노우에가 추진한 녹명관 외교 등에 대한 반감은 매우 강했다. 결국 무도회가 열리던 녹명관에 조약개정에 반대하는 청년들이 들이닥쳐 난동을 부리는 사태까지 일어났다.

여기에다가 설상가상으로 국수주의자인 농상무장관 다니 다테키가 7월 3일에 이노우에의 조약개정안에 정면으로 반대하는 의견서를 제출한 후 사임했다. 이토 내각은 조약개정에 대한 반대론을 유포하는 신문을 탄압하는 한편, 이노우에가 직접 나서 해명하고 정당성을 주장하는 등 적극 진화에 나섰지만, 내각의 각료조차 조약개정에 반대를 표명하고 사임하는 사태에 이르자 절대적 궁지에 몰리지 않을 수 없었다.

입헌제도 창설에 열중하고 있었던 이토 히로부미는 조약개정 교섭에 깊숙이 개입할 여유가 없었다. 그래서 절친한 친구이자 동료인 이노우에에게 모든 것을 위임하고 조약개정을 배후에서 후원하는 관계에 있었다. 앞서 말한 것처럼 이토가 내각에서 사실상 지도력을 발휘할 수 있는 분야는 외무성과 문부성 정도에 불과했다. 그렇기 때문에 조약개정의 성공 여부는 이토 내각의 정치생명과도 같은 것이다.

다니 다테키가 사임하고 6일 후 이노우에는 조약개정을 무기한 연기한다고 발표하지 않을 수가 없었다. 이토는 더 이상 내각을 존속시킬 명분이 없다고 느꼈다. 천황의 만류로 일단 내각을 존속시켰지만 이노우에는 9월 외무장관의 사임을 결심한다.

이노우에가 녹명관까지 건설하면서 무려 8년간이나 공들인 조약개정의 추진이 결국 물거품으로 돌아간 것은 물론이고, 그의 외교관으로서의 자신감이나 권위도 크게 추락했다. 그러나 이노우에는 외교에서 손을 완전히 떼지 않았다. 그의 능력으로 마땅히 할 만한 다른 것이 없었기 때문이다. 특히 한반도 문제에 관해서는 지속적으로 지대한 관심을 가졌다. 이토나 오쿠마처럼 정치력과 수완이 뛰어난 것도 아니고, 야마가타처럼 파벌을 만들거나 확고한 텃밭을 가진 것도 아니다. 결국 이노우에는 시간이 갈수록 권력의 핵심에서 멀어지게 된다.

후임 외무장관으로 이노우에는 오쿠마 시게노부를 추천했다. 메이지 14년에 추방한 그를 다시 정부로 복귀시키는 것에 대해 뜻밖에도 이토는 거부감을 나타내지 않았다. 실무관료로서 오쿠마의 수완이나 능력은 이미 검증된 사실이다. 또한 재야에서 반정부활동을 하는 오쿠마를 정부로 끌어들여 조약개정 교섭의 반대를 주도하는 자유민권운동을 약화시킬 수 있다는 점에도 착안했다. 이토는 오쿠마 추방을 주도한 장본인의 하나이자 사쓰마벌의 대표자 구로다의 의향을 넌지시 떠본다.

구로다 역시 오쿠마 복귀에 이의가 없었다. 이토는 장래 내각을 구로다에게 넘길 생각이었고, 이를 위해서 오쿠마라는 유력한 인물을 입각시켜 내각을 강화하는 것이 바람직하다는 것도 고려했다. 즉, 구로다가 좋아서가 아니라 내각제도의 성공적인 정착을 위해서라는 측면이 강했다. 구로다는 겉으로 총리가 될 생각이 없는 것처럼 행동하면서도, 내심 이토 내각의 후계 내각은 당연히 자신의 차례라고 생각하고 있었다. 그래서 그 자신의 정치적 장래를 생각해 오쿠마 포섭을 간절하게 원했던 것이다. 그러나 오쿠마는 아직 메이지 14년의 추방사건에 대한 좋지 않은 감정이 많이 남아있었으므로 입각 제의를 단호하게 거절했다.

이러한 오쿠마를 달래기 위해 이토가 직접 나서 설득에 착수하는 한편, 구로다 역시 오쿠마의 저택을 직접 방문해 정중하게 입각을 요청했다. 오쿠마도 속마음으로는 재야에 있는 것보다 권력의 중추에 다시 복귀하고 싶은 마음이 있었다. 그래서 겉으로는 튕기면서 이토와 구로다의 애간장을 태우고, 최대한 자신에게 유리하게 분위기를 만든 다음 복귀하려 했다. 그는 다음해 1월에 들어서자 마침내 입각을 승낙했고, 2월에는 정식으로 외무장관에 임명된다. 그러자 구로다는 마치 천군만마를 얻은 것처럼 기뻐했다. 이리하여 조약개정 교섭은 오쿠마의 손으로 넘어가고 새로운 국면을 맞이하게 된다.

8

메이지 헌법의 제정

내각제도 창설에 성공하고 초대 수상에 임명된 이토는 헌법 제정에 본격적으로 착수했다. 이토 내각은 헌법 제정 전에 만들어진 내각이기 때문에, 헌법 제정을 준비하고 장래 입헌정치를 실험하기 위한 과도기적 실험내각의 성격이 강했다. 헌법 제정을 위해 이토를 보좌한 인물은 이노우에 고와시, 이토 미요지(伊東巳代治), 가네코 겐타로(金子堅太郎) 등 3인방이다. 여기에 외국인으로 뢰슬러(Roesler)와 그나이스트의 제자인 모세(Mosse)가 참가했다.

뢰슬러는 독일 바이에른 태생으로 대학 교수로 재직하다 종교문제 등 여러 가지 사정상 퇴직해야 하는 궁지에 몰렸다. 때마침 본국으로부터 독일의 법학자를 고용하라는 지시를 받은 독일공사 아오키 슈조를 통해 초빙의 제의가 들어오자, 별다른 망설임도 없이 이를 받아들여 메이지 11년(1878) 12월 방일한다. 그는 일본의 상법을 기초한 장본인이며, 독일헌법에 조예가 깊었으므로 이노우에 고와시에게 지대한 영향을 주었다.

헌법 제정의 과정은 철저하게 비밀에 붙여졌고, 오직 이토의 측근들을 중심으로 추진되었다. 헌법의 내용이 유출되어 재야의 지식인과 사상가의 공격의 표적이 되는 것을 극도로 경계했기 때문이다. 헌법 초안 작성을 비밀리에 추진하기 위해 아예 도쿄를 떠나 이토의 별장이 있던 가내가와(神奈川)현의 나쓰시마(夏島)에서 극비리에 '몰래' 작업했다. 국가의 기본법이라는 특성상 헌법은 국민적 공감대와 충분한 논의를 거친 후 제정되어야만 한다. 결코 극소수의 사람에 의해 극비리에 작성되어야 할 성질의 법률은 아니다. 헌법을 제정하기 위한 이토의 기본적 자세부터 크게 잘못되었다는 것을 알 수 있다.

'헌법(憲法)'이라는 단어를 만든 사람은 미쓰구리 린쇼(箕作麟祥)다. 그는 헌법의 이외에 '국제법(國際法)'이라는 단어도 만들었다. 린쇼가 국제법이라는 단어를 만들기 이전에 '만국공법(萬國公法)'이 일본에서 보편적으로 사용되었다. 만국공법은 중국에서 수입된 law of nations의 번역어였다. 헌법이라는 단어는 린쇼가 만들었지만, 이것을 정착시킨 장본인은 이토 히로부미다. 그 이전 constitution law의 번역어로 많은 단어가 만들어져 난무했지만, 헌법 제정을 철저하게 주도한 이토가 헌법이라는 단어를 채택함에 따라 빛을 보게 되었다.

또한 이토는 헌법은 물론이고 '헌법률(憲法律)', 즉, 헌법적 법률이라는 개념도 일본에 도입하고 양자의 구별을 명확히 하였다. 헌법적 법률은 헌법에 규정된 사항은 아니지만, 헌법으로부터 직접 위임을 받아 만드는 헌법과 대등한 중요성을 가진 통치구조의 핵심에 관련된 법률을 말한다. 이토는 황실에 관련된 사항은 헌법에 직접 규정하기를 피하려 했으므로, 이토가 제정한 황실전범(皇室典範)은 바로 헌법적 법률의 대표적 예에 해당했다. 이러한 헌법적 법률이라는 개념은 현재 우리나라에서도 그대로 사용하고 있다.

초안이 완성되자 이노우에 고와시와 뢰슬러가 나란히 의견을 제시했으며, 이를 바탕으로 또다시 수정안을 만들어 이른바 '10월 초안'이 완성되었다.

그 후에도 2번의 수정작업을 거친 후 최종적으로 초안을 확정하고, 최종 초안의 심사를 목적으로 추밀원 설치를 추진했다. 이토 스스로가 추밀원 의장에 취임한 것은 물론이다.

추밀원(樞密院, Privy Council)은 헌법을 비롯한 법률 전반에 관한 심의와 천황의 명령에 응해 행정 또는 회계의 중요사항에 자문하는 임무를 가진 기관이다. 본래 이토가 추밀원을 설치한 표면상의 목적은 장래 의회정치가 개시되고 내각과 중의원이 대립하는 경우, 내각을 도와 이를 조정하고 양자 사이를 중재하는 필요성을 감안했기 때문이었다. 다시 말해 내각의 후원자로서 역할을 기대한 것이다. 그러나 막상 만들어진 추밀원은 이토의 기대에 부응하지 못했다.

본래 헌법 초안의 작성과정에서 추밀원 등 자문기구를 만드는 구상은 등장하지 않았다. 추밀원은 헌법 초안의 작성이 거의 마무리되는 시점인 메이지 21년(1888) 2월의 헌법 초안에 느닷없이 등장했다. 즉, 실제로 만들어지기 2개월 전에서야 추밀원 설치 구상이 갑자기 등장한 것이다. 이토가 갑자기 추밀원을 만들어야 할 필요성을 느끼게 된 원인은 무엇일까?

그것은 이토가 헌법 제정에 착수하면서 겪은 조약개정 반대운동과 깊은 관련이 있었다. 이노우에가 추진하던 조약개정에 반대한 것은 재야의 정치세력만이 아니었고, 천황 측근의 궁중세력이나 육군의 비주류세력 등 번벌정권과 관련이 깊은 인물들도 반대 입장을 표명하면서 이토 내각을 궁지에 몰아넣었다.

앞서 살펴본 것처럼 육군의 비주류이자 농상무장관이던 다니 다테키가 조약개정을 반대하고 사임함으로써, 이노우에의 조약개정 교섭에 결정타를 날렸다. 이토가 추밀원을 만든 진정한 목적은 바로 번벌정권 내에서 비주류에 속하는 인물들이나 천황의 측근세력들을 포섭하고 회유하기 위한 것이다. 즉, 추밀원 고문관이라는 공직에 취임하고 있으면 정부 시책에 불만이 있어도 멋대로 불만을 표출하지 못할 것이라는 점을 노린 것이다. 메이지 헌법의 통치구조에서 추밀원은 내각과 함께 천황을 보좌하는 중요한 위치를 차지하고 있었으나, 실제로 만들어진 의도는 이것과 상당한 거리가 있었으므로 유명무실한 기관이 될 수밖에 없었다.

메이지 21년(1888) 6월부터 헌법 초안에 대한 심의가 시작되고, 이후 3차례에 걸쳐 천황이 직접 참석한 가운데 진지한 분위기에서 진행되었다. 그러나 추밀원 고문관에 임명된 사람들 중에서 헌법심의에 참가할 만큼 헌법에 관한 풍부한 지식을 가진 인물들은 거의 없었다. 그래서 대부분 그저 문구를 수정하는 정도에 머물렀다.

이토는 자신만만한 태도로, 무식한 추밀원 고문관들을 상대로 헌법강의를 하는 태도로 임했다. 독일에 유학을 다녀온 덕분에 헌법이론에 관해서는 그 누구에게도 뒤지지 않는다는 자부심이 있었기 때문이다. 그러나 미래에 대한 불안을 감추기는 어려웠다. 과연 입헌제도가 성공적으로 정착될 것인지에 관해서도 의문이었고, 의회 개설 후에도 번벌 세력을 바탕으로 한 천황의 정부를 그대로 유지하는 것이 가능한지에 대해서도 확실한 자신감이 없었다. 이토는 어찌하여 입헌제도를 채용해야만 하는가라는 기초적인 질문에 대해서도 명쾌한 설명을 하지 못했다. 그저 서구 열강과 어깨를 나란히 하기 위해서는 입헌제도의 채용이 불가피하다는 점을 설명하는 정도에 불과한 실정이었다.

독일에서 유학을 마치고 귀국하기 전 이토는 이미 미래에 만들어질 헌법의 핵심적 사항에 관해 결정한 상태였다. 즉, 흠정헌법의 형식으로 제정하는 것과 황실에 관한 사항은 헌법에 규정하지 않고 별도로 만든다는 것, 재산의 정도에 응해 제한선거제도를 채택하는 것, 국회에서 예산안이 통과되지 않은 경우는 전년도 예산을 답습한다는 것, 천황에게 강력한 대권을 부여하는 천황제 국가를 만드는 것 등이다. 이러한 사항은 독일로 출발하기 전 이와쿠라, 이노우에 고와시와 거듭 협의한 것을 바탕으로 정리한 것이다.

헌법은 불과 80개의 조항도 안 될 정도로 매우 분량이 적었다. 이노우에 고와시의 회고에 의하면, 헌법이 걸핏하면 개정되는 것을 막기 위해 최소한 간결하게 정리하려고 역점을 두었다고 한다. 이러한 덕분인지 일본은 헌정사에 있어 헌법의 개정을 아직까지 한 번도 경험해 본 적이 없다. 헌법을 개정하자는 논의는 여러 차례 있었으나 실행에 옮겨지지는 않았다. 군부가 정치에 대해 절대적 영향력을 발휘하고 정당정치를 말살하던 군국주의 시대조차 그러했다. 여기에 비해 한국은 입헌정치의 짧은 역사에도 불구하고 이미 9차례나 헌법을 개정했다.

메이지 헌법은 역시 천황이 가장 돋보이는 존재였다. 삼권분립의 원칙에 따라 입법부·행정부·사법부의 순서대로 규정한 것이 아니라 천황이 가장 앞에 등장했고, 흔히 대권(大權)이라고 부르는 강력한 권한이 부여되었다. 주권이 천황에게 있다는 것으로부터 시작해 천황의 신성불가침, 통치권의 총람(總攬), 입법권, 의회의 해산권, 군대를 통수하고 전쟁을 선포하며 조약을 체결하는 등 거의 절대군주에 가까운 위치였다.

천황 다음으로는 신민의 권리·의무가 제2장으로 등장했다. 사실 헌법 제정을 주도한 이노우에 고와시는 헌법에 인권에 관한 규정을 삽입하려 하지 않았으나, 외국인 고문의 강력한 권유로 헌법으로서 구색을 맞추기 위해 집어넣은 것에 불과했다. 언론·출판·집회·결사의 자유 등 최소한의 기본적인 인권은 보장했지만, '법률이 정하는 범위 내에서' 인정한다고 각 조항마다 '법률유보'의 문구를 삽입했다.

오늘날과 비교하면 보다 강력하게 기본권 제한이 가능하도록 한 것이다. 그러나 19세기 수준에서는 특별히 문제가 되는 것은 아니었다. 당시 천부인권에 바탕을 두고 국민의 기본권을 보장하는 헌법을 가진 국가는 미국이나 프랑스 정도에 불과했다. 이토는 국민에게 주어지는 기본권이 천부인권이 아니라 주권을 가진 천황이 국민에게 베푸는 성격의 은혜적인 것임을 강조했다. 그런데 박정희는 1972년의 유신헌법에서 이것과 동일하게 개별적 기본권마다 강력한 법률유보 조항을 삽입하는 횡포를 저질렀다. 어처구니없이 19세기 수준으로 인권을 후퇴시킨 것이다.

국민의 권리에서 가장 문제가 되는 사항은 종교의 자유였다. 천황에게 정치적 군주뿐만 아니라 종교적 군주의 성격도 부여하려 한 이토는, 서구의 기독교에 대항하는 구심점으로 천황을 내세우려고 하였다. 그러나 기독교와 마찰을 고려해 '안녕질서'와 '신민의 의무에 위배되지 않는 한'이라는 단서를 붙여 종교의 자유를 부득이하게 인정했다. 아울러 헌법에 천황이 종교적 군주라는 사실을 명시하지는 않았지만, 헌법에 규정할 필요도 없는 당연한 것처럼 천황을 종교적 절대군주로 만들기 위한 작업은 별도로 서서히 진행되었다. 여기에 관해서는 나중에 따로 자세히 설명하기로 한다.

제3장에 국회가 등장했으나 가장 민감한 문제가 되는 정부가 제출한 예산에 대한 심의·수정에 관한 사항은 제6장에서 별개로 다루었다. 하원에 해당하는 중의원이 정부가 제출하는 예산안을 부결하는 경우 전년도 예산을 집행한다는 사항은 이노우에 고와시의 아이디어로, 앞서 말한 것처럼 이미 오래전에 확정된 방침이었다. 그러나 여기에 대해 뢰슬러가 색다른 제안을 했다.

내각이 제출한 예산안을 중의원에서 부결한 경우는 천황의 재결을 거쳐 내각이 집행하는 것으로 하자고 대폭적인 변경을 시도한 것이다. 이것은 독일에서 의회의 예산거부권에 골치를 썩던 비스마르크의 사례가 배경에 있었다. 여기에 대해 이노우에 고와시는 의회에 예산 심의권을 부여하지 말라는 것과 마찬가지 주장이라며 강력히 반발하고 제동을 걸었다.

이러한 덕분에 전년도 예산집행조항은 일단 삭제되었다가 다시 부활했지만, 나중에 예산을 둘러싸고 벌어진 정치현실을 감안하면 차라리 뢰슬러의 주장대로 하는 편이 훨씬 좋았을 것이다. 이노우에 고와시는 삼권분립의 이념에 입각해 헌법에 의회의 권한을 제대로 보장하는 것이 옳다는 신념을 가지고 이를 관철하고자 했다. 주의할 점은 엄밀히 말하자면 헌법에 전년도 예산이라고 규정한 것은 아니라는 사실이다. 헌법에는 기존에 정해진 세출과 법률상 지출의무가 있는 비목은 의회의 동의가 필요없다고 규정했을 뿐이다. 기존에 정해진 세출이 어떤 것이냐의 해석을 놓고 나중에 중의원과 번벌정부의 치열한 힘겨루기가 전개되었다. 따라서 전년도 예산이라는 표현이 정확한 것은 아니지만, 독자들의 이해의 편의를 위해 전년도 예산이라고 표기했음을 밝혀둔다.

추밀원에서 열린 헌법심의에서도 의회의 권한이 가장 뜨거운 쟁점사항으로 대두했다. 의회의 권한을 대폭 삭감하자는 주장도 있었으나, 그와는 반대의 의견도 많았으므로 새롭게 법률안 제안권이 인정되기에 이르렀다. 본래 이토는 행정부에게만 법률안 제안권을 주려고 생각하고 있었다.

의회의 권한으로 법률안 제안권을 인정하는 대신 천황에 대한 상주권을 삭제하자는 제안도 있었다. 그러나 상주권도 역시 인정되었다. 이토는 천황에 대한 상주권이 일종의 건의권이라는 관념으로 받아들였다. 그렇지만 추밀원 심의과정에서 이를 탄핵권으로 인식하고 삭제를 주장하는 사람도 많았다. 실제로 나중에 의회를 장악한 야당이 상주권을 내각에 대한 탄핵권으로 즐겨 사용한 점을 생각한다면 이토가 이것을 삭제하는 것이 번벌정권에게 유리했을 것이다.

몸소 독일 유학까지 다녀온 덕분에 이토는 헌법이론에는 어느 정도 식견을 갖춘 것이 사실이다. 하지만 장래 입헌정치가 어떻게 전개될 것인가 고려해 번벌정부에게 최대한 유리한 방향으로 헌법을 제정하는 것에 대해서는 상당한 문제점을 드러냈다. 특히 헌법 제정이 철저하게 그의 주도로 작성되었으므로, 나중에 전개된 정치현실에 대해 부담해야 하는 책임은 매우 컸다.

제4장은 행정부에 대해 규정했으나, 이토의 의도와는 상당히 다른 방향으로 나아갔다. 그는 행정의 실질적 담당자가 내각과 수상이라는 점을 분명히 명기하고, 행정부의 입법부에 대한 절대적 우위를 확실히 하고자 원했다. 그

러나 이노우에 고와시는 천황제 국가에서는 행정부도 역시 천황의 것이며, 내각은 어디까지나 천황을 보좌해 행정부를 이끄는 방식이 옳다고 강력히 주장해 이토를 견제했다.

그 결과 장관에 해당하는 국무대신은 '각자' 천황을 보필해서 책임을 진다는 식으로 규정되고 말았다. 즉, 헌법의 규정에 의하면 수상이 내각을 통솔하는 우두머리인지조차도 확실하지 않았다. 헌법 제정 이전부터 내각제도가 실제 운용되고 있는 상황에도 불구하고, 결국 '내각'이라는 단어조차 헌법에 등장하지 않았다. 그 후유증으로 이토의 의도와는 완전히 다르게 시간이 흐를수록 내각과 총리의 권한은 약화되는 방향으로 진행한다.

이노우에 고와시가 내각의 강화에 반대한 이유는 내각이 강력해지면 실질적으로 막부의 통치시절로 돌아가는 것과 마찬가지가 된다는 점을 들었다. 그러나 실제의 정치현실을 보면 권력을 가진 자는 천황이 아니라 번벌정권이다. 굳이 천황이 통치하는 천황제 국가라는 것을 강조하기 위해서 내각이 실질적으로 통치한다는 정치현실을 부정할 필요는 없었지만, 이토는 우유부단하게 자신의 신념인 강력한 행정부를 주변에서 견제하자 쉽사리 양보하고 말았다. 오쿠보나 기도가 살아있었다면 헌법의 규정에 상관없이 내각이 약체화되는 현상을 막을 수 있었을 것이다. 그렇지만 카리스마나 강력한 지도력이 없는 이토에게는 역부족이다. 그는 권력에 대한 집착과 욕심은 많았지만 자신의 의지를 관철시킬 의지나 지도력은 부족했다.

정작 가장 중요한 문제인 통수권 독립에 관해서는 이렇다 할 논의조차 없었다. 메이지 11년(1878) 참모본부의 창설을 계기로 사실상 통수권 독립이 인정되었고, 내각제도가 출발한 후에도 통수권이 내각의 관할에서 벗어난다고 명확히 했다. 이미 헌법 제정 이전에 군부는 정치로부터 독립한 것이다. 그러나 헌법에는 통수권에 관해 제11조에서 천황이 육해군을 통수한다고 규정한 것이 전부였다. 다시 말해 통수권의 독립에 대한 명확한 긍정도 부정도하지 않았다.

물론 참모본부가 천황에게 직속한 기관이라는 점을 생각하면, 천황에게 군의 통수권을 부여한 점은 곧바로 참모본부에게 통수권 독립을 인정한 것으로도 해석이 가능하다. 하지만 참모본부가 헌법상 인정되는 기관이 아닌 이상, 상황에 따라 헌법을 개정하지 않더라도 참모본부를 폐지하거나 육군성 휘하로 옮기는 것도 가능하다. 그래서 이 조항이 반드시 통수권의 독립을 명확하게 보장하는 조항은 아니다.

이러한 이유 때문인지 야마가타는 이토 히로부미와 상담해 통수권 독립을 명확히 인정해 달라고 요구했다. 그래서 이토가 직접 편찬한 헌법의 해설서라 할 수 있는 《헌법의해(憲法義解)》에서는 통수권의 독립을 긍정하는 내용이 삽입되었다. 실질적으로 통수권 독립을 인정했지만, 헌법에 명쾌한 규정이 없었으므로 경우에 따라서는 통수권 독립을 부정하는 것도 가능했다.

실제로 메이지 시대가 끝나자 군부의 통제를 위해 통수권 독립을 견제하려는 움직임이 나타났다. 그러나 야마가타가 키워낸 군벌은 고분고분하게 물러서지 않았고, 급기야 군벌의 역습으로 정당정치가 말살되는 지경에 이르렀다. 이토가 헌법을 비롯한 입헌제도의 창설과정에서 저지른 많은 실수 중, 후세에 가장 해악을 끼친 것이 바로 통수권 독립에 대해 아무런 견제나 제동장치를 마련하지 않은 점이다.

통수권 독립을 긍정적인 방향으로 유도했다면 군의 정치적 중립성을 보장하는 것도 가능했지만, 군국주의의 화신 야마가타로 인해 오히려 정반대로 군부의 정치에 대한 간섭을 보장하는 제도적 장치로 전락하고 말았다. 그리고 이러한 결과에 대해서는 입헌제도 창출에 관해 전권을 쥐고 있던 이토가 모든 책임을 부담해야만 한다.

다른 한편 이토는 '황실전범(皇室典範)'의 제정에도 심혈을 기울였다. 천황제 국가인 이상 천황과 황실에 관한 사항이 헌법과 마찬가지의 중요성을 갖기 때문이다. 이토가 황실에 관한 사항을 헌법에서 규정하지 않고 제외한 것은, 황실제도가 재야의 정치가나 지식인의 입방아에 오르지 못하도록 하기 위한 측면이 가장 컸다. 이를 위해 황실전범은 아예 의회의 법률심의 대상에서 제외한다고 분명하게 밝혔다. 즉, 천황이 '신성불가침'의 존재이므로 황실제도 역시 '신성불가침'이라는 것이 이토의 사고방식이었다.

이론적으로 따지면 헌법적 법률의 대표적인 예에 해당하는 황실전범도 어디까지나 형식은 법률이다. 그렇기 때문에 황실전범 역시 이론상으로는 의회의 간섭을 허용해야 하지만 이토는 완강하게 그러한 사실을 외면했다. 헌법적 법률의 개념을 일본에 도입한 장본인이라는 점을 생각하면 어처구니없는 처신이었다. 그럼에도 불구하고 천황과 황실의 신성불가침을 내세운 것이 효과가 있었는지, 일제가 패망할 때까지 황실전범은 헌법 이상으로 건드리기 어려운 신성불가침의 존재로 남았다.

황실전범은 왕위계승에 관해 양자를 입양할 수 없도록 하여서 혈통의 순수성을 보존하려 노력했다. 또한 여자가 천황에 등극하는 것을 막는 것도 중요했다. 사실 따지고 보면 일본 역사에 여자가 천황이 된 적이 없었던 것은 아니며, 유럽에서도 영국을 예로 들자면 빅토리아 여왕이 통치하던 시절이다. 그럼에도 불구하고 여자는 절대로 천황이 될 수 없다는 것은 이노우에 고와시가 '일본 특유의 전통'이라고 강력히 주장한 것이 반영된 결과다.

유럽의 왕실은 일반적으로 사생아를 후계자로 인정하지 않고, 정실부인의 자식이면 여자일지라도 왕위계승을 인정하는 것이 추세였다. 그러나 일본의 황실전범은 여자는 후계자로 인정하지 않았으나, 사생아는 후계자로 인정하는 정반대의 입장을 취했다. 실제로 메이지 천황의 후계자인 다이쇼(大正) 천황은 사생아였고, 황실전범을 만들 당시 다이쇼 천황을 제외한 다른 아들이 없었다는 점을 고려한 것이다.

더욱 웃기는 사실은 황족의 결혼 배우자는 공작과 후작의 작위를 가진 가문에 한정하고, 그 중에서 특히 인정받은 경우에 한정했다는 점이다. 이것은 왕정복고 이전에 존재하던 '5섭가'의 특권을 연상시키는 것이다. 평민이 왕세자를 비롯한 황족과 결혼하는 것은 원천적으로 불가능했고, 귀족의 경우도 극소수의 선택받은 가문만 가능하다는 지극히 폐쇄적인 울타리를 만들었다. 아울러 귀족이 평민과 결혼하면 자동적으로 귀족 신분을 상실하게 만들었으며, 여자는 귀족 신분의 상속권이 없었다.

이토는 황족이 혈통의 순수성을 유지하기 위해서라는 점을 강조하고, 여기에 반대하는 주장을 모조리 물리쳤다. 그는 헌법의 제정과정이나 추밀원 심사 과정에서 다른 사람에게 많은 부분을 양보했으나, 황실전범에 관해서는 거의 양보하지 않고 완강히 버티는 태도를 나타냈다. 그의 관념으로 천황제 국가의 밑바탕인 황실제도의 확립을 위해 제정하는 황실전범은 헌법 이상의 중요성을 가진 존재다.

황실도 따지고 보면 하나의 혈족사회고 천황을 정점으로 하는 대가족집단이다. 여기에 착안해 황족에 대한 감독권을 천황에게 부여했다. 그래서 예컨대 황족이 결혼하거나 외국여행을 갈 경우 천황의 허락을 받도록 만들었다. 이것은 천황이 황실이라는 특수한 대가족의 가장이라는 관념에 바탕을 둔 것이라는 점은 긴 설명이 필요 없다.

아울러 황실 재산을 넉넉하게 갖추기 위한 작업도 추진되었다. 이것은 예전부터 이와쿠라의 주도로 서서히 취해졌는데 지조개정으로 국유화된 광대한 산림지역의 상당 부분을 황실 소유로 편입하고, 국공채를 비롯한 안전한 금융상품을 매입해 황실을 일본에서 손꼽히는 부자로 만들었다. 국가적 차원에서 황실을 위한 '재테크'를 했기 때문에 당연한 결과였다. 그러나 이러한 작업의 배후에 황실 재산을 정치적 필요에 따라 은밀히 이용하려는 의도가 있었다는 점도 역시 간과할 수 없었다.

나중에 예산과 관련해 정치적 곤경에 처하면 천황을 움직여 황실 재산으로부터 군비증강의 비용을 인출해냈다. 또한 정치공작에 자금이 필요할 때도 종종 이용하면서, 천황의 재산이 곧 번벌정권의 자금줄인 것처럼 이용하는 짓도 불사하지 않았다. 또한 정치에 깊숙이 개입하는 천황 스스로가 정치자금으로 황실 재산을 유용하는 경우도 생겨났다.

주목을 끄는 사실 중 하나는 번벌정부가 장래 헌법 제정과 국회 설립을 약속하자 재야에서도 많은 '모의헌법'이 만들어졌다는 것이다. 자유민권운동을 추진하는 그룹뿐만 아니라 계몽활동을 하던 단체들도 나름대로 헌법을 만들어 발표하며 미래의 헌법상을 제시했다. 이들이 만든 모의헌법은 대체적으로 입헌군주제를 이상으로 하고, 통치구조로는 내각책임제를, 기본권에 관해서는 천부인권사상의 영향으로 국민의 권리를 강조했다. 물론 천황이 국가적 통합의 상징이라는 천황제 국가의 논리를 부정한 것은 아니다.

재야의 단체에서 만들어진 모의헌법안 중에서 가장 돋보이는 것은 역시 후쿠자와 유키치의 주도로 창설된 교순사(交詢社)라는 단체가 만든 '사의헌법(私擬憲法)'이라 제목을 붙여 발표한 초안이다. 이것은 후쿠자와가 종전부터 구상하던 입헌정치에 관한 생각을 집대성한 것으로, 내용을 자세히 뜯어보면 그다지 민주적 내용의 헌법은 아니다. 의회의 권리로 인정한 것은 예산심의권과 입법권 정도에 불과하며, 천황에게 '대권'을 부여한다는 천황제 국가의 논리에 충실한 헌법안이었다.

그다지 참신하지도, 진보적인 것이 아님에도 불구하고 주목을 받는 이유는, 바로 이 모의헌법안이 메이지 14년(1881)에 일어난 오쿠마 추방사건의 기폭제가 되었기 때문이다. 이와쿠라나 이토를 비롯한 정부 수뇌들은 후쿠자와의 헌법구상이 곧 오쿠마의 헌법구상인 것으로 간주했다. 후쿠자와와 오쿠마가 밀접한 교감을 가지고 있었다는 것은 물론이고, 오쿠마가 서둘러 헌법을 제정해야 한다고 주장한 배경에 후쿠자와가 만든 모의헌법안을 염두에 둔 것으로 의심했다.

번벌정부가 재야의 모의헌법을 중요한 참고자료로 활용하고 대폭적으로 수용해서 헌법을 만들었다면, 정당정치와 민주정치가 크게 발전하는 기틀을 마련했을지도 모른다. 특히 천부인권과 국민의 기본권을 중시한 모의헌법안이 더욱 그러하다. 그러나 번벌정부는 이러한 모의헌법을 애써 외면하고 무시했다. 이토를 비롯한 정부 수뇌들은 재야에서 만든 헌법이 서구의 제도나 사상의 화려한 겉면만을 보고, 쥐뿔도 알지 못하면서 모방하는 것에 불과하다고 폄하하기를 주저하지 않았다.

사태를 그대로 방치하면 모의헌법이 국민들의 폭넓은 지지를 얻게 되고, 정부가 이를 대폭 수용하지 않으면 안 된다. 그래서 모의헌법과 전혀 다른 획기적이고 독자적인 헌법을 만들 목적으로 이토 히로부미가 직접 독일에 건너간 것이다.

지금까지 본 것처럼 동아시아 최초의 근대적 헌법이라는 점을 제외하고 메이지 헌법은 별다른 의미가 없는 헌법이다. 제정 주체나 과정에서부터 비민주적이고 후진적이었으며, 천황제 국가를 성문법으로 명확히 규정했다는 것 이상의 의미를 부여하기는 어렵다. 나중의 결과를 생각하면 통수권 독립을 사실상 인정한 것과 이토의 평소의 신념이었던 강력한 행정부를 실현하지 못한 점이 가장 큰 후유증을 남겼다. 그럼에도 불구하고 헌법 제정을 신호탄으로 번벌정권은 명실상부하게 법이나 제도적으로도 근대화를 달성했다는 자부심과 긍지를 갖게 되었다.

이미 말한 것처럼 메이지 헌법은 단 한 차례의 개정도 겪지 않고 역사 속으로 사라졌다. 다시 말해 겉보기에는 지극히 안정적으로 천황제 국가를 운영한 것처럼 보인다. 그러나 사실은 혼란과 동요를 반복하며 심하게 요동쳤다. 헌법 개정을 심각하게 고려한 적도 있을 정도이다. 특히 번벌정권에 바탕을 둔 번벌내각이 그러했다. 이러한 사실은 다음 장에서 자세히 살펴볼 예정이다.

제4장

흔들리는 내각제

- 정당 창설
- 천황 만들기 작업
- 구로다 내각과 초연(超然)주의
- 야마가타 내각과 주권선·이익선
- 군부의 발전
- 마쓰카타 내각과 선거 간섭

1

정당 창설

 오쿠마 추방사건을 계기로 10년 후에 국회를 개설한다는 것이 발표되자, 여기에 대비하기 위해 이타가키는 '자유당(自由黨)'을 결성했다. 최초의 본격적인 정당의 탄생으로 간주해도 무방하다. 자유당은 자유민권운동에 참가한 세력 중 도사번 출신이 철저하게 당을 장악했다. 자유당 창설의 영향으로 정당을 설립하는 분위기가 전국적으로 확산된다.
 한편, 정부로부터 추방당하고 하야한 오쿠마 시게노부 역시 정당 창설을 추진했다. 오쿠마는 그와 함께 정부로부터 추방당한 유능한 심복들이 있었으므로 창당에 별다른 어려움은 없었다. 이리하여 메이지 15년(1882) 3월에 '개진당(改進黨)'이 창당되었다.
 추방되기 전까지 정부의 핵심에 자리 잡고 권력자로 군림한 오쿠마는 재야에서 벌어진 자유민권운동과 별다른 관련이 없었던 것도 사실이다. 그러나 정부 내에서 요직을 역임하고 거물 정치가로 성장한 인물인 만큼, 이타가키의 라이벌이 되기에 충분한 역량을 갖췄다고 할 수 있었다. 본래 하야한 후 오쿠마는 이타가키에게 제휴의 손을 뻗었으나 이타가키가 이를 뿌리쳤다. 두 사람은 나이가 한 살 차이에 불과했지만 이타가키에게는 무진전쟁에 참가해 유신정권의 성립에 기여했다는 자부심이 있었다. 그래서 막부 타도 과정에 별다른 공헌이 없는 행정실무가 출신의 오쿠마가 자신과 대등한 위치에 서려는 시도를 탐탁하게 여기지 않은 것이다.

이타가키에게는 사이고나 오쿠보 등 메이지 1세대와 어깨를 나란히 하는 존재로서 자긍심이 있었고, 오쿠보나 기도의 부하로 출세의 발판을 마련한 오쿠마를 후배 취급하며 깔보고 무시했다. 게다가 오쿠마가 정부에서 추방당하지 않았다면 결코 이타가키에게 제휴를 요청할 인물이 아니라는 점도 잘 알고 있었다. 그래서 이타가키는 오쿠마를 단지 재야에 굴러들어온 돌로 인식하고 애써 외면한 것이다. 이러한 이타가키의 비타협적 태도가 장래 정국에 미묘한 영향을 주었다.

자유당과 개진당은 정당 강령에서부터 미묘한 차이점이 나타나기 시작했다. 자유당의 강령은 자유, 권리, 행복 등 추상적인 단어를 사용한 것에서도 나타나듯이 이상을 표방하는 데 중점이 있었다. 그러나 개진당은 선거권, 화폐제도, 지방자치 등의 단어를 사용하며 구체적 정책의 실현을 강령으로 내세웠다.

양당의 강령은 이타가키와 오쿠마의 성격 차이를 그대로 반영한 것이다. 이상가 기질이 강하고 재야에서 자유민권운동에 투신한 이타가키와 실무관료로 각종 정책을 수립하고 집행하다 추방된 오쿠마, 이 두 사람이 걸어온 인생이 이러한 차이를 만들어냈다. 또한 지지기반에 있어서도 차이점이 있었다. 자유당은 농촌을 기반으로 했고, 특히 앞으로 선거권을 부여받는 것이 유력한 지주계급의 이해관계를 대변하는 데 중점이 있었다. 여기에 비해 오쿠마는 자신의 지지기반을 도시에서 구했으며, 전문 직업을 가지고 일정한 지적 수준과 소득수준을 갖춘 인물들을 지지자로 포섭하려 했다. 그래서 상공업자나 지식인 계급을 주된 표적으로 삼았다. 물론 그렇다고 농민을 포기했다는 의미는 아니다.

사상적으로 따지면 자유당은 루소의 인민주권론을 이념으로 했고, 개진당은 영국식 정당정치에 바탕을 둔 의회민주주의를 추구했다. 세부적으로 따지면 차이점은 많지만 정당이 존재하는 목적이 권력을 잡기 위한 것이고, 자유당이나 개진당 모두 번벌정권에 반감을 가지고 있다는 점에서 양당이 합당하는 것은 이론적으로 별다른 문제가 없었다. 그럼에도 불구하고 이타가키와 오쿠마가 서로 강렬한 라이벌 의식을 가지고 있었으므로, 좀처럼 거리를 좁히지 못하고 오히려 서로 싸우는 양상마저 나타나게 된다.

이토 히로부미가 헌법 조사단을 이끌고 독일에 건너간 사이 자유당은 당세 확장에 총력을 기울였다. 이타가키가 직접 각지를 돌아다니며 유세하고 지지를 호소하며 기세를 올렸다. 이타가키의 명성을 반영하듯이 방문하는 지역마다 그를 열렬히 환영하는 분위기였고, 자유당의 주가는 한껏 올라갔다. 그런데 이타가키가 메이지 15년(1882) 기후(岐阜)현을 방문했을 때 암살미수 사건이 발생한다. 그 해 4월 6일 기후현의 유지들을 모아 지지를 호소하는 연설을 한 후 퇴장하는 이타가키를 괴한이 습격한 것이다.

단도를 들고 청중 사이로부터 불쑥 튀어나온 것을 이타가키가 맨손으로 방어했지만, 그 와중에 가슴을 찔리고 오른손에도 큰 상처를 입었다. 달려온 이타가키의 측근들이 괴한을 제압했을 때, 부상을 입고 쓰러진 그는 "이타가키는 죽어도 자유는 죽지 않는다!"고 외쳤다고 전해졌다. 그러나 사실은 이타가키가 실제로 그러한 발언을 한 것은 아니었다. 이타가키의 측근이 신문기자에게 그가 그러한 말을 했다고 허위로 알린 것이 진실이다.

아무튼 그 말은 이타가키가 남긴 불후의 명언으로 세간에 널리 유포된다. 예상외로 가슴의 상처는 깊지 않았으나 자유당을 지지하는 청년들을 극도로 흥분하게 만들었다. 그대로 방치하면 매우 험악한 분위기가 되고 반정부 폭동이나 반란으로 발전할 우려가 있었다. 모든 국민의 시선은 이타가키에게 쏠렸다.

긴장감이 높아지던 와중에 해결사로 나선 것은 천황이었다. 천황은 직접 사자를 보내 이타가키를 위로했다. 이에 이타가키를 비롯한 자유당원들은 감격했고 분위기가 진정되는 방향으로 흘러나간다. 그때까지 관례에 비추어 메이지 천황이 직접 칙사를 보내 병문안을 하는 경우는 천황과 인간관계로 각별한 관계에 있거나 정치적으로 대단히 중요한 인물에게만 가능했다.

부상당한 이타가키를 치료한 사람은 아이치(愛知)현에서 병원장으로 근무하고 있었던 고토 심페이(後藤新平)다. 아이치현은 지리적으로 기후현의 바로 아래에 있었다. 고토는 이타가키의 치료를 계기로 이름이 알려지기 시작했으며 나중에 정계에 입문하게 된다.

5월까지 기후현에서 치료를 받은 후 이타가키는 수행원을 거느리고 교토, 오사카를 거쳐 도쿄로 돌아왔다. 물론 돌아오는 도중 각지에서 열렬한 환영을 받은 것은 물론이다. 자유당의 기세는 욱일승천하는 것처럼 보였다. 그러나 이타가키가 도쿄로 돌아오는 것을 기다렸다는 듯이 번벌정부는 6월 '집회조례(集會條例)'를 개정해 정당에 대한 철저한 탄압에 나섰다.

개정된 내용의 핵심은 정치를 논의하기 위해 모이면 무조건 정치결사로 간주하는 한편, 여기에 관해 미리 당국의 허가를 받아야 하며, 지구당 설치를 금지하고 정치결사 상호간의 연락과 통신을 금지하는 데 있었다. 이렇게 되면 전국적 정당을 조직하는 것이 불가능하게 된다. 정당의 발전을 저지하고 쐐기를 박는 결정적 조항이었다. 결국 이 조항 아래에서는 아무리 뛰어난 정치적 재능을 가진 인물이 정당을 지도해도 전국적 규모를 가진 거대정당을 만드는 것은 불가능하다.

번벌정부는 채찍과 당근의 정책을 동시에 사용했다. 정당을 법적으로 강력히 탄압하는 한편, 이타가키에게 견문을 넓힌다는 명목으로 유럽 여행을 권유해 해외로 보내는 방안을 추진했다. 이타가키를 설득하는 역할은 고토 쇼지로가 자발적으로 맡았다. 이타가키는 별다른 이의 없이 승낙했지만, 문제는 여기에 대해 안팎으로 강력한 반대가 일어난 점에 있었다.

개진당 계열에 속한 신문은 연일 이 사실을 다루며 이타가키가 정부와 결탁해 검은돈으로 외국여행을 떠난다고 요란하게 비난하며 공격을 퍼부었다. 개진당은 자유당과는 다르게 창당 당시부터 유력한 신문사를 보유해 여론 유도에 유용하게 사용했다. 또한 자유당 내의 유력한 간부들도 이타가키가 장기간 해외에 나가는 것에 찬성하지 않았다. 그래서 여행자금의 출처에 대해 명확히 해명하라고 이타가키와 고토에게 요구했다.

사실 여행자금은 죠슈벌에게 정치자금을 조달하는 역할을 하는 미쓰이(三井)가 제공했다. 이러한 사실을 알면서도 이타가키는 외국 여행을 강행하기로 결심했고, 이 때문에 자유당의 유력한 간부들이 일부 탈당하는 사태로 발전했다. 그가 내외의 비난에도 불구하고 굳이 해외로 나가려 한 것은, 정부의 탄압에 자극을 받아 폭발의 조짐을 보이는 자유당 청년당원들과 거리를 벌리기 위해서였다.

자유당 당원들이 폭발하면 번벌정부가 군대를 동원해 즉시 진압할 만반의 준비를 갖추고 있다는 점을 이타가키는 잘 알고 있었다. 그는 사이고 다카모리의 전철을 밟길 원하지 않았다. 자유당의 정신적 기둥인 그가 해외에 나가면 혈기왕성한 청년들도 진정될 것으로 기대했으므로 검은돈이라는 사실을 알면서도 굳이 외유를 떠나려 결심한 것이다.

메이지 15년(1882) 11월 성대한 환송을 받으며 이타가키와 고토는 유럽 여행길에 올랐다. 마침 독일에서 헌법 수업을 듣고 있던 이토와도 만났지만 특별한 의미를 갖는 정치적 만남은 아니었다. 번벌정부와 유착한다는 비난을 받는 것을 경계했기 때문이다. 교활한 이토는 이타가키를 설득해 포섭하는 것은 포기했다. 그러나 그 대신 국내에 있는 야마가타를 움직여 이타가키의 유럽 체류를 연장하도록 자금지원을 요청했다.

이타가키와 고토가 유럽에 체류하는 동안 자유당과 개진당이 치열한 신경전을 벌였다. 이타가키의 유럽여행을 비난한 것으로 선제공격을 가한 개진당에 대해, 자유당은 개진당 우두머리인 오쿠마와 미쓰비시의 유착관계를 들추어내며 맹공격을 했다. 정당을 탄압하는 번벌정부에 대항해 공동으로 연합전선을 펼쳐도 부족한 마당에, 서로 흑색선전과 인신공격을 주고받으며 정치판을 혼탁하게 만들었다. 게다가 자유당의 지방조직은 개정된 집회조례로 인해 중앙에서 통제하는 것이 어려운 상황이 되었으므로 폭주하는 양상을 나타낸다.

이러한 현상은 이타가키가 유럽으로 출발할 무렵부터 본격적으로 발생했고, 유명한 후쿠시마(福島)현의 폭동사건이 대표적 예였다. 이것은 동북지방에 위치하는 후쿠시마현의 현령으로 부임한 미시마 미치쓰네(三島通庸)가 주민들을 강제로 동원해 도로건설 사업을 추진하기로 하면서 발단이 되었다. 주로 동북지방에서 지방관을 역임하던 미시마는 후쿠시마를 중심으로 동북지방을 남북은 물론이며 서쪽으로는 동해에도 연결되는 횡단도로를 건설한다는 야심을 가지고 사업을 추진했다.

애초 주민들이 이러한 도로공사에 거부감을 가진 것은 아니다. 게다가 미시마는 내무성에 요청해 20만 엔이라는 거액의 국고보조금마저 얻어냈으므로 환영하는 분위기였다고 한다. 문제는 도로건설에 동원되는 인부의 임금을 주민들이 부담한다는 점에 있었고, 여기에 필요한 비용으로 예상보다 훨씬 많은 돈을 강제로 징수하면서 마찰이 일어나기 시작했다. 또한 미시마는 돈을 내지 않는 주민들을 강제로 공사에 동원하는 조치마저도 취했다.

당시 자유당이 장악한 후쿠시마현의 현의회는 이것을 이유로 현령이 제출하는 의안을 모조리 부결시키며 저항했다. 그렇지만 미시마는 현의회의 결정을 무시하고 사업을 강행한다. 이것을 계기로 1만 명 이상의 주민이 참가하는 대규모 폭동이 발생한 것이다. 미시마는 자유당이 배후에서 폭동을 조종한 것으로 간주하고, 후쿠시마현의 자유당원들을 대량으로 체포하며 불난 집에 기름을 쏟아 부었다. 특히 후쿠시마에는 현의회 의장으로 자유당의 동북지방을 대표하는 거물정치인 고노 히로나카(河野廣中)가 있었다. 고노 역시 체포되었다.

본래 후쿠시마현의 일부인 미하루(三春)번 출신인 고노는 무진전쟁에 참전한 이타가키가 발탁한 인물이다. 당시 18세로 이타가키가 지휘하던 정부군과 싸우다 항복하고 귀순한 고노는 이것을 계기로 이타가키의 측근이 되었고, 자유당 창설에도 참가하는 등 동북지방에서 자유당 세력을 상징하는 대표적인 인물로 성장했다. 미시마는 고노가 순진한 주민들을 사주해 폭동을 일으킨 주범으로 만들고 내란음모를 꾸몄다는 무시무시한 죄목을 뒤집어 씌웠다.

이 사건은 전국의 자유당 청년당원들을 크게 자극했고, 각지에서 자유당원들이 반란을 모의하다 체포되는 일이 빈번히 발생하게 되었다. 메이지 15년(1882) 말 발생한 후쿠시마 사건을 계기로 메이지 16년에서 18년에 걸쳐 이 시기에 일어난 이러한 종류의 사건을 보통 '격화(激化)사건' 이라 부른다. 특히 고노 히로나카의 조카에 해당하는 고노 히로미(河野廣體)가 깊숙이 관여한 가바산(加波山) 사건이 주목을 받았다. 사건 자체는 불과 20명 남짓한 급진파 자유당원들이 정부 요인의 암살을 시도하려 한 것에 불과하다.

암살의 주된 표적이 된 인물은 후쿠시마 사건으로 자유당 청년당원들의 증오의 표적이 된 미시마였다. 문제는 이들이 폭탄을 대량으로 제조해 사용했다는 점과 자금을 마련하기 위해 강도행위를 서슴없이 저질렀다는 사실이다. 게다가 경찰과 대치하는 상황이 되면 주저 없이 폭탄을 사용했던 탓에 공안당국으로부터 비상한 관심을 받지 않을 수 없었다.

여기에 자극을 받아서인지 일본 정부는 메이지 17년(1884)에 폭발물단속법규를 제정한다. 이 법규에 의하면 단지 폭발물을 사용해 치안을 어지럽히면 손해 유무에 관계없이 무조건 사형 또는 7년 이상의 징역에 처한다고 규정했다. 이례적으로 매우 엄격한 처벌을 하는 점으로 미루어봐서 번벌정부가 얼마나 폭발물에 대해 민감하게 반응하는가 알 수 있다.

이타가키와 고토가 유럽여행을 마치고 귀국한 것은 다음해인 메이지 16년 (1883) 6월이다. 이타가키는 자신의 눈앞에 놓인 정치현실에 좌절감을 느꼈다. 줄기차게 반란을 일으키려 하는 지방의 자유당 당원들을 통제할 방법이 없는 것은 물론이고, 그의 외유가 발단이 되어 자유당이 개진당과 불구대천의 원수처럼 싸우는 현실이 괴롭지 않을 수 없었다. 외유를 계기로 자유당이 차분히 진정되기 바랐지만 헛된 것임을 깨달았다.

한편, 자유당의 온건파는 그가 유럽에 다녀온 것을 계기로 새로운 정치적 비전을 제시해줄 것을 기대했지만, 도피성 외유를 다녀온 이타가키는 특별한 해결책을 제시하지 못했다. 8월에 사이고 다카모리가 가고시마에 사학교를 만든 것처럼, 도쿄에 유일관(有一館)이라는 무술도장을 만들어 혈기왕성한 청년들을 통제하려 했다. 이것은 자유당 급진파의 요구를 받아들이는 형태로 창설된 것이나, 오히려 반정부 세력의 대표적 소굴이 되고 만다. 자유당 청년들의 반정부 활동은 이타가키의 귀국 후에도 전혀 수그러들지 않고 활발하게 계속되었다.

이러한 와중에 동북지방에서 시작된 자유당의 급진파 청년들을 중심으로 하는 반정부 운동은 이윽고 일본의 중심부에 해당하는 관동지방에도 파급했다. 이들은 대개 독재정권을 타도하고 입헌정치를 구현한다는 식의 거창한 이념을 표방했지만, 실제로는 자금 마련을 목적으로 강도와 살인사건을 일삼는 행태를 보였다. 경찰과 공안당국의 엄중한 감시와 견제 탓에 서로 유기적인 연락을 취해 조직적인 저항을 시도하기가 불가능했으므로, 대부분의 격화사건은 미수의 단계에서 별다른 정치적 파장을 미치지 못하고 흐지부지 끝나고 말았다.

다른 한편 이 시기에는 민권운동을 추구하는 정당만 있었던 것은 아니었다. 제정당(帝政黨)은 이타가키의 자유당에 대항하기 위해 메이지 15년(1885) 3월에 만들어진 번벌정부를 지지하는 정당이다. 사실상 창당을 주도한 후쿠치 겐이치로(福地源一郎)는 본래 오쿠마의 계열에 속한 인물이나, 오쿠마 추방사건 이후 이토 히로부미에게 붙어 죠슈벌과 밀착했다. 또한 유력한 발기인의 하나인 마루야마 사쿠라(丸山作樂)는 외무성 고위관료 출신으로, 외무성 내에서 정한론을 주장한 대표적 인물 중 한 명이다. 그는 국교수립을 계속 거절하는 조선을 공격하기 위한 군대를 모집하다 발각되어 외무성으로부터 추방된 과거가 있었다.

제정당은 강령으로 독일식 입헌정치를 지지한다고 분명하게 표명했으며, 국수주의자로 널리 알려진 도사번 출신의 다니 다테키(谷干城) 등을 간판 인물로 영입했다. 그럼에도 불구하고 정부 차원의 지원은 없었다. 번벌정부의 실력자인 이토 히로부미나 야마가타 아리토모 등은 '초연주의'를 표방하며, 유력한 정당을 만들어 야당에 대항한다는 발상을 가지고 있지 않기 때문이다. 번벌정부의 수뇌들은 정당이라는 존재 그 자체를 혐오했다. 덕분에 제정당은 단 1명의 당원도 가지지 않았다.

이토는 헌법 조사를 마치고 귀국한 후에, 제정당의 해산을 전격적으로 결정한다. 자유당과 개진당을 견제하는 효과도 없었고, 제정당이 여당처럼 세간에 인식되는 것도 바람직하지 않다고 생각했기 때문이다. 그래서 메이지 16년(1883) 9월 24일 정식으로 해산식을 가졌다. 자유당을 통제하기 곤란해 은밀히 해산을 고려하고 있던 이타가키는 이것의 영향을 받지 않을 수 없었다. 그래서 마침내 메이지 17년(1884) 10월 말에는 자유당도 해산하게 된다.

자유당 해산에도 불구하고 불과 수일 후에는 사이타마(埼玉)현 치치부(秩父)에서 자유당원들과 농민이 합세해 경찰서와 관청을 습격하는 폭동사건을 일으켰다. 이 사건으로 체포된 사람이 약 3,600명에 이르고 소지한 엽총만 하더라도 2,500정이라는 수치에서 드러나듯이, 비록 단기간에 진압되었지만 매우 조직적이고 계획적으로 준비된 폭동이었다. 이타가키가 지방의 자유당 조직을 통제하지 못하는 상황을 여실히 드러내는 증거의 하나다.

이 사건 이외에도 메이지 17년(1884)에는 군마(群馬)현을 비롯해 굵직한 농민폭동사건이 각지에서 일어났으나, 자유당과 연계성은 희박한 편이라고 할 수 있다. 농민들이 봉기한 이유는 경제정책의 주도권을 장악한 마쓰카타가 철저한 긴축정책을 추진한 탓에 경제적으로 압박을 받은 것이 밑바탕에 있었다. 또한 대규모 폭동이 일어난 지역이 누에고치로부터 만드는 생사의 주요산지였으므로 당시 발생한 세계적 공황의 영향을 받았다는 점도 간과하기 어렵다.

이것과 아울러 자유당 해산에 연쇄반응을 일으킨 것처럼 개진당 역시 12월 17일 오쿠마가 탈당해 사실상 해산한다. 개진당은 언론을 이용해 교묘히 집회조례의 제약을 피하며 활동했으나, 자금줄이 막히는 상태는 어떻게 해볼 도리가 없었다. 당시 일본에서 정당이라는 존재는 반정부세력의 모임에 지나지 않았다. 그래서 상공업자들이 반정부 세력으로 낙인찍힌 정당에게 자금을 지원하기는 어려웠으므로 개진당의 자금줄이 막힌 것이다.

자유당과 개진당의 해산으로 한동안 잠잠하던 정치판에 새로운 바람을 불어 넣은 것은 고토 쇼지로였다. 본래 고토는 자유민권운동의 초창기에 참가한 후 메이지 7년(1874) 정부로부터 다카시마(高島) 광산을 불하받아 이것의 경영에 전념했다. 오사카 회담의 결과 이타가키와 함께 정부에 복귀하고 원로원 부의장에 임명되었으나, 나중에 결국 이타가키와 함께 다시 하야하고 말았다.

황금알을 낳는 다카시마 광산의 경영을 궤도에 올려놓기 위해 애를 썼지만 고토는 경영에 뛰어난 소질이 없었다. 수익성을 높이기 위해서는 서구식 채굴공법을 도입하고 근대화를 도모해야 했는데, 이것을 소홀히 하는 바람에 좋은 성과를 내지 못했다. 그래서 메이지 14년(1881) 이 광산을 미쓰비시에게 매각하고 경영을 포기하기에 이르렀다.

그 후 다시 정계에 돌아온 고토는 자유당 창당에 깊이 관여한 후, 이타가키의 유럽여행을 주선했다. 이타가키는 청렴하고 강직한 성격이므로 돈에 관심이 없으며 자신의 이상을 실현하는 것에만 전념했다. 반면 고토는 현실적 감각을 가지고 재산 증식에 관심이 많았다. 고토가 나중에 정계를 은퇴하게 된 것도 뇌물수뢰사건에 연루되었기 때문이다.

자유당 해산으로 재야의 정치활동이 정체하던 중 정치적으로 돌파구를 만드는 사건이 일어났다. 바로 이노우에 가오루가 추진한 조약개정 교섭의 과정에서 일어난 거국적인 반발과 혼란이다. 고토는 이를 계기로 다시 중흥의 발판을 마련하려 하였다. 그 결과 메이지 20년(1887) 10월에는 자유당과 개진당 출신의 유력한 인물들을 모아 '대동단결운동'을 전개했다. 고토가 주장한 핵심은 작은 것을 버리고 큰 것을 취해야 한다는 것이다.

다시 말해 당파와 이해관계를 초월해 정부의 부당한 조약개정을 저지하고, 다가오는 국회 개설에 대비해 연합전선을 펼치자고 주장했다. 그의 주장과 연설은 커다란 반향을 일으키며 재야의 정치운동을 활성화시키는 기폭제가 되었다. 다시 반정부 운동이 활발하게 펼쳐지기 시작했다. 고토의 성격을 반영해 과격한 폭력행위에 나서기보다는, 언론과 출판을 이용해 정부의 실책을 널리 홍보하고 지지를 얻는 것에 중점이 두어졌다. 더구나 그는 여론을 환기시키려고 천황에게 직접 상주문을 제출한다는 대담한 행동까지 취했다.

번벌정부는 눈부신 활약을 하며 반정부세력의 핵심으로 떠오른 고토의 활동에 주목하고 이를 제압할 궁리에 몰두하게 되었다. 그러나 고토가 정당을 만들어 활동을 하는 것이 아니므로 집회조례로 탄압하는 것에는 한계가 있었다. 이토는 고토를 정부로 끌어들이기를 포기하는 대신, 앞서 본 것처럼 오쿠마를 외무장관을 사직한 이노우에의 후임으로 임명하도록 추진한다.

이러한 와중에 이토 내각의 내무장관인 야마가타는 은밀히 대동단결 운동을 주저앉힐 획기적 방안을 마련했다. 이토와 이노우에가 오쿠마 설득에 열중하고 있는 사이, 야마가타는 12월 말 유명한 '보안조례(保安條例)'를 제정해 실시에 옮겼다.

7개의 조항으로 구성된 이 법규는 비밀 집회와 결사의 전면 금지, 불순한 문서의 압수 등을 규정했지만, 핵심 사항은 재야의 유력한 인사를 내란 음모와 치안을 방해할 우려가 있다는 명목으로 도쿄로부터 추방한다는 점에 있었다. 도쿄의 황궁으로부터 3리, 즉, 12km 밖으로 떠나라고 명령한 것이다. 경시청의 우두머리인 미시마 미치쓰네는 실행에 난색을 나타냈으나, 야마가타는 엄하게 질책하며 강행하도록 독려했다.

보안조례의 실시 자체는 후쿠시마현 폭동사건을 일으킨 미시마가 했지만 실제 보안조례의 아이디어를 내고 기획을 담당한 자는 야마가타의 심복으로 전국적 경찰조직망을 완성한 기요우라 게이고(淸浦奎吾)다. 기요우라는 도쿠가와 막부 시절 불순분자를 에도로부터 추방하던 제도를 참고로 보안조례의 아이디어를 만들어 냈고, 자유민권운동을 효과적으로 탄압하기 위해 고심하던 야마가타를 흡족하게 만들었다.

실시는 전격적으로 이루어졌다. 연말의 망년회를 빙자해 집결한 경시청 간부들에게 예전부터 감시하던 반정부 인사들을 일제히 검거하라는 지시가 떨어진다. 체포된 자의 수는 3,000명을 넘었다고 한다. 그 중에서 특히 570명에게는 즉시 도쿄로부터 퇴거하라는 강제명령이 내려졌다. 그러나 이타가키의 측근들을 중심으로 자유당 출신 인사들이 퇴거명령을 거부하고 대량 투옥되었다. 보안조례는 공포한 후 즉시 시행에 옮겨졌기 때문에 체포된 사람들은 느닷없이 이유도 모르고 투옥되거나 추방당했다. 이리하여 본격적인 정당정치의 개시는 의회가 설립될 때까지 기다리지 않으면 안 되었다.

2

천황 만들기 작업

 번벌정권이 천황제 국가를 만들길 원한다면 국가의 핵심인 천황을 여기에 어울리도록 만드는 작업은 대단히 중요한 의미를 가지지 않을 수 없다. 앞서 말한 것처럼 천황을 교토에서 도쿄로 옮기며 천황을 근대적 군주로 만들기 위한 시도는 시작되었다. 도쿠가와 막부에 의해 교토에서 사실상 유폐생활을 하던 천황은, 도쿄로 '가출' 하면서 권력의 그늘 속에서 사는 것과 영원히 작별했다. 이제는 통일국가 일본의 상징으로 국민 앞에 등장해야만 했다.

 그렇지만 천황이라는 존재는 민중에게 대단히 낯선 존재다. 막부 시대 교토는 유적이 많아서 인기 있는 관광지였으며, 교토를 여행하는 관광객은 천황이 산다는 궁궐을 구경하고 천황의 존재를 희미하게 의식하는 정도에 지나지 않았다. 결국 막부가 쓰러지기 이전 천황은 거의 아무런 존재의의가 없었다고 해도 과언이 아니다. 이러한 이유로 일단 천황이라는 존재를 널리 알리는 작업에 착수했다.

메이지 원년(1868) 가을 수도를 도쿄로 옮기기 위한 사전작업으로 일단 천황이 교토에서 도쿄로 행차했다. 이것이 국민들 앞에 천황의 존재를 알리는 최초의 사례다. 사실 왕정복고의 쿠데타를 주도한 오쿠보조차도 메이지 천황을 최초로 알현한 것은 메이지 원년 4월에 천황이 오사카에 왔을 때였다. 이처럼 베일에 가린 존재인 천황을 드러내고 존재를 알리기 위해 이와쿠라나 오쿠보는 천황이 사방을 돌아다니며 직접 국민들과 접촉하도록 시켰다.

주요한 관공서나 시설을 방문하거나 대원수 자격으로 군사연습을 참관하는 등 돌아다녀야 할 구실을 만드는 것은 어렵지 않았다. 게다가 지방순시를 명목으로 전국 각지를 정력적으로 방문하도록 적극 추진했다. 이러한 행차에 천황은 마차에 앉아 있었으므로 얼굴을 직접 대중에게 보이고 접촉하지는 않았다. 메이지 초기 천황의 얼굴을 직접보고 알현 가능한 사람은 극소수의 유력한 고위관료나 실력자만이 가능했다.

그럼에도 불구하고 민중과 간접적인 접촉은 게을리 하지 않았다. 고령자에게 장수를 축하하는 술을 하사하거나 효자·열녀를 칭찬하는 것은 물론, 지방에서 명망 높은 유력자를 포상하는 등 유교적인 관점에서 덕망 있는 군주로 보이도록 연출했다. 게다가 지방순시 때에는 일부러 지방의 유력한 부호나 명망가의 집을 숙소로 사용해 지역 민중들의 관심을 유발하기도 한다. 비록 번벌정부의 실력자들에게 천황은 세상물정 모르는 철부지 소년에 지나지 않았지만 민중들에게는 그렇지 않았다.

주민들은 천황이 숙소에서 쓰던 젓가락 같은 물건을 어루만지면 무병장수하거나 출산의 고통이 줄어든다는 식의 소박한 신앙을 가지고 앞 다투어 천황이 묵었던 숙소로 몰려들고는 했다. 심지어 천황이 밟은 모래라는 이유로 부적이나 보물처럼 취급된 경우도 흔했다. 보통 무명의 연예계 지망생의 경우 자신의 이름이나 얼굴을 알리기 위해 데뷔 초기에는 각종 쇼프로나 오락 프로에 뻔질나게 출연하기 마련이다. 그러다가 스타로 인정받으면 출연을 자제하고 이미지 관리에 들어간다.

이것과 마찬가지로 신정부에 의해 '준비된 슈퍼스타'라고 할 수 있는 천황도 메이지 초기 데뷔시절 이후, 천황제 국가가 서서히 확립되어 감에 따라 대규모 지방순시나 행차는 현저히 줄어들었다. 이것은 외출하는 것을 싫어하는 천황의 개인적 성격과도 관련이 깊다. 메이지 초기에는 호기심에 불타서 세상구경하러 열심히 돌아다녔지만, 단지 비가 온다는 이유로 예정된 행사를 취소할 정도로 천황은 외출을 싫어했다. 그 대신 이미지 관리를 시작했다. 우선 천황의 얼굴과 모습을 대중에게 선보일 필요가 있었다. 천황이 최초로 사진을 찍은 것은 메이지 6년(1873)이다. 그러나 이 사진은 외국의 외교관이나 고위관료에게만 하사되었고 민간판매는 금지하는 방침을 취했다. 천황이 연예인이 아닌 이상 사진을 찍어 닥치는 대로 살포하는 것은 곤란했으며, 어디까지나 위엄 있고 신성불가침의 존재가 되길 원했기 때문이다.

동전이나 지폐에 천황의 초상을 넣는 문제 역시 결국 거부된다. 국민들이 화폐를 함부로 다루면 천황에 대한 신성모독이 될 우려가 있다는 것을 이유로 들었다. 우표도 마찬가지 이유로 거부되었다. 민간에게 널리 메이지 천황의 모습이 배포된 것은 사진이 아니라 초상화 형태였다. 천황이 사진 찍는 것을 무척이나 싫어했던 탓이다. 이상적 군주의 이미지에 어울리도록 초상화를 그린 장본인은 일본 화폐의 도안을 담당한 이탈리아 출신의 화가 치오소네(Chiossone)이고, 이 초상화를 궁정사진가가 사진으로 찍어 초상화의 사진판을 배포했다. 최초에 이것을 요청한 사람은 일본의 고등교육기관을 정비한 모리 아리노리다.

메이지 20년(1887)에 모든 고등교육기관에 천황의 초상화 사진판이 하사된 것을 시작으로 점점 확대되었으며, 급기야 늘어나는 수요를 감당하지 못하고 메이지 25년(1892)에는 초상화 사진의 '복사'를 허락하게 된다. 이것은 메이지 헌법이 공포되고 천황제 국가가 법적으로 확고하게 확립된 것과 관계가 깊다. 이 무렵부터 천황의 행차는 사실상 중지되었다. 천황의 초상화 사진을 자라나는 미래의 어린이와 청소년들을 가르치는 교육기관에게 우선적으로 배포한 것은 의미심장하다. 천황의 신성함과 신비성을 부각시키기 위해 일선학교에 배포된 천황의 초상화 사진은 나중에 배포된 교육칙어와 함께 귀한 보물처럼 매우 엄중하게 취급하도록 교육당국으로부터 명령받았다.

한편, 메이지 4년(1871) 11월 17일에는 대상제(大嘗祭)가 거행되었다. 대상제는 가을추수 후에 백제신과 신라신에게 제사를 지내던 신상제(新嘗祭)와 본질적으로 아무런 차이가 없고, 다만 천황의 즉위를 기념한다는 의미에서 단 한번만 시행되는 것이다. 그렇기 때문에 단지 천황과 조정의 행사만은 아니다. 제사를 지낸 후에는 왕과 신하들이 모여 음식을 나눠먹기 마련이다. 여기에는 각국의 외교관과 정부 관료들이 참석한 것은 물론이고, 심지어 정부가 설립한 관립학교의 생도들에 이르기까지 음식이 하사되었다.

대상제 당일 전국 각지에서 이것을 축하하는 의식이 행해졌으므로 그야말로 국가적 행사로서 치러졌다. 대규모 제사를 통해 널리 국민들과 외교관들에게 천황의 존재를 알린다는 것은 근대에 어울리는 서구적인 군주상보다는 유교적 군주의 모습과 유사하다. 사실 천황은 유교적 관점에서 '덕'이 있는 군주로 키워지도록 교육을 받았다.

단발을 한 상태로 서양 군복을 입고 사진을 찍는 등 서구적 군주의 이미지를 연출했으나, 본질적으로는 유교 군주를 이상향으로 교육받고 성장한 인물이다. 또한 이러한 행사의 개최를 통해 천황이 정치적 군주에 그치지 않고, 종교적 군주이기도 하다는 이미지를 만들려고 노린 것은 물론이다.

메이지 초기, 신도(神道)를 육성해 서양의 기독교처럼 국가종교로 만들려고 했던 것이 사실이다. 이를 위해 기독교와 불교를 탄압하고 태정관과 대등한 지위를 갖는 신기관을 부활시킨 것은 앞서 설명한 대로다. 그러나 신기관의 지위는 갈수록 하락하여 결국 내무성 산하의 부서 중 하나로까지 격하되고 말았다. 실제 국민들에게 미치는 영향이라는 관점에서 볼 때 신도와 관련이 깊은 날을 공휴일로 정한 것이 효과가 컸다. 메이지 6년(1873)에 정한 국가 공휴일에는 메이지 천황 탄생일(천장절), 메이지 천황의 아버지인 고메이 천황의 제사일, 일본의 단군에 해당하는 진무(神武) 천황의 즉위일과 제사일 등을 집어 넣어서 은연중에 신도가 국가종교라는 인식을 국민들 스스로 느끼게 만들었다. 특히 공휴일에 학교행사를 통해서 자라나는 청소년들에게 천황과 관련이 깊은 '제사'의 중요성을 주입시켰다. 그래서 신도가 국가종교이고 천황이 종교 군주라는 점은 서서히 자리잡혀 가기 시작했다.

천황에게 부여된 또 다른 이미지는 대원수로서 '군사군주'라는 상징성이다. 특히 메이지 3년(1870) 4월에는 무려 1만 8천명이 참가한 대규모 군사연습에 천황 스스로 지휘하고 열병했는데, 일반인들이 길에서 군대가 행군하는 모습을 구경하는 것은 물론이거니와 외국인의 관람도 지정된 장소에서 허용했다. 이것이 일반 국민들 앞에 천황이 직접 모습을 드러낸 최초의 사례다.

비록 군복을 입은 차림새는 아니지만 마차에 타고 행차하는 베일에 가려진 신비스러운 스타일에 비하면 훨씬 파격적이었다. 또한 천황이 관공서에 행차하기 시작한 것은 메이지 4년(1871) 9월 오늘날 국방부에 해당하는 병부성을 방문한 것이 최초였다.

한편, 일본 정부가 설립한 수많은 국공립학교 중에서도 사관학교나 육군대학교는 제국대학과 아울러 천황이 직접 졸업식에 참석해 우등생을 포상한다는 이례적인 특혜를 받았다.

주목을 끄는 점은 천황의 행동이 주변의 억지 권유가 아니라 자발적인 동기에서 비롯된 것이 많다는 점이다. 메이지 천황은 소대나 대대 규모의 병력을 소집해 스스로 지휘하는 전쟁놀이를 무척이나 좋아했다. 군사상 실권이 없었음에도 불구하고, 스스로가 유일무이한 계급인 대원수라는 지위에 강렬한 자의식을 가지고 있었다는 점은 예사롭게 보이지 않는 것이 사실이다. 군부 역시 자신들의 위상을 높이기 위해 천황이나 황족을 적극 활용했다. 특히 황족의 경우 장군의 계급을 부여받고 군부를 위한 얼굴마담 역할을 해 천황의 군대라는 이미지를 심는 것에 나름대로 한몫을 하는 경우가 많았다. 그 중에서도 육군 참모총장 등을 역임한 다루히토 친왕이 가장 대표적인 인물이다. 다루히토 친왕은 왕정복고의 쿠데타가 성공한 직후 신정부의 총재로 임명된 것을 비롯해, 서남전쟁 당시에도 정부군 총지휘자로 임명되었다. 게다가 좌대신에 임명되는 등 정치판과 군부를 넘나드는 그야말로 메이지 시대의 대표적 얼굴마담에 해당하는 인물이다.

일본이 군국주의로 향하는 과정에서 메이지 천황의 책임이 문제되지 않을 수 없다. 천황이 군부에게 이용당하는 존재였다는 점만을 강조한다면, 그에게 책임을 묻는 것은 부당하다고 생각될지도 모른다. 그러나 메이지 천황은 꼭두각시에 불과한 존재가 결코 아니다. 따라서 군국주의화를 리드한 장본인은 아닐지라도 방조하고 묵인한 책임은 분명히 있다고 생각한다.

천황이 도깨비 방망이 같이 이용가치가 무궁무진했다는 점은 '개화(開化) 군주'로서의 이미지 만들기에서도 잘 나타난다. 급속한 속도로 근대화와 부국강병을 추구하던 번벌정부는 근대화에 잘 적응하는 모범으로 천황을 이용했다. 메이지 4년(1871) 천황이 신하들과 최초로 육식을 한 것을 계기로 육식 금지가 해제되었고, 프랑스식 요리가 궁중요리로 채택된다. 본래 도쿠가와 막부는 네발 달린 짐승의 고기를 먹는 것을 금지했었다. 육식이 영양분이 많고 체력향상에 좋다는 사실이 알려지자 정부 차원에서 일반국민들에게 육식을 권장했지만, 육식을 기피하는 관습은 쉽게 타파되기 어려웠다. 그래서 천황을 이용한 것이다.

또한 복장에 있어서도 천황이 솔선수범해 양복을 입고 공식석상에 등장하기도 했다. 이를 위해 극비리에 요코하마의 외국인 재단사를 불러 치수를 재고 양복을 만들게 시켰다. 게다가 메이지 6년(1873) 3월에는 천황이 머리카락을 자르는 단발을 하면서 개화군주로서 천황의 이미지가 완성단계에 도달했다. 천황을 내세워 국민들에게 근대화의 모범을 보이려는 시도는 좋은 성과를 가져왔지만, 정부 내외의 보수파로부터 천황을 방패삼아 맹목적으로 서구문명을 모방한다는 격렬한 비난이 쏟아지는 주요한 원인 중 하나였다는 것도 사실이다. 사실 천황은 외국인과 만나는 것을 싫어하고 사진찍는 것도 꺼려했으며, 서구 열강의 외교관들을 의식해서 천황과 황후를 동등하게 보이려 하는 연출 행위에 강렬한 거부감을 드러냈다. 특히 황후가 천황과 같은 높이의 의자에 앉는 것을 매우 못마땅하게 생각했고, 황후 하루코(美子)가 천황의 옆에 서서 팔짱을 끼는 행위에는 적개심마저 노골적으로 드러낼 만큼 보수적이었다.

폐번치현이 실시된 이후 궁중을 개혁하고 통제하기 위해 사쓰마번의 성충조 출신이자 오쿠보의 심복인 요시이 도모자네(吉井友實)가 궁중에 들어갔고, 모든 궁녀를 파면하는 등 천황의 신변정리를 시작한다. 아울러 천황을 현명한 군주로 키울 목적으로 학식을 갖춘 인물을 선발해 개인교습을 실시했다. 오쿠보나 이와쿠라 등이 의도한 것은 천황의 교양과 학식을 높여서 뛰어난 군주로 만드는 데 있었다. 그러나 이를 계기로 천황의 측근세력이 만들어지게 되었다.

천황에게 직접 강의를 한다는 것은 권력자와 물리적 거리가 매우 가까워진다는 것을 의미한다. 게다가 스승과 제자의 관계로 접근하는 것이므로 훌륭한 스승이라면 제자에게 지대한 영향을 끼치는 것은 당연하다. 천황에게 강의를 하며 신임과 총애를 받은 사람으로 모토다 나가자네(元田永孚)를 들 수가 있다. 구마모토 출신의 모토다는 천황을 덕이 있는 '유교적' 군주로 육성하기 위해 혼신의 힘을 다해서 노력했다.

모토다는 단지 천황의 교육에만 힘을 쏟은 것이 아니라 일본이 진정한 군주제 국가가 되길 원했으므로, 번벌정치가를 배제하고 천황이 직접 통치하는 것이 가장 이상적인 통치형태라는 생각도 가지고 있었다. 이러한 자신의 이상을 실현하기 위해 메이지 10년(1877) 8월에는 '시보(侍補)' 제도를 만들었다. 그는 메이지 천황의 두터운 신임을 바탕으로 천황이 직접 정치에 개입하도록 여러 가지 조치를 취했다. 단지 결재서류에 도장을 찍어주는 존재가 아니라, 직접 각료 회의에 참석하고 대신들의 상주를 받아 필요한 지시를 내리도록 만들었다.

정한론 정변으로 권력을 잡은 오쿠보는 모토다가 천황의 신임을 배경으로 암약하는 것에 별다른 견제를 하지 않았다. 정치력에 자신 있는 그는 천황의 측근세력에게 경계심을 느낄 필요가 없었다. 게다가 그는 암살되기 직전 시보세력의 요청으로 궁내경에 취임하기도 했다. 오쿠보가 암살되기 2개월 전 시보로 궁중에 들어간 사사키 다카유키(佐佐木高行)가 설득한 덕분이다. 모토다는 정치적으로 무명의 인물이었다. 그러나 사사키는 도사번 출신으로 이와쿠라 사절단에도 참가했었고, 좌원의 부의장을 역임하는 등 정부 실력자들과 친분이 두터웠다. 사사키를 영입하는 것을 계기로 천황의 측근세력들은 핵심적 권력자와 의사소통의 통로를 확보하게 된다.

이러한 와중에 느닷없이 오쿠보가 암살당하자 궁중 세력은 천황과 시보들의 권력 증식에 더욱 박차를 가했다. 오쿠보가 암살되고 불과 4일째인 메이지 11년(1878) 5월 18일에 천황이 매일 각료회의에 참석하며, 여기에 시보도 배석하는 것은 물론이고 시보가 정치에 적극적으로 관여할 수 있도록 요청했다. 이에 대해 오쿠보의 후계자로 내무경과 궁내경의 자리를 물려받은 이토 히로부미는, 시보가 정치에 직접 관여하는 것을 완강하게 거부한다. 정치적으로 천황을 보좌하는 것은 각료들이지 시보가 아니기 때문이다.

마치 중국의 환관을 연상시키는 것처럼 천황의 신임을 바탕으로 직접 정치에 개입하려는 시보들의 움직임은, 이와쿠라를 비롯한 정부의 실력자들에게 경계심을 불러일으키지 않을 수 없었다. 오쿠보 사망으로 번벌정부가 약체화되자 이를 보완하기 위해 이토는 절친한 친구이자 죠슈벌의 차세대 주자인 이노우에 가오루를 다시 정부에 복귀시키려 추진했다. 여기에 대해 시보들은 이노우에가 부패한 인물이라는 이유로 제동을 걸며 인사문제에 개입하려고 시도한 적도 있었다.

메이지 11년(1878) 가을부터 다음해 초에 이르는 시기에 시보들의 위세는 절정에 달했다. 시보는 천황에게 강의를 하는 시강(侍講)의 상위에 있는 고위관직으로 정식 인정받았으며, 궁내성의 유력한 인물들을 시보로 포섭해 강력한 정치세력으로 만들어 나갔다. 여기에 자신감을 얻은 모토다와 사사키를 리더로 하는 시보세력들은 유명무실한 기관으로 전락한 원로원의 권한 강화와 국회 설립을 주장하는 등 통치구조의 수정에까지 손을 뻗었다.

천황의 절대적인 신임을 얻고 있었으므로 사사건건 정치에 개입하는 시보세력의 활동을 노골적으로 탄압하기는 불가능했다. 이러한 점을 잘 알고 있는 모토다는 시보를 정치적으로 각료와 대등한 지위에 서도록 만들려는 구상마저 세우고, 이것을 위해 정한론 정변 이후 재야에 있던 소에지마 다네오미 등 영향력 있는 인물들을 궁중으로 끌어들였다. 아울러 오쿠보가 암살된 이후 세력이 크게 약해진 사쓰마벌과 제휴를 통해 죠슈벌과 맞서려는 시도도 했다.

이렇게 착착 세력을 키워 나가던 모토다를 리더로 하는 시보세력과 이토를 간판으로 하는 죠슈벌의 긴장관계를 배경으로, 다음해인 메이지 12년(1879)에 숙명적 결투를 벌이게 된다. 결투 분야는 모토다가 가장 관심을 가지고 있던 교육문제였다. 결투는 2월 이토가 '교육령(敎育令)'이라는 법령을 제출하며 시작되었다.

이 법령을 실질적으로 기초한 사람은 교육정책의 실권을 장악한 다나카 후지마로(田中不二麿)다. 앞서 말한 것처럼 그는 이와쿠라 사절단에 동행해 선진국의 교육제도를 조사하는 임무를 수행했으며, 이 경험을 바탕으로 미국의 교육제도에 강력한 영향을 받고 교육령의 초안을 만들었다. 교육령의 핵심적인 내용은 미국식 자유방임주의에 바탕을 두고 교육제도를 지방분권적으로 개편하는 것이다. 즉, 사이고가 집권하던 당시 실시된 학제의 획일적이고 중앙집권적 공교육시스템의 문제점을 수정하려고 했다.

모토다는 여기에 대해 2건의 의견서를 집필하고 서구적인 공교육시스템을 정면으로 비판한다. 그는 평소의 신념이던 유교의 충효사상을 도덕교육의 근본으로 삼아야 한다고 주장하는 한편, 중앙집권적인 교육제도와 일본의 역사·지리 등 현실적으로 일본의 상황에 적합한 교육을 중시했다. 여기에 대해 이토는 이노우에 고와시가 집필한 '교육의(教育議)'라는 의견서를 제출하며 반격한다. 이노우에 고와시도 구마모토 출신이므로 공교롭게도 요코이 쇼난의 제자끼리 맞대결을 하게 된 것이다.

정부 내에 유교적 도덕교육의 중시를 주장하는 모토다의 의견에 대해 강렬한 거부감을 가진 사람은 거의 없었지만, 사안 자체가 단순히 교육정책의 문제를 넘어서 정치투쟁의 성격을 가졌던 탓에 타협이나 양보의 여지는 적었다. 이러한 투쟁은 교육정책을 결정하는 총사령관이라 할 수 있는 문부경의 자리를 놓고 절정을 맞이한다. 모토다는 정치적 동지인 사사키 다카유키를 문부경으로 강력히 추진했지만, 결국 외무경으로 조약개정에 실패하고 물러난 사쓰마 출신의 데라지마가 9월 10일 문부경에 임명되었다. 이것으로 결투는 이토의 승리로 끝났다.

그 이후도 모토다는 반격을 포기하지 않았다. 그렇지만 이토의 후원으로 문부경이 된 데라지마에 의해 교육령이 정식 법령으로 아무런 수정도 없이 공포되었으므로 무의미한 반격이었다. 모토다와의 대결에서 승리를 거둔 이토는 10월 13일 전격적으로 시보제도를 폐지해 버린다. 시보세력과 친분이 두터웠던 이와쿠라가 모토다의 지나친 정치개입에 혐오감을 가지고 이토를 지지했기 때문이다. 그럼에도 불구하고 천황의 측근세력들이 완전히 정치 무대에서 사라진 것을 의미하는 것은 아니다.

시보제도의 폐지에도 불구하고 천황이 모토다를 비롯한 측근세력들을 여전히 두텁게 신임했으며, 이토의 정치적 지도력이 오쿠보처럼 강력하지 않았던 이유도 있었다. 포용력이 뛰어난 이토는 모토다를 배척하는 대신 이데올로기 면에서 타협을 하는 방법으로 융화를 도모했다.

사실 이데올로기 면에서 모토다가 주장하는 사상이 받아들이기 힘들 정도로 억지 주장인 것은 결코 아니다. 그가 주장하는 유교적 근검절약론은 경제정책에 있어 긴축정책을 지지하는 이토나 이노우에와 기본적으로 모순되지 않았으며, 유교적 도덕교육 즉, 덕육(德育)의 중시도 유연성을 발휘하면 수용하는 것이 가능한 타당성 있는 논리다.

천황에게 권력을 집중하는 헌법을 만들자는 모토다의 주장도, 장래 천황제 국가에 바탕을 둔 입헌체제를 창출하고자 원하는 정부 수뇌들에게 반감을 가지게 만드는 성질의 것이라고 하기는 어렵다. 다만 국회를 조속히 만들어야 한다는 주장은 선뜻 받아들이기 어렵다는 정도에 불과하다. 이러한 정책적 공감대가 있는 것을 배경으로, 천황의 측근세력들은 시보제도의 폐지 후도 번벌정부 내에서 상당한 영향력을 보유할 수 있었다. 특히 이데올로기 측면에서 그러하다.

메이지 천황은 천황을 정치의 중심에 놓으려는 모토다의 행동을 전폭 지지했지만, 그를 후원할 수 있는 실제적 권력은 가지고 있지 않았으므로 시보들은 정치의 전면에 등장하지 못했다. 천황에게 별다른 권력이 없고 사실상 결재서류에 도장을 찍어주는 존재에 지나지 않는다는 사실은 정한론 정변의 과정에서 적나라하게 드러났다. 애초 사이고를 조선에 사절로 파견한다고 승낙한 천황은, 귀국한 이와쿠라가 사이고의 사절 파견에 반대하는 상주를 하자 여기에 그대로 따르고 말았다.

천황은 그저 신하가 올린 결재서류에 도장을 찍어주는 존재에 지나지 않는다는 사실이 만천하에 폭로된 것이다. 게다가 정한론 정변의 후폭풍으로 근위병 장교나 하사관이 대규모 사직하는 사태가 일어났을 당시, 천황이 직접 궁내경 도쿠다이지를 파견해 동요를 만류했음에도 불구하고 철저하게 무시당했다. 친위부대라 할 수 있는 근위병조차 마음대로 통제하지 못하는 무기력한 천황의 권위는 크게 하락하지 않을 수 없었다. 그러나 메이지 헌법이 공포된 후 통치구조의 위기가 찾아오자 천황은 번벌세력을 제치고 직접 나서 정치군주로서 매우 중요한 역할을 하게 된다. 이점은 나중에 자세히 다룬다.

3
구로다 내각과 초연(超然)주의

　오쿠마를 외무장관으로 포섭하는 것에 성공한 이토는 마무리 단계에 접어든 헌법 제정에 전념하기 위해 내각을 포기하기로 결심을 굳혔다. 이미 이노우에가 추진한 조약개정 교섭의 실패로 이토는 내각 유지에 별다른 미련을 가지지 않았다. 문제는 후임 수상을 누구로 하는가에 있었다. 이토는 구로다를 처음부터 후계수상으로 점찍었다. 삿쵸 번벌정권의 균형을 유지하기 위해서는 이토의 후임으로 사쓰마 출신이 되어야 하고, 사쓰마벌의 대표주자 구로다가 적임자라는 것은 누구의 눈에도 분명했다.
　그 어느 법률에도 사쓰마와 죠슈 출신이 교대하며 정권을 담당한다는 규정은 없었다. 그러나 메이지 정부가 삿쵸세력이 균형을 이룬 상태에서 성립한 번벌정부인 이상 당연히 도출되는 결론이다. 마치 법으로 규정할 필요가 없을 정도로 누구나 알고 있는 전제조건인 셈이다.
　농상무 장관 다니 다테키가 이노우에의 조약개정에 반대하고 사임하자,

이토는 구로다를 후임으로 임명했다. 이것은 후임수상이 자리를 거절하는 구로다에게 내각을 넘기기 위한 사전포석이었다. 구로다는 진지한 기분으로 이토 내각을 인수한 것은 아니다. 어디까지나 헌법 제정에 전념하려고 사직하는 이토를 대신해 내각을 돌본다는 마음가짐을 가졌다.

그렇기 때문에 구로다의 절친한 친구 에노모토 다케아키(榎本武揚)가 체신장관과 농상무장관을 겸임한 것을 제외하고 나머지 각료는 전원 유임이 결정되었다. 그러나 구로다 내각이 처한 현실은 그렇지가 않았다. 헌법 제정과 공포라는 역사적 사건을 처리해야 했고, 아울러 보안조례로 한동안 주춤했다가 다시 불타오르기 시작한 고토 쇼지로의 대동단결운동에도 대처해야 했다. 게다가 외무장관이 된 오쿠마가 추진하는 조약개정 교섭을 성공시켜야 한다는 과제도 있었다.

한편, 이토 히로부미는 구로다 내각이 정식으로 설립되기 2일 전인 메이지 21년(1888) 4월 28일 헌법 제정을 전담하는 추밀원을 창설하고 의장에 취임했다. 또한 무임소 장관의 자격으로 구로다 내각에 형식상 참가하는 배려도 잊지 않았다. 당시 이토는 죠슈 출신인 그가 추밀원 의장으로 내각을 후원하고, 사쓰마 출신이 내각을 이끌어 정국을 운영하는 것을 이상적 권력배분으로 생각했다.

막상 내각을 떠맡았으나 구로다는 그 자신의 정치적 재능에 의존할 만큼 뛰어난 정치력을 가지고 있지 않다는 사실을 스스로 잘 알고 있었다. 그래서 그는 유력한 인물을 영입해 내각을 강화하는 방안을 추진한다. 우선 표적이 된 인물은 이노우에 가오루였다. 구로다는 이노우에를 설득해 공석인 농상무장관에 취임하도록 했다. 이노우에는 난폭한 성격의 구로다를 꺼려했으나 구로다의 요청을 받은 이토의 주선이 효과를 거두어 구로다 내각에 참가한다.

이를 계기로 이노우에는 지방자치를 표방하며 정부를 지지하는 전국적 규모의 강력한 여당을 만들려 획책하였다. 여기에는 정부에 복귀한 오쿠마의 부하들을 흡수해 개진당 세력을 자신의 것으로 만들려는 의도가 배후에 있었다. 그러나 다른 것도 아니고 정당을 만들자는 구상이므로 정부 내에 동조자가 거의 없었다. 또한 이노우에 스스로가 자신이 세운 구상을 실현할 만큼 정치력이 뛰어난 인물도 아니며, 지지자를 끌어들일만한 전국적 명망도 없었던 탓에 결국 흐지부지되고 만다.

구로다는 단지 이노우에의 영입에 만족하지 않았으며, 대담하게도 대동단결운동을 추진하고 있었던 고토 쇼지로의 포섭에 나섰다. 고토는 보안조례에 의한 탄압에도 불구하고 대동단결운동에 매진했다. 경찰이 철저하게 감시하고 위압을 가하는 상황에 굴하지 않고, 각지를 돌아다니며 열심히 유세활동을 펼쳐 번벌정부의 신경을 건드렸다. 구로다는 고토의 주변 인물들을 체포하면서 압박을 가했지만, 고토는 태연하게 행동하면서 자신의 길을 갔다. 그가 몸을 사리지 않고 전국을 순회하는 유세를 한 덕분에 대동단결운동은 많은 지지를 모았다. 그러나 문제점 역시 존재했다.

대동단결운동을 통해 자유당이나 개진당 계열을 비롯한 다양한 많은 세력을 결집하는 것에는 성공했지만, 이들을 통합하고 이해관계를 조정하는 점에 있어서는 커다란 어려움을 겪지 않을 수 없었기 때문이다. 대동단결운동에 참가한 세력은 크게 나누면 자유당 출신의 과격파·온건파·보수파로 나눌 수 있었고, 세밀하게 분석하면 고토의 측근그룹을 비롯해 최소한 12개 이상의 그룹이 존재했다. 아직 구체적인 분열의 조짐은 보이지 않았으나, 장래 내부적으로 서로 반목하고 대립할 것은 의문의 여지가 없었다.

마침 이러한 때 구로다로부터 은밀히 입각 제의가 들어온 것이다. 고토의 측근과 주변 인물들은 이에 찬성했다. 뜬구름을 잡는 식의 실체가 없는 대동단결운동에 매진하는 것보다는, 내각에 들어가 구체적인 정책을 집행하고 시행하는 것이 바람직하다고 권유했다. 현실적으로 아무리 많은 세력을 결집해도 정당에 바탕을 둔 정당내각은 실현가능성이 거의 없었던 것처럼 보이던 시절이다. 이타가키 역시 찬성의 뜻을 나타내자 고토는 결심을 굳혔다. 그가 정식으로 구로다 내각의 체신장관으로 입각한 것은 메이지 22년(1889) 3월 22일이다.

구로다는 고토의 영입으로 내각의 강화보다는 대동단결운동을 저지하는 효과를 노렸다. 이것은 이토 히로부미가 오쿠마 시게노부를 외무장관으로 영입한 것과 동일한 취지였다. 구로다의 기대에 어긋나지 않게 대동단결운동은 5월 말에 2개의 그룹으로 분열한다. 표면적 분열의 이유는 대동단결을 정치적 결사로 하느냐, 아니면 비정치적인 단체로 하느냐가 쟁점이었지만, 사실은 고토의 입각에 대해 지지하느냐, 배신으로 간주하느냐의 시각 차이가 결정적인 원인이었다. 고토는 재야에 있는 이타가키에게 분열을 수습해 줄 것을 의뢰했으나 헛수고였다. 그러나 나중에 오쿠마의 조약개정 교섭을 둘러싸고 저절로 분열이 수습되는 상황으로 돌변한다.

메이지 22년(1889) 2월 1일 역사적인 헌법 공포가 행해졌다. 헌법뿐만 아니라 황실전범·국회법·선거법·귀족원령 등 통치구조의 핵심에 관계되는 헌법적 법률도 동시에 발표되었다. 재야에서는 루소의 인민주권론을 일본에 소개하고 도입해 자유당을 사상적으로 뒷받침한 나카에 쵸민(中江兆民)처럼 냉소적이면서 신랄한 반응도 있었다. 그러나 일반 국민에게는 경사로 받아들여졌다.

일본 특유의 만세삼창이 최초로 시작되는 전례를 만들 정도였다. 재미있는 사실은 원래는 "만세! 만세! 만만세!"를 하려다가 불발로 그쳐서 만세삼창으로 변질되었다는 점이다. 헌법 공포식이 끝나고 오후에 제1사단의 열병식이 개최되었는데, 여기에 참석하는 천황이 지나갈 때 도쿄제국대학의 학생들이 "만세! 만세! 만만세!"를 외치기로 사전에 결정되어 있었다. 그런데 만세 소리에 천황이 탄 마차의 말이 놀라는 바람에 "만만세!"는 하지 못했다. 그 이후 천황을 맞이할 때 그냥 만세삼창만 하기로 바꿨다고 한다. 아무튼 대부분의 국민들이 헌법의 내용을 정확하게 이해한 것은 아니다. 그저 서구 열강과 대등한 수준의 헌법을 가지게 되었다는 사실에 기쁨과 만족을 나타낸 것에 불과했다. 헌법에 국민의 권리인 기본권에 관한 사항이 거의 규정되어 있지 않다는 점에 대해 불만을 나타내는 사람도 없었다.

국가적 경사를 맞이해 보안조례에 의해 탄압받던 인사들을 사면하고, 역적으로 몰린 에토 심페이, 사이고 다카모리 등도 복권되었다. 그러나 장래 입헌정치의 운명을 암시하듯이 헌법 공포식에 참석하려 집을 나서던 모리 아리노리가 암살되는 사건도 일어났다. 도쿠시마(德島)현에서 신사(神社)의 관리자로 일하던 니시노 분타로(西野文太郎)가 모리를 암살하려는 음모에 관한 제보를 전달한다고 접근한 다음, 마차를 기다리며 방심하던 모리를 느닷없이 등 뒤에서 칼로 찌른 것이다.

암살의 동기는 모리가 이세신궁(伊勢神宮)에 참배했을 당시 신발을 벗지 않고 무례한 불경행위를 했다는 것을 이유로 들었다. 문제는 그 사건이 메이지 20년(1887) 12월에 발생했다는 점이다. 이미 1년도 지난 사건을 가지고 하필이면 헌법을 발포하는 당일에 저지른 것은 불길한 사건이라 하지 않을 수 없었다. 모리는 칼에 찔린 후 즉시 사망하지 않았으나 그의 죽음과 아울러 일본의 교육정책을 일관되게 추진할 방향타가 사라졌다.

헌법 공포의 다음날 구로다는 지방관들을 소집해 유명한 '초연(超然)주의'에 관한 연설을 했다. 연설의 요점은, 정부는 당파나 정당에 대해 초연한 태도를 가지고 통치에 임한다는 것이다. 마지못해 정당의 존재를 인정하기는 했지만 결코 그들과 같이 정치를 하지 않겠다는 뜻을 분명히 나타냈다. 초연주의에 따라 내각은 국민이나 정당에 대해 책임을 지지 않고 오직 천황에 대해서만 책임을 진다는 결론이 자연스럽게 도출되었다. 이토 역시 추밀원 의장의 자격으로 지방자치단체 간부들을 소집해 이것과 동일한 취지의 연설을 했다. 초연주의는 상당히 애매한 개념이지만, 핵심은 번벌정부가 이타가키나 오쿠마가 만든 정당에 권력을 양보하지 않겠다는 것이다. 즉, 민주주의가 정착되면 자연스럽게 발생하는 '정권교체'를 부정하는 것은 아니나, 번벌정부 내부의 정권교체는 가능해도 번벌정부와 정당 사이의 정권교체는 인정할 수 없다는 논리였다.

메이지 헌법에는 정당에 관한 규정 자체가 아예 없었으므로 반드시 정당정치를 부정한다는 점을 전제로 하지 않았다. 그럼에도 불구하고 이토가 처음부터 정당정치에 대한 노골적인 거부감을 드러낸 것은 정치가로서 생애 최대의 실수가 되고 말았다. 제대로 입헌정치를 발전시키려 한다면 정당의 존재는 필요불가결하다는 사실을 인식하지 못한 것이다. 입헌정치를 위해 정당이 필수적이라는 사실을 이토가 깨닫기까지는 헌법을 제정하고 나서 무려 10년의 시간이 필요했으며, 급기야 나중에는 정우회(政友會)라는 정당을 스스로 설립하는 지경에 이르렀다.

다른 국가의 제도나 법률을 모방하면 단기간에 자국에 도입하고 손쉽게 정착시키기 가능하게 된다. 그러나 최초에 모방의 상대방을 신중하게 잘 골라야 한다. 이토가 영국식 입헌정치를 모방했다면 이러한 중대한 실수는 하지 않았을 것이다. 그는 자유민권운동을 의식해 영국식 의회정치를 받아들이지 않으려 했지만, 이것이 도리어 독일식의 어설픈 입헌정치를 도입하는 결과가 되었다.

다른 한편 구로다의 경우 초연주의를 표방했음에도 불구하고, 자유당과 깊은 관계가 있는 고토 쇼지로를 체신장관에 영입한다는 초연주의 논리에 모순되는 행동을 했다. 또한 구로다 내각의 외무장관이자 2인자인 오쿠마 역시 개진당을 창당한 장본인이다. 초연주의를 표방하면서 유력한 정당정치가를 내각에 끌어들이는 사실은, 이미 초연주의가 비현실적이고 관념적인 것에 지나지 않는다고 적나라하게 드러낸 사례라 해도 과언이 아니다.

물론 구로다의 입장에서는 초연주의에 어긋나는 것이 아니라 나름대로 초연주의를 유지하는 행동이었다. 고토를 영입해 대동단결운동을 분열시키고 오쿠마나 이노우에를 내각에 장관으로 묶어둠으로써, 정당의 반정부적 활동이나 창당 움직임을 현저히 약화시켰기 때문이다. 이것이 거국일치를 실현시키고 초연주의를 관철하기 위한 고도의 정치적 계산에서 나온 행동이라 주장한다면 그럴듯하게 들리는 것도 사실이다. 구로다 이후 초연주의를 표방하면서 정당에게 접근하는 내각은 대부분 이러한 논리에 입각해 자신의 행동을 정당화했다고 해도 과언이 아니다.

구로다 내각의 각료들은 대부분 이토 내각의 구성원을 그대로 계승했으므로 내무장관 야마가타 아리토모를 비롯한 쟁쟁한 실력자들이 많았다. 특히 외무장관 오쿠마는 구로다의 절대적 신임과 지지를 받으며 사실상 부총리나 마찬가지였다. 행정실무에 어두운 구로다는 내각을 통제하거나 장악하려 하지 않고, 쟁쟁한 각료들의 자유방임에 맡기는 태도를 취했다. 이러한 상황에 대해 이토와 이노우에 가오루는 강한 불만을 가졌다. 특히 그들은 구로다가 '이방인' 오쿠마를 통제하지 못하자 오쿠마를 내각에 끌어들인 것을 후회할 정도였다.

이토 내각과 마찬가지로 구로다는 조약개정의 성공 여부에 내각의 정치생명을 걸었다. 그래서 조약개정 교섭에 대해 전혀 간섭하지 않은 것은 물론이고, 오쿠마에게 모든 것을 맡기고 그것에 만족하는 눈치를 보였다. 또한 구로다는 고토 쇼지로를 영입하는 문제에 대해서도 사전에 이토의 양해를 얻지 않는 무신경한 태도를 나타냈다.

이토는 수상인 구로다가 추밀원 의장인 자신과 모든 문제를 상의하고 긴밀하게 협의한 상에서 문제를 처리하길 원했다. 하지만 구로다는 자신이 현직 수상이라는 이유로 이토를 무시했다. 이것은 내각제도를 번벌세력의 굳은 단결을 바탕으로 발전시키고자 생각하는 이토의 의도와 크게 어긋난 것이다.

한편, 조약개정 교섭을 추진한 외무장관 오쿠마는 과거 이노우에의 실패로부터 교훈을 얻고 한층 발전된 방법으로 사업을 추진했다. 우선 이노우에가 택한 서구 열강 외교단과 일괄교섭 하는 방식 대신에 개별교섭으로 바꿨다. 일괄교섭 방식은 영국처럼 영향력 있는 특정한 국가가 반대하면 참가한 모든 국가가 그 영향을 받아 함께 행동하는 불리한 점이 있다는 사실을 고려했기 때문이다. 그러나 이노우에와 마찬가지로 비밀리에 교섭을 추진하는 방침은 그대로였다.

또한 오쿠마는 외무차관 아오키 슈조를 조약개정 교섭에서 사실상 제외시켰다. 아오키가 죠슈 출신이기 때문이다. 즉, 구체적인 교섭내용이 이토를 비롯한 죠슈벌의 핵심인물들에게 누설될까봐 우려한 것이다. 그 대신 심복이자 비서관인 가토 다카아키(加藤高明)에게만 의지했다. 가토는 도쿄대학 법학과 출신으로 똑똑하고 장래가 촉망된다는 점을 인정받아 미쓰비시의 창업자 이와사키 야타로의 장녀와 결혼한 인물이다. 즉, 이와사키 야타로의 사위에 해당하고 미쓰비시 계열에 속했다. 그래서 미쓰비시와 깊이 유착한 오쿠마가 가토를 중용한 것이다.

개별교섭으로 방향을 잡은 오쿠마는 우선 독일을 주목했다. 독일은 과거 이노우에가 조약개정을 교섭하는 과정에서 일본에 호의적인 태도를 취했고, 게다가 급상승하고 있던 국력을 바탕으로 서구 열강 외교단에서 영국 다음으로 영향력을 가지고 있었다. 독일은 예상대로 오쿠마의 기대에 부응했다. 이것에 자신감을 얻은 그는 프랑스와 영국에게도 조약개정의 초안을 넘기고 검토를 요청하며 순조롭게 진행해 나간다. 그러나 역시 영국이 문제였다.

영국은 강경한 태도를 보이며 오쿠마가 추구하는 개별교섭의 방침을 일괄교섭으로 바꾸라고 주장했다. 이미 독일·미국·러시아와 교섭에 성공했지만 영국이 견제하면 모든 것이 물거품으로 돌아갈 우려가 있었다. 영국이 제동을 걸고 나선 이유는 오쿠마가 최혜국조항의 내용을 제멋대로 수정하려 시도한 점이 비위를 건드렸기 때문이다.

오쿠마는 종전에 특정한 국가에게 인정된 특권이 이미 최혜국대우를 받는 국가에게 자동적으로 적용된다는 것을 조건부로 적용된다는 방향으로 고치려 시도하였다. 이렇게 되면 단순히 조약을 일본에게 유리한 방향으로 고치는 정도를 넘어서 평등한 조약으로 발전하는 발판을 마련하는 것이 된다.

서구 열강의 대표자로 영국은 최혜국대우에 관한 좋지 않은 선례를 남길까봐 꺼려했다. 그러나 오쿠마는 자신감과 열정에 가득 차 영국을 집요하게 설득했다. 덕분에 메이지 22년(1889) 6월 무렵에는 유력한 서구 열강의 대부분이 오쿠마의 조약개정안에 동의하는 상황이 되었다. 그러나 조약개정이 거의 실현되기 직전에 엉뚱한 곳에서 문제가 터지고 만다. 조약개정이 헌법에 위반된다는 위헌의 문제가 발생한 것이다.

오쿠마의 조약개정안에는 대법원에 해당하는 대심원(大審院)에 외국인 판사 4명을 12년 동안 한시적으로 임명한다는 내용이 있었다. 이것은 수십 명의 외국인 판사를 임명한다는 이노우에의 방안보다 한층 일본에게 유리한 것이지만, 일본 국민이 공무원이 될 자격이 있다고 규정한 메이지 헌법과 충돌했다. 게다가 외국인은 제1심부터 대법원에 해당하는 대심원의 심리를 받도록 해서 판결 내용에 불만이 있어도 다시 재판을 받을 수 없다는 문제도 있었다.

이 문제를 가장 먼저 지적한 사람은 명석한 두뇌를 가진 무쓰 무네미쓰다. 그러나 오쿠마는 안이하게 외국인을 일본 국민으로 귀화시키면 된다는 발상을 가졌다. 헌법의 규정은 일본 국민이 공무원이 될 자격이 있다고 규정한 것이지, 반드시 외국인을 공무원으로 임명하지 못하도록 금지한 점은 아니라는 나름대로 해석과 분석도 곁들였다. 이것은 본래 구로다의 명령으로 법제국 장관 이노우에 고와시가 만든 아이디어다.

냉정하게 따지면 오쿠마의 주장에도 일리가 있으나, 실제 일반 국민들의 민족주의적 감정과는 커다란 차이가 있었다. 오쿠마는 헌법의 제정과정에 깊이 관여하지 않았으므로 헌법에 대한 고려가 없었다.

그 대신에 그는 조약개정을 멋지게 성공시켜서 주도권을 다시 잡으려 하였다. 그렇기 때문에 이토가 헌법을 제정하는 과정에 전혀 간섭하거나 참견하지 않는 것과 교환조건으로 이토가 조약개정에 간섭하는 것을 용납하지 않았으며, 오직 수상 구로다에게만 자세한 경과를 알린 것이다.

　이러한 와중에 느닷없이 영국의 〈런던타임즈〉라는 신문에 미국과 체결된 새로운 조약의 내용이 폭로된다. 기사의 내용은 오쿠마에게 호의적이었으나 일본에 알려지면서 강렬한 반향을 불러일으켰다. 일본 국내의 분위기는 오쿠마의 조약개정안이 이노우에의 그것과 거의 동일한 것으로 인식했다. 그래서 오쿠마는 전임자 이노우에와 거의 비슷한 취지의 공격과 비난을 받았고, 역시 이노우에가 한 것과 비슷한 논리로 해명에 노력을 기울였다.
　내각 내에서는 수상 구로다와 법무장관 야마다 아키요시(山田顯義)가 오쿠마를 지지했으나 대체적인 분위기는 역시 반대였다. 내각은 분열의 조짐을 나타냈다. 재야에서는 개진당 계열의 신문이 오쿠마에 대한 지지를 표명했고, 이에 동조하는 신문도 제법 있었지만 대동단결운동에 참가한 세력들은 역시 적극적으로 반대했다. 다시 말해 언론도 분열의 양상을 나타낸 것이다.
　단지 오쿠마의 조약개정 교섭에 반대한다는 이유로 8월에 사상과 정치신념의 차이를 뛰어넘어, 대동단결운동에 참가한 세력뿐만 아니라 극우파 보수세력과 민족주의 세력이 가세하는 대연합이 실현되었다. 날이 갈수록 조약개정에 대한 반대 분위기는 국민들의 전폭적인 지지를 바탕으로 작렬했다. 그러나 거국적 차원의 반대에도 불구하고 구로다와 오쿠마는 꿈쩍도 하지 않았다. 특히 오쿠마는 여기서 밀리면 정치생명에 심각한 타격을 입게 될까봐 매우 우려했다.
　그 결과 계속 추진하고 싶다는 오쿠마의 의향에 따라 구로다는 조약개정 교섭을 속행한다고 각료회의에서 정식으로 결정했다. 그래서 사실상 일본 국민이 공무원이 될 자격이 있다는 헌법 조항이 유린되는 상황에 이르렀다. 오쿠마의 조약개정 교섭이 헌법에 위반되는지 여부를 판단할 명확한 헌법재판 기관이 없었으므로, 구로다와 오쿠마에게 제동을 거는 것은 제도적으로 어려웠다. 설사 그러한 제도가 있다 하더라도 헌법은 공포한 후 아직 시행되지 않아서 사용할 수 없었다. 이토가 직접 독일에 유학을 다녀오면서까지 심혈을 기울여 만든 메이지 헌법의 문제점과 허점이 제정 초기부터 적나라하게 드러나기 시작하고 있었다.

추밀원 의장이자 메이지 헌법의 창조자라 할 수 있는 이토가 직접 나서 문제를 해결하는 것이 순리에 맞았지만, 그는 오쿠마와 구로다를 압도할 카리스마를 가지지 못했다. 만약 오쿠보가 살아있었다면 간단하게 해결되었을 문제다. 오쿠보라면 오쿠마와 구로다를 불러 조약개정을 중단하라고 지시하면 그만이다. 오쿠마와 구로다가 감히 오쿠보의 명령에 거역하는 것은 불가능에 가까웠다. 게다가 이토가 오쿠마나 구로다를 직접 공격한다면 사쓰마벌과 죠슈벌 사이의 전면적 전쟁으로 확산될 각오를 해야만 했다. 설상가상으로 오쿠마는 조약개정에 응하지 않는 국가와는 기존의 조약을 일방적으로 폐기한다는 구상을 밝혀 이토를 놀라게 했다. 이것은 물론 영국을 겨냥한 것이다. 영국은 오쿠마의 교섭방침에 불만이 많았고, 확실한 증거는 없지만 앞서 본 것처럼 신문에 폭로해서 오쿠마를 괴롭혔다. 그래서 이러한 초강수를 두려고 한 것이다. 만약 그의 구상이 실현되면 초강대국 영국과 험악한 관계가 될 가능성이 매우 높았다.

혼자서 속병을 앓던 이토는 심복 이노우에 고와시에게 법제국 장관직을 사직하도록 시켜서 구로다에게 간접적으로 압력을 가했다. 헌법 제정에 열중했던 이토는 오쿠마가 조약개정을 극비로 추진했으므로 자세한 경과를 몰랐던 것이 사실이다. 그러나 개정하고자 하는 구체적인 방향과 내용은 구로다, 오쿠마와 함께 협의했으므로 확실히 알고 있었다. 그럼에도 불구하고 조약개정에 관해 전혀 알지 못한 것처럼 행동하며 오쿠마에게 모든 책임을 전가하려 하였다. 그 이유는 자신이 심혈을 기울여 만든 헌법을 오쿠마가 무시하는 태도를 취했으므로 불쾌하게 여긴 것은 물론이며, 오쿠마에 대한 개인적 반감과 라이벌 의식도 있었다.

한편, 내각 내에서는 내무장관 야마가타를 앞세워 조약개정 교섭을 철회시키려는 시도가 나타났다. 야마가타는 지방자치제도를 조사하기 위해 1년간 유럽에 출장을 다녀왔으므로 오쿠마의 조약개정 교섭과 관련해 직접 이해관계가 없었다. 이 점을 이용해 그로 하여금 조약개정 반대에 앞장서 달라고 요구한다는 계획이다.

드디어 야마가타의 귀국을 계기로 10월 11일에 마지못해 각료회의가 열렸다. 그러나 역시 구로다는 이미 조약개정 교섭을 속행한다고 결정했다는 이유로 체신장관 고토의 반대의견을 일축했다. 이것이 계기가 되어 이토는 추밀원 의장을 사임한다. 오쿠마가 사임을 만류하기 위해 직접 방문했으나, 이토는 정작 오쿠마의 면전에서 조약개정에 관해서는 한마디도 하지 않았다. 이토가 추밀원에서 헌법을 심의하면서 보였던 자신만만하고 당당한 태도와는 완전히 정반대였다.

이토를 비롯해 번벌정부의 쟁쟁한 실력자들이 구로다 설득에 실패하고 추풍낙엽처럼 나가떨어지는 상황이 계속되자 메이지 천황이 직접 나서게 되었다. 천황은 추밀원 고문관들이 내각의 각료들과 합동회의를 열어 조약개정에 대해 협의할 것을 구상했다. 이것은 헌법의 규정을 뛰어 넘어 새로운 통치구조를 만들어낼 가능성이 있는 획기적인 제안이다. 그러나 이토는 규정을 내세워 이것을 거부하고 만다.

규정상 조약개정의 교섭이 완전히 끝나고 조인 단계에 도달한 상황이라면 추밀원이 심의하고 간섭하는 것이 가능하지만 교섭 도중에는 불가능했다. 그러나 이토가 천황의 제의를 거부한 진정한 이유는 구로다와 정면으로 대결할 자신이 없었기 때문이다. 게다가 추밀원이 내각과 합동회의를 개최하면 정치의 주도권은 자연스럽게 추밀원에게 넘어가게 된다. 왜냐하면 추밀원은 최소한 12명의 고문관을 두도록 규정하고 있으므로 내각의 각료보다 수적으로 우세에 있었다. 그래서 합동회의에서 다수결로 밀어붙이면 내각의 결정을 뒤집는 것은 어렵지 않았다.

결국 내각과 추밀원의 합동회의를 개최하게 되면 천황과 측근세력이 정치를 장악하는 것을 의미한다. 당시 추밀원 고문관들은 천황의 측근세력이 장악하고 있었기 때문이다. 따라서 선뜻 천황의 제의를 받아들이면 이토가 추밀원을 창설한 본래의 목적을 훨씬 뛰어넘는 새로운 국면이 전개되지 않을 수 없었다. 즉, 구로다 내각의 조약개정 교섭을 저지하기 위해 섣불리 추밀원을 끌어들였다가는 내각제도가 유명무실하게 되고, 천황의 측근세력이 정치에 깊숙이 개입하면서 번벌정부가 더욱 심각한 타격을 입을 가능성이 높았다. 이토는 그 위험성을 간파하고 그 자신이 추밀원 의장이면서도 추밀원이 정치적으로 중요한 역할을 하도록 하자는 제안을 스스로 거부했다.

실망한 천황은 9월 23일 구로다를 직접 불러 각료회의를 개최하라고 지시했다. 구로다는 예상을 뛰어넘는 천황의 적극적인 태도에 일단 놀랐으나, 아예 집에서 칩거하며 밖에 나오지 않고 천황의 명령을 노골적으로 거부했다. 천황의 권위는 일반 국민에게나 통하는 것이지 권력자에게는 통하지 않는다는 사실이 적나라하게 드러났다. 헌법이 공포되고 불과 몇 개월밖에 지나지 않은 시점에서 통치제도의 구조적 약점이 계속 드러나고 국론이 분열하는 상황에서 이를 해결할 인물이 없다는 참담한 상황에 빠졌다.

10월 15일에 천황이 직접 참석해 각료회의가 열렸지만 역시 구로다는 물러서지 않았다. 야마가타가 조심스럽게 반대의견을 말하는 것도 소용이 없었다. 그날 오후 수상한 청년들이 외무성 주위를 배회하며 오쿠마에게 면회를 신청했다. 어느덧 오쿠마는 신변의 위협을 느끼는 상황이 되었지만, 역시 조약개정을 강행한다는 방침에는 변함이 없었다. 이어서 10월 18일에 또다시 각료회의가 열렸다. 전반적인 분위기는 조약개정에 반대였으나, 수상과 외무장관이 조약개정을 지지한다는 구도는 불변이었다. 그런데 회의를 마치고 외무성으로 돌아가던 오쿠마의 마차를 향해 폭탄 테러가 발생한다는 돌발사태가 일어났다. 범인은 극우단체 현양사(玄洋社) 소속의 구루시마 쓰네키(來島

恒喜)였다.

외무성 안에 있는 관사로 향하던 오쿠마를 태운 마차가 외무성 정문을 통과할 무렵 마차를 겨냥해 폭탄을 던졌고, 경비하던 경찰이 체포하려 달려오자 단도로 목을 찔러 자살했다. 오쿠마는 오른발에 큰 상처를 입었으나 신속한 치료 덕분에 생명에는 지장이 없었다. 그러나 결국 다리를 잃고(失脚), 문자 그대로 '실각(失脚)' 해 버린다. 즉, 이중으로 실각한 것이다. 이제 더 이상 버틸 명분이 없어진 구로다는 폭탄테러 발생의 3일 후 사직서를 제출하고 추밀원 고문관으로 물러났으며 조약개정 교섭은 당연히 원점으로 돌아갔다.

천황이 직접 나서도 해결하지 못하는 문제를 홀연히 날아든 폭탄 한 발이 해결한다는 기가 막힌 사태가 전개되었다. 만약 폭탄 테러가 없었다면 상황이 어떤 방향으로 전개되었을지 아무도 장담하지 못했다. 최악의 경우 헌법이 정지되고 삿쵸의 균형상 성립한다는 번벌정부의 권력구조가 붕괴되었을지도 모른다. 구로다는 정치생명에 막대한 타격을 받은 것은 물론이며 자신감마저도 상실했다.

한편, 이토 히로부미는 자신이 직접 만든 통치구조의 문제점을 보완하기 위해 적극적으로 나서지 않았다. 이것은 어떤 물건의 제조업자가 스스로 만든 물건의 결함에 대해 외면하는 것과 마찬가지의 무책임한 태도였다. 이것이 바로 '대정치가' 이토 히로부미의 한계였다. 커다란 정치적 충격의 여파로 후계 내각의 구성은 난항이 예상되었다.

차기 수상은 당연히 죠슈 출신이어야 하고, 적임자는 야마가타밖에 없다는 것이 누구의 눈에도 분명하였다. 구로다는 사표를 제출하며 후임으로 야마가타를 추천했다. 또한 여기서 구로다 혼자만 천황에게 사표를 제출한다는 해프닝도 생겼다. 내각책임제를 취한다면 수상과 각료가 연대책임을 지는 것이 원칙이다. 그래서 수상과 각료 전원이 동시에 사표를 제출하는 것이 옳지만, 역사상 최초의 내각 총사퇴라는 상황에서 어떤 방식으로 사퇴하는지가 명확하게 정해지지 않았던 탓에 각자 따로 사표를 제출하였던 것이다. 구로다 내각이 최초의 내각은 아니지만 이토 내각의 각료들을 그대로 물려받았으므로 내각의 총사퇴는 이번이 최초였다.

4

야마가타 내각과 주권선·이익선

폭탄 한 발로 붕괴된 구로다 내각의 후계자로 지목된 야마가타는 수상 취임을 쉽사리 승낙하지 않았다. 신중하고 치밀한 성격답게 코앞에 다가온 총선거와 국회 개설이라는 상황에 대처할 만반의 준비를 갖춘 후 내각을 만들길 원했다. 이에 따라 내대신 산죠 사네토미가 수상을 겸임한다는 비상식적 편법이 동원되었다. 천황의 명령으로 구로다와 오쿠마를 제외한 구로다 내각의 각료 전원이 임시로 유임해서 '산죠 임시내각'이 탄생했다.

위기상황에서 천황이 직접 통치구조의 안정을 위해 뛰어들었다. 앞서 말한 추밀원과 내각의 합동체제를 창설하려 한 것에서 드러난 것처럼, 천황은 헌법의 규정보다는 정치현실을 중시하는 경향이 있었다. 이처럼 천황은 그에게 절대 충성하는 산죠에게 임시로 수상을 겸임하도록 지시해 내각의 구성에 직접 관여하는 정도로 머물지 않았다. 메이지 22년(1889) 11월 1일에 유명한 원로제도를 시작했다. 천황은 이토와 구로다에게 '원훈(元勳)'이라는 칭호를 수여하고, 국가원로로 취급하는 것을 공인했다.

　통치 구조를 엉망으로 만든 장본인에게 원로라는 명예로운 칭호를 주는 것은 웃기는 일이지만 천황은 개의치 않았다. 천황이 의도한 원로는 단지 창업공신에게 명예로운 칭호를 부여한다는 차원을 훨씬 뛰어넘었다. 헌법에도 없는 별개의 국가기관을 창설하겠다는 의도다. 오쿠마의 조약개정 교섭을 둘러싼 국론분열과 내각의 기능 마비를 통해 헌법의 규정만으로는 해결할 수 없는 악몽과 같은 상황을 경험한 천황으로서는, 초헌법적인 특단의 조치를 취하려 시도하는 것이 어쩌면 당연한 것일지도 몰랐다. 정치적 불안정을 극도로 꺼리는 천황은, 내각에서 사퇴한 인물이라도 번벌정부의 울타리 안에 계속 머물러 있기를 바랐다.

　원로들은 원로회의를 구성해 차기 수상의 후보를 천황에게 상주하는 한편, 국가적 차원에서 중대한 정책의 결정에 간섭하고 내각은 그에 필요한 정보와 국가기밀을 당연히 원로들에게 제공하도록 하였다. 게다가 나중에는 이러한 현상이 마치 법적 의무처럼 확고한 관행으로 정착되었다. 그 결과 소위 말하는 '흑막(黑幕) 정치'가 도래했다. 표면적으로 정치를 담당하는 사람과 배후에서 이를 조종하고 통제하는 실세가 따로 있다는 일본 특유의 흑막 정치를 만든 장본인이 메이지 천황이다. 엄밀히 말하면 원훈과 원로는 별개의 개념이다. 원훈은 천황으로부터 메이지 유신의 공로를 인정받아 직접 칭호를 부여받은 자이고, 원로는 원로회의라는 초헌법적 국가기관의 구성원이기 때문이다. 그래서 오야마 이와오나 사이고 쓰구미치는 원로이지만 원훈은 아니다. 치밀한 사전준비를 거쳐서 만들어진 제도가 아니기 때문에 원로들 사이에서도 권력의 차이가 상당히 컸다. 예를 들어 이토와 야마가타는 기밀문서의 대부분을 제공받아 열람할 수 있었으나, 오야마 이와오의 경우는 사실상 거의 제공받지 못했다. 즉, 원로제도는 관습에 의해 서서히 만들어진 것이기 때문에 내부적으로 상당히 미묘한 점이 있었다.

　원로제도와 관련해서 흥미로운 사실은 현재 우리나라 헌법에 규정되어 있는 '국가원로자문회의'가 메이지 시대에 만들어진 원로제도를 참고해서 만든 것이라고 한때 논란이 일어났던 적이 있었다. 여기에 관한 자세한 언급은 생략하지만, 19세기 일본에서 만들어진 비정상적인 통치관행이 현재 우리나라 헌법에 그림자를 드리우고 있다는 사실이 섬뜩하게 느껴진다.

　야마가타는 내각을 인수하는 조건으로 우선 장래 조약개정 교섭에 관해 분명한 방침을 정하라고 산죠에게 요구했다. 그래서 외국인 판사를 임명하는 것은 위헌이므로 금지한다고 확실하게 못을 박는 한편, 법전편찬의 약속도 서구 열강에 대해서 하지 않겠다는 방침이 정해졌다. 국회가 개설되기 전 조약을 개정하겠다는 희망이 물거품으로 돌아간 이상, 시간의 여유를 가지고 서구 열강과 완전히 평등하고 대등한 조약을 체결하는 방향을 추진한다는 점이 기본 방향이 된 것이다. 이러한 결과 번벌정부는 그 이후 상당기간 동안 조약개정 문제에 적극적으로 나설 수가 없었다.

　한편, 야마가타는 눈앞에 다가온 국회 개설을 앞두고 중의원에 대항하기 위해서, 추밀원 고문관들이 장래 만들어질 귀족원 의원을 겸임하도록 하자는 제안을 하기도 했다. 이것은 영향력과 인망을 갖춘 추밀원 고문관들을 상원에 해당하는 귀족원에 끌어들여 귀족원을 강화하겠다는 발상이다. 결국 추밀원이 유명무실화하는 것에 반대하는 천황의 거부로 물거품이 되었지만, 그는 이것에 실망하지 않고 추밀원의 정비를 포기하지 않았다.

　그 결과 추밀원의 최대정원을 25인으로 제한하는 것과 동시에 헌법 초안을 비롯한 입법에 관한 심의권을 삭제했다. 게다가 추밀원이 천황에게 의견을 상주하는 것도 천황의 자문이 있을 경우에만 가능하도록 수동적 지위를 명확하게 부여했다. 종전에 추밀원은 천황의 자문이 없어도 스스로 회의를 열고 의견을 상주할 수 있도록 되어 있었다. 여기서 추밀원을 적극적으로 이용하지 못한다면 수동적이고 타동적 지위를 명확히 해서 내각의 걸림돌이 되지 않도록 한다는 야마가타의 발상이 잘 드러난다.

아울러 야마가타는 내각제도 자체의 개정도 실현시켰다. 그가 개정의 핵심으로 주장한 점은 총리의 권한을 대폭 약화시키는 것이다. 자신이 수상이 될 예정이면서 총리의 권한을 약화시키려 한다는 사실은 모순되어 보이나, 구로다 내각에서 드러난 문제점을 보완하기 위해 취한 조치였다. 야마가타는 강력한 권한을 가진 수상이 독재화하는 사태를 방지하고자 원했다. 수상과 각료가 심각한 대립을 하는 상황에서도 자동적으로 내각이 붕괴하지 않는 문제점을 시정하겠다는 의도다. 그러나 이것은 결과적으로 내각의 약체화를 초래하고 사소한 충돌에도 내각이 힘없이 쓰러진다는 심각한 부작용을 발생시켰다. 다른 한편 '기밀금'이라는 명목의 비자금을 만들어 정치공작에 활용하도록 만들었다.

이러한 치밀한 준비를 마친 후 야마가타는 내각을 인수했다. 현역 육군 중장의 신분을 그대로 유지했으므로 현역군인이 수상이 되는 좋지 않은 전례를 만들었다. 각료 구성에서 두드러진 특징은 차관을 장관으로 승진시키는 구도를 최초로 만들었다는 점이다. 외무장관에 임명된 아오키 슈조는 외무차관에서 승진한 경우이고, 농상무장관에 임명된 이와무라 미치토시(岩村通俊)도 역시 마찬가지다.

차관을 장관으로 승진시키는 조치를 취한 것은 관료벌의 환심을 사서 자신의 세력을 확대하려는 흑심이 밑바탕에 있었기 때문이다. 육군장관과 해군장관의 경우 변동이 없었고, 고토 쇼지로는 체신장관에 임명되었으며 마쓰카타 마사요시 역시 유임되었다.

전체적으로 각료의 출신성분을 분석한다면 겉으로는 사쓰마와 죠슈 출신이 각각 3명씩 차지해 번벌의 균형이 유지되었다. 그러나 실제로는 죠슈벌의 압도적 우위였다. 마쓰카타가 장악한 대장성을 제외한 나머지 핵심적 부서는 야마가타의 영향력 아래에 있었기 때문이다. 게다가 그는 수상이면서 내무장관을 겸임했다. 교활하게도 수상의 권한을 대폭적으로 약화시키는 대신, 스스로는 내무장관을 겸임해서 그 약점을 보완한 것이다.

최초의 국회의원 선거를 앞두고 야마가타는 불안감을 떨쳐내지 못하고 내각을 강화하는 방안을 추진했다. 문부장관 에노모토 다케아키에게 사임하도록 지시하고 그 대신 야마가타 파벌의 직계에 속하는 요시카와 아키마사(芳川顯正)를 임명했다. 그러나 가장 중요한 점은 농상무장관에 주미공사로 재직하던 무쓰 무네미쓰를 임명한 것이다.

무쓰는 앞서 말한 것처럼 서남전쟁이 발발하자 도사번의 이타가키에게 접근해 무장봉기의 반란음모를 꾸몄다. 하지만 이러한 움직임이 오쿠보가 파견한 스파이에게 탐지되어 이타가키의 측근들은 거의 대부분이 체포되었다. 체포된 이타가키의 측근들은 이타가키를 연루시키지 않으려고 한사코 침묵을 지켰다. 무쓰도 역시 체포되었으나, 이타가키가 반란음모의 배후에 있다는 사실에 대해 끝까지 침묵을 지켰다. 그래서 이타가키는 체포되어 감옥에 투옥되는 것만은 면할 수 있었다. 이러한 의리 있는 행동으로 무쓰는 이타가키와 그 측근들에게 호감을 사게 되었고, 여기에 착안한 야마가타는 무쓰에게 중의원 제1당인 자유당에 대한 정치공작을 맡길 심산이었다.

반역죄로 징역 5년을 선고받고 투옥되어 있는 동안 무쓰는 이토 히로부미와 친분을 다시 회복했다. 이토는 무쓰가 반란을 일으키려 했다는 사실에 개의치 않고 오히려 먼저 무쓰에게 접근을 했다. 이토의 성격상 장점이 바로 뛰어난 포용력이다. 이러한 이토의 호의에 힘입어 투옥기간도 짧아졌고, 출감 후 외국으로 유학가도록 알선도 해주었다. 게다가 다시 외교관으로 재기하는 것도 도와주었다. 그래서 무쓰는 반역자에서 이토의 심복부하이자 절친한 친구로 새롭게 태어났다.

이러한 무쓰를 야마가타에게 각료로 등용하도록 권유한 것도 역시 이토였다. 그러나 사실은 무쓰를 위해서라기보다는 야마가타의 집요한 공세를 저지하기 위한 측면이 더 많았다. 다가오는 국회에 대해 대처할 확실한 자신감이 없었던 탓에, 야마가타는 이토를 내무장관으로 영입해 책임을 분담하려 획책했다. 입헌제도를 창설한 장본인에게 의회에 관한 대책을 전부 떠맡기려는 것이 야마가타의 본심이었다. 이토는 이를 뿌리치기 위해 무쓰를 대타로 추천한 것이다. 야마가타는 천황에게 이토를 설득해 달라고 의뢰했지만, 이토는 천황의 부탁에도 불구하고 완강히 거부했다.

집요한 요청을 한사코 물리친 이유는 그도 역시 의회에 대한 확실한 대책이 없었고, 야마가타에 대한 강렬한 라이벌 의식도 있었기 때문이다. 입헌제도를 만든 대정치가라는 자존심상 현역군인의 신분을 가진 야마가타 밑에서 장관으로 있고 싶지 않았다. 또한 만약 입각해서 의회 대책에 실패하면 이토의 정치적 위신이 크게 추락하게 된다는 점도 고려했다. 그렇지만 집요하게 물고 늘어지는 야마가타와 엎치락뒤치락하는 실랑이 끝에 결국 초대 귀족원 의장에 취임하기로 약속했다. 외교관의 길을 걷고 있던 무쓰는 외무장관의 보직을 희망했으나, 야마가타는 그럴 마음이 조금도 없었다.

무쓰는 야마가타 내각 성립 당시 농상무장관으로 입각하는 것에 실패했다. 빈자리가 없었기 때문이다. 아울러 천황이 강력하게 제동을 걸었다. 메이지 천황은 반역 음모를 꾸미다 체포된 인물이 각료가 되는 것을 꺼려했다. 일본 역사상 유례가 없는 격동기에 성장기를 보낸 천황은 자신에게 절대적으로 충성하는 믿을 수 있는 인물이 아니면 결코 신뢰하지 않았다. 그러나 야마가타는 천황에게 자신이 모든 책임을 진다고 약속하고, 이번에는 무쓰를 입각시키는 것에 기어코 성공하고야 만다.

한편, 야마가타는 문부장관으로 새롭게 기용된 요시카와 아키마사(芳川顯正)와 다시 콤비를 이루어 이번에는 '교육칙어(敎育勅語)'의 제정에 착수했다. 요시카와는 야마가타가 내무장관으로 재직할 당시 내무성의 2인자로 발탁되었고, 그를 보좌해 지방자치제도의 개혁과 경찰조직 장악을 달성한 이래 환상의 콤비가 되었다. 요시카와는 야마가타 파벌의 '4천왕'에는 포함되지 않지만, 그의 정치적 대리인으로서 나중에 내무장관에 단골로 기용되며 야마가타의 의향을 내각에 대변하는 역할을 맡았다.

평소 야마가타는 부국강병을 달성하기 위해 교육받은 국민의 존재가 필수라는 지론을 가지고 있었고, 이를 강조하기 위해 직접 천황의 이름으로 교육칙어를 만들고 국민의 정신무장에 나서고자 하였다. 야마가타로부터 교육칙어의 작성을 담당하도록 의뢰받은 인물은 법제국 장관이자 번벌정부의 수석 법률고문이라고 할 수 있는 이노우에 고와시다. 그러나 천황의 측근인 모토다 나가자네도 교육칙어의 제정에 관여하고자 원했다.

유교적 교육관을 가진 모토다는 서구식 공교육에 대한 불만을 가지고, 기회가 있을 때마다 교육정책에 간섭하려 시도했다. 교육칙어를 제정하려는 움직임을 알게 되자 역시 그냥 지나치지 않았다.

한편, 야마가타는 교육칙어의 내용에 육해군의 군비를 정비하는 것이 국가의 독립을 유지하기 위해 필수적 전제라는 내용을 삽입하길 원했다. 그러나 이노우에 고와시는 교육과 군비는 별개라는 주장을 하고 이것을 물리쳤다.

교육칙어의 작성을 담당한 이노우에는 모토다와 긴밀한 협의를 거쳐 교육칙어의 내용에 유교적 충효정신은 물론이며, 계몽사상에 영향을 받은 실학적인 내용까지도 삽입했다. 즉, 특정한 사상이나 방침에 기울지 않고 보편적 이념을 강조하는 점에 신경을 쓴 것이다. 그럼에도 불구하고 핵심적 내용은 역시 충효사상에 바탕을 두지 않을 수 없었다. 또한 전쟁에 참전할 경우 천황을 위해 용감히 싸우라는 구절을 삽입함으로써 군국주의적인 색채도 가미했다.

교육칙어가 각료회의의 의결에 회부된 것은 9월 26일이고, 10월 30일에 정식으로 발표하는 절차를 밟았다. 교육칙어는 박정희가 만든 국민교육헌장과 마찬가지로 대단한 내용을 담고 있는 것이 아니므로 가볍게 취급되었다. 관보에도 사소한 것처럼 게재하였고, 그저 천황이 수상과 문부장관을 불러 건넨다는 방식이 취해졌을 뿐이다. 이노우에 고와시가 의도한 것처럼 군주의 저작물이라는 형식을 취한 것이다. 그러나 시간이 갈수록 교육칙어에 대한 취급은 중요하게 변해갔다.

　문부장관인 요시카와가 천황이 직접 하사한 교육칙어에 중요한 의미를 부여하는 역할을 맡았다. 그러나 다음해인 메이지 24년(1891) 1월에 교육칙어의 수여식이 있던 제1고등학교에서 사건이 터졌다. 교사의 하나인 기독교도 우치무라 간조(內村鑑三)가 우상숭배를 이유로 칙어에 대한 예배를 거부하다가 불경죄로 학교에서 추방당한 것이다. 이 사건은 종교의 자유와 당시 일본 정부가 추진하고 있던 천황제 국가의 이념이 정면으로 충돌한 것을 상징하는 에피소드였다.

　이것은 종교의 자유가 천황제 국가의 원리에 순응하는 한도에서만 성립할 수 있다는 태도에 다름 아니다. 일본은 군국주의가 대두하며 느닷없이 미쳐버린 것이 아니라 서서히 병들어 미쳐가고 있었다. 천황이 직접 하사했다는 이유로 교육칙어의 내용에 대한 정면비판이 허용되지 않은 것은 물론이고 절대적으로 신성시되었다. 아울러 이를 계기로 교육에 관한 법령은 법률의 형식이 아니라 칙령에 의한다는 관례가 만들어졌다.

　메이지 23년(1890) 7월 1일에 역사적인 제1회 중의원 총선거가 드디어 실시되었다. 선거 결과 역시 다시 결성된 자유당과 개진당이 과반수를 가볍게 확보했다. 엄밀히 말해 자유당은 선거 당시 결성된 상태가 아니지만, 정부로부터 지원을 받는 여당이 없었던 탓에 당연한 결과다. 자유당과 개진당은 야당이라고 불러야 옳지만, 여기에 대항하는 여당이 없었고 자유민권운동의 계보를 계승했다는 이유로 보통 '민당(民黨)'이라 부른다.

　한편, 무소속 의원을 중심으로 번벌정부를 지지하는 모임이 만들어져 대성회(大成會)라고 명명했다. 이들은 정당조직은 아니고 친목단체의 성격을 가졌지만 85석이나 확보했다. 그러나 번벌정부와 직접 교감하는 사이는 아니었다.

　선거권을 가진 국민은 25세 이상, 직접국세 15엔 이상을 납부한 자에게 한

정되었기 때문에 유권자는 총인구 4천 만의 불과 1%에 지나지 않았다. 비록 제한선거였지만 역사상 최초의 선거라는 점에서 전국민의 뜨거운 관심 속에 시행되었고 투표율은 94%를 넘었다고 한다.

당선자 300명 중에는 야마가타 내각의 농상무장관으로 입각한 무쓰 무네미쓰도 있었다. 무쓰는 야마가타 내각의 성립 당시 천황의 반대로 입각이 좌절되자, 고향으로 돌아가 중의원 의원에 출마준비를 했으므로 이러한 결과가 나온 것이다. 아울러 자유민권운동 시절부터 정치운동에 헌신한 사람들도 대거 당선된다. 그러나 당선자 300명 중 64%는 지방의회인 부현회 의원 출신자였다. 선거의 분위기는 놀라울 정도로 차분하고 숙연한 분위기에서 진행되었다고 외국인이 관찰할 정도로 성공적이었다.

이것과 아울러 상원에 해당하는 귀족원 선거도 실시되었다. 귀족원의 구성원은 황족은 물론이고 공작을 비롯한 작위를 가진 귀족과 다액납세자, 내각의 추천을 받아 천황이 임의로 선발하는 칙선의원까지 다양하게 망라하였다. 물론 최소한 과반수는 작위를 수여받은 화족계급이 차지했다. 그렇기 때문에 귀족원은 처음부터 철저하게 정부를 지지하는 세력으로 존재의의를 부여받았다. 황족의 경우 천황과 마찬가지로 정치문제에 직접 관여하지 않는다는 원칙상 귀족원 의원에 선출되어도 참석하지 않는 것이 관례가 되었다. 다시 말해 황족에게 있어서 귀족원 의원은 명예직에 다름아니었다.

한편, 화족은 중의원 의원에 대한 선거권과 피선거권을 가지지 않았다. 다시 말해 일단 작위를 가지고 있는 이상은 반정부세력의 소굴로 간주되던 중의원에 진출하는 것이 불가능하도록 제도적으로 못을 박은 셈이다. 결국 화족은 귀족원 의원에 선발되지 못한다면 정치판에 진출할 방법이 없었다. 또한 규정상 공작이나 후작은 30세 이상이라면 자동으로 귀족원 의원에 선발되지만, 나머지 작위인 백작·자작·남작은 전체 인원 중 20%만이 호선(互選)에 의해 선출하도록 되어 있었다. 임기 역시 차별을 두어서 황족, 공작, 후작, 칙선 의원은 종신임기가 보장되었지만, 그 나머지는 7년으로 정했다.

최초의 국회소집일인 11월 25일 중의원과 귀족원의 의장과 부의장을 선발하는 투표가 시행되었다. 그러나 누구도 이에 관해 경험을 가지지 않았기 때문인지 분위기는 어수선하고 우왕좌왕하지 않을 수 없었다. 귀족원 의장에는 야마가타의 집요한 설득으로 이토 히로부미가 선출되었고, 중의원은 자유당의 유력한 실력자인 나카지마 노부유키(中島信行)가 초대 중의원 의장에 당선된다. 나카지마는 무쓰 무네미쓰의 여동생과 결혼했으므로, 그는 무쓰의 처남이었다.

아울러 야마가타는 자유당의 우두머리 이타가키를 귀족원 칙선 의원으로 만들려는 정치공작도 추진했지만 실패했다. 이타가키는 우여곡절을 거치며 고토 쇼지로와 나란히 백작의 작위를 가지고 있었다. 백작은 공작과 후작의 다음에 위치하는 중간 정도의 서열이지만, 평민 출신에게 주어지는 작위로는 최고위의 서열이다. 번벌정부에서도 백작의 작위는 원로나 원로급의 인물에게나 수여되었다. 어쨌거나 귀족의 신분을 가지고 있었고, 이점에 착안한 야마가타는 이타가키를 귀족원에 끌어들여 자유당의 무력화를 도모한 것이다. 그러나 너무 속이 뻔히 보이는 야마가타의 회유는 통하지 않았다.

이타가키나 고토는 작위를 가진 탓에 중의원에 직접 진출해 지도하는 것이 불가능했고, 이것이 자유당과의 관계를 서서히 멀어지게 만드는 중요한 원인의 하나가 되고 말았다. 즉, 이토가 만들어낸 귀족제도는 천황과 황실을 지키는 울타리 역할을 한 것만이 아니라, 반정부세력의 거물을 견제한다는 일석이조의 역할을 했다. 또한 이것과 동일한 취지에서 메이지 20년(1887)에 정당정치가로 변신한 오쿠마 시게노부에게도 역시 백작의 작위가 부여되었다.

11월 29일에 제1차 의회가 소집되었고, 일단 국회법의 시행세칙을 만드는 작업에 열중했다. 12월에 들어서자 야마가타가 의회에 출석해 최초로 시정연설을 하였다. 이 중요한 자리에서 야마가타는 유명한 주권선(主權線)·이익선(利益線)에 관한 연설을 했다. 그가 말하는 주권선은 일본의 국가안전을 보장하기 위해 필요한 영역을 말하며, 이익선은 주권선과 밀접한 관련이 있고 일본의 이익을 지키기에 필요한 범위를 의미한다. 그는 일본이 진정으로 독립을 유지하기 위해서는 '이익선'을 확보해야 할 필요성을 강조했다. 그리고 이익선을 확보하기 위한 수단으로 군비 증강을 주장한다.

연설의 취지는 상당히 추상적이었지만 주권선은 일본 본토를 의미하고, 이익선은 한반도를 지칭하는 것이다. 다시 말해 한반도가 일본의 독립을 유지하기 위해 불가결한 존재이며, 군비 증강을 통해서 이것을 확보해야만 한다고 주장한 것이 연설의 핵심 내용이었다. 이것은 정한론을 노골적으로 정당화하고 이론적으로 확립한 획기적인 선언이다. 그때까지의 그 어떠한 정한론과도 분명히 차별되는 명확한 특징이 나타났다.

야마가타는 현역 육군 중장이자 군부의 최고실력자이면서 내무장관 겸임의 내각수상의 자격을 가지고, 역사상 최초로 열린 의회에 출석해 처음으로 하는 시정연설에서 군비증강을 통해 한반도를 무력으로 확보할 뜻을 분명하게 나타낸 것이다. 그럼에도 불구하고 이 연설은 후쿠자와의 '탈아입구론(脫亞入歐論)'만큼 관심과 주목을 받지 못하고 있다. 그러나 당시 이 연설이 가진 중요성은 탈아입구론을 월등히 뛰어넘는다.

그 이전까지 정한론은 대부분 추상적이고 감정적 차원에서 주장된 것이나, 야마가타는 체계적이면서도 명쾌하게 한반도 침략을 위한 근거를 만들어냈다. 단순히 사람을 죽이자고 주장하는 것과 사람을 죽이기 위해 치밀하게 계획을 세우고 실행에 옮기는 것은 별개의 문제다. 야마가타가 만들어낸 주권선·이익선 이론은 19세기의 전유물만은 아니다. 오늘날에도 일본의 한반도에 대한 대외방침의 밑바탕에 분명히 살아있다. 예를 들어 한반도에서 전쟁이 발발할 경우 일본이 참전하길 원하는 이유는 한반도를 일본의 '이익선'으로 보는 사고방식이 근저에 있기 때문이다.

당시 일본에는 한반도 문제에 관해 외교적으로 접근하는 방법과 군사적으로 접근한다는 두 가지 조류가 존재하고 있었다. 외교적 접근을 시도한 대표적인 인물인 이노우에 가오루는 조선이 일본의 지원으로 근대화와 내정개혁을 달성하고 독립국으로 거듭나도록 지원하는 것을 중시했다. 물론 여기서 말하는 독립은 중국으로부터 독립을 의미한다. 즉, 외교적 접근은 한반도에 친일정권을 수립하는 데 중점을 두는 접근방법이다.

외교적 접근이 성공하면 군사적으로 접근해야 할 명분이 희박하게 된다. 그러나 중국의 강력한 견제로 조선에 대한 일본의 외교적 접근이 벽에 부딪혔기 때문에, 군사적으로 접근을 시도하는 야마가타가 득세하지 않을 수 없었다. 그래서 주권선·이익선 이론에 제동을 걸거나 군비증강에 반대하는 목소리는 없었다.

공교롭게도 외교적 접근을 시도하는 이노우에나 군사적 접근을 시도하는 야마가타 모두 죠슈벌의 떠오르는 차세대 리더였다. 특히 이노우에는 '원조' 정한론자 기도 다카요시의 최측근이던 인물이다. 즉, 오쿠보가 암살된 이후 한반도를 어떻게 처리하느냐의 문제는 완전히 죠슈벌에게 주도권이 넘어갔다는 점을 유념해야만 한다. 그리고 이 두 사람 사이에서 의견 대립을 절충하거나 정책의 최종적 방향을 결정한 인물은 죠슈벌의 간판 인물로 떠오른 이토 히로부미였다.

이러한 야마가타의 제국주의적 침략노선에 대해 자유당이나 개진당 역시 반대하지 않았다. 자유당의 우두머리인 이타가키 역시 정한론을 주장한 대표적 인물의 하나다. 당시 일본의 정치가나 지식인 중 제국주의적 팽창정책에 반대한 사람은 없었다고 해도 과언이 아니다. 그러나 문제는 역시 예산을 둘러싸고 일어났다.

군비를 증강하려면 증세를 통해 예산을 증액해야만 하고 여기에 대해 야당은 반대였다. 당시 경제상황에서 납세자의 대부분은 농민이고, 지주계급을 비롯한 농민들은 자유당의 지지기반이었기 때문이다. 자유당은 농민들의 지지를 확보하기 위해, '지조 경감' 과 '민력(民力)휴양' 을 당의 슬로건으로 내걸었다. 그렇기 때문에 자유당의 정책과 야마가타의 군비증강 방침은 정면으로 충돌하지 않을 수 없었다.

앞서 말한 것처럼 메이지 헌법에는 예산안이 성립하지 않을 경우 전년도 예산을 시행하도록 규정되어 있었다. 다시 말해 내각이 의회와 예산안에 관한 합의를 이끌어 내는 데 실패해도, 최소한 전년과 동등한 수준의 예산을 집행하는 것은 보장받았다. 이노우에 고와시와 이토 히로부미가 중의원의 예산심의권을 견제하기 위해서 나름대로 심사숙고해 고안한 제도였다. 그러나 부국강병을 추진한다면 예산은 해마다 증가해야만 한다.

정부가 사전에 계획한 사업을 집행하기 위해 이미 거둔 세금이라도 중의원의 동의 없이는 사용하는 것이 불가능했다. 그래서 예산안에 관한 협상이 결렬된 결과, 전년도와 같은 수준의 예산밖에 사용할 수 없으면 조세수입의 잉여분이 발생한다. 자유당은 이러한 잉여분을 이용해 지조 경감을 실현하고 유권자인 지주계층의 지지를 확보하려 노렸던 것이다. 그러나 중의원이 예산의 잉여분을 이용해서 지조경감을 실현하려면, 상원에 해당하는 귀족원의 동의도 얻어야 하지만 이것은 사실상 불가능하다.

귀족원은 성격상 무조건 내각을 지지하고 후원하는 역할을 했기 때문이다. 그래서 조세수입의 잉여분은 아무런 용도에도 활용하지 못하고 국고에 계속 쌓여만 간다는 기묘한 사태가 발생했다. 이러한 상황은 청일전쟁이 발발하기까지 계속되었다. '대정치가' 이토가 만들어낸 또 하나의 작품이다.

중의원 예산위원회는 자유당이 장악했고 정부가 제출한 예산안에서 788만 엔을 삭감해 버렸다. 게다가 본회의에서는 920만 엔으로 팽창했다. 그러나 야마가타는 차마 중의원을 해산하고 다시 선거를 실시하는 만행은 저지르지 않았다. 그는 입헌정치 자체에 대해 매우 부정적인 인식을 갖고 있었지만, 최초의 의회가 갖고 있는 역사적 의미는 인식하고 있었다. 그래서 후세에 두고두고 비난받을 짓은 피하려 했다.

불과 얼마 전까지만 하더라도 내무장관 야마가타의 손아귀에서 놀아나고 탄압받던 재야의 정치가들이, 이제는 중의원 의원이라는 자격으로 당당하게 야마가타와 맞서는 상황이 되었다. 그래서 그는 의회를 해산하는 대신 돈을 이용한 회유공작에 나섰다. 아울러 자신의 의지가 관철되지 않는다면 중의원을 해산한다고 위협하는 것도 잊지 않았다.

각료 중에서는 무쓰 무네미쓰와 고토 쇼지로가 자유당 수뇌부의 설득공작을 담당했다. 대동단결운동을 주도하고 자유민권운동의 핵심적 지도자였던 고토는, 번벌정부에서 감투를 쓴 덕분에 본래의 의지와 다르게 어느새 야마가타를 위한 사냥개로 전락하고 말았다. 그 결과 자유당의 이타가키 측근으로 유력한 인물들이 번벌정부를 편드는 상황이 발생했다. 그 중에는 예산심의 위원장이자 이타가키의 최측근 오에 타쿠(大江卓)도 있었다. 이타가키는 여기에 책임을 지고 자유당을 탈당했다. 이러한 야마가타의 정치공작이 효과를 거두어 예산심의를 위한 특별위원회가 만들어지고, 삭감액수를 631만 엔으로 축소하는 것에 성공한다. 더구나 국방예산에 대한 삭감은 없었으므로 야마가타의 정치적 승리였다.

이렇게 제1차 의회가 무사히 끝나자 야마가타는 4월 9일 사표를 제출하고 미련 없이 내각을 포기했다. 의회에 대한 장래의 대책에 더 이상 자신감을 가지지 못한 것이 표면상 이유이나, 군부 대표자로 군부의 이익을 지키는 것에 성공한 이상 수상의 직책에 미련을 갖지 않은 것이 본심이다. 그는 성격적으로 정치 표면에 등장해 화려하게 활동하는 직책에 얽매이기보다는, 배후에서 권력의 실체를 움켜쥐는 것을 선호했다.

한 집안의 가장노릇을 하려면 밖에 나가 하다못해 지푸라기라도 집어 가지고 들어와야 가장으로서 권위가 서는 법이다. 야마가타가 군부 대표자로 영향력을 계속 행사하기 위해서는 군부의 이익을 대변해 필요한 예산을 확보하기에 성공해야만 했다. 이것에 성공한 이상 군이 정치판에 끼어들어 진흙탕 싸움에 휘말리는 것을 원하지 않았다.

후임 수상으로 야마가타는 이토 히로부미를 추천했으나 이토는 이를 거부했다. 사쓰마 출신이 수상이 될 차례인 것도 있었고, 야당이 장악한 중의원을 상대로 내각제도의 운영에 확실한 자신감을 가지지 못했기 때문이다. 사실 이토는 이쯤에서 정계를 은퇴하고 후진을 양성하는 편이 바람직했다. 헌법 제정을 비롯한 통치구조의 밑바탕을 만드는 것에는 성공했지만, 제도의 실질적 운영에 있어서 지도력을 발휘하지 못하는 것은 물론이고 현실 도피적 태도마저 나타냈다. 오히려 메이지 천황이 이토보다 훌륭하게 지도력을 발휘해 위기 수습에 적극적으로 노력하며 천황제 국가를 지탱하는 버팀목 역할을 했다.

한편, 야마가타가 수상으로 재임하는 동안 장래 입헌주의의 운명을 암시하는 듯한 불길한 사건도 발생했다. 그것은 나무로 지은 국회의사당 건물이 화재로 불에 타버린 것이다. 당시 새로운 건물은 벽돌로 짓는 것이 유행이었음에도 국회의사당이라는 중요한 건물을 나무로 만들었다는 사실은 번벌정권이 국회를 하찮게 생각했다는 간접적인 증거의 하나다.

5

군부의 발전

야마가타 내각까지 기술한 시점에서 그동안 군부가 얼마나 발전했는가 살펴보지 않으면 안 된다. 메이지 헌법체제에서 사실상 통수권이 독립한 결과, 군부는 정치권과는 별개의 독자적 세력으로 성장하고 있었다. 육군의 발전을 리드한 인물은 야마가타의 절대적인 신임을 받고 있는 가쓰라 다로다.

앞서 본 것처럼 그는 독일에 2번에 걸쳐 유학을 갔다 왔지만 독일식 군사개혁에 대한 확고한 자신감을 가지지는 못했다. 그래서 가쓰라는 몰트케가 추천한 독일참모본부의 유능한 참모장교 멕켈(Klemens Meckel) 소령을 초빙해, 멕켈과 함께 육군을 프랑스식에서 독일식으로 바꾸는 작업을 본격 추진하기 시작했다. 멕켈은 메이지 18년(1885) 일본에 와서 3년간 머무르며 일본 육군을 독일식으로 개편하는 작업에 지대한 영향을 주었다. 우선 장교양성기관인 사관학교를 독일식으로 고치는 작업에 착수했다.

프랑스식 사관교육은 사관학교에 진학하기 위한 예비학교에 해당하는 유년학교를 비롯한 다양한 경로로 생도를 선발했으며, 교양 교육은 물론이고 이공계 교육도 중시했다. 그러나 독일식은 일단 입학시험에 합격하면 지정된 부대에서 1년간 일반 병사나 하사관으로 생활한 후, 그 부대에서 파견되는 형식으로 사관학교에 입교해 1년 6개월 동안 교육을 받았다.

교육내용에 있어서 독일식은 교양 교육을 등한시하고 철저하게 군사 교육에 중점을 두었다. 아울러 사관학교를 졸업하고도 원래 파견한 부대에 복귀해 6개월 동안 견습사관으로 근무한 후, 소속부대 장교회의의 승인을 얻어야지 비로소 정식으로 장교가 되는 것이 가능했다. 다시 말해 독일식은 실전에서 능력을 발휘할 수 있는 장교를 육성하는 데 중점이 있었으며, 소속부대와 유대감을 통해 장교단의 결속력을 높이는 점을 중시한 것이다. 이러한 기본 골격은 일본이 제2차 세계대전에서 패전할 때까지 그대로 유지되었다.

이처럼 육군사관학교 개편에 만족하지 않고 가쓰라는 메이지 16년(1883) '육군대학교'라는 획기적인 참모양성기관을 창설했다. 육군사관학교는 육군성 관할에 속했지만, 육군대학교는 참모본부의 직할교육기관이었다. 표면상 창설목적은 서남전쟁의 교훈을 살려 유능한 참모를 양성한다는 점에 있었다. 그러나 진정한 목적은 참모본부의 독립과 강화를 뒷받침하기 위해서다. 문제는 육군대학교가 군사교육을 위한 단순한 고등교육기관의 차원을 넘어서 엘리트의 상징으로 변질되었다는 사실이다.

육군대학교의 졸업생 중 도중에 퇴직하거나 사망하지 않는 이상 거의 대부분이 장군으로 진급했다. 적어도 대령까지 진급은 보장되었다. 그래서 장교라면 누구나 육군대학에 진학하려고 희망하는 것은 당연했다. 그 결과 역사상 유례를 찾아볼 수 없는 학벌의 폐단을 야기하지 않을 수 없었다. 즉, 육군대학교라는 강력한 '학벌'을 바탕으로 한 '군벌'이 만들어지게 된 것이다. 그래서 일본 육군이 죠슈벌이라는 특정지역 출신에 대신해, 육군대학교라는 특정교육기관 출신자들이 좌지우지하는 시대가 올 것이라는 점은 예정된 수순이다.

　육군대학교에 입학하려면 30세 미만의 초급장교로 부대에 근무한 경험을 2년 이상 가지고 있어야 하며, 소속부대장의 추천을 받은 중위와 대위에 한정했다. 재학기간은 3년으로 정했고 치열한 경쟁으로 합격률은 10% 정도에 지나지 않았다고 한다. 정원은 본래 20명이지만, 청일전쟁 이후로는 50명으로 증가되었다. 그러나 시간이 지날수록 유능한 참모를 양성한다는 본래의 목적에서 벗어나 고급지휘관의 양성기관으로 변질되기 시작하였다.

　유능한 참모가 반드시 유능한 지휘관이 되는 것은 아니다. 그러나 제국주의 시대 일본 육군에서는 이것이 불변의 공식처럼 되었다. 그 결과 '작전제일주의'의 폐단을 만들게 되었으며, 보급이나 수송 등의 병과는 경시하는 풍조가 자연스럽게 자리를 잡았다. 이들은 졸업 후 참모본부와 육군성의 요직을 차지하며 질시와 부러움의 대상이 되었고, 그들만의 파벌을 만들어 폐쇄적인 집단의 성격을 유지했다. 육군대학교 출신의 장교는 육군 내에서 도쿄제국대학 출신자들의 학벌적 특권을 능가하는 학벌 귀족으로 대접받았다. 그래서 야전부대에 근무하면서 고생만 하다가 승진에서 누락당하는 사람과, 상급기관에서 승승장구하며 출세가도를 달리는 사람은 따로 있다는 심각한 폐해를 만들어 낸다.

　육군대학교가 심각한 폐단을 야기한 것은 메이지 시대가 끝난 이후이며, 이 시대는 청일전쟁과 러일전쟁의 승리에 중요한 역할을 한 것도 사실이다. 당시 일본 육군의 이상적 지휘부의 형태는 장병들에게 신망 있는 인물이 사단장급 이상의 고급지휘관이 되어 무게중심을 잡고, 유능하고 수완이 있는 참모가 작전을 입안하고 지휘관을 보좌하는 것이다. 그러면 결국 야전부대의 실질적 지휘관은 독일식 참모교육을 받은 육군대학교 출신의 중견간부가 된다. 이러한 구조가 독일군 역시 마찬가지라는 것은 물론이다.

　메이지 시대의 후기에 들어서자 육군대학교 출신의 참모들이 뭉쳐 군벌을 형성하기 시작했지만, 이미 육군의 상층부에 견고한 기득권을 가지고 있는 죠슈벌에게 눌려 제대로 힘을 쓰지 못했다. 용의주도한 성격의 야마가타는 육군대학교 출신자 중 정치군인으로서 재능이 있는 인물은 날카롭게 견제하는 것을 게을리 하지 않았다.

육군대학교를 나오면 장군이 되는 것은 어렵지 않았으나, 소장으로 군인 생활을 마감하느냐 아니면 대장이나 원수까지 진급하느냐는 인사권을 장악한 죠슈벌의 뜻에 달려있었다. 그러나 메이지 시대가 끝나고 번벌의 힘이 약화되자 서서히 세력을 팽창하기 시작했고, 급기야 관동군의 경우 본국의 통제를 무시하고 만주사변과 중일전쟁을 일으킬 정도로 성장하게 된다.

육군대학교의 기반을 잡은 사람도 역시 멕켈이었다. 그는 직접 교수로 부임해 일본인 생도들을 교육했다. 생도들에게 서로 토론하게 하는 토론식 교육을 도입하는 한편, 직접 생도들을 이끌고 야외에 나가 지형에 입각한 적절한 작전을 세우도록 하는 현장교육도 중시했다. 또한 멕켈은 전쟁의 역사적 교훈과 상황을 바탕으로 생도들에게 가장 적절한 작전계획을 입안하도록 시켜서 독립적 사고력과 판단력을 길러주는 것에도 역점을 두었다. 그러나 나중에는 예측하지 못한 상황에 대비한 독창적인 사고력을 키우는 것을 소홀히 했다는 비판도 가해졌다.

이것은 멕켈의 잘못이 아니고 좋은 시험성적을 의식해 지나치게 정형화된 사례에 집착하는 일본인 생도들에게 근본적인 원인이 있었다. 일본이 제2차 세계대전에 패배한 이후 육군대학교의 폐해를 조장한 장본인으로 지목된 멕켈에 대한 비난이 일어났다. 그렇지만 정작 비난받아야 할 상대는 육군대학교를 고급장교의 양성기관으로 변질시켜 강력한 학벌을 만들어낸 야마가타와 가쓰라를 비롯한 육군의 죠슈벌에 있었다. 아울러 일본군의 경직된 조직문화도 무시할 수 없는 문제점이다. 독일의 경우 대대장이나 연대장급의 장교에게 광범위한 재량권을 주었으나, 일본군은 그러하지 않았다. 멕켈의 교육은 실제로 부대를 지휘하는 중견간부에게도 작전상 재량권이 인정되는 것을 전제로 한 것이다. 하지만 상관의 명령에 절대복종을 요구하는 일본군의 구조상 멕켈의 교육방식은 결실을 맺기 어려웠다.

제도적 정비가 독일식으로 착실하게 진행되었지만 본격적으로 군비증강에 나선 것은 아니었다. 서남전쟁 이후 정부에 무력으로 도전하는 세력도 거의 없고, 군비증강을 필연적으로 만드는 국제적 환경도 없었다. 그러나 메이지 16년(1883) 조선에서 임오군란이 발생한 것을 계기로 중국을 가상 적국으로 삼고 비로소 군비증강의 명분을 얻었다. 임오군란에서 일본이 충격을 받은 것은 중국의 신속한 군사적 대응이다.

임오군란이 발생했다는 소식이 전해지자 이홍장은 즉시 한반도로 대규모 병력을 파견해 신속히 반란을 제압하고, 대원군을 납치해서 중국으로 연행해 갔다. 여기에 비해 일본의 반응은 상당히 늦었고 병력도 소규모로 파견했으므로 중국의 한반도에서의 군사적 우위는 유지되었다. 오늘날로 따지면 중국은 한반도에서 비상사태가 발생하자 신속배치군을 전개한 것이다. 아무튼 임오군란을 계기로 군사력의 열세를 실감한 일본은 중국을 가상 적국으로 삼고 군비증강을 주장하는 야마가타에게 적극적으로 동조하고 지원하기 시작했다.

일단 중국의 침공에 대비해 일본 본토를 방어하는 데 중점을 두고 요충지에 요새를 건설하거나 해안포대를 건설하는 등의 작업에 착수했다. 이것이 어느 정도 결실을 거두자 그 후에는 대륙으로 진출하기 위한 준비를 단계적으로 서서히 강화해 나가기 시작한다. 이것을 상징적으로 나타내는 사건이 메이지 21년(1888)에 실시된 사단제도의 도입이다. 일종의 향토방위사단이라 할 수 있는 기존의 진대(鎭台)를 보다 기동력이 있고 유사시 신속한 대응이 가능한 근대적 사단제도로 교체한 것이다. 이것 역시 야마가타의 전폭적인 후원과 지지를 받는 가쓰라가 주도했다.

애초 사단제도의 표면상 도입목적은 본토 방어를 보다 기동성 있게 하기 위한 것이나, 국제정세를 염두에 두고 군비증강을 거듭하는 상황 변화에 따라 대륙 침공을 위한 편제개편으로서 성격이 강하게 되었다. 진대를 그대로 사단으로 만들었으므로 6개의 사단을 확보했고, 근위병이 근위사단으로 개편됨에 따라 총 7개의 사단을 확보한 셈이다. 이러한 사단제의 골격은 청일전쟁까지 그대로 유지되었으며, 그 후 일어난 삼국간섭을 계기로 러시아와 전쟁을 상정해 사단의 양적 팽창이 본격적으로 이루어졌다. 사단은 비상시 예비군을 소집해 병력이 2배 이상 팽창하는 구조였는데, 임오군란이 발발하자 큐슈의 제6관구에서 예비군을 동원하여 최초로 시험가동을 했다.

아울러 징병령도 개정해 병역면제나 유예 가능성을 대폭 줄이는 한편, 유사시에 대비한 예비역 장교의 확보에도 신경 썼다. 이를 위해 '1년 지원병제도'를 채택한다. 본래 이 제도는 메이지 16년(1883)에 도입되었으나, 멕켈의 건의를 받아들여 예비역 장교나 하사관의 양성을 위한 목적으로 개편한 것이다. 즉, 중학교 졸업자가 군복무에 필요한 경비를 스스로 부담한다는 조건으로, 1년간 입대해 교육받고 성적에 따라 장교나 하사관으로 임명되었다. 1년 지원병제도의 혜택을 받으려면 고학력에다가 부유한 집안의 자제여야 가능하다. 여기에 대한 비난을 의식했는지 빈곤자에게는 징집을 유예한다는 규정이 추가되었다.

다른 한편 육군 내에는 독일식 군사개편에 대해 불만을 가진 인물들이 상당히 많았다. 프랑스식이나 영국식 군사교육을 받고 성장해 중견간부가 된 이들은 독일식으로 급속한 개편에 반대하는 것이 당연하다. 이들은 육군의 비주류를 형성하며 대대적인 군비확장에도 비판적이었고, 독일에 유학을 다녀온 극소수 인물이 야마가타의 후원으로 육군을 좌지우지하는 현상도 못마땅하게 생각했다. 다시 말해 육군 내부의 야마가타에 대한 반대파에 해당했다. 사실 당시 장성급 고급장교 중에서 독일식 군사교육을 받은 사람은 거의 없다는 점을 감안했을 때, 비주류는 야마가타의 죠슈벌을 능가하는 강력한 세력을 형성할 수도 있었다. 그러나 비주류에는 세력을 규합할 만한 뛰어난 리더가 없었다.

비주류에 해당하는 대표적인 인물로는 소가 스케노리(曾我祐準), 미우라 고로(三浦梧樓), 도리오 고야다(鳥尾小彌太), 다니 다테키(谷干城) 등이 있다. 이들이 정치적 행동을 하기 시작한 것은 메이지 14년에 일어난 오쿠마 추방사건이 계기다. 그 당시 정치적 쟁점이 된 홋카이도 개척사 소유재산 불하에 반대하는 상주문을 천황에게 직접 상주하면서, 이들은 소위 '4장군 상주사건'을 일으켰다.

여기에 뜨끔한 야마가타는 다음해인 메이지 15년(1882) 1월 군 내부에 자유민권운동이 침투하는 것을 방지하고, 군의 정치화를 금지할 목적으로 유명한 '군인칙유(軍人勅諭)'를 공표한다. 이것은 서남전쟁 직후 일어난 근위포병의 반란사건을 계기로 만든 '군인훈계'와 기본적으로 동일한 맥락을 유지하면서도, 천황에 대한 절대적인 충성을 강조하고, 이를 바탕으로 천황이 임명한 군의 수뇌부에 대한 절대 복종을 이끌어 내려 시도한 것이다. 그래서 군인훈계보다 한 술 더 떠서 상관의 명령을 천황의 명령과 동일시하는 구절을 삽입했다. 결국 상관의 명령에 불복종하면 반역죄에 해당한다는 논리이다.

또한 오직 천황에 대한 절대적인 충성을 통해, 군인의 정치에 대한 불간섭을 명확히 나타냈다. 즉, 정치에 간섭하고 정부 시책을 비판하는 행태를 천황의 권위에 도전하는 것과 동일시했다. 문제는 야마가타 자신이 정치에 관여하고 있다는 점이다. 그는 현역군인의 신분을 계속 유지하며 내각제가 창설되기 전에는 참의로, 내각제 창설 이후는 내무장관의 자리를 차지하며 정치에 깊숙하게 개입한 것은 물론이거니와 급기야 수상의 자리까지 역임했다.

윗물이 맑아야 아랫물도 맑은 법이지만 야마가타는 개의치 않았다. 그의 의식으로는 자신의 파벌에 속하지 않는 자가 정치에 관여하는 것만이 금지되었다. 즉, 그 자신이 정치에 개입하는 것은 순수하게 군부의 이익을 대변하기 위한 목적이고, 천황의 뜻을 받들어 행동하는 것이므로 아무런 문제가 없다고 본 것이다. 군인칙유는 '칙유'라는 형식을 갖추고 있기 때문에 천황이 직접 육군장관에게 하사하는 형태를 취했으며, 시간이 지날수록 육군 내에서 절대적 가치를 가진 것으로 인정받게 된다.

이처럼 야마가타와 대립하던 육군 내부의 비주류 숙청을 결정적으로 만든 계기는 소위 월요회 해산사건이 있다. 월요회는 문자 그대로 매주 월요일 정기적으로 열리는 육군 장교들의 모임이었다. 단순한 친목단체가 아니라 일종의 학회와 비슷한 성격을 가지고 있었으며, 육군 내에서 이러한 성격을 가진 단체 중 가장 영향력이 있었다. 최초에 회원이 불과 수십 명에 불과했으나, 메이지 20년 무렵이 되자 1,700명 정도의 회원을 가지는 강력한 단체로 발전했다. 문제는 월요회에 속한 젊은 장교들이 비주류파에 접근해 야마가타를 견제하려 시도했다는 점이다.

이들이 불만을 가진 것은 새롭게 개정된 진급 규정이 여전히 연공서열을 중시했기 때문이다. 이것은 독일식의 새로운 군사지식을 배우고 야심과 능력을 갖춘 사관학교 출신의 청년장교들에게 불리했다. 그래서 비주류파 장군들에게 접근한 것이다. 이들의 불만을 대변한 소가 스케노리 등은 진급조례가 인재발탁을 저해한다고 정면으로 비판하고 나섰다. 그 결과 월요회는 가뜩이나 비주류파에 대해 신경을 곤두세운 야마가타의 비위를 건드리지 않을 수 없었다.

처음에는 은근히 해산의 압력을 가했다. 그러나 이를 무시하자 메이지 22년(1889) 2월 육군장관 오야마 이와오의 명령이라는 강압적인 수단을 이용해 전격 해산명령을 내렸다. 그리고 이를 계기로 육군 내부에 존재하는 모든 종류의 단체는 이유를 불문하고, 육군이 공식적으로 만든 친목 연구단체 해행사(偕行社)에 강제 흡수된다.

결국 그 어떠한 장교들의 모임도 야마가타의 손아귀에서 벗어나지 못하도록 만든 것이다.

한편, 월요회 해산을 계기로 소가 스케노리를 비롯한 육군 내 주요한 비주류파 장군들도 보직에서 해임되고 예비역에 편입되고 말았다. 이렇게 해서 육군에 야마가타를 견제할 조직적인 세력은 존재하지 않게 되었다고 해도 과언이 아니다.

여러 가지 우여곡절을 겪으며 발전한 육군에 비해 해군의 발전은 상당히 성격이 달랐다. 육군은 프랑스식에서 독일식으로 변경이 있었고 그 와중에 갈등과 혼란이 일어났으나, 이미 언급한 것처럼 해군은 처음부터 일관되게 영국식이었기 때문이다. 예를 들어 육군대학교에 대항하는 해군대학교 역시 존재했다. 그렇지만 역사상 유례를 찾아볼 수 없는 학벌의 풍토를 만들어 낸 육군대학교와는 상당히 다른 길을 걸었다.

해군대학교는 육군대학교가 창설되고 5년이 지난 메이지 21년(1888) 11월에 개교했다. 여기에는 일본 해군의 초청으로 방일한 영국 해군대령 잉글스(Ingles)의 제안과 구상이 결정적인 도움이 되었다. 작전과 용병을 위주로 강의한 육군대학교와 다르게, 해군대학교는 수학이나 물리학 등 학과수업과 항해·포술 등 실용분야를 중심으로 강의를 진행했다. 또한 군의관까지 입학시킬 정도로 다양한 병과를 망라했고 교과과정도 수시로 변했다. 그렇기 때문에 해군대학교를 졸업해도 반드시 승진해 제독이 된다는 보장이 없었던 것은 물론, 특별한 혜택은 없다고 해도 과언이 아니다.

해군은 계급보다 경험이 중시되고, 경험보다도 기능이 중시된다는 특징이 있다. 적 함정과 포격전이 벌어지면 실제로 함포를 조준하고 사격을 하는 포수가 군함과 탑승한 승무원의 운명을 좌우한다. 또한 항해 중 엔진이 고장 나면 이를 수리할 수 있느냐 아니냐에 따라 상황이 완전히 달라질 수밖에 없었다.

이러한 이유로 경험이 풍부하고 기량을 갖춘 하사관이나 사병이 오히려 장교보다 권위를 갖는 풍토가 자연스럽게 정착했다. 비록 장교가 하사관보다 군인생활을 오래했더라도, 특정한 함정에 배속되면 그 함정에 오랫동안 근무한 하사관이 오히려 '고참'으로 대접받았다. 단지 계급만으로는 권위가 서지 않으므로 기량마저 하사관보다 뒤진다면 설 자리가 없다. 그래서 기능교육이 중시되지 않을 수 없었던 것이다.

반면 해군에서 사쓰마벌의 세력 확장은 육군의 죠슈벌에 비해 전혀 뒤지지 않을 정도로 악랄한 면이 있었다. 앞서 말한 것처럼 야마가타가 메이지 16년(1883)에 해군으로 추방한 가바야마 스케노리가 해군을 사쓰마벌의 텃밭으로 만든 장본인이었다. 가바야마는 가와무라 스미요시를 표면에 내세우고 해군을 사실상 좌지우지했다. 그는 해군으로 추방된 다음해인 메이지 17년(1884) 육군의 참모본부를 모방해 군사부를 창설했고, 이와 더불어 육군 소장에서 해군 소장으로 임명된다는 역사상 유례를 찾아보기 힘든 진귀한 인사이동을 했다.

당시 해군의 우두머리인 가와무라 스미요시의 경우 막부 말기 나가사키에 설립된 해군전습소에서 몇 개월 수업을 받은 적이 있었으나, 가바야마는 한술 더 떠 해군과 인연이 전혀 없었다. 그럼에도 불구하고 그는 해군 소장에 임명된 다음해 해군 중장으로 승진했다. 게다가 사이고 쓰구미치가 육군 중장에서 해군 대장으로 승진해 해군의 우두머리로 들어오자, 가바야마는 해군차관으로 해군장관 쓰구미치를 보좌해 사쓰마 해군의 발판을 단단하게 굳힌다.

거시적인 관점에서 가바야마의 가장 탁월한 업적(?)은 사쓰마 출신의 뛰어난 후계자를 발탁해 일찌감치 등용한 점에 있었다. 즉, 야마모토 곤베(山本權兵衛)를 발탁했다. 이것은 육군의 야마가타가 가쓰라를 발탁한 것을 연상하게 한다.

야마모토 곤베(山本權兵衛)

가바야마가 사이고 쓰구미치의 뒤를 이어 해군장관에 취임하고, 해군 확장에 필요한 예산을 확보하기 위해 정치판에 뛰어드는 상황이 되자 야마모토 곤베의 시대가 열렸다.

야마모토는 해군사관학교에 해당하는 해군병학교를 졸업하고 장교로 임관, 그 후 유럽으로 유학을 갔다 와 포술교관이 되었다는 것에 불과하며 별다른 경력을 가진 인물은 아니다. 그러나 사쓰마 출신이라는 배경에 힘입어 해군 대령까지 순조롭게 승진했으며, 그를 눈여겨 본 가바야마의 후원으로 해군성에 들어가자 사실상 해군장관으로 군림했다. 계급은 불과 대령에 불과했으나 냉혹함과 수완에 있어서는 가바야마를 훨씬 능가했기 때문이다.

해군 실세로서 가바야마는 육군을 모방해 통수권 독립을 위한 조직 개편을 이루어 내고 '사쓰마 해군'을 만들었다. 그러나 야마모토는 해군을 완전히 장악해 '야마모토의 해군'으로 만드는 작업을 추진했다. 우선 인사권을 쥐고서 사쓰마 출신이든 아니든 불문하고, 대규모 숙청으로 마음에 안 드는 장성급의 고급장교들을 계속 방출한다. 이를 통해 결국 해군 수뇌부에는 그를 신뢰하고 후원하는 사쓰마 출신의 유력한 인물만이 남게 되었다.

인사권을 장악한 점을 이용해 걸핏하면 야마모토는 해군 수뇌부에 대한 숙청을 반복했다. 러일전쟁에서 발틱함대를 격파하고 유명하게 된 도고 헤이하치로(東鄕平八郞) 역시 한때는 야마모토가 무능하다는 이유로 숙청하려 했던 인물이었다. 사이고 쓰구미치가 특별히 구제해줘 살아남은 도고 제독은 러일전쟁 후 일본 해군의 상징적인 존재가 되었다. 쓰구미치가 도고 제독을 구제한 이유는 어린 시절부터 친분이 있는 같은 사쓰마 출신의 고향 후배였기 때문이다.

야마모토는 군인으로서 뛰어난 재능을 가진 인물이 아니지만, 파벌의식이나 배짱에 있어서는 발군이었다. 육군의 쇼군과 같은 존재인 야마가타보다 14세나 어렸으며 경력도 한참 뒤졌으나, 결코 야마가타에게 주눅이 들거나 자세를 낮추지 않았다. 해군 실세라는 입장에서 육군 실세 야마가타에게 당당히 맞서고 대항했다. 그가 최초로 해군장관에 임명되어 정치의 표면에 등장한 것은 메이지 31년(1898)이다. 즉, 메이지 시대 말기에 비로소 두각을 나타낸 것이다. 하지만 메이지 중기 이후 일본 해군은 야마모토의 해군이라고 해도 과언이 아닐 정도로 배후에서 해군을 마음껏 주물렀다. 야마모토의 등장으로 해군이 열세를 극복하고 육군에 대항할 수 있을 정도로 세력을 확장했다고 평가해도 과장이 아닐 정도이다.

6
마쓰카타 내각과 선거 간섭

미련 없이 물러난 야마가타의 뒤를 이어 사쓰마 출신이 차기 수상이 된다면, 후보자는 대장성의 쇼군이라 할 수 있는 마쓰카타 마사요시밖에 없었다. 사쓰마벌의 1인자 구로다는 오쿠마가 추진한 조약개정 교섭의 와중에 커다란 정치적 타격을 받은 이후 수상에 취임하기를 한사코 거부했다. 마쓰카타는 경제관료로서는 능력을 인정받았지만, 메이지 14년의 오쿠마 추방사건 전후를 제외하고 별다른 정치적 활동도 없었다. 그럼에도 불구하고 사쓰마벌의 차세대 인물 중에서 정치적 재능을 갖춘 인재가 없었으므로, 좋든 싫든 마쓰카타가 정치판에 뛰어들 수밖에 없었다. 인재 중시의 풍조를 가진 죠슈번과의 차이점이 오쿠보 사망 후 점점 차이를 크게 벌리고 있었다.

차기 수상을 결정하는 과정에서 최초로 원로회의가 시작되었고, 중대한 통치시스템의 하나로 서서히 자리를 잡아가기 시작했다. 마쓰카타는 내각을 통솔할 자신이 없었던 관계로, 너무나 순진하게도 죠슈벌의 협조를 수상 취임의 조건으로 내세웠다. 이것은 내각 운영에 관해 죠슈벌의 간섭을 스스로 원하는 꼴에 다름 아닌 결과를 야기하지 않을 수 없었다.

나이로 따지면 그는 이토나 야마가타, 이노우에보다 많았으나, 정치적으로는 신인에 가까운 인물이다. 이러한 어수룩한 정치 초보 마쓰카타는 등을 떠밀리다시피 거의 반강제적으로 내각을 인수했다. 그렇기 때문에 각료의 선발 역시 야마가타 내각과 거의 변동이 없었다. 다만 마쓰카타가 수상과 대장성 장관을 겸임하고, 해군장관이던 사이고 쓰구미치가 내무장관으로 옮기는 대신 가바야마 스케노리가 새롭게 해군장관에 취임해 사쓰마벌 내각이라는 색채가 짙어진 정도가 특색이다.

마쓰카타는 본격적으로 내각을 만들기도 전에 커다란 시련에 부딪쳤다. 메이지 24년(1891) 5월 11일에 러시아 황태자 알렉산드로비치 암살미수 사건이 터진 것이다. 황태자는 나중에 러시아의 마지막 황제인 니콜라이 2세로 등극한 인물이다. 4월 말 나가사키에 도착한 황태자는 일본 측이 마련한 스케줄을 무시하고 제멋대로 각지를 돌아다니며 관광을 즐겼다. 그러다가 시가(滋賀)현의 오쓰(大津)라는 마을을 방문했을 때, 경호를 담당한 경찰 중 한 명인 순사 쓰다 산죠(津田三藏)가 황태자에게 접근해 느닷없이 칼을 빼들고 공격했다. 주변 사람의 신속한 대응으로 암살은 성공하지 못했으며, 황태자는 머리에 각각 7cm와 5cm가 찢어지는 상처를 입었다. 그러나 일본 국내에 엄청난 정치적 파장을 불러일으키지 않을 수 없었다.

초강대국이며 일본과 이웃사촌 러시아의 황태자였으므로 거국적인 차원에서 공포반응이 일어났다. 이를 계기로 러시아가 일본에 대해 선전포고하고 전쟁을 할지도 모른다는 점을 우려했기 때문이다. 나중에 명성황후가 암살당했을 때 일본 정부는 책임회피에 급급했고 일본 국민들이 명성황후 암살범들에게 열렬한 환호를 보낸 것과는 지극히 정반대의 반응이다. 강자에게는 약하고 약자에게는 무자비한 민족성을 유감없이 드러낸 에피소드다.

천황은 즉시 러시아 황태자가 치료를 받고 있는 교토로 요시히사(能久) 친왕을 사죄사로서 급파하기로 결정을 내렸다. 그리고 바로 그 다음날 천황이 몸소 러시아 황태자를 위문하기 위해 황급히 출발했다.

한편, 전국 각지에서 러시아 황태자를 위로하는 전보가 빗발치듯 보내진 것은 물론이고, 쾌유를 기원하는 특산품을 소포로 보내는 사람도 많았다.

사람은 보통 자기의 사고방식을 기준으로 다른 사람을 대하기 마련이다. 당시가 제국주의 시대이므로 일본인들의 사고방식으로는 초강대국 황태자를 암살하려 시도한 것은 전쟁이나 보복의 빌미를 제공하기에 충분한 사건이었다. 그래서 이러한 극적인 반응이 나온 것이다. 이와는 정반대로 명성황후를 암살해도 빈약한 군사력을 가진 조선이 보복할 것이라고 생각하지 않았기 때문에 열렬한 환영의 반응이 나온 것은 물론이다.

암살을 시도한 범인을 어떻게 처리하느냐에 관해 내각 내에서는 강경론이 우세했다. 강경론을 주도한 인물은 무쓰 무네미쓰다. 무쓰는 암살 미수범을 이유여하를 불문하고 죽여야 한다고 주장했고 대부분의 각료가 이를 지지했다. 문제는 당시 일본 형법으로는 암살미수범을 사형에 처하기 어렵다는 점에 있었다.

일본의 황태자에게 위해를 가하거나 가하려고 한 경우는 사형에 처한다는 조항이 형법에 있었지만, 일본의 황태자가 아닌 러시아의 황태자에게는 해당 사항이 없는 것은 물론이다. 그래서 심지어 자객을 보내 쓰다 산죠를 암살하자는 의견까지도 나왔다고 한다. 헌법을 제정하는 과정에서 법률지식이 풍부하게 된 '유식한' 이토 히로부미는 그 조항을 '유추적용' 해 사형에 처하자고 제의했다. 또한 여기에 대해 반발이 일어나면 계엄령을 실시할 것도 아울러 주장했다. 그러나 검찰은 암살미수범 쓰다를 황족이 아니라 일반 살인미수범으로 기소했기 때문에, 번벌정부는 사건을 대법원에 해당하는 대심원으로 옮겨 정치적 압력을 가하려 시도했다.

수상 마쓰카타와 내무장관 사이고 쓰구미치가 직접 대심원장을 불러 무조건 사형을 언도하라고 정치적 압력을 가했다. 헌법까지 만들어 본격적으로 입헌정치가 시작되었음에도 불구하고 삼권분립에 대한 개념이 여전히 희박한 것을 적나라하게 드러내는 에피소드다. 본래 러시아 황태자가 일본을 방문하기 전 아오키 슈죠 외무장관은 주일 러시아공사에 대해, 만일 러시아 황태자의 신변에 불미스러운 일이 발생한다면 일본 황태자와 법적으로 동등하게 대우한다는 약속을 했었다.

정치적 암살사건과 테러사건이 빈발하는 일본의 치안상태를 고려해 우려를 나타내는 러시아를 안심시키려 한 약속이었다. 아오키는 단지 러시아 공사의 불안감을 달래기 위해 별다른 생각 없이 약속한 것이며, 절대로 그런 일은 일어나지 않을 것이라는 확신을 가지고 있었다. 그러나 당시 일본 국내에서 걸핏하면 중요 인물에 대한 암살과 테러사건이 일어나는 점을 고려했다면, 그는 결코 하지 말아야 할 약속을 경솔하게 했다는 책임을 피하기 어렵다.

또한 문제의 러시아 황태자가 애초 일본을 방문하고자 원했던 것도 아니었다. 시베리아철도 기공식에 참석하기 위해 극동을 방문하는 기회를 이용해, 도중에 일본을 방문해 달라는 일본 정부의 요청을 받아들여 방일한 것이다. 즉, 초청방문이므로 이러한 불미스러운 사건이 일어난 것에 대해 일본 정부가 느끼는 부담감은 매우 크지 않을 수 없었다. 게다가 시베리아철도가 완공되면 극동에 러시아의 진출이 현저하게 증가될 것이 명백하다는 사정을 고려해, 미리 러시아의 환심을 사기 위한 목적으로 황태자를 초청한 사정에 비추어 보면 더욱 그러하다.

이러한 사정이 있었으므로 마쓰카타 내각은 필사적으로 사형에 집착한 것이다. 그러나 대심원은 정치적 압력에 굴복하지 않고 5월 27일 암살 미수범 쓰다에게 무기징역을 결정했다. 이 판결의 여파로 내무장관 사이고 쓰구미치와 법무장관 야마다 아키요시가 사퇴했다. 재판에서 쓰다는 러시아 황태자를 암살하려고 한 동기로 어처구니없는 내용을 말했다. 즉, 일단 일본을 방문했으면 먼저 천황을 배알하는 것이 예의인데, 무례하게도 천황을 제쳐두고 제멋대로 일본 국내를 여행하고 다닌 점을 주요한 암살동기로 진술했다. 게다가 러시아 황태자가 일본 각지를 여행하며 돌아다니는 것이 일본을 침공하기 위해 미리 정탐하려는 목적이라고 주장했다. 섬나라 근성을 유감없이 나타내는 진술이다.

주의할 점은 이 사건에서 대심원이 정치적 압력에 굴하지 않고 소신에 따른 판결을 했다고 해서 사법부의 독립이 유지된 것을 의미하는 것은 결코 아니라는 점이다. 메이지 시대를 통틀어 법원이 정치적 사건과 관련된 양심적인 판결을 한 경우는 매우 드물었다. 특히 형사사건의 경우 형사소송법에 규정된 예심(豫審)제도라는 이름 아래 수사 단계부터 법관이 참여했으며, 경찰과 검찰을 위해 유죄판결을 내려주는 존재에 지나지 않았다. 조직 구조상으로도 법관은 사법성에 속한 행정관료였다. 즉, 어쩌다가 드물게 나타나는 양심적 판결사례를 이유로 당시 일본 법원이 권력의 시녀에 불과한 존재였다는 사실을 잊어서는 안 된다.

천황은 5월 19일 러시아 황태자를 위문하기 위해 러시아 함선에 직접 탑승하기로 결정했다. 평소부터 동양에 대한 호기심이 많았던 황태자는 치료를 마친 후 도쿄를 구경하고자 원했지만, 본국의 러시아 황제가 즉시 일본을 떠나라는 명령을 내렸기 때문에 고베항을 출항하려던 참이었다.

이러한 점을 고려해 천황이 직접 외국의 황태자를 배웅한다는 유례를 찾아보기 힘든 파격적인 조치가 취해진 것이다. 이토를 비롯한 번벌정부의 수뇌들은 러시아 군함에 탑승하면 혹시 천황을 러시아가 납치하는 것은 아닌가라는 강한 우려를 가지고 크게 동요의 기색을 나타냈다. 이것 역시 섬나라 근성을 지극히 잘 드러내는 사고방식이다. 그러나 천황은 이를 일축하고 호위도 붙이지 않은 채 무사히 목적을 달성했다. 원래는 황태자를 초대해서 위로하려 했지만, 러시아가 역공을 가해서 오히려 천황을 배로 초대한다고 제안했다. 여기에 대해 번벌정부의 실력자 중 그 누구도 해결책을 제시하지 못하자, 천황이 독자적으로 결정해서 행동에 옮긴 것이다. 천황의 뛰어난 위기관리능력이 잘 나타난 사례 중 하나다.

이 사건의 후폭풍으로 6월 1일 마쓰카타 내각의 개조가 실시되었다. 쓸데없는 약속을 해서 곤경을 자초하게 만든 아오키 슈죠 외무장관이 경질되고, 에노모토 다케아키가 외무장관에 기용된다. 에노모토는 막부 출신의 인물 중에서는 약방의 감초처럼 가장 널리 장관으로 기용된 인물이다. 그가 사쓰마벌의 리더 구로다와 절친한 친분이 있는 탓도 있지만, 성격이 쾌활하고 활달하면서 모나지 않게 처신했으므로 삿쵸 번벌의 실력자들로부터 호감을 얻었다.

내무장관에는 시나가와 야지로(品川彌二郞), 법무장관에 다나카 후지마로(田中不二麿), 육군장관에는 다카시마 도모노스케(高島鞆之助) 등의 교체가 있었다. 가장 큰 문제는 새롭게 내무장관에 임명된 시나가와 야지로다. 시나가와는 쇼카촌숙 출신으로 야마가타의 관료벌에 핵심적인 역할을 하는 인물 중 하나였다. 따라서 야마가타의 심복으로 봐도 무방하다.

결국 마쓰카타 내각의 핵심보직에 야마가타의 파벌이 자리 잡은 셈이 되었다. 여기에 육군장관으로 기용된 다카시마는 본래 사쓰마 출신이지만, 성격이 강골이며 남에게 굽히지 않고 제멋대로 행동하는 타입의 인간이었다. 이 두 사람이 마쓰카타 내각에서 파란을 일으키며 마쓰카타를 정치적 궁지로 몰아넣은 장본인이 된다.

새롭게 개조된 마쓰카타 내각에 대해 세간에는 '이류 내각' 이라든지 '자작(子爵) 내각' 이라는 평판이 있었다. 내각의 주요 각료가 대부분 자작의 작위를 가지고 있거나 지명도가 높지 않은 이류의 인물들이기 때문이다. 내각 내에서는 체신장관 고토 쇼지로와 농상무장관 무쓰 무네미쓰가 삿쵸 번벌 출신이 아니라는 이유로 따돌림과 공격을 받았다.

이것에 앞장선 사람은 내무장관 시나가와와 육군장관 다카시마, 해군장관 가바야마였다. 이들은 모두 번벌의식이 강하고 정당정치를 혐오한다는 공통점이 있었다. 특히 시나가와는 무쓰를 뒤에서 후원하는 이토 히로부미마저 공격했다. 이토가 무쓰를 앞세워 내각을 배후에서 조정하려 한다고 생각했기 때문이다. 수상인 마쓰카타는 내각의 분열을 조장하는 이들을 통제하기는커녕, 지도력을 발휘하지 못하고 우왕좌왕했다.

이러한 답답한 상황을 타개하기 위해 무쓰는 '내각 정무부'라는 새로운 조직을 창설하자고 제의했다. 주된 목적은 내각의 통일성을 확보하고 아울러 정당에 대한 대책을 강구하기 위해서이며, 이토가 배후에서 지지와 지원을 보냈다. 정무부장에는 무쓰 스스로 취임했고, 내각의 통일성을 확보하기 위해 정무부장에게 강력한 권한을 부여한 점이 특색이다. 즉, 내각의 모든 각료는 대외적 발언과 행동을 하기에 앞서 정무부장과 사전에 협의를 거쳐야만 하도록 규정했다. 게다가 정당에 관한 대책을 전담할 목적으로 각 행정부서에서 고위관료를 선발하도록 명령하고, 이들을 연락책으로 정무부장의 휘하에 둔다는 사항도 명시했다. 게다가 정보수집을 위해 경시총감과 경보(警保)국장을 지휘하에 두어 내무성의 파워를 크게 약화시켰다. 그렇기 때문에 이것이 실현되면 정무부장은 사실상 내각의 원내총무이자 2인자가 된다.

이러한 구상이 각료회의에 회부되자 정면으로 반대 의사를 표명하거나 이의를 제기한 사람은 아무도 없었다. 그러나 막상 정무부가 설치되자 내무성의 실세 시라네 센이치(白根專一)는 비협조적인 태도로 일관한다. 그러자 눈치를 보며 관망하던 다른 행정부서도 정무부를 무시하기 시작했다. 이것을 견디지 못한 무쓰는 정무부가 설치되고 불과 1개월만인 9월 16일부로 사표를 제출했다. 그래서 마쓰카타가 정무부장을 겸임했으며 사실상 정무부장이 없는 것과 마찬가지가 되었다. 결국 개회가 임박한 제2차 의회에 대한 아무런 대책도 없는 상태로 맞이할 수밖에 없었다. 드디어 메이지 24년(1891) 11월 제2차 의회가 소집되자 역시 쟁점은 예산문제에서 터졌다.

의회가 시작되자 마쓰카타는 유능한 실무관료답게 부국강병을 추진하기 위한 목적으로 알차고 짜임새 있는 예산안과 법안을 편성해 제출했다. 이것과 아울러 예산이 허락하는 한 국력의 충실을 위해 노력해야 한다고 강조하는 시정연설을 했다. 그가 제출한 예산안의 상당부분은 지방의 이익에도 부합하는 것이 많았다. 예를 들어 철도건설과 국유화에 관련된 법안과 예산은 결국 지방의 이익과 연결되는 것은 물론, 치수를 위한 하천개량비나 홋카이도의 토지조사를 위한 비용 등도 있었다.

이를 위해 제1차 의회에서 부결되어 사용하지 못한 잉여금 650만 엔에다가 새롭게 1,000만 엔을 추가로 편성했다. 그러나 자유당은 마쓰카타가 제출한 예산안의 많은 부분에 정책적으로 동조하면서도, 잉여예산은 지조경감에 우선적으로 충당해야 한다는 속박에서 벗어나지 못했다. 게다가 번벌을 뒷받침하는 관료세력을 공격하기 위해 불필요한 공무원의 정리와 경비 절감도 아울러 주장했다.

그 결과 중의원은 예산안에서 780만 엔 정도 삭감하는 조치를 취했다. 여기에 대해 마쓰카타는 전임자 야마가타와는 다르게 자유당을 회유하거나 설득하려는 정치공작을 시도하지 않았으며, 순진하게 단순히 거부반응을 나타내는 태도로 일관했다. 이처럼 정치적으로 서투른 처신을 한 탓에 야당의 강한 반감을 사게 되는 것이 불가피했다. 설상가상으로 12월 22일 중의원 본회의에 출석한 해군장관 가바야마가 유명한 만용연설을 하며 상황이 최악으로 치달았다.

해군의 이익을 대변해 가바야마는 의회가 군함 건조비용과 제철소 건설비용을 삭제한 것에 강한 불만을 가졌다. 그래서 연설 중에서 삿쵸정부를 내세우는 표현을 사용했다. 즉, 지금까지 일본이 눈부신 발전을 이룩한 원동력은 삿쵸정부의 힘에 의해서라는 점을 강조한 것이다. 이 연설로 중의원 본회의는 발칵 뒤집히지 않을 수 없었다. 가뜩이나 번벌정부에 대해 강력한 반감을 가진 야당의원들에게는 선전포고를 하는 것이나 마찬가지다. 이것이 일본 의회정치 역사에서 공식적으로 등장하는 최초의 망언케이스로 기록되고 있다.

험악한 분위기가 된 중의원은 12월 25일 예산위원회가 삭감한 금액을 그대로 인정해 가결했다. 궁지에 몰린 마쓰카타는 의회에 대한 정치공작을 하기보다는 중의원을 해산한다는 손쉬운 방법을 택하려 했다. 사실 중의원을 해산한다고 별다른 뾰족한 수가 있는 것은 아니지만, 정치 초보 마쓰카타가 선택할 수 있는 방법은 그 이외는 없었다.

이 문제를 각료회의에 회부하자 무쓰와 고토 쇼지로가 앞장서 강력히 반대했다. 그러자 반대를 누르기 위해 마쓰카타는 어전회의를 열어 결정하려 시도했다. 의회 해산에 대한 정치적인 책임을 천황과 나눠 부담하겠다는 의도다. 여기에 대해 이노우에 고와시가 제동을 걸었다. 굳이 어전회의를 열지 않고 내각이 독자적으로 결정하면 충분하다는 의견을 제시한 것이다. 이노우에 고와시는 번벌정부 내에서 법제 관료로 확고한 권위와 실력을 인정받는 인물이므로, 마쓰카타는 어전회의를 개최하려던 계획을 단념하지 않을 수 없었다.

이러한 사실만 놓고 보면 마쓰카타 내각과 천황과 관련성은 별로 없어 보인다. 그러나 실제로는 정반대다. 마쓰카타는 내각을 통제하고 유지할 능력이 부족했던 탓에 걸핏하면 천황에게 정치적 조언이나 도움을 요청했고, 천황은 굴러들어온 복을 차버리지 않았다. 다만 노골적으로 내각에 개입할 경우 잘못하면 천황의 권위가 손상될 우려가 있어 배후에서 드러나지 않게 내각을 조종한 것에 불과하다. 비록 어전회의가 개최되지는 않았지만 천황은 마쓰카타에 대해 의회를 해산할 각오로 대처하라는 지시를 은밀히 내렸다. 사실상 의회를 해산하라는 지시나 마찬가지다.

그러는 한편, 천황은 의회를 해산해도 선거 결과는 예전과 마찬가지로 야당이 과반수를 차지하는 결과가 될 거라 예견하고, 이에 관한 대책을 '원로'

이토 히로부미에게 은밀히 물었다. 이토는 정부를 지지하는 강력한 여당을 만드는 것 이외에는 달리 대책이 없다는 점을 서서히 자각하고 있었다. 이토의 논리에 의하면 중의원을 장악한 자유당이나 개진당은 특정한 지역이나 계층의 이해관계를 대변하는 것에 불과하며, 진정한 의미의 정당은 아니라고 봤다. 그래서 국가 이익과 공익을 대변하는 전국적인 정당을 만들어 번벌정권을 뒷받침해야 한다고 주장했다. 초연주의의 핵심은 번벌정권이 야당에게 권력을 양보하지 않는 것이므로, 번벌정권을 지지하는 여당을 만드는 것은 초연주의를 위반하는 것은 아니라는 논리다. 그러나 이러한 주장은 정당 그 자체를 인정하지 않는 야마가타와 원로회의에서 정면충돌해 격렬한 설전을 벌이게 된다. 대다수 원로가 야마가타를 지지하자 이토도 한 발 물러서지 않을 수 없었다. 이와 함께 천황 역시 이토가 직접 나서 스스로 정당을 만드는 것에 대해 거부반응을 나타냈다.

현실감각이 뛰어난 천황은 이토가 정당을 만들어도 그것이 여당이 된다는 보장이 없다는 사실을 잘 알고 있었다. 사사건건 현직 수상 마쓰카타를 비난하고 비판하는 이토가 정당을 만들면 여당보다는 야당이 될 가능성이 많았다. 천황은 이토가 스스로 수상에 취임하고 정당을 만든다면 그 정당은 당연히 여당이 되지만, 다른 사람이 수상이 되면 이토가 만든 정당은 야당으로 기능할 것이라는 사실을 꿰뚫어 보고 있었다.

정당정치를 혐오하는 마쓰카타의 입장에서 의회 해산은 징벌의 성격을 가졌다. 즉, 예산안에 협조를 거부하는 의회를 따끔하게 혼내준다는 것이다. 구로다와 야마가타도 같은 생각을 가지고 배후에서 마쓰카타를 격려하고 선동했다. 이렇게 해서 다음해인 메이지 25년(1892) 2월 15일 역사상 두 번째의 중의원 총선거가 실시된다. 여기서 유명한 부정선거 사건이 발생했다. 이를 주도한 인물은 내무차관 시라네 센이치다.

내무성이 주축이 되어 대대적으로 경찰력과 지방공무원들을 동원했으며,

이것을 주도한 시라네의 배후에는 역시 야마가타가 있었다. 부정선거의 표면에 나서 비난을 받은 인물은 내무장관 시나가와와 내무차관 시라네였지만, 사실은 '정당 혐오론자'인 야마가타의 작품이라 해도 과언이 아니다. 자유당의 근거지인 고치현에 특히 공격이 집중되었다. 자유당의 유력한 인물들을 낙선시키기 위해 대항후보를 선발하고 이를 정부 차원에서 총력 지원하였다. 당시 선거제도는 오늘날과 다르게 기명투표의 방식을 채택하고 있었기 때문에 부정선거의 여지가 많았다. 기명투표는 누가 누구에게 투표했는지 알 수 있기 때문이다.

여기에 대항해 자유당이 혈기왕성한 청년당원들을 동원했기 때문에, 각지에서 유혈극과 난투극이 벌어졌다. 특히 자유당과 개진당의 근거지인 고치현과 사가현이 격렬했으며, 이 지역에는 보안조례가 공포될 정도였다. 번벌정부가 진실을 은폐하는 작업을 했던 탓에 정확한 수치는 알 수 없으나, 대략 20명 이상의 사망자와 380명 정도의 부상자가 발생했다고 한다.

살인·방화·폭행·약탈 등이 도처에서 저질러진 추악한 유혈극으로 끝난 선거 결과, 자유당과 개진당이 130석을 얻어 과반수를 확보하지 못했다. 또한 이타가키의 측근들로 자유당의 유력한 인물들이 많이 낙선했으므로, 이타가키의 지도력과 위신에 상당한 손상이 가해지지 않을 수 없었다.

이미 본 것처럼 최초의 중의원 총선거는 얼떨결에 차분하고 조용한 분위기에서 치러졌다. 그러나 이를 바탕으로 국회가 구성되고 의회정치가 시작된 후, 본격적인 제2회 중의원 선거부터 본색이 적나라하게 드러났다. 이토는 부정선거에 격분했고 원로회의에서 내무장관 시나가와를 해임하라고 강력히 주장했다. 그러는 한편 장래 의회에 대한 대책으로 정부를 지지하는 강력한 여당을 만들 의사도 슬쩍 나타냈다. 그러나 원로회의에 참석한 사람 중에서 이토를 지지하는 사람은 거의 없었다.

현실에 절망감을 느낀 이토는 추밀원 의장을 사직하고 뒤로 물러나려 했다. 그러나 야마가타는 천황을 움직여 이토가 사직을 철회하도록 배후에서 공작을 한다. 천황이 적극적으로 협조한 것은 물론이다. 야마가타는 이토가 재야에 나가도록 방치하면 실제로 정당을 창설할지도 모른다는 점을 크게 우려했다. 그래서 이토를 추밀원에 묶어두길 원했던 것이다. 이토가 이를 거부하고 의외로 강경하게 나오자, 타협안으로 시나가와에게 내무장관을 사직하도록 지시해 이토의 사퇴의사를 철회하도록 하는 것에 결국 성공했다. 야마가타는 정치력은 별로 없었지만 정치공작에 있어서는 이토보다 오히려 뛰어난 재능을 발휘하고는 했다.

한편, 마쓰카타에게 의회 해산을 사실상 지시한 천황이 그 후에 벌어진 선거부정 사건에 대해 구체적으로 어떻게 개입을 했는지 자세히 추적하기는 어렵다. 그러나 평소 정당을 혐오하던 천황이 중의원 다수를 반정부 세력이 차지하고 있는 현상을 타파하고 정부를 지지하는 의원을 선출해야 한다고 지시한 점에서도 알 수 있듯이, 선거 간섭에 대해서도 적극 개입한 흔적이 엿보인다. 특히 마쓰카타 내각에게 기밀금의 명목으로 황실 재산으로부터 무려 50만 엔이라는 거액의 자금을 하사한 이유가 선거 간섭을 위한 정치자금일 가능성이 매우 높다. 이러한 사실에도 불구하고 겉으로 드러난 천황과 중의원의 관계는 대단히 깔끔했다는 점에 유의해야 한다. 앞서 본 것처럼 중의원 의장 선출시에도 중의원의 투표 결과를 존중했으며, 법률안 거부권을 행사할 수 있음에도 실제 거부권을 사용하지도 않았다. 겉으로는 흠잡을 데 없을 정도로 고상하게 행동하면서 배후에서는 비열한 정치공작을 선동하는 것이 천황의 진면목이었다.

사직한 시나가와의 후임으로 정한론 정변 당시 외무경이었던 소에지마 다네오미가 임명되었다. 소에지마는 사가번 출신이므로 오쿠마와 친분이 있는 것은 물론, 정한론 정변 이후 자유민권운동 초기에 참가했던 덕분에 이타가키와도 교류가 있었다. 이러한 점을 고려해 기용된 것이다. 그러나 누구를 내무장관에 기용한다 하더라도, 부정선거의 후유증으로 인해 야당과 정치적으로 화해하기는 어려운 상황이었다.

메이지 25년(1892) 5월 2일 3번째 의회가 소집되자, 중의원은 부정선거에 대한 책임을 마쓰카타 내각에 추궁하기 위한 복수의 분위기로 가득 찼다. 먼저 공격의 포문을 연 것은 엉뚱하게도 상원인 귀족원이었다. 철저하게 정부를 지지하는 의원으로 구성된 귀족원이 마쓰카타 내각의 부정선거에 대한 책임을 묻는 건의안을 의결했다. 여기에 자극을 받은 중의원 본회의도 개회하자마자 내각에 대한 탄핵안이 의장 호시 도루(토亨)의 제안으로 제출된다.

탄핵안이 가결되면 내각이 총사퇴하든지 의회를 해산하는 방법밖에는 없지만, 예상외로 3표 차이로 부결되고 말았다. 부결된 가장 중요한 이유는 건의안이 아니라 '상주안'이라는 형식을 취했기 때문이다. 다시 말해 탄핵안이 가결되면 이를 천황에게 상주해야만 했으나, 이것이 천황에게 누를 끼치는 것으로 황송하다는 심리적 부담감이 작용한 탓이다. 아직도 야당에는 순진한 면이 남아있었다. 그러나 의회 해산이나 선거 간섭 과정에 배후에서 적극 개입한 천황의 정치행보를 정확히 알고 있었다면 황송해야 할 필요는 전혀 없었다.

아무튼 상주안이 부결되자 개진당이 즉시 탄핵 결의안을 다시 제출한다. 이것은 일사부재의의 원칙에 어긋나는 것이지만, 크게 화가 나 이성을 잃은 자유당의 우두머리 이타가키는 개의치 않았다. 결의안은 상주안이라는 형식을 취하지 않았으므로 투표 결과 채택되었다. 그럼에도 불구하고 마쓰카타는 불과 7일간 의회를 정지한다는 조치를 취했다. 이미 한번 부결된 내용을 다시 투표에 붙였다는 이유로 애써 무시한 것이다. 사실 의회가 열리자마자 또다시 해산하는 것은 너무나 뻔뻔스러운 행동이었고, 그렇다고 마쓰카타는 내각을 포기할 의사도 없었다.

야당의 탄핵공세를 그럭저럭 막고 다시 개회된 의회에서는 예산안 통과를 두고 격렬한 힘겨루기가 벌어졌다. 그러나 7일간의 의회정지 기간 중 과거와는 다른 미묘한 차이가 자유당 내에서 일어나고 있었다.

이타가키는 마쓰카타 내각을 무자비하게 압박하면 다시 의회를 해산할 가능성이 높다는 점을 우려했다. 게다가 유력한 정치가들 사이에서 당시 순조롭게 발전하고 있던 자본주의의 싹을 키우기 위해 철도를 건설하거나 상공업 발전을 지원해야 한다는 인식이 서서히 공감대를 형성하고 있었다. 겉으로는 여전히 정부와 야당이 대립을 하고 있었지만 공격의 칼날이 예전처럼 날카롭지 않았다.

중의원은 예전의 삭감안과 거의 비슷한 수준의 삭감을 해서 이를 귀족원에 넘겼다. 그런데 귀족원이 이것에 수정을 가하려 해서 권한쟁의의 문제가 발생했다. 헌법이 여기에 관해 명확하게 규정하지 않았기 때문에 발생한 문제였다.

메이지 헌법에는 다만 정부가 예산안을 의회에 제출한다고 규정되어 있을 뿐이므로, 귀족원도 이를 독자적으로 수정할 권리가 있다고 제멋대로 해석해 행동에 옮긴 것이다. 중의원은 예산안에 대한 수정권은 오직 중의원만이 가진 것이라고 주장해 다툼이 발생했다. 여기서 분쟁을 조정하기 위한 목적으로 추밀원 회의가 열렸지만, 추밀원 의장 이토는 귀족원의 손을 들어주었다. 즉, 귀족원도 예산에 대한 수정권을 가지며, 이를 행사하는 경우 중의원과 협의를 거쳐야 한다고 평결을 내린 것이다. 이토는 귀족원에게 힘을 실어주어 중의원을 견제하려 한 것이지만, 이것이 부메랑이 되어 나중에 자신에게 정치적 위협을 가할 줄은 꿈에도 생각하지 못했다. 이론상 국민이 선출해 만들어진 기관이 아니어서 민주적 정당성이 희박한 귀족원에게 굳이 중의원과 대등하게 예산 수정권을 부여하는 태도가 부적절한 처신이라는 점은 물론이다. 아무튼 마쓰카타가 제출한 예산안의 가운데 중요한 사항은 대부분 부결된 상태가 되었다.

제3차 의회가 끝나자 내무장관 소에지마가 사표를 제출했다. 그는 자유당과 협조노선을 구축하려 나름 노력했으나, 내무성의 실권을 장악한 차관 시라네가 철저하게 비협조적인 태도로 일관했기 때문이다. 게다가 마쓰카타 저도 이에 동조하는 태도를 보이자 주저 없이 떠난 것이다. 시라네는 본래 후쿠자와가 만든 게이오(慶応)대학을 나왔다. 그러나 죠슈번 출신인데다가 줄곧 내무성에서 지방관으로 경력을 쌓았으므로, 야마가타에게 발탁되자 내무성의 실세 중의 실세로 부상했다. 그래서 그를 거치지 않고서는 내무성의 업무가 제대로 돌아가지 않을 정도로 위세를 떨쳤다.

상황이 이렇게 되자 일단 마쓰카타가 임시로 내무장관을 겸임했으나, 야당의 공세를 막고 내각을 유지하기 위해서는 부정선거에 관련된 내무성의 책임자와 지방관들을 확실히 처벌할 필요성이 있었다. 시나가와는 사퇴했지만 내무차관 시라네는 여전히 건재한 상황이다. 그러나 육군장관 다카시마와 해군장관 가바야마는 오히려 시라네를 내무장관으로 승진시킬 것을 주장했다.

이 두 사람은 시나가와와 협력해 부정선거에 깊이 관여했으므로 자신들의 체면과 관련해서 이러한 억지 주장을 한 것이다. 시라네가 처벌을 받는다면 자신들도 책임을 면하기 어렵다. 궁지에 몰린 마쓰카타를 위해 구로다가 나서 내무장관으로 이노우에 가오루를 추천했다. 그러나 죠슈벌의 유력한 인물이 내각에 들어오는 것을 꺼려한 사쓰마 출신의 다카시마와 가바야마는 이것을 한사코 제지했고, 급기야 마쓰카타에게 장관직을 사퇴한다고 협박했다. 여기에 견디다 못한 마쓰카타가 사직할 뜻을 비쳤다. 그러나 마땅한 후임자가 없다는 이유로 원로회의는 이를 제지했다.

진퇴양난의 궁지에 몰린 마쓰카타는 자신을 사사건건 비판하고 비아냥거리는 이토에게 정권을 넘기려 했지만, 이토를 비롯해서 원로의 그 누구도 내각을 인수하려 나서지 않았다. 부정선거의 후유증으로 초강경 자세를 취하는 중의원에 맞설 자신이 없었기 때문이다. 또한 천황도 사직을 허락하지 않았다. 그래서 부득이하게 내각을 계속 꾸려나가야만 할 처지가 되었다. 마쓰카타는 시나가와와 함께 사직한 무쓰의 후임자인 농상무장관 고노 도가마(河野

敏鎌)를 내무장관 겸 법무장관으로 임명했다.

신임 내무장관인 고노는 개진당의 오쿠마와 깊은 관계를 가진 인물인 만큼, 선거에 간섭한 시라네 내무차관과 지방관들을 단호하게 경질한다는 의사를 분명하게 밝히고 실행에 옮겼다. 여기에 우유부단한 마쓰카타가 찬성하자 격분한 가바야마와 다카시마가 사퇴하겠다는 협박을 거듭했다. 게다가 마쓰카타는 법무장관으로 이노우에 고와시를 기용하길 원했으나, 이노우에의 배후에 있는 이토 히로부미가 이를 거부하도록 지시를 내렸다. 자신의 의사를 대변해 내각에서 활동하는 무쓰가 소외당하도록 마쓰카타가 방치했기 때문이다. 소심하고 심약한 마쓰카타는 자신감을 상실한 것은 물론이고 마음에 심한 상처를 입었다. 그래서 7월 30일 홀로 사표를 제출하고 도망가듯이 별장으로 잠적해 버리고 말았다.

천황은 마쓰카타의 사직을 막기 위해 갖은 노력을 다했다. 직접 고토 쇼지로를 비롯한 각료를 불러 마쓰카타가 사직을 철회하도록 설득하라고 지시하는 한편, 육군장관과 해군장관은 새로 뽑으면 그만이라고 마쓰카타를 만류했다. 이처럼 천황이 각료의 인사문제가 아니라 내각의 진퇴에 노골적으로 직접 개입한 경우는 이 사례가 유일하다. 그러나 군부의 사쓰마벌이 쐐기를 박았다. 육군의 사쓰마 세력을 대표하는 오야마 이와오와 가와카미 소로쿠(川上操六)와 해군의 사쓰마벌 중진 니레 가게노리(仁禮景範)가 결단을 내리지 못하고 번뇌하는 마쓰카타를 방문했다.

이들은 육군장관과 해군장관의 후임을 얻을 수 없을 것이라고 협조 거부를 암시해 협박하고는, 천황에게 심려를 끼치지 말고 사직하라고 강요했다. 군부가 내각의 운명을 좌우한 최초의 사례가 등장한 것이다. 내각제도가 시행되고 나서 불과 4번째의 내각이 등장한 시점에서, 어느새 군부가 정치의 운명을 좌우하는 징후가 나타났다. 성격이 우유부단하고 소심한 마쓰카타는 이러한 협박에 맞설 배짱이나 담력이 없었다. 또한 내각을 유지할 자신도 없었기 때문에 좋지 않은 선례를 남기며 사실상 불명예퇴진을 하고 말았다.

제5장

하룻강아지의 좌절

- 제2차 이토 내각과 조약개정
- 청일전쟁을 향해서
- 청일전쟁의 경과와 종결
- 강화교섭과 삼국간섭
- 명성황후 암살과 제2차 이토 내각의 붕괴

1

제2차 이토 내각과 조약개정

불명예스럽게 퇴진한 마쓰카타의 후임으로 차기 수상은 이토 히로부미가 맡지 않을 수 없었다. 사퇴 의사를 밝힌 마쓰카타가 후계 내각을 인수하라고 요청하던 것을 거듭 고사하던 태도와 정반대로, 막상 차기 수상으로 결정되자 이토 스스로 자신감과 의욕에 가득 차 내각을 인수했다. 그동안 여러 내각을 거치며 축적되기 시작한 내각제도 운용의 노하우를 활용해 훌륭하게 내각을 꾸려나갈 생각이었다. 이를 위해 이토는 먼저 '흑막' 세력이 정치의 표면에 등장하도록 만든다.

표면에서 정치를 담당하는 내각과 내각을 배후에서 조종하는 원로라는 2중적 권력구조의 문제점을 보완하고 내각의 대폭 강화를 시도한 것이다. 그래서 야마가타 아리토모는 법무장관에, 이노우에 가오루는 내무장관, 구로다 기요타카는 체신장관, 육군장관에 오야마 이와오가 임명되었다. 여기서 야마가타는 제4차 정기국회가 끝나면 사임한다는 조건을 붙여서 취임을 승낙했다. 이토가 과거 야마가타 내각에 내무장관 취임을 한사코 거부하다가 제1차 정기국회가 끝나면 사임한다는 조건으로 초대 귀족원 의장에 취임한 것에 대한 복수였다. 또한 외무장관에는 이토의 절친한 친구이자 동지인 무쓰 무네미쓰, 대장성 장관은 대장성의 실력자 와타나베 구니타케(渡辺國武)가 기용되었다.

결론적으로 원로와 유능한 실무관료의 복합체로 내각을 구성했다고 평가할 수 있다. 주요 각료의 대부분이 수상을 맡아도 될 만큼 쟁쟁한 인물들이다. 이토가 자신감을 가지는 이유가 바로 여기에 있었다. 내각제도가 발족한 지 7년 만에 비로소 각료가 전원 교체된 내각이 발족하였다.

한편, 내무성의 시라네 센이치와 마찬가지로 와타나베의 등장은 '메이지 제3세대'가 장관의 자리까지 차지하며 정치 전면에 나타나는 신호탄이었다. 제3세대는 1950년 전후로 출생한 특징이 있으며, 막부 멸망 당시 20대 초반이나 10대 후반의 나이에 있었다. 이들은 번벌 출신이든 아니든 특정한 행정 부서에 장기간 근무하며 탄탄한 입지를 쌓았다는 공통점이 있다. 와타나베의 경우 사쓰마 번벌의 실력자인 마쓰카타에게 발탁되어 대장성의 실세로 군림했다. 그러나 죠슈 출신의 시라네와 달리, 나가노(長野)현 태생으로 번벌 출신이 아니라는 약점이 있었다. 그래서인지 처음에는 사쓰마벌과 유착했다가, 마쓰카타가 지도력을 발휘하지 못하자 죠슈벌에 급속히 접근했다.

출범 당시 이러한 자신감과 다르게 제2차 이토 내각은 의회에 대한 특별한 대책을 가지고 있지 않았다. 이토가 최초로 내각을 만들 당시는 헌법도 없었고 국회도 존재하지 않았으나, 지금은 사정이 전혀 다르다. 게다가 부정선거의 여파로 중의원은 대단히 경직되어 있는 상태였다. 뒤에서 훈수를 하는 것과 직접 정치를 하는 것은 다른 법이다. 사사건건 마쓰카타를 비판한 이토는 '대정치가'의 위신을 보여줄 필요가 있었다. 하지만 이토는 정기국회가 열리기 직전에 타고가던 인력거가 추돌사고를 일으켜 땅바닥에 얼굴이 강타당하는 교통사고를 당했다. 그래서 말도 제대로 못했으며 임시로 이노우에 가오루가 수상직을 당분간 한다는 헤프닝도 있었다.

드디어 4번째 의회가 개회하자 역시 야당은 정부 예산안 중 무려 840만 엔을 삭감했다. 문제의 핵심은 마쓰카타 내각 때부터 계속된 해군 관련 예산이었다. 자유당은 해군의 번벌의식이 심하고 군정과 군령의 구별이 없다는 등의 트집을 잡아 해군이 요구한 신규사업예산을 인정하지 않았다. 게다가 메이지 26년(1893) 2월 7일에는 내각탄핵상주안이 가결되었다. 중의원 다수당인 자유당이 특별히 이토에게 반감을 가진 것은 아니지만, 마쓰카타 내각의 부정선거 이후 정부에 대한 강경자세가 계속 유지되었던 결과 탄핵을 하는 지경에까지 간 것이었다. 정치적으로 커다란 궁지에 몰리게 되었으나 이토는 마쓰카타와 다른 점이 한 가지 있었다. 바로 천황의 각별한 신임이 있다는 점이다.

평범한 정치가라면 궁지에 몰려 의회를 해산하려고 했을 것이다. 그러나 이토는 천황의 권위에 의존해 위기를 극복하는 방법을 썼다. 그는 메이지 천황에게 의회를 해산하든지 자신을 적극 도와주든지 양자택일하라고 은근히 강요했다. 사실상 협박이다. 천황은 물론 의회를 해산하길 꺼려했다. 남다른 정치감각을 갖고 있는 천황은 어차피 의회를 해산하고 다시 선거를 해도 야당이 과반수를 차지하는 것은 분명한 일이고, 야당의 태도만 더욱 경직화시킨다는 점을 잘 알고 있었다.

이리하여 2월 10일 천황이 조칙을 발표했다. 의회가 삭감한 해군의 군함 건조비를 충당하기 위해 황실 재산으로부터 6년간 30만 엔을 보조하는 한편, 공무원 봉급의 10%를 국방성금으로 강제 헌납한다는 내용이다. 아울러 메이지 천황은 이토 내각에 대해 행정개혁을 실시하라고 명령해 천황을 정치적으로 이용하려는 이토에게 일침을 놓는 것도 잊지 않았다. 야당이 치사하게 이토 내각을 뒤에서 후원한다는 이유로 천황을 직접 공격하는 것은 불가능했다. 이토는 바로 이 점을 노린 것이다.

야마가타 내각은 협박과 금품제공으로 예산안을 성립시켰지만, 이토는 천황의 권위와 황실 재산을 이용해 위기를 극복했다. 그러나 천황의 권위를 정치적 위기가 닥쳐올 때마다 매번 이용하는 것도 어려운 일이다. 그렇게 되면 천황의 정치화를 자초하는 결과가 된다는 점을 이토도 잘 알고 있었다. 헌법 규정처럼 천황을 신성불가침의 존재로 유지하려면, 천황이 직접 정치에 관여하지 말아야 한다는 것이 이토의 지론이었다. 그러나 정부를 지원하는 강력한 여당이 존재하지 않는 이상 뾰족한 해결책이 없다는 점도 사실이다.

간신히 의회를 극복하기는 하였으나 여전히 이토 내각은 수세에 몰려있었다. 조약개정의 문제 때문이다. 이토가 무쓰를 외무장관에 기용한 이유는 서구 열강과 대등한 평등조약을 기필코 달성하기 위해서였다. 각료의 대부분이 쟁쟁한 인물들로 채워진 상황에서 이토가 실질적으로 영향력을 발휘할 수 있는 분야는 외교밖에 없었다. 만약 평등조약 체결에 성공한다면 정국의 주도권을 장악할 수 있다. 그래서 이토가 무쓰에게 거는 기대는 남달랐다. 사실 무쓰는 제4차 의회가 끝나는 시점에서 평등조약의 실현을 눈앞에 두고 있었다.

역시 전임자들과 마찬가지로 무쓰도 철저한 비밀주의로 사업을 진행했으며 영국 공략에 중점을 두었다. 어차피 서구 열강의 리더인 영국을 설득하지 못하면 만사가 물거품이라는 사실에 착안했다. 그래서 전직 외무장관이자 외무성 거물인 아오키 슈조를 영국공사로 임명해 영국을 설득하는 것에 총력을 기울인다. 이른바 정공법이다.

평등한 내용의 조약안이므로 일본 국내의 민족주의 감정을 자극할 우려도 거의 없다고 예상되었다. 극우파나 야당이 조약개정에 관해 견제할 것으로 생각되지 않았지만, 의외로 엉뚱한 곳에서 문제가 터졌다. 바로 평등조약의 결과 일본 본토를 외국인에게 개방한다는 문제였다. 이것은 민족주의 감정을 갖고 있는 자라면 누구나 자극을 받을 수 있는 사항이다.

섬나라 근성을 갖고 있는 일본 국민들에게 외국인에 대한 혐오감이나 막연한 공포감을 선동하면 생각 이상으로 강력한 효과를 발생시킨다. 과거 조약개정 교섭과 마찬가지로 재야에서는 강경한 분위기가 만연하고, 조약개정 반대를 슬로건으로 하는 '대외강경파'라는 극우파의 통합과 단결의 분위기가 무르익었다. 다시 말해 일본 본토를 개방하는 것보다는 차라리 현재의 불평등조약이 낫다는 주장이다.

자유당은 뜻밖에도 여기에 참가하지 않았다. 자유당의 실력자로 급부상한 호시 도루(토亨)가 정부에 접근하는 태도를 취했기 때문이다. 호시는 매우 가난한 유년시절을 보내고 영국에 유학을 다녀와서 변호사가 된 입지전적인 인물로서, 세간에는 돈을 밝히고 부패한 정치가라는 인식이 있었다. 어쨌든 일본 역사상 최초로 영국 변호사 자격증을 소지하고 변호사 수임료로 든든한 자금줄을 확보한 덕분에, 이를 배경으로 자유당 내에서 막강한 영향력을 행사하는 실력자로 군림하게 된다.

자유민권운동의 초창기부터 활동한 것은 아니지만, 호시는 일단 자유당에 입당하자 헌신적으로 반정부투쟁을 벌이며 존재를 알리기 시작했다. 게다가 앞서 본 것처럼 최초의 중의원 의회가 끝난 후 예산안을 둘러싸고 야마가타 내각과 타협한 이타가키의 측근들이 대거 탈당하는 등, 자유당이 크게 흔들리자 당의 조직을 본격적인 정당조직으로 정비하는 작업을 성공시키면서 조직가로서 능력도 인정받았다.

자유당을 정비하기 위해 그가 추진한 개혁의 핵심은 이타가키를 자유당 총리로 추대하고 국회의원으로 당선된 자를 중심으로 당이 운영되도록 정비한 점이다. 자유당은 자유민권운동을 내세우고 오랜 기간 정부의 탄압에 맞서 투쟁한 탓에, 독자적 발언권을 가진 다양한 원외세력이 영향력을 발휘한다는 특색을 가진 정당이다. 그 결과 정치적 쟁점사항이 발생하면 당론이 분열하는 사태가 비일비재하게 일어나지 않을 수 없었다. 호시는 이러한 문제점을 시정하려고 했다.

호시의 당내개혁으로 자유당이 안정을 찾은 것은 사실이다. 그러나 이것이 총리로 추대된 이타가키를 중심으로 당이 운영된 것을 의미하는 것은 결코 아니다. 자유당 내부에는 지역할거구도를 바탕으로 크게 나눠서 4개의 계파가 있었고, 이들이 모두 이타가키를 절대적으로 지지하고 후원한 것은 아니었다. 호시를 예로 들자면 관동지역을 세력기반으로 지역계파의 보스 중 하나로 자리매김했지만, 그 역시 이타가키와는 정치적 성향 등 많은 점에서 차이를 가졌다.

한편, 호시는 변호사 출신답게 현실적이고 합리적인 사고방식을 가지고 있었다. 그래서 외국인에게 본토를 개방하는 문제로 평등한 조약개정을 반대하는 것은 불합리하다고 생각했다. 그래서 대외강경파의 주장은 어디까지나 반대를 위한 반대에 지나지 않는다고 여기고 개진당을 공격한다. 개진당의 우두머리 오쿠마 시게노부는 폭탄테러로 하야한 이후 추밀원 고문관이라는 공직에 머물러 있었지만, 그 후 마쓰카타 내각의 당시 내무장관으로 부정선거를 주도한 시나가와 야지로의 공격을 받고 재야로 추방되었다.

오쿠마가 시나가와의 공격의 표적이 된 이유는 이타가키와 회동해 야당연합을 도모했다는 사실에 있었다. 천황을 보좌하는 추밀원에 몸담고 있으면서 반정부세력의 수뇌와 접촉하는 것은 있을 수 없는 일이라며 시나가와는 앞장서 오쿠마를 맹렬히 공격했다. 그러나 이것은 호랑이를 들판에 풀어주는 결과가 되고 말았다. 오쿠마는 대외강경파에 참가해 이토 내각을 적극 공격하는 선봉장 역할을 했다.

조약개정을 담당하는 무쓰는 애당초 극우세력이 추진하는 조약개정 반대운동에 대해 별다른 관심을 기울이지 않고 과소평가했다. 그러나 과거 조약개정을 추진하다가 폭탄테러로 한쪽 다리를 잃은 경험이 있는 오쿠마의 개진당이, 종래의 태도를 180도 바꿔 조약개정에 반대하는 방향으로 선회하자 문제가 심각하게 바뀌지 않을 수 없었다. 무쓰가 조약개정에 반대하는 국내의 움직임에 신경 쓰지 않은 이유는 오쿠마가 여기에 동조하지 않을 것이라는 확신을 가졌기 때문이다. 애초 자유당과 개진당은 공동성명을 발표해 조약개정에 찬성하는 입장에 있었다.

과거 외무장관으로 조약개정을 추진한 담당자임에도 불구하고 엉뚱하게도 조약개정 반대운동의 선봉장으로 나선 이유에 대해, 오쿠마는 어디까지나 현행 불평등조약을 개정해야 할 필요성을 서구 열강에게 인식시키기 위해서라는 궤변을 늘어놓는 것조차 주저하지 않았다. 평등조약의 실현을 위해 애쓰다가 폭탄테러로 다리까지 잃은 자가, 자신의 정치적 이해관계에 따라 막상 평등조약의 실현이 목전에 다가오자 이번에는 강력한 반대자로 조약개정을 저지하려 한다는 황당한 상황이 벌어진 것이다.

능력과 수완을 인정받았음에도 불구하고 오쿠마가 번벌의 실력자들에게 기피대상이 된 이유가 바로 이러한 성격적 결함 때문이라 해도 과언이 아니다. 아울러 그가 후세에 높은 평가를 받지 못하는 원인도 정치적 신념에 따른 일관된 처신을 하지 못하고, 그때그때의 상황이나 이해관계에 따라 손바닥 뒤집듯이 입장을 바꿨던 탓이다. 메이지 초기 행정실무가로 활약할 당시는 임기응변에 뛰어나고 상황 변화에 기민하게 반응한다는 평가를 얻었지만, 대중정치가로 나서서 이러한 처신을 한다면 곤란하다는 것은 긴말이 필요 없다. 개진당이 중의원에서 차지하는 의석수는 많지 않지만, 언론 플레이에 능숙해서 여론에 상당한 영향력을 발휘할 수 있는 장점이 있었다.

이러한 와중에도 조약개정을 위한 영국과 교섭은 착실하게 결실을 거두고 실무협상 단계로 넘어갔다. 메이지 26년(1893) 11월 제5차 의회가 개회되자 강력한 정치세력으로 등장한 대외강경파는 이토 내각의 조약개정 교섭에 찬성하는 중의원 의장 호시를 추방하려 했다. 표면상 이유는 그가 뇌물을 수수했다는 점이다. 호시는 정치활동에 돈이 필요하다는 사실을 잘 알고 있었으며, 이권이나 금품을 얻을 기회가 생기면 주저하지 않고 받아 공격의 빌미를 제공하고는 했다. 또한 농상무장관에 임명된 고토 쇼지로 역시 뇌물수수를

제5장 하룻강아지의 좌절 359

이유로 맹공격을 받았으며 결국 사임하고 말았다.

　표면상 이유와 별개로 특히 문제가 되는 점은 호시가 중의원 의장에 당선된 배후에 조약개정을 추진하는 무쓰가 있었다는 점이다. 본래 법률 규정으로 중의원 의장은 3인의 후보자 중 천황이 재량으로 의장과 부의장을 선임하도록 되어 있었다. 즉, 중의원 의원들이 투표로 직접 의장과 부의장을 선발하는 것이 아니라, 단지 3명의 후보자만 선출하는 것이다. 메이지 천황은 의례적으로 최다득표자를 의장으로 임명해 중의원의 투표 결과를 존중했다. 그런데 호시가 중의원 의장으로 선발될 당시, 자유당이 자체적으로 실시한 예비선거에서는 동북지방을 대표하는 고노 히로나카가 최다득표자였고 호시는 2위였다.

　자유당이 중의원의 제1당이라는 점을 고려하면, 이변이 없는 이상 고노 히로나카가 제2대 중의원 의장으로 취임하는 것이 확실한 상황이다. 그렇지만 호시와 각별한 친분을 가진 무쓰가 정치공작을 펼쳐 호시를 중의원 의장으로 당선시키는 이변을 연출했다. 앞서 말한 것처럼 무쓰는 최초의 중의원 선거에서 당선 경험도 가지고 있었고, 자유당 내에서 미약하지만 독자적 세력을 구축한 상태다. 그래서 캐스팅보드를 쥐는 형태로 호시를 당선시키는 것이 가능했다. 호시가 무쓰의 조약개정을 강력하게 지지한 배경에는 바로 이러한 사실이 존재했고, 오쿠마를 비롯한 대외강경파는 이 점을 고려해 호시를 중의원으로부터 아예 추방하려 한 것이다.

　중의원의 세력분포를 살펴보면 자유당은 개진당과 연합하면 과반수를 확보하는 것이 가능했지만 단독으로는 불가능했다. 대외강경파를 지지하는 세력이 연합해서 중의원의 다수를 차지했으므로 호시에 대한 불신임상주안이 상당한 표차로 가결되었다. 그러나 호시는 이를 무시하고 태연하게 의장직을 계속 수행했다. 그는 단지 조약개정에 찬성한다는 자신의 정치적 소신에 따른 행위를 가지고 의장직 사임과 연동시키는 대외강경파에 대해 거부반응을 분명히 나타냈다. 그 결과 대외강경파의 호시에 대한 증오심과 거부감은 하늘을 찌를 기세로 상승하지 않을 수 없었다.

단지 불신임안만으로는 호시를 추방하기가 어려웠으므로, 호시에 대한 처분을 둘러싸고 중의원은 분열의 양상을 나타냈다. 천황은 호시를 중의원에서 축출하는 것에 협조하지 않았지만, 끝내 호시는 제명되어 의원직을 상실하고 말았다. 중의원에서 출석정지를 의결하자, '오시 도루'라는 다른 이름을 사용해 출석했다가 국회 모욕을 이유로 제명된 것이다. 이 와중에 이토는 예산안을 제출하고 대외강경파의 시선을 예산의 방향으로 돌리려 시도했다.

그동안 축적되어 사용하지 못하고 남아도는 조세수입의 잉여금을 사용한다는 제안을 했으나, 이러한 얄팍한 수법으로는 대외강경파의 공격의 칼날을 돌리는 것이 불가능했다. 대외강경파는 조약개정을 저지하기 위한 법안을 제출해 이토 내각을 절대적 궁지에 몰아넣었다. 사태를 그대로 방치하면 과반수를 장악한 대외강경파가 조약개정을 합법적으로 저지하는 것이 가능하게 되는 상황이다.

심혈을 기울여 추진하던 조약개정이 좌절될 위기에 처하자 외무장관 무쓰는 중의원 해산을 이토에게 주장했다. 이토 내각에는 쟁쟁한 인물들이 많았으나 무쓰가 사실상 제2인자다. 그는 이토에게 인정받을 정도로 정치적 재능과 감각을 가지고 있었다. 무쓰는 평등조약의 체결이 목전에 다가온 상황에서 제동을 거는 중의원의 대외강경파에게 확실히 경고하려 했다. 사태를 방치하면 평등조약을 체결할 절호의 기회가 날아가 버리는 것을 극도로 경계했기 때문이다.

실제로 영국은 조약개정에 대한 일본의 민족주의에 바탕을 둔 반대운동에 신경질적인 반응을 나타냈다. 무쓰의 주장에 찬성한 이토는 메이지 27년(1894) 2월 19일 10일간 중의원 정지를 명령했다. 그리고 29일 무쓰가 중의원에 출석해 조약개정 추진의 정당성을 옹호하는 일장연설을 하고, 그 다음 날 곧바로 의회를 해산하고 말았다. 대외강경파를 무마하기 위한 정치공작을 택하기보다는 해산을 통해 조약개정을 반드시 실현한다는 강력한 메시지를 전달하려 의도한 것이다.

이토 내각은 해산 후 실시된 총선거에서 조약개정 반대파의 인물들을 낙선시키기 위한 적극적인 선거 간섭을 시도하지는 않았다. 자신의 정치적 욕심을 위해 의회정치를 타락시키는 짓은 차마 못하고 일단 선거 결과를 지켜보기로 했다. 3월 1일에 실시된 선거에서 역시 대외강경파가 과반수를 확보하고 말았다. 대외강경파의 핵심적 세력인 국민협회 의석은 크게 줄었지만, 중의원 과반수를 확보했으므로 큰 의미가 없었다.

국민협회는 마쓰카타 내각에서 부정선거를 주도한 시나가와 야지로와 하야한 사이고 쓰구미치를 우두머리로 하는 정당이다. 제3차 의회가 종료한 직후 창설되었으며, 표면상 정치결사가 아닌 것처럼 행세했다. 계보를 따지면 제1차 의회의 대성회에서 출발하며, 번벌정부를 지지하는 의원들이 영향력을 확대하기 위해 원로급의 쓰구미치와 준원로급의 시나가와를 추대해 만들었다. 특히 시나가와는 추밀원 고문관직을 사직하고 국민협회에 참가할 정도로 열의를 보였다. 마쓰카타 내각 당시 정당정치를 혐오해서 부정선거를 주도한 것과는 완전히 정반대의 행동이다. 국민협회는 여당으로 대접받길 원했으나, 이토가 무시하자 조약개정 반대운동에 가담해 활로를 개척하려 했다. 그러자 이토 내각은 국민협회를 정당으로 간주해 집회 및 정사법을 적용하여 강력히 탄압했다. 아무튼 이토는 의회 해산을 통해 조약개정에 반대하는 열기가 식길 기대했지만 결과는 오히려 정반대였다.

새롭게 구성된 제6차 의회에는 설상가상으로 귀족원까지도 중의원의 대외강경파에 동조하는 태도를 나타냈다. 민족주의 감정은 중의원과 출신성분이 전혀 다른 귀족원에까지 침투했다. 이토의 입장에서는 엎친 데 덮친 격이다. 아울러 이토 내각의 의회 해산을 계기로 언론사들은 4월 초 전국의 신문잡지사 기자들을 집합시켜 조약개정 추진에 반대의사를 분명히 했다. 이러한 분위기를 이용해 중의원은 5월 17일에 다시 이토 내각에 대한 탄핵상주안을 제출한다. 총선거 결과 이토 내각을 지지하는 자유당 의석이 80석에서 119석으로 대폭 늘어나기는 했으나, 여전히 조약개정에 반대하는 세력이 130석으로 우위에 서 있었다.

자유당이 이토 내각의 조약개정방침을 지지한 덕분에 탄핵안은 불과 5표 차이로 간신히 저지하는 데 성공했지만, 그 후에 행정정리와 해군개혁 등 예산안과 관련된 문제로 믿었던 자유당이 탄핵상주안을 제출했다. 탄핵상주안의 본래 내용은 천황에게 이토 내각이 자유당과 협조하도록 요청하는 등 사실은 자유당이 이토 내각과 공식적으로 손을 잡고 싶어하는 의미였다. 그러나 대외강경파는 상주안을 위원회에 회부하도록 만든 후, 이것을 탄핵을 의미하는 내용으로 바꿔버렸다. 이러한 꼼수 덕분에 자유당이 제출하는 탄핵상주안이라는 모양새가 만들어진 것이다. 5월 30일에 자유당이 제출한 탄핵상주안이 가결되자, 이토는 또다시 중의원을 해산한다는 극약처방을 쓰지 않을 수 없었다. 이토 내각은 더 이상 손을 쓸 수 없을 정도로 궁지에 몰렸다. 마쓰카타를 정치 초보라고 비웃고 무시하던 이토가 마쓰카타 내각을 훨씬 능가하는 곤란한 위기상황에 빠지고 만 것이다.

총선거 결과 또다시 대외강경파가 과반수를 확보하면, 이토가 내각을 포기하는 것은 아닌가라는 전망이 우세할 정도로 극한 상황에 몰렸다. 영국과 통상조약 체결은 눈앞에 다가왔지만 조약개정을 포기하지 않는 이상, 내각의 생명을 유지할 돌파구가 없었다. 조약개정을 포기하는 것은 이토의 정치적 생명뿐만 아니라 국가의 위신과도 관련된 문제였다.

더군다나 서구 열강과 대등한 평등조약을 체결하기 직전 단계에서 포기한다면, 두고두고 세계적 비웃음거리가 될 것이 분명했다. 내각을 포기하면 조약개정도 자동으로 포기하는 결과가 되고, 내각을 계속 유지하면 조약개정 반대파의 격렬한 정치공세로 만신창이가 된다. 이러지도 저러지도 못하는 상황에서 이토 내각을 구해준 것이 바로 조선에서 일어난 동학운동이었다.

2

청일전쟁을 향해서

동학운동은 당초 단지 조선에서 발생한 내란 정도로 취급되었지만, 6월 1일 조선 정부가 동학농민군의 진압을 위한 지원 병력을 중국에 요청하면서 사태가 급박하게 전개되기 시작했다. 일본의 입장에서는 조선 정부가 갑신정변의 사후수습의 일환으로 체결된 천진조약을 노골적으로 무시한 셈이다. 다시 말해서 일본은 좋든 싫든 개입할 구실을 가지고 있었다. 그럼에도 불구하고 이토는 천진조약에 의거해 한반도에 출병하길 주저했다. 출병하면 중국과 전면전쟁으로 발전할까봐 우려했고, 전쟁의 승리에 대한 자신이 없었기 때문이다.

당장의 위기를 회피하기 위해 전쟁이라는 도박을 할 정도로 이토는 담력과 강단을 갖춘 성격의 소유자는 결코 아니다. 그러나 외무장관 무쓰 무네미쓰가 한반도에서 군사적 세력 균형을 유지하기 위해 병력 파견을 강력히 주장했고, 이토의 절친한 친구인 내무장관 이노우에 가오루도 이를 지지하자 일단 혼성여단을 파견하기로 결정했다. 그 결과 죠슈번 출신의 오시마 요시마사(大島義昌)를 여단장으로 하는 제9여단을 주축으로 혼성 제9여단이 편성되었다.

군사적 지식이 별로 없는 이토는 여단 정도의 병력이면 중국과 군사적 긴장을 크게 야기하지 않을 것으로 판단했지만, 사실 혼성여단은 다양한 병과를 포함하고 있으므로 병력규모가 7,000명에서 8,000명 정도로 평범한 여단을 훨씬 능가했다. 중국이 조선에 파견하는 병력보다 수적으로 우위에 서기 위해 일본 육군이 일부러 혼성여단이라는 방법을 선택한 사실을 이토는 몰랐다.

다시 말해 혼성여단을 파견한 것은 중국과 전쟁을 위한 사전포석이라는 성격이 강했다. 이것을 뒷받침하는 증거로 혼성여단을 파견하는 결정이 있고 불과 4일 후 도쿄에 대본영(大本營)이 설치된 사실을 들 수가 있다. 중국이 파견한 병력이 한반도에 상륙하기도 전에 전쟁지휘를 전제로 한 대본영이 만들어진 것이다. 너무나 신속하고 민첩한 조치다. 여기에는 그럴만한 이유가 있었다. 육군의 실력자인 참모차장 가와카미 소로쿠가 배후에서 중국에 대한 강경론을 이미 오래전부터 주장해왔기 때문이다.

참모본부는 육군의 핵심조직이다. 이처럼 중요한 부서를 사쓰마 출신의 가와카미가 차지하도록 허용한 것에서 야마가타가 가와카미의 능력을 얼마나 높이 평가했는지 알 수 있다. 가와카미는 뛰어난 지도력을 가지고 있으면서도 번벌의식이 희박했다. 그래서 야마가타는 사쓰마 출신이 참모본부의 실권을 장악하는 상황을 잠자코 묵인한 것이다.

서남전쟁 당시 가와카미는 구마모토 진대의 참모로 배속되어 연대장이 전사한 제13연대를 맡아 지휘했다. 그 후 메이지 17년(1884) 오야마 이와오를 단장으로 하는 유럽시찰단에 참가했으며, 시찰을 마치고 귀국한 후 일약 소장으로 진급하고 야마가타 아래에서 참모차장으로 발탁되었다. 야마가타는 내각제도가 창설되자 내무장관으로 정계에 진출해 관료벌을 만드는 작업에 몰두했으므로 참모본부는 사실상 가와카미가 장악했다. 그 후 1년가량 독일에 재차 유학을 갔다 온 후 다시 참모차장에 임명되었다.

청일전쟁이 발발하기 전년인 메이지 26년(1893), 가와카미는 직접 한반도를 거쳐 중국 각지를 돌아다니며 시찰을 마치고 귀국했다. 그가 방문한 지역은 장래 청일전쟁을 상정해 작성한 참모본부의 침공예상지역과 거의 일치했다. 그리고 그는 시찰 결과 중국과 전쟁을 하면 반드시 승리한다는 확신을 얻었다.

중국이 가와카미의 시찰을 어떻게 받아들였는지는 알 수 없다. 그러나 이홍장을 비롯해 중국의 수뇌부들은 가와카미에게 중국이 결코 만만한 상대가 아니라는 점을 인식시키기 위해, 각종 산업시설이나 최신예 대포를 자랑하는 포병 훈련에 참관을 허용하는 등 나름대로 신경을 쓴 것이 사실이다. 그렇지만 예리한 가와카미의 눈을 속일 수는 없었다.

시찰을 마치고 귀국한 후 그는 적극적으로 중국과 전쟁을 하자고 주장하기 시작했다. 참모본부의 실권을 장악한 인물인 만큼 가와카미의 주장은 일본 육군 내에서 커다란 반향을 불러일으키지 않을 수 없었다. 야마가타는 예전부터 중국을 가상 적국으로 삼고 군비증강을 추진한 장본인이다. 그러나 그는 막상 중국과 전쟁을 하면 승리한다는 확신이 없었고, 성격이 신중하고 소극적인 탓도 있어서 처음에는 그를 제지하려 했다. 그러나 가와카미는 대선배에 해당하는 야마가타에게 조금도 굽히지 않았다. 이 때문에 야마가타도 중국과의 전쟁을 긍정하는 방향으로 마음을 바꾸기 시작한다.

다음해 2월 조선에서 동학운동이 발발한 후 점점 상황이 악화되어 가는 것을 지켜보던 가와카미는 야마가타를 설득해 전쟁에 나설 결심을 굳히게 만드는 데 성공했다. 다시 말해 중국이 한반도에 병력을 파견하기로 결정할 무렵, 이미 일본 군부의 실력자들은 중국과의 전쟁을 결정하고 본격적으로 준비하고 있었던 것이다. 가와카미는 중국과 전쟁을 위한 작전계획의 구상을 마친 상태였다. 게다가 혼성여단의 파병을 결정한 6월 2일 외무장관 무쓰 무네미쓰를 직접 방문해 특유의 열정에 가득 찬 낙관론을 말하며 청일전쟁 승리에 대한 확신을 무쓰에게 심어준다.

무쓰는 이토 내각의 붕괴를 막고 필생의 숙원사업인 조약개정을 실현시키기 위해서 시선을 대외적으로 돌릴 필요가 있다고 생각하고, 한반도에서 군사적 세력 균형을 유지하기 위한 차원을 넘어서서 청일전쟁을 적극적으로 지지하기 시작했다. 이토는 청일전쟁을 원하지 않았지만 절대적 궁지에 몰린 내각을 구할 수 있는 황금 같은 기회라는 유혹을 떨쳐버리지 못했다. 내각의 2인자이자 이토에게 능력을 인정받은 무쓰가 강경책을 주장하자 이토가 흔들리는 것은 당연했다. 무쓰는 일단 조약개정 반대파의 시선을 대외로 돌린 틈을 이용해 조약개정을 달성하려 했다.

메이지 헌법의 체제에서는 일단 체결된 조약에 대해 의회가 실질적으로 견제할 수단이 없었다. 헌법상 외국과의 조약체결은 천황의 권한으로 규정되어 있었고 의회에 비준권이 없었기 때문이다. 교활한 무쓰는 의회가 해산되고 국민들의 시선이 한반도로 향한 틈을 타서 조약개정을 달성하려고 노렸다. 무쓰가 전면전쟁을 지지한 것인지, 아니면 한반도에서 중국 세력을 몰아내는 것에 국한된 제한전쟁을 지지한 것인지는 확실하지 않다. 그러나 그가 일본 정부 내에서 청일전쟁을 주장하는 가와카미의 강력한 후원자가 된 것은 틀림없는 사실이다.

청일전쟁이 벌어지면 반드시 일본이 승리한다는 가와카미의 자신만만한 낙관론이 정부 내부에 떠돌았다. 해군은 애초 전쟁을 하겠다는 의지는 없었으며, 가와카미가 개전을 위해 정부 수뇌를 설득하는 상황을 지켜보는 정도에 머물렀다. 대본영에 육군을 대표하는 참모로 가와카미가 임명되었고, 해군에서는 가바야마 스케노리가 임명되었다.

청일전쟁

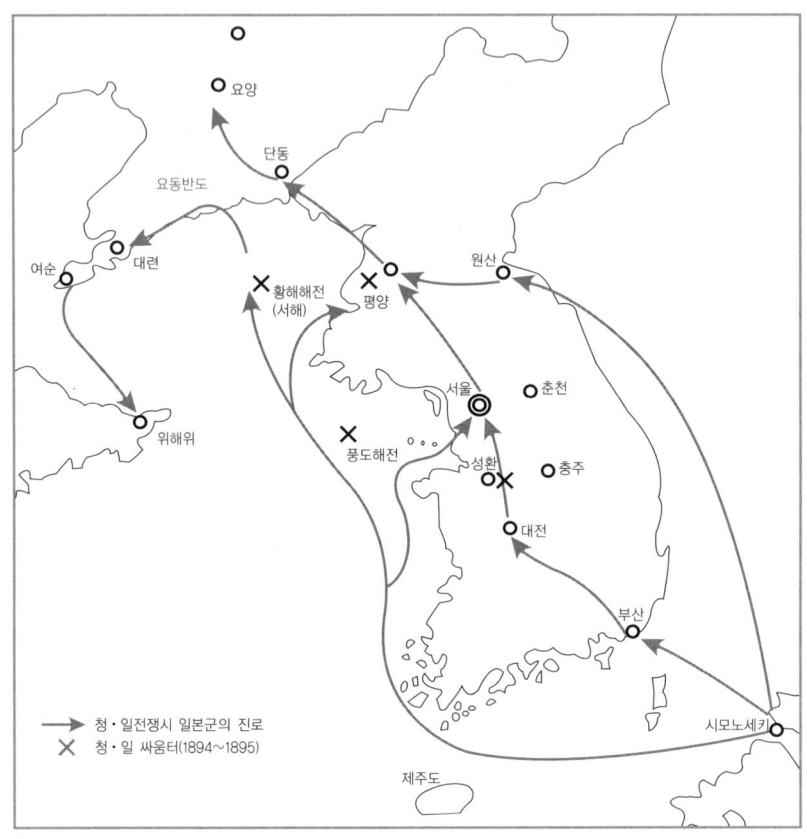

참모총장 다루히토 친왕이 형식상 대본영 군사참모 중 최고의 자리에 있었지만, 가와카미가 병참총감까지 겸임하며 작전을 주도했고 청일전쟁의 승리를 이끌었다. 표면에 등장하는 자와 배후의 실력자가 따로 있다는 경향은 정치판뿐만 아니라 군부도 마찬가지였다.

이러한 사실에 비추어 보면 동학운동 진압을 위해 조선 정부가 외세를 끌어들였다는 비판은 그다지 의미가 없다. 일본 군부의 실세인 가와카미가 기필코 청일전쟁을 일으키려고 결심한 상태에서 치밀한 준비를 하고 있었기 때문이다. 즉, 조선 정부가 동학농민군의 진압을 위해 중국에만 지원을 요청했든지 아니든지를 불문하고, 청일전쟁은 필연적으로 예정된 사실이었다.

다만 동학운동의 진압을 위해 외세에 의존하려는 조선 정부의 현명하지 못한 외교적 처신이 가와카미의 전쟁야욕을 도와준 셈이 되었던 것은 사실이다. 그는 예전부터 동학운동에 주목하고 이것을 청일전쟁의 도화선으로 삼으려는 구상을 가지고 있었다. 또한 이것을 계기로 일본으로부터 혼성여단을 파견한다는 계획 역시 오래전부터 구상이 가다듬어진 것으로 즉흥적 발상은 결코 아니다.

막상 혼성여단의 선발대가 인천에 상륙했지만, 동학농민군은 외세의 개입을 우려해 스스로 해산했으므로 전쟁의 구실을 새롭게 만들어야 했다. 이를 위해 조선의 내정개혁을 구실로 의도적으로 중국과 긴장상태를 만드는 방법이 채택되었다. 무쓰는 중국에 대해 조선의 내정개혁을 중국과 일본이 공동으로 하자고 제안한 후, 이러한 제안을 중국이 거부할 것이라고 미리 예상했다. 이러한 제안을 하는 것 자체가 외교적으로 중국에 대한 도발행위나 마찬가지다.

예상대로 중국이 이것을 거부하자 다음 수순으로 일본이 독자적으로 조선의 내정개혁에 나선다고 선언했다. 그 후 증원된 병력을 이끌고 수도 한양에 입성한 혼성여단이 7월 23일 군사작전을 개시해 경복궁을 점령한 후, 강제로 대원군을 옹립해 친일괴뢰정권을 만들었다. 여기서 중국과의 전쟁은 시간문제가 되었다. 일본 정부는 진상을 은폐해 왕궁을 수비하는 조선군과 소규모의 우발적 충돌을 했으며, 일본군의 역할은 조선 국왕을 안전하게 보호하기 위한 목적이라고 발표했다.

이것은 결코 조선에서 자체적으로 일어난 군사쿠데타를 의미하는 것이 아니며, 중국과 전쟁의 명분을 획득하는 한편, 조선에서 명성황후의 세력을 축출하기 위한 목적을 가진 명백한 제국주의적 침략행위다. 동학농민군을 진압한다는 구실로 제멋대로 입국한 외국 군대가 엉뚱하게도 경복궁을 점령하고 국왕을 인질로 삼은 것이다.

이러한 진상이 제대로 알려졌다면 일본 국내의 여론은 상당히 달라졌을 가능성도 있었다. 그러나 일본 정부는 조선의 근대화를 실현하기 위한 정당한 제안을 중국이 일방적으로 거부했기 때문에, 부득이하게 조선 국왕을 보호하면서 중국의 세력을 한반도에서 축출한다는 식으로 진상을 왜곡했다. 결국 일본 정부는 청일전쟁을 조선의 근대화와 자주독립을 위한 '성전(聖戰)'이자 '의전(義戰)'으로 교묘하게 왜곡시킨 것이다. 바로 이것이 일본이 내세운 전쟁명분이었다.

흥미 있는 사실은 청나라의 이홍장 역시 이토와 마찬가지로, 한반도에 파병하면 일본과 전쟁을 하게 될 지도 모른다는 사실을 매우 우려했다는 점이다. 조선으로부터 동학농민군을 진압하기 위한 병력을 지원해 달라는 요청을 받자 이홍장은 고민에 빠졌다.

약소국으로 인식되던 일본과 싸워 승리해도 상처뿐인 영광이고, 만약 패배하면 돌이킬 수 없는 타격이 된다. 만주족 출신이 아닌 이홍장의 권력기반은 군사력에 있었고, 그의 휘하에 있는 군대가 패배한다는 것은 곧바로 그의 정치적 몰락을 의미했다. 이러한 사정이 있었으므로 그는 최후까지 전쟁이라는 불투명한 모험을 망설였던 것이다.

망설이는 이홍장에게 일본이 전쟁을 할 의사가 없다고 오판하도록 만든 것은 일본 주재 중국공사의 일본 국내정세에 관한 보고였다. 이홍장은 이토 내각이 붕괴 직전의 상황이고, 일본이 한반도에 개입할 여유가 없다는 보고를 믿고 파병을 결정한다. 이토 내각이 붕괴 직전에 있다는 것은 사실이지만, 일본 군부가 중국과 전쟁을 하려고 오래전부터 단단히 벼르며 준비를 추진하고 있었다는 사실을 전혀 눈치 채지 못한 것이다.

조선에서 온갖 횡포를 부리며 중국의 이익을 대변하고 있던 원세개 역시 상황판단을 그르치고 이홍장에게 병력 파견을 요청했다. 일본군이 조선의 수도를 제압하고 대원군을 옹립한 것은 사실상 중국에 대한 선전포고지만, 일본 정부 내에서는 극소수의 사람만이 개전을 지지했고 대부분은 전쟁에 소극적이었다. 그래서 이토와 야마가타는 한반도에 국한해 중국과 소규모 군사충돌이 있을 것처럼 주장해 전쟁에 대한 반발을 무마하고 청일전쟁을 내각의 정식방침으로 결정하는 데 성공한다.

7월 25일에 중국군을 수송하는 고승(高陞)호가 사전에 정보를 입수하고 요격한 일본 해군에 의해 격침되는 사건이 일어났다. 이미 일본 해군은 7월 19일에 연합함대를 편성하고 전쟁준비를 마친 상태다. 고승호는 본래 영국 국적의 배로 중국 정부에 수송선으로 고용되었다. 그래서 국제적 문제로 발전할 가능성이 농후했다. 고승호를 격침한 나니와(浪速)의 함장은 러일전쟁에서 연합함대 사령관으로 발트함대를 격파한 사쓰마 출신의 도고 헤이하치로다.

명령을 거부하는 고승호에 대해 어뢰공격을 가한 후 도고는 오직 서양인만을 구조하려 노력하고, 나머지 선원이나 1,000명 정도로 추정되는 중국병사는 수장시켜 버리고 말았다. 심지어 격침 후 물위에 떠있는 중국병사에게 사격을 가하는 무자비한 행동까지 했다. 이토는 이 사건으로 서구 열강의 간섭이 있을 것을 우려해서 법제국 장관 스에마쓰 겐쵸(末松謙澄)를 파견해 조사하도록 조치했다. 캠브리지대학 출신의 스에마쓰는 이토 히로부미의 사위다.

조사 결과는 일본의 행동이 정당하다는 결론이었다. 즉, 일본이 최후통첩을 하고나서 고승호가 출항했으므로 최후통첩을 알고 있는 것으로 인정되었다. 영국 내부에서도 처음에는 자국의 선박이 격침당한 것에 흥분했으나, 국제법 전문가들이 일본 해군의 행동이 국제법에 따른 정당한 행위라고 인정했기 때문에 흐지부지되고 만다. 이토와 무쓰는 청일전쟁 내내 서구 열강의 간섭을 극도로 경계했다.

영국은 청일전쟁이 발발하기 전에는 전쟁을 막기 위해 노력했다. 그러나 일본의 전쟁의지가 확고한 것을 확인하자 중국에 대해 가지고 있는 영국의 이권을 일본이 침해하지 않는다는 조건으로, 전쟁에 대해 방관적인 태도를 취하기로 결정했다. 전쟁으로 인한 어부지리를 얻겠다는 속셈이다. 영국 정부가 자국의 민간선박이 일본 해군에 의해 격침되었음에도 불구하고 별다른 반응을 보이지 않은 이유가 여기에 있었다.

이 무렵 한반도에서도 지상전투가 개시되었다. 조선의 왕궁을 제압한 혼성여단이 이미 상륙한 중국군을 요격하기 위해 3,000명 정도의 병력을 별도로 편성하고, 7월 25일 충청남도 아산을 목표로 남하를 시작한 것이다. 당시 성환(成歡)에 주둔하고 있던 중국군은 적극 대항하려는 자세를 보이지 않고 후퇴를 거듭한 끝에 패배했다. 지휘계통이 통일되어 있지 않았고 싸울 의욕도 강하지 않았던 것이 패배의 주된 이유로 지적된다. 게다가 고승호에 탑승한 증원 병력이 일본 해군에 의해 물귀신이 된 것도 사기를 크게 저하시킨 원인의 하나였다.

최초의 지상 전투에서 거둔 승리가 일본 육군의 사기를 크게 올리는 계기가 되었다는 것을 제외하고 별다른 의미가 있는 것은 아니다. 그러나 그 이후 전쟁 양상을 나타내는 이정표로서는 커다란 의의가 있었다. 중국군 지휘체계의 혼란과 약간 저항하다가 맥 없이 후퇴해 버리는 소극적인 전투자세, 일본군에서는 비전투 사망자의 대량발생 등이 명확하게 드러났다. 이 전투에서 일본군 사망자는 대략 80명 정도이지만 이 중에서 20명 이상이 익사자였다. 비가 많이 오는 와중에 무리하게 강행군을 하다가 발생한 사고다.

막상 청일전쟁은 시작되었지만 천황은 뜻밖에도 이 전쟁은 짐의 전쟁이 아니라는 극언까지 하면서 비상식적으로 강경한 거부반응을 보였다. 이 발언은 8월 11일 전쟁이 일어난 것을 조상들에게 알리기 위한 칙사의 파견을 궁내성 장관으로부터 독촉받자 내뱉은 말이다. 그렇다고 메이지 천황이 전쟁을 혐오하는 평화주의자라는 것은 결코 아니다. 청일전쟁에 소극적인 천황을 따돌리고 개전을 주도하는 이토와 무쓰를 겨냥한 불만과 분노를 나타낸 상징적인 사건에 불과했다. 특히 외무장관 무쓰 무네미쓰에 대한 분노는 매우 컸다.

본래 천황은 무쓰를 좋아하지 않았다. 무쓰가 삿쵸 번벌 출신도 아니고 서남전쟁 당시 반란을 일으킬 계획을 세운 것을 비롯해, 그의 변덕스럽고 예측 불가능한 행동을 못마땅하게 생각했다. 당시 천황은 40대 초반의 나이고 애송이는 결코 아니나, 청일전쟁에 소극적인 태도를 나타내자 무쓰는 노골적으로 천황을 무시했다.

아예 천황과 접촉을 피하려고 했기 때문에, 상황이 궁금해진 천황이 직접 시종장 도쿠다이지 사네노리(德大寺實則)를 보내 보고를 요구하자 그제야 중국에 대한 최후통첩문을 상주할 정도였다. 그 전에는 혼성여단이 조선의 왕궁을 점령하고 정변을 일으킨 사실에 대해서도 자세한 경과를 알리지 않고 숨겼다. 물론 이토와 무쓰는 천황에게만 비밀로 한 것이 아니라, 내각의 각료를 비롯해 중국과 전쟁에 찬성하지 않는 생각을 가진 정부 내 인물들을 철저하게 따돌렸다. 여기서 번벌정부와 천황 사이의 미묘한 관계가 잘 드러난다. 번벌정부와 중의원 사이에 분쟁이 발생하거나 번벌정부 내부의 다툼이 발생할 경우, 천황의 권위에 의존하거나 이용하려고 하는 경우가 많았다. 그러나 번벌정부와 천황 사이에 의견대립이 발생할 경우 천황은 세상물정 모르는 철부지 취급을 당하기 일쑤였다. 즉, 번벌정부가 아쉬운 게 있을 때만 천황의 권위가 위력을 발휘했고, 그렇지 않은 경우는 정치적으로 있으나 마나한 존재에 불과했다.

이러한 사실에도 불구하고 막상 전쟁이 시작되자 천황은 히로시마 대본영에서 군인처럼 검소하게 지내며 '군인천황'의 이미지를 만드는 모범을 보이는 것은 물론, 심지어 군가를 대량으로 만드는 적극적인 모습을 보였다. 본래 천황이 청일전쟁에 소극적이었던 이유는 중국에 패배할까봐 우려했기 때문이다. 그러나 천황의 군대가 역사상 처음으로 중국을 상대로 연전연승을 거듭하자 메이지 천황이 신바람 나는 것은 당연했다.

　도쿄를 놔두고 굳이 히로시마로 대본영을 옮긴 이유는, 이 도시를 발판으로 군대를 수송했기 때문이다. 다시 말해 히로시마는 대륙 침공을 위한 전진기지였다. 히로시마는 주변에 좋은 항구와 철도에 의한 교통상 유리한 점을 갖추고 있었다. 도쿄에서 출발하는 철도의 종점이 바로 히로시마였다. 또한 천황과 수상인 이토, 외무장관 무쓰와 대장성 장관 와타나베 구니타케가 대본영에서 근무했으므로, 청일전쟁 동안 히로시마는 임시수도나 마찬가지였다.

　이토는 전쟁을 빌미로 총선거와 의회 소집을 최대한 늦추려고 노력한 후, 의회 역시 히로시마에서 소집했다. 이것은 전쟁을 기회로 거국일치를 도모해 야당의 공세를 무력화하려고 의도했기 때문이다. 덕분에 히로시마의 지역경제는 전쟁특수를 만끽했다. 신문기자나 국회의원이 몰려들었던 탓에 시내의 여관에 빈방이 없는 것은 물론이고, 출전을 위해 히로시마에 집결하는 병사들의 부족한 숙식을 해결하려고 민박을 하는 바람에 히로시마의 주민들은 누구나 돈을 벌었다.

　당시 히로시마의 인구는 9만 명 정도인 작은 도시에 불과했다. 그러나 개별 전투에서 승전소식이 알려질 때마다 유독 히로시마에서는 축제가 활발하게 개최되었다. 히로시마의 주민들에게 청일전쟁은 올림픽이나 월드컵 경기처럼 국가적인 '행사'의 성격이 강했고, 히로시마는 전쟁을 위해 존재하는 도시로 거듭나게 된다. 이 도시가 나중에 원자폭탄의 세례를 받은 것도 결코 우연은 아니라는 생각이 든다.

　확실히 일본 전체는 전쟁에 휩싸여 조약개정을 둘러싸고 발생했던 국론분열의 모습은 완전히 자취를 감추었다. 국민들의 시선이 일제히 해외로 향한 틈을 타, 무쓰는 이 기회를 놓치지 않고 재빨리 영국과 교섭을 마무리하고 7월 16일에 영일통상조약을 체결했다. 이렇게 서구 열강과 평등조약을 마침내 달성했지만, 청일전쟁의 그늘에 가려 관심 밖으로 멀어졌다.

본격적으로 청일전쟁에 들어가기 전에 서둘러 체결해야 하는 상황이므로, 엄밀히 말하면 전면적 의미의 대등한 조약은 아니다. 관세자주권은 완전하게 회복하지 못했으며 다만 치외법권을 회수한 것에 지나지 않았다. 아무튼 조약개정을 달성했다는 영광은 결국 무쓰에게 돌아갔다. 그러나 번벌정부 최고 실력자인 이토 히로부미의 전폭적인 지지를 받으며 교섭에 나섰음에도 불구하고, 관세자주권을 포함한 전면적인 평등조약을 달성하지 못했다는 점은 오점으로 남지 않을 수 없었다.

한편, 이토는 청일전쟁이 번벌정부의 제국주의적 야욕에 의한 그들만의 전쟁으로 묘사되는 것을 극도로 경계했다. 청일전쟁에서 승리하기 위해서 국민의 적극적인 협조가 필요하므로 국민의 전쟁으로 만들려고 심혈을 기울였다. 이를 위해 전쟁비용의 조달을 위한 군사공채의 모집과 출전병사 가족의 생활보조, 전몰장병의 유가족 부조 등을 거국적인 차원에서 전개했다.

물론 이러한 운동은 정부가 주도하는 반강제적 성격을 가진 것이다. 이러한 수법은 나중에 러일전쟁에서도 그대로 모방되었고, 이러한 이유가 있기 때문인지 오늘날까지 일본에서는 청일전쟁과 러일전쟁을 침략전쟁이 아니라 '국토방위전쟁'이라고 인식하는 사람들이 꽤 많이 있다.

다른 한편 전쟁을 지도해야 한다는 것을 핑계로 이토는 10월 15일 히로시마에 7일간 제7차 임시의회를 소집했다. 이를 위해 거액을 투자해 임시로 목조건물을 건설하는 수고까지 아끼지 않았다. 총선거 결과 중의원은 역시 대외강경파가 과반수를 확보하고 의회를 장악했다. 이 점을 고려해 도쿄를 놔두고 굳이 히로시마를 고집한 것이다. 히로시마에서 의회를 개최하면 이 도시가 가진 군사적 성격으로 말미암아 중의원 의원들에게 심리적 압박을 가하는 효과가 있었다. 게다가 분위기를 더욱 고조시키기 위해 이토는 히로시마 일대에 쓸데없이 계엄령까지 선포하는 잔꾀도 부렸다.

또한 그는 임시의회에서 다음해 예산안을 비롯한 일체의 일반 안건을 제외하고, 오로지 전쟁과 관련된 예산안과 법안만 회부했다. 기대한 대로 의회의 압도적인 지지와 승인을 얻어 일사천리로 회의가 진행되었다. 비록 임시 의회지만 일본에서 의회정치가 시작된 이래 입법부가 행정부를 지지한다는 최초의 사례가 만들어졌다. 덕분에 예정된 7일을 다 채우지 못하고 4일 만에 폐회할 정도였다.

3
청일전쟁의 경과와 종결

청일전쟁 직전 겉으로 드러난 전력은 당연히 중국이 우세했다. 그러나 내실을 자세히 들여다보면 반드시 중국이 우세한 것은 아니었다. 전체 병력에서는 4배 이상 많았지만, 전투에 투입할 수 있는 병력은 거의 비슷한 수준이었다. 게다가 보병의 경우 중국군은 라이플 소총을 장비하지 않은 병사가 매우 많았으며, 소총의 제식화와 통일화도 철저하지 않았다. 설상가상으로 지휘체계가 일사불란하게 통일되어 있지 않은 점이 가장 큰 문제를 야기했다.

근대적인 군사조직 도입에 철저하지 못했던 결과, 적을 앞에 두고 지휘관들 사이에서 내부 분열이 일어나 자멸하는 경우가 흔히 발생했다. 나폴레옹이 말했듯이 전쟁에서 통일된 지휘만큼 중요한 것은 없으며, 유능한 지휘관 두 명이 지휘하는 것보다 나쁜 지휘관 하나가 더 낫다고까지 했다. 그러나 중국군의 지휘는 사실상 집단지도체제에 가까웠으며, 지휘관 사이에 의견충돌이 생기면 돌이킬 수 없는 상황으로 발전하기 일쑤였다. 그러나 해군의 경우는 중국이 상당히 우세에 있었다. 중국은 7,000톤급의 진원(鎭遠)과 정원(定遠)이라는 강력한 전함을 보유하고 막강한 전력을 자랑했다. 이홍장이 독일에서 구입한 전함으로 당시 일본 해군이 보유한 어떠한 함정보다도 강력한 대구경의 함포를 장비했으므로, 객관적인 전력에서 일본 해군보다 한수 앞선다고 평가받아도 손색이 없었다.

나름대로 통찰력을 갖춘 이홍장은 예전부터 일본과 언젠가는 군사적 충돌이 불가피하다고 인식하고 있었다. 그래서 여기에 대비하기 위한 현실적인 대응전략을 세웠다. 바로 해군력의 강화다. 섬나라 일본이 대륙으로 진출하기 위해서는 제해권의 확보가 필수적이다. 그러므로 중국이 제해권을 장악하고 일본의 해상수송을 차단하면 승리할 수 있다는 점을 정확히 파악했다. 다행히 일본은 야당이 의회에서 해군력 증강에 관련된 예산을 거듭 대폭 삭감한 덕분에 해군력에서 중국보다 우위에 서는 것이 불가능했다.

이러한 사실을 잘 알고 있는 이홍장은 발해만과 서해를 작전지역으로 하는 북양(北洋) 해군의 강화에 상당히 신경을 썼지만, 서태후의 60회 생일을 축하하는 선물로 건설한 원명원(圓明園)이라는 별장을 위해 해군력 증강에 쓰일 귀중한 예산을 낭비하고 말았다. 특히 이 별장은 호수 위에다가 돌을 사용해 배를 만든 것으로 유명하다. 그래서 해군력의 내실을 충실히 다지는 데 실패했다. 시종일관 서태후는 전쟁 자체에 대해 별다른 관심이 없었다.

중국은 당연히 한반도에서 일본군을 제압하는 데 중점을 두었다. 일본 해군을 격파하고 서해의 제해권을 장악한 다음, 평양에서 일본군의 주력을 막아내고 병력을 증강해 종국적으로는 일본군을 한반도에서 밀어낸다는 구상이다. 임진왜란 당시 중국의 작전방침과 거의 유사한 것이며, 북양함대를 이용해 직접 일본 본토를 침공한다는 대담한 발상은 하지 못했다.

한편, 일본군의 작전계획을 입안한 참모차장 가와카미 역시 일본 해군이 제해권을 장악하는 데 성공하느냐의 여부에 따라 육군의 대응을 결정하는 것으로 작전을 세웠다.

일본 해군이 중국 해군을 격파하고 제해권을 장악한 경우, 중국의 수도 북경(北京) 근처에 있는 직예(直隸) 평야에서 결전을 벌여 승리하고 항복을 받아내려 했다. 만약 제해권을 확보하지 못하면 한반도를 확보하는 데 중점을 기울이고, 제해권을 확보하기는커녕 일본 해군이 궤멸한 경우는 일본 본토의 수비에 중점을 둔다고 방침을 정했다. 결국 중국이나 일본 모두 해군이 전쟁의 향방을 결정하는 열쇠를 쥐고 있었다. 중국 입장에서는 서해의 제해권을 장악하지 못하면 한반도에서 작전이 곤경에 처하는 것은 물론이고, 중국 본토에 일본군의 상륙작전을 허용하게 된다.

전쟁의 운명을 판가름하는 서해해전과 평양전투가 8월에 벌어졌다. 일본 육군은 뜻밖에도 야마가타가 직접 제1군 사령관으로서 3사단과 5사단을 이끌고 평양 공격을 진두지휘했다. 그는 부득이하게 작전권은 가와카미에게 양보했지만, 자신이 직접 야전군을 지휘해 빛나는 승리를 거두고 육군 최고실력자의 권위를 유지하려 마음먹었다. 다시 말해 가와카미에 대한 강력한 라이벌 의식에 사로잡혀 몸소 야전사령관으로 출정한 것이다. 문제는 야마가타가 야전지휘관으로 별다른 자질이 없다는 사실이 이미 서남전쟁에서 입증되었다는 점에 있었다.

이러한 흑심을 품고 있던 탓에, 야마가타는 가와카미의 지시를 무시하고 전체 작전의 흐름을 위태롭게 만들며 독주하는 경향을 나타냈다. 특히 평양전투에서 승리를 거둔 후에는 자신감이 붙었는지 대본영의 작전계획을 뛰어넘어 마치 육군 총사령관이라도 되는 듯이 스스로 육군 전체의 작전을 리드하려고 하였다.

평양 전투에서 일본군이 승리한 이유는 중국군의 소극적인 작전 태도 덕분이다. 일본군이 평양성을 포위하자 총지휘관 엽지초(葉志超)가 지휘관들에게 도망칠 것을 주장하다가, 지휘관 중 하나인 좌보귀(左宝貴)에게 체포되어 감금당하고 지휘권을 박탈당하는 사태까지 일어났다. 병력이나 화력에서 일본군에게 뒤지지 않는 수준임에도 불구하고, 일본군이 총공격하자 평양성에 일방적으로 백기를 걸어 놓은 후 도망치다 매복공격을 받고 큰 피해를 입는다는 믿기지 않는 비상식적인 행동마저도 했다. 만약 중국군이 평양에서 결사의 각오로 방어에 노력했다면, 불과 3일분의 식량만 갖고 서둘러 공세를 펼친 야마가타는 크게 곤경에 처했을 것이다. 그러나 도망칠 궁리만 하고 있던 중국군은 좌보귀가 전사하자 통제불능의 오합지졸 무리에 불과했다.

무기의 질적 측면에서는 오히려 평양을 수비하는 중국군이 일본군보다 우세했다. 중국군은 철강으로 만든 독일제 크루프 대포를 갖추고 있었으나, 일본군은 변변한 제철소가 없었던 사정으로 청동제 대포를 주로 사용했다. 공성전에서 대포가 갖는 중요성을 생각할 때 이러한 차이는 무시할 수 없지만, 전의를 상실한 중국군에게는 별다른 의미가 없었다.

다른 한편 일본 해군은 중국 함대를 수색해 결전을 벌여 승부를 단숨에 결정하길 원했다. 이것은 영국 해군의 영향을 받은 함대결전사상을 말한다. 일본군은 겨울이 오기 전 북양함대를 꺾어야지만 요동반도에 상륙작전을 펼쳐 위치를 확보할 수 있다는 절박한 사정이 있었다. 그 결과 평양 함락의 다음 날인 8월 17일 정여창(丁汝昌) 제독이 이끄는 북양함대의 주력을 포착해 전투에 돌입했다.

일본 함대는 나란히 늘어서 종대로 항진하는 북양함대의 왼쪽으로부터 접근한 후, 기동전을 펼치며 속사포로 연속 타격을 주어 각개격파하고 승리를 거두었다. 일본 해군이 북양함대에 비해 우위에 있던 점은 스피드가 빠르다는 것이고, 자신이 갖고 있던 장점을 잘 활용한 사실이 승리에 크게 기여했다. 즉, 일본의 연합함대는 속도의 차이에 따라 함대를 둘로 나눴고, 순양함을 주축으로 하는 속도가 빠른 그룹이 기동력을 최대한 활용하도록 배려한다는 특유의 전법을 활용한 것이다.

일본 해군은 기함 마쓰시마(松島)에 직격탄을 맞은 것 외는 별다른 손해가 없었지만, 북양함대는 적어도 4척의 함정이 침몰하고 대다수 함선이 수리가 필요한 손해를 입었다. 북양함대가 전열을 정비하기 전에 과감하게 다가가 근접공격을 펼친 점이 주효한 것이다. 중국 해군은 대구경 함포를 보유하고도 충분히 활용하지 못했으며, 또한 일본 함정에 명중한 포탄이 불발탄이라는 불운도 겹쳤다.

일본 해군의 주력함에 탑재된 주포 역시 제대로 적함을 명중시킨 사례가 없었으나, 함정의 옆구리에 배치된 암스트롱 속사포는 제몫을 했다. 속사포는 포탄 자체의 속도가 빠르다는 의미가 아니라 연속사격의 속도가 빠르다는 의미다. 당시 전함의 주포는 1시간에 2발에서 3발 정도 발사할 수 있는 정도에 불과했으나, 속사포는 이론상 1분에 최대 8발까지 발사하는 것이 가능했다.

또한 속사포는 연속사격에도 포신만 움직이고 대포 자체는 움직이지 않아 움직이는 물체를 조준할 경우 매우 유리하다는 장점이 있었다. 당시 일반적인 대포는 포격시 대포를 고정시키는 장치가 없었다. 그래서 일단 포격을 한 후에는 반동으로 뒤로 밀려난 대포를 원래의 위치로 복귀시키고 다시 새롭게 조준을 해야만 했다. 이와는 반대로 포신이 고정되어 있는 속사포는 연속적 포격에도 신속한 조준이 가능했으며, 특히 움직이는 물체에 대해 포격할 경우 더욱 그러하다.

아울러 속사포는 특별한 장치 없이 4명의 인원만 배치하면 충분하다는 장점도 있었다. 전함의 주포는 포탄만 하더라도 무게가 100kg을 훨씬 넘기 때문에 포탄을 운반하기 위한 특별한 기계장치가 필요했고, 이렇게 무거운 포탄을 포신에 삽입하기 위해서도 역시 마찬가지였다.

여기에 비해 속사포는 포탄의 무게가 30kg 정도여서 사람이 직접 운반하고 포신에 삽입하는데 별다른 문제가 없었다. 게다가 속사포는 당시의 일반적 전함의 주포보다도 사정거리가 훨씬 길었다. 중국 해군이 자랑하는 정원이나 진원에 장착된 주포는 사정거리가 2,000미터 가량에 지나지 않았지만,

암스트롱 속사포는 기다란 포신 덕분에 5,000미터의 사정거리를 자랑했다. 다시 말해 중국 해군의 주포가 도저히 미치지 못하는 거리에서 장거리 포격이 가능했던 것이다.

명중률이 뛰어나다는 속사포의 장점을 증명하듯이 북양함대의 주력함인 진원의 경우 무려 225발의 명중탄에 맞았다. 그럼에도 불구하고 장갑이 두텁고 견고한 설계로 인해 침몰하지는 않았다. 그렇지만 갑판 위에서 전투에 종사하던 대부분의 장병이 사망하거나 부상당한 결과, 사실상 격침당한 것과 비슷한 결과를 초래하지 않을 수 없었다.

평소 훈련을 게을리 하지 않았기 때문인지 북양함대 함포의 명중률은 전체적으로 그다지 나쁘지 않았다. 그러나 속사포를 거의 장비하지 않았던 탓에 포격의 양과 질에서 압도적인 열세에 빠지지 않을 수 없었다. 만약 북양함대가 속사포를 대량으로 갖추고 있었다면 방어력이 상대적으로 취약한 일본 함대는 전멸 당했을 가능성도 있었다. 앞서 설명한 것처럼 이홍장은 서태후의 생일선물을 위해 속사포를 대량으로 구입해 배치할 수 없었다. 이것이 실전에서 엄청난 차이를 만들어 낸 것이다.

이 해전의 결과에 따라 일본 해군은 프랑스 해군과 작별하고, 영국 해군의 우수성에 대한 확신을 갖게 된다. 연합함대의 기함인 마쓰시마를 비롯해 프랑스에서 건조된 함정의 주포는 별다른 위력을 발휘하지 못한 반면, 영국에 유학을 다녀온 실무자의 건의를 받아들여 각 함정에 대거 탑재한 암스트롱 속사포가 승패를 결정했기 때문이다.

청일전쟁 당시 일본 해군의 연합함대 사령관은 사쓰마 출신의 이토 스케유키(伊東祐亨)로서 육군으로부터 전출되어 들어온 가바야마 사이고 쓰구미치와는 다르게 처음부터 해군의 길을 걸어간 인물이다. 유명한 '운요(雲揚)호'의 함장으로 강화도 사건을 일으킨 주범이기도 했다. 그는 객관적 전력의 열세를 극복하고 북양함대를 격파하는 데 성공한 덕분에 청일전쟁 후

해군 참모총장에 해당하는 군령부장에 임명되었고, 러일전쟁이 끝날 때까지 그대로 군령부장의 자리를 독점했다.

아울러 청일전쟁을 총지휘한 군령부장은 가바야마 스케노리였다. 애초 청일전쟁이 발발할 당시 사가번 출신의 나카무타 구라노스케(中牟田倉之助)가 군령부장이었지만, 가바야마를 군령부장에 앉히려는 해군의 실권자 야마모토 곤베의 음모로 느닷없이 쫓겨났다.

해군 군령부의 창설을 실질적으로 추진한 것은 야마모토이지만, 이를 제안하고 계획을 입안한 장본인은 나가무타였다. 이러한 이유로 나카무타가 초대 군령부장에 취임했지만 야마모토는 그가 청일전쟁의 준비를 마칠 때까지 내버려 두다가, 막상 청일전쟁이 발발한 후 가바야마로 전격 교체하는 횡포를 저지른 것이다.

전쟁이 터져도 파벌투쟁은 여전했다. 게다가 육군의 야마가타가 직접 1군 사령관으로 한반도로 건너간 것에 자극을 받아서인지, 가바야마가 직접 바다로 나가 연합함대를 독려한다는 기묘한 행동을 취하기도 했다. 연합함대 사령관 이토 스케유키가 평소 버릇대로 소극적으로 행동할까봐 우려했기 때문이다. 가바야마가 이러한 행동을 한 배후에 야마모토 곤베의 권유가 있었다는 것은 물론이다.

전쟁의 와중에 야마모토는 단지 해군 내 고향사람들을 챙기는 데만 열중한 것은 아니다. 그는 비록 해군대령에 불과했으나 해군장관 비서관이라는 자격으로 당당하게 대본영 회의에 참가해 해군의 영향력을 확장하는 것에도 심혈을 기울였다. 그때까지 해군은 육군에 비해 보조 역할에 머물렀다. 그러나 대륙 침공을 노린다면 제해권의 장악을 고려해 해군의 중요성을 무시하는 것은 불가능하다. 야마모토는 이 점에 착안해 전시대본영조례의 개정을 주장해 자신의 주장을 관철시키고, 대본영 내부에서 육군과 해군의 세력 균형을 되찾는 발판을 마련하는 데 성공한다.

평양을 점령하고 황해의 제해권을 장악하자 작전은 2단계에 돌입했다. 이제 중국 본토에서 전투가 벌어지는 것이 필연적 상황이 되었다. 야마가타는 1군을 이끌고 파죽지세로 압록강을 건너 만주로 전진했고, 기세가 오른 그는 겨울이 오기 전 최대한 점령지를 확장할 의욕에 넘쳤다. 당시 혹한기인 겨울에 전투를 하는 것은 금기사항이었다. 게다가 병참지원이 매우 빈약한 일본군 형편에서는 더욱 그러하다.

다음해 봄에 실시하기로 예정된 결전을 고려해 가와카미는 야마가타의 공격계획에 반대했지만, 그는 대본영의 명령을 무시하고 멋대로 부대를 전진시켰다. 그리고 1군 소속의 3사단에게 해성(海城)을 점령하도록 지시했다. 3사단장은 야마가타의 강력한 후원을 바탕으로 육군의 황태자로 군림하는 가쓰라 다로다. 일본군이 해성을 점령하는 것은 어렵지 않았지만, 중국군은 예상외의 대병력으로 해성을 탈환하기 위해 공세를 거듭했다. 해성이 요동반도를 벗어나 본격적으로 중국 내부로 침입할 수 있는 교통의 요충지이기 때문이다.

예상하지 못한 맹렬한 반격에 당황한 가쓰라는 사방을 중국군에게 포위당한 위기의 상황에서, 마찬가지로 중국군의 공세를 막기에 바쁜 5사단에게 지원을 요청했다. 게다가 이것이 뜻대로 안 되자 대본영의 가와카미에게 5사단을 자신을 위해 움직이도록 명령하라고 요청하는 추태마저 보였다. 정치군인으로 야전군을 지휘해 본 경험이 거의 없는 상태에서 사단장으로 출정한 가쓰라에게는 혹독한 시련이었다.

군인으로서 일생일대의 위기에 빠진 가쓰라를 구원해 준 인물이 바로 사단참모인 기코시 야스쓰나(木越安綱)다. 육군대학교 출신답게 기코시는 적절한 조언과 침착한 지휘로 커다란 실수 없이 해성을 방어하는 데 성공했다. 이때의 인연으로 가쓰라에게 좋은 평가를 얻은 기코시는 이시카와(石川)현 출신임에도 불구하고, 나중에 정규 육사 출신으로는 최초로 육군성 군사과장이라는 핵심보직에 발탁되었다. 게다가 메이지 시대가 끝난 직후 가쓰라의 발탁으로 육군장관까지 승진하며 승승장구하게 된다.

중국군의 공세를 간신히 저지하는 것은 성공했으나, 문제는 대본영을 무시하고 월권행위를 저지르는 야마가타를 어떻게 처리하느냐다. 야마가타를 그대로 방치하면 대본영이 작전지휘를 제대로 할 수 없었다. 비록 일개 야전사령관의 직함을 가지고 있지만 상대가 워낙 거물이라 가와카미도 쉽사리 손을 대기가 어려웠다. 결국 천황의 권위를 빌리는 방법을 사용해 본국으로 소환하는 데 성공했다. 천황이 직접 칙사를 파견해 명령하자 야마가타도 어쩔 도리가 없었다. 12월 8일 그는 제1군사령관의 직위를 해임당하고 청일전쟁에서 사실상 손을 떼게 되었다. 물론 표면적으로는 병에 걸려 제대로 지휘할 수 없다는 이유로 스스로 물러난 것으로 했다.

야마가타를 본국으로 소환한 이후는 모든 것이 가와카미의 뜻대로 순조롭게 풀려나갔다.

한편, 서해해전에서 승리를 거둔 결과 10월 24일 직예평야에서 결전을 위해 일본 육군의 사쓰마벌을 대표하는 오야마 이와오를 사령관으로 하는 제2군이 편성되어 요동반도에 상륙했다. 기가 막히게도 북양함대는 이러한 대규모 상륙작전을 저지하기 위한 행동을 전혀 취하지 않았다.

서구 열강의 외교관들로부터 일본군이 요동반도에 대규모 상륙작전을 실시할 것이라는 정보를 미리 입수한 이홍장의 거듭되는 독촉에도 불구하고, 북양함대의 지휘관 정여창 제독은 승산이 없다며 출동을 거부했다. 서해해전으로 격침된 북양함대의 함정은 그다지 많지 않았지만, 속사포의 포화를 뒤집어 쓴 덕분에 겉보기와는 다르게 막대한 손해를 입은 것이 사실이다. 특히 군함을 움직여야 하는 승무원의 손실이 매우 컸다. 그러나 일본 해군의 적수가 되지 못하더라도 일본군의 상륙작전을 저지하기 위해 최선의 노력을 다하지 않는다면 북양함대의 존재 이유는 없다.

성화와 같은 독촉으로 마지못해 출동한 정여창의 함대는 그저 일본 해군을 겨냥한 시위행동을 약간 벌인 후 산동반도의 위해위(威海衛)로 후퇴해 버렸다. 그 덕분에 요동반도는 손쉽게 일본군의 수중에 떨어졌다. 특히 난공불락의 요새가 될 천혜의 지리적 조건을 갖춘 여순(旅順)은 불과 단 하루의 총공격으로 간단하게 함락되었다. 겨울이 오기 전 요동반도를 석권하기 위해 일본군이 신속하게 진격한 탓도 있지만, 전의를 상실한 중국군은 마치 약간 저항하다가 도망치도록 훈련받은 것처럼 행동하며 일본군의 멸시와 비웃음을 샀다.

여순을 점령한 직후 일본군에 의한 대규모 학살이 자행되어 후세에 논란을 불러일으켰다. 중국 병사들이 일본군 전사자 시체를 능욕한 것에 흥분해 저지른 만행이다. 정확한 학살 규모는 알기 어렵지만 중국군의 패잔병이 민간인으로 위장해 달아나는 방법을 즐겨 사용했으므로, 많은 민간인이 패잔병으로 오인되어 희생된 것은 틀림없는 사실이다. 중국에서는 적어도 30만 명이 학살되었다고 주장하나, 일본 역사가들은 과장이라고 주장하며 수천 명 규모라고 추산하는 것이 일반적이다.

어쨌든 여순의 전투에서 일본군 전사자가 58명이고 아울러 수송을 담당한 민간인 3명이 사망자의 전부라는 사실을 감안하면, 일본 측의 주장대로 수천 명을 학살했다고 해도 엄청난 수의 죄 없는 민간인을 피의 제물로 바친 것은 분명하다. 일본 역사가들은 일본군이 저지른 대량학살에 죄의식을 느끼기는커녕, 학살 규모를 축소하는 것에만 관심을 기울였다.

한편, 평양 전투에서도 학살이 자행되었다는 참전병사의 편지가 남아있으나 사실을 확인하기는 어렵다. 일본군은 진상을 은폐하거나 학살을 정당화하는 것에만 노력했을 뿐, 누구도 책임을 지려 하지 않았기 때문이다. 이것이 근대화에 성공한 '문명국' 일본의 추악한 진면목이었다. '문명국' 일본의 실체를 더욱 적나라하게 나타낸 것은 그보다 나중에 발생한 명성황후 암살사건이다.

요동반도를 석권한 일본군은 산동반도로 진출해 북양함대가 숨어있는 위해위를 육군병력으로 점령하는 한편, 잔존하는 북양함대를 완전히 섬멸하는 작전에 돌입했다. 그러나 북양함대는 위해위에 틀어박혀 움직이지 않고 철저하게 방어적 자세로만 일관했다. 더 이상 물러날 곳이 없는 궁지에 몰린 상황에서 비록 패배하더라도 일본 해군에게 최대한 타격을 주고 장렬하게 전사하는 것이 옳았지만, 정여창 제독은 보는 사람을 답답하게 만들 정도로 군인답지 않았다.

일본 해군은 북양함대가 위해위 밖으로 나오기를 느긋하게 기다리지 않고, 적극적으로 어뢰정을 이용해 야습공격을 가했다. 거듭되는 어뢰공격으로 어느 정도 타격을 주었지만 완강하게 저항하는 북양함대를 위해위 밖으로 끌어내는 것에는 실패할 수밖에 없었다. 그런데 이러한 공세에 자포자기의 심정이 된 정여창은 맥없이 항복을 하고야 만다. 북양함대 주력함 대부분이 일본 해군에게 포획되었다. 군인답지 않은 행동에 양심의 가책을 받았는지 정여창은 음독자살로 생을 마감했다.

4
강화교섭과 삼국간섭

요동반도를 점령하자 일본의 승리는 거의 결정적인 국면에 들어섰다. 아직 최종 승리를 거둔 것은 아니나, 서태후는 일본과 끝까지 전쟁을 계속해 승부를 보겠다는 생각이 전혀 없었다. 일본은 거국적 차원에서 필사적으로 전쟁에 임했지만, 중국의 정치가들은 이홍장을 제외하고 청일전쟁에 별다른 의욕을 보이지 않았다. 이홍장에게 연전연패의 책임을 모두 전가하고 적당한 시점에서 전쟁을 끝내고자 원하는 것이 중국의 속마음이었다.

한편, 일본의 내부적 상황은 조금 복잡한 편이다. 가와카미는 어디까지나 북경을 함락해 확실하게 끝장을 본다는 주장을 굽히지 않았다. 그러나 서구 열강이 개입할지 모른다는 외교적인 측면을 고려한 무쓰 무네미쓰는 이토를 설득해 더 이상 중국을 군사적으로 궁지에 몰아넣는 것을 중단하려 했다. 그러나 가와카미는 정치가가 군사작전에 개입하는 것에 대해 강렬한 거부반응을 나타냈고, 그 결과 타협안으로 나온 것이 앞서 말한 산동반도에서 북양함대 섬멸작전이다.

아울러 해군의 요구를 받아들여 대만을 공략하는 것도 부분적으로 승인되었다. 이를 위해서 혼성여단이 편성되어 대만 북부에 있는 팽호(彭湖)열도를 점령했다. 대만 점령이 반드시 필요한 것이 아님에도 불구하고, 해군은 장래 식민지를 고려해 대만 점령을 집요하게 고집하고 양보하지 않았다.

이토와 무쓰는 중국을 압박해 강화조약 체결로 유도하기 위한 목적으로만 군사작전을 제한하고자 했다. 그러나 군인이라는 한계를 가진 가와카미는 외교적 측면이나 국력의 한계를 고려하지 않고, 자신의 주장을 관철하기 위해 천황을 비롯한 대본영의 핵심인물들을 중국으로 보내 직접 지휘한다는 원대한 구상을 실현하고자 했다. 그는 보불전쟁을 승리로 이끈 몰트케의 지대한 영향을 받았던 탓에, 이것을 모방해 어디까지나 북경 함락에 집착하고 이토를 곤란하게 만들었다.

집요하게 결전을 주장하는 가와카미의 주장에 적당히 동조하는 척하면서, 이토는 이것을 강화조약 체결에 유리하게 활용하려고 생각했다. 무쓰는 이미 강화조약 체결을 위한 구상을 가다듬고 있는 상태였다. 그는 강화조약 체결의 조건으로서 조선 독립의 보장과 요동반도의 여순·대련의 할양 정도만 생각하고 있었다. 그러나 국내적 상황은 그러하지 않았다.

역사상 처음으로 중국을 상대로 승리를 거둔 것에 들뜬 군부는 물론, 재야의 정치가들까지 가세해 저마다 과대한 요구를 내걸고 이토에게 그 실현을 강요하는 상황이었다. 육군을 대표하는 야마가타는 요동반도 전체의 할양을 요구했고, 해군은 대만을 식민지로 획득하길 원했다. 또한 경제관료의 목소리를 대변해 원로이자 전직수상인 마쓰카타 마사요시는 거액의 배상금을 반드시 얻어야 한다고 주장하며 참견했다.

이러한 요구사항 중 조선의 독립을 보장한다는 사항은 실질적으로 중국이 한반도에서 손을 떼라는 의미에 지나지 않았다. 가장 문제가 되는 것은 중국 영토에 대해 할양을 요구하는 문제다. 서구 열강은 약소국 일본이 전쟁에 승리했다고 중국에 대해 서구 열강처럼 이권을 요구하는 버릇없는 행동에 거부반응을 분명히 나타냈다. 중국은 어디까지나 서구 열강만을 위한 밥그릇이라는 배타적 의식이 있었기 때문이다.

 강화조약의 체결을 담당한 무쓰는 이와 같은 서구 열강의 사고방식을 제대로 인식하지 못했다. 설마 서구 열강이 개입할 것이라고는 생각하지 않았고, 만약 개입한다면 공동으로 개입할 것이라는 점은 잘 알고 있었다. 서구 열강은 강화조약의 일본 측 조건을 공표하라고 독촉하면서 일본 정부의 행동을 예의주시했다. 이러한 가운데 이홍장이 강화조약 체결을 위한 전권대신으로 일본에 왔다. 서태후를 비롯한 중국의 수뇌부는 영토 할양은 민족적 치욕이므로 무조건 거부한다는 방침을 가지고 있었지만, 이홍장은 현실을 감안해 어느 정도 영토 할양은 불가피하다고 서태후를 설득하는 데 성공하고 출발했다.

 회담은 시모노세키(下關)에서 개최되었고, 일본 대표인 이토와 무쓰는 이홍장의 휴전제의를 한사코 거부했다. 휴전을 하면 중국이 서구 열강의 지원을 기대해 지연작전으로 나올 우려가 컸으며, 내부적으로 중국과 결전을 요구하는 군부를 통제하기 어려워지기 때문이다. 그래서 휴전은 포기하기로 합의하고 본격적인 강화교섭에 들어갈 무렵 느닷없이 이홍장에 대한 암살미수 사건이 터졌다.

 암살을 시도한 범인은 고야마 도요타로(小山豊太郞)라는 극우주의자이며, 구경꾼 사이에 파고들어가 이홍장의 가슴을 겨냥해서 권총을 쐈다. 그러나 실제로는 왼쪽 눈 바로 아래에 명중했고, 즉시 숙소로 옮겨져 수행한 의사들의 치료를 받았다. 이 소식이 알려지자 과거 발생한 러시아 황태자 암살미수 사건과 비슷한 현상이 일어났다. 재야의 정치단체로부터 언론, 지방자치단체에 이르기까지 일제히 이홍장에 대한 위로를 표명하는 한편, 전국 각지로부터 위문전보와 선물공세가 빗발쳤다.

이번에는 과거와 달리 중국이 두려워서가 아니라, 강화조약이 일본에게 불리하게 돌아갈 가능성을 우려한 것에 불과했다. 서구 열강이 이홍장의 암살미수사건에 대해 지극히 나쁜 반응을 보이는 것을 파악한 무쓰는 부득이하게 휴전조건을 제시하지 않을 수 없었다. 내용은 대만과 팽호열도를 제외한 모든 지역에서 전투를 종결한다는 것이다.

교섭이 실패하거나 장기화되면 서구 열강의 개입을 초래할 가능성이 크다는 점을 고려해 이토와 무쓰는 서둘러 강화조약을 체결하고자 원했다. 하지만 이홍장은 서구 열강의 지원을 기대하고 휴전기간을 이용한 지연작전으로 나갔다. 이홍장의 부상으로 표면상 이홍장의 아들 이경방(李經方)을 전권대신으로 내세웠다. 그러나 부상에도 불구하고 그는 여전히 배후에서 교섭을 주도했다.

휴전 기간의 연장을 꾀하는 중국에 쐐기를 박기 위해 이토는 군사적 압력을 사용하기로 한다. 즉, 직예 평야의 결전을 위해 대본영의 수뇌부를 위시한 대규모 수송선이 출발한 사실을 넌지시 알리며 협박했다. 실제로 수송선이 계속 시모노세키 해협을 통과하는 것을 직접 눈으로 목격한 이홍장은 부득이하게 강화조약의 체결을 서두르지 않을 수 없었다.

기가 막힌 사실은 중국과 최후의 결전을 위해 메이지 천황 스스로 직접 중국으로 건너가려 했다는 점이다. 주변의 간곡한 만류로 결국 무산되었지만, 전쟁 초기 소극적으로 임한 태도와는 완전히 정반대 모습을 나타낸 것이다. 전쟁에서 이길 자신이 없던 단계에서는 짐의 전쟁이 아니라는 식으로 극도의 소극적인 모습을 보이다가, 승전이 확실해지자 필요 이상으로 적극적인 자세를 취하는 것이 천황의 진면목이었다.

강화조약의 교섭과정은 일본이 시종 리드했으며, 이홍장은 이토의 손바닥 안에 있었다. 왜냐하면 중국이 사용하는 외교전보의 암호를 해독하는 것에 성공했기 때문이다. 또한 강화조약이 결렬되면 북경이 함락된다고 위협한 것이 큰 효과를 거두었다. 이홍장은 온갖 방법을 동원해 강화조약을 조금이라도 중국에게 유리하게 하려 했으나, 암호해독으로 중국의 사정을 꿰뚫고 있는 이토는 조금도 양보하지 않았다. 이렇게 체결된 강화조약의 주요한 내용은 한반도에서 일본의 단독지배 인정, 요동반도와 대만의 할양, 2억 량(3억 엔)의 배상금 등이다. 이제 조약의 비준서만 교환하면 끝나는 단계가 되었다.

강화조약의 체결이 최종단계에 접어든 무렵에 뜻밖의 문제가 터졌다. 메이지 28년(1895) 4월 23일 일본에 주재하는 러시아·프랑스·독일의 3국 공사가 나란히 일본 외무성을 방문해, 강화조약의 내용 중 일본이 할양을 강요한 요동반도를 중국에게 다시 돌려주라고 요구한 것이다. 이것이 바로 유명한 삼국간섭의 내용이다.

삼국간섭을 주도한 국가는 동아시아에 관심이 많은 러시아였다. 러시아는 당초 영국도 끌어들여 4국간섭을 시도했지만, 러시아와 대립관계에 있는 영국은 끝내 참가를 거부했다. 프랑스는 러시아와 동맹국인 사정으로 의리상 참가한 것에 불과했고 독일의 참가가 뜻밖이었다. 독일은 당시 유럽의 국제정세에서 프랑스와 라이벌 관계에 있었기 때문이다. 독일이 참가하지 않았다면 삼국간섭은 없었을 것이라는 전망이 유력할 정도였지만, 이렇게 된 원인은 독일황제인 빌헬름 2세의 야심과 관계가 깊다.

이러한 국제정세를 고려한 무쓰는 독일이 삼국간섭에 참가한다는 확신을 얻지 못했으므로 서구 열강의 간섭을 크게 의식하지 않았다. 그러나 삼국간섭이 현실로 발생하자 여기서 일본은 중대한 선택의 기로에 서지 않을 수가 없었다. 삼국간섭을 거부한다면 또다시 전쟁을 치러야 했다. 게다가 이번에는 중국이 아니라 서구 열강과의 전쟁이다.

문제의 핵심은 역시 해군력에 있었다. 만약 일본이 제해권을 빼앗긴다면 중국대륙에 파견한 지상군과 보급이 두절되는 것은 물론이고 본토마저도 위협받는다. 굳이 본격적인 지상전에 돌입하지 않고 제해권만 제압당해도 위기에 빠지는 것은 분명했다. 당시 아시아에 배치된 러시아와 프랑스, 독일의 함대가 연합하면 영국을 능가하는 막강한 연합함대를 만드는 것이 가능했다. 객관적인 전력상으로 보면 중국의 북양함대보다도 열세에 있던 일본이 이긴다는 보장은 거의 없다고 해도 과언이 아닙니다. 게다가 중국과 결전을 위해 대부분의 병력이 중국으로 건너간 상황이어서 일본 본토는 비어있는 것과 마찬가지의 상태였다.

러시아는 청일전쟁에서 예상외로 일본이 연전연승을 하자 위기의식을 느껴 극동에 병력을 집중시켰고, 특히 해군력 강화에 역점을 두었다. 삼국간섭의 당시는 명령을 내리면 블라디보스토크에 주둔한 러시아 함대가 24시간 안에 출동할 수 있는 만반의 준비를 갖추고 있었다. 삼국간섭을 주도한 실질적인 장본인은 러시아의 재무장관인 비테(Sergei Witte)다.

재무장관으로 시베리아철도의 건설을 추진하고 있던 그는 이 철도가 완공하기 전까지는 극동 정세가 현상유지의 상태를 고정하길 원했다. 만약 일본이 요동반도를 차지하면 중국과 조선의 독립이 크게 위협받는 것은 물론, 극동의 패권을 일본이 장악하는 밑거름이 된다는 사실을 예리하게 간파한 것이다. 비테는 각료회의를 열어 이 문제에 관한 토의를 요청했다. 그러나 육군장관을 제외한 대다수 러시아 고위각료들은 냉담한 태도를 보이며 극동문제에 대해 인식 자체가 매우 희박한 면모를 나타냈다.

그럼에도 불구하고 러시아 황제의 각별한 신임을 받는 그의 주도로 러시아는 서구 열강의 공동간섭에 의한 요동반도 반환을 추진했다. 프랑스가 러시아와 행동을 함께 할 것이라는 점은 분명했으나, 이 두 국가만으로는 섣불리 간섭을 시도할 수 없었다. 영국이 눈을 부릅뜨고 지켜보고 있었기 때문이다. 영국이 숙적 러시아와 손을 잡을 가능성은 애당초 희박했고, 영국의 견제를 물리치기 위해서는 또 다른 유력한 서구 열강을 추가로 끌어들일 필요성이 있었다.

여기서 독일이 중대한 변수를 만들었다. 청일전쟁 초기 극동문제에 별다른 관심을 가지고 있지 않았던 독일은 러시아와 손을 잡는 문제에 관해 소극적이었다. 러시아에게 이용만 당하고 별다른 이익을 얻지 못할까봐 우려했기 때문이다. 그러나 요동반도 반환 문제에 개입하면 극동에 진출할 수 있는 절호의 기회를 얻는다고 빌헬름 2세가 인식하면서부터 독일의 태도가 급속히 달라지기 시작했다.

독일이 삼국간섭에 참가하면 잃는 것보다는 얻는 것이 훨씬 많았다. 우선 삼국간섭에 참가함으로써 러시아의 호의를 얻게 되어 보불전쟁을 계기로 원수지간이 된 프랑스와 관계개선에 러시아의 도움을 받을 수 있게 된다. 또한 러시아가 극동 문제에 시선을 돌리게 되면 유럽에서 독일의 운신의 폭을 넓힐 수가 있고, 장래 러시아가 일본과 충돌해 국력을 소모하는 것도 은근히 기대할 수 있었다. 게다가 이것을 계기로 중국의 환심을 사서 중국 본토에 영토 할양을 요구해 식민지를 얻는 데 적극적으로 참가할 수 있는 당당한 자격을 얻는다. 그때까지 독일이 극동에서 가진 이해관계는 경제적인 것이 전부였다.

러시아는 독일의 참가를 열렬히 환영했다. 만약 러시아와 프랑스만으로 간섭하게 되면 영국의 비위를 건드리게 되지만, 독일이 참가하면 사정이 완전히 달라지기 때문이다. 러시아가 프랑스와 동맹관계에 있으므로 프랑스 역시 영국의 가상 적국이 된 상황이다. 여기에다가 유럽에서 강대국으로 급부상하고 있는 독일마저 적으로 돌리면 영국은 국제정세에서 완전히 고립당할 수밖에 없다. 그래서 영국은 독일에 대해 부드러운 태도를 취해왔었다. 즉, 삼국간섭에 독일이 참가하면 아무리 러시아를 싫어하는 영국이라 할지라도 노골적으로 견제를 가하기 어려웠다.

삼국간섭에 대해 일본이 선택할 수 있는 방법은 3가지가 있었다. 첫째 삼국간섭을 거부하고 또다시 전쟁을 치르는 것이고, 둘째 삼국간섭을 무조건 받아들이는 방법이며, 마지막으로 이 문제를 국제회의에 끌고 나가 그 부당함을 호소하는 방법을 선택하는 것도 가능하다. 이토는 애당초 국제회의에 이 문제를 제기하고자 했지만 무쓰는 그것에 반대했다. 만약 국제회의를 선택한다면 사태가 장기화하는 것은 불가피하고, 그 기회를 이용해 중국이 강화조약을 파기하려고 시도할 것이 뻔했기 때문이다.

선불리 삼국간섭에 저항하는 시도를 하다가 중국과 체결한 강화조약마저 무산된다면, 혹을 떼려다가 오히려 혹을 붙이는 결과가 된다. 그래서 일단 삼국간섭을 무조건 받아들이는 태도를 취해서 신속히 사태의 해결을 도모하고, 중국에 대해서는 조금도 양보하지 않는다는 방침을 채택하기로 이토와 합의를 봤다.

한편, 삼국간섭에 대한 대항수단의 하나로 무쓰는 영국과 미국의 원조를 은밀히 타진했다. 그러나 미국은 별다른 관심을 나타내지 않았으며, 영국은 일본에게 심정적으로 동조하기는 했으나 중국에서 영국의 권익을 유지하는 것을 가장 중요시 했다. 그래서 일본은 외교적으로 완전히 고립된 상태에서 부득이하게 삼국간섭을 수락하지 않을 수 없었다. 일본 국내는 삼국간섭에 대한 비난여론으로 들끓었다. 특히 러시아가 일본을 제치고 요동반도를 차지했으므로, 러시아에 대한 적개심은 하늘을 찔렀다. 그리고 그 분노의 분출구가 외무장관 무쓰에게 향했다.

사전에 삼국간섭을 방지하지 못하고 무기력하게 받아들였다는 게 그 이유지만, 당시 일본의 국력이나 외교력으로는 삼국간섭을 사전에 알았다 하더라도 저지하는 것은 불가능했다. 문제는 당시 외교라인의 핵심에 있는 이토와 무쓰가 삼국간섭을 사전에 탐지하고 저지하기 위한 조치를 전혀 취하지 않았다는 점과, 아울러 삼국간섭을 받아들인 후 이것을 무력화하려는 후속조치도 취하지 않았다는 것이다.

중국에게 요동반도를 돌려주는 것은 불가피했다고 치더라도, 그 대신 요동반도를 제3국에 양도 혹은 조차하는 것을 허용하지 않는다는 조건을 붙이지도 않고 문자 그대로 아무 조건 없이 순순히 돌려준 것이다. 러시아가 삼국간섭을 한 목적이 일본을 쫓아내고 요동반도를 차지하기 위한 것에 있다는 점을 생각하면, 요동반도 할양 불가의 조건을 붙이는 것이 반드시 필요했다는 사실은 긴말이 필요하지 않다. 또한 그러한 조건을 붙이는 데 영국이나 미국의 지지를 얻는 것도 가능한 상황이었고, 러시아 역시 여기에 반대할 뚜렷한 명분이 없었다.

이것이 메이지 시대 최고의 외교관으로 평가되는 무쓰가 저지른 수많은 실수 중에서 가장 뼈아픈 실수다. 무쓰는 영국과 미국의 지원을 얻는 데만 관심을 기울였고, 일본이 주도권을 쥐고 삼국간섭의 핵심세력인 러시아를 견제하려는 행동을 취하지 않은 것이다. 그는 조선의 경복궁을 점령해 정변을 일으키면서까지 청일전쟁을 적극 주도한 것과는 달리, 삼국간섭 당시는 지나칠 정도로 소극적이고 신중한 태도로 일관해 비난을 스스로 자초했다.

다른 한편, 삼국간섭으로 분위기가 완전히 바뀌자 중국은 기회를 놓치지 않고 이것을 이용해 대만을 되찾으려는 시도에 나섰다. 대만은 아직 일본군이 점령하지 않은 영토이므로, 일본에게 내주기 억울하다는 심리가 있었다. 삼국간섭은 중국을 위해 한 것이 아니지만 중국은 서구 열강을 이용해 자신의 권익을 지키려는 외교적 추태를 보였다.

삼국간섭이 중국을 위한 것이 아니라는 점을 명확히 드러낸 것이 독일과 러시아의 중국에 대한 강화조약을 비준하라는 권고였다. 서구 열강의 지원을 기대해 조약의 비준을 계속 지연시키던 중국은 모든 것을 체념하고 비준에 동의하지 않을 수 없었다. 이것으로 청일전쟁은 공식적으로 종결했다.

삼국간섭으로 외무장관 무쓰와 이토 내각이 비난을 뒤집어썼지만, 실제로 비난받아야 할 존재는 '국가전략'을 생각하지 않은 당시 일본 지도자들 전체라고 해도 과언이 아니다. 애초 청일전쟁을 벌인 근본 목적은 한반도를 일본의 세력권으로 확보하는 것에 있었다. 그렇기 때문에 한반도에서 중국의 세력을 축출하는 수준에서 전쟁을 종결하는 것이 국가전략에 부합하는 올바른 처신이다. 그렇지만 역사상 처음으로 중국을 상대로 연전연승을 거듭하자 승리에 취해 국가전략을 망각했다.

결국 청일전쟁에서 일본은 전술만 있고 전략은 없다는 기묘한 전쟁을 한 것과 마찬가지다. 그 결과 나타난 것이 삼국간섭이다. 실질적으로 청일전쟁을 주도한 가와카미의 경우도 군사적 관점의 전략에만 관심을 가졌고 정치와 외교를 고려한 국가전략은 없었다. 비록 중국을 상대로 눈부신 승리를 거두기는 했지만, 당시 중국이 서구 열강의 반식민지화 상태에 있었다는 점을 고려한다면 서구 열강의 개입을 항상 고려하고 주의했어야만 옳았다.

항상 국가전략을 고려해야만 하는 입장에 있었던 수상 이토의 경우, 과대한 군부의 요구를 억제하기에 급급한 모습을 보이며 강력한 지도력을 발휘하지 못했다. 청일전쟁 자체가 정치권과 긴밀한 교감이 없는 상태에서 일본 군부의 독자적인 계획과 입안을 바탕으로 발발한 것이며, 정치적으로 궁지에 몰렸던 이토는 시종일관 군부에게 질질 끌려 다닌 점도 사실이다. 국가전략을 신중히 고려한 상에서 정치적 목적을 달성하기 위해서 시작된 전쟁이 아니므로, 전략은 없고 전술만 존재하는 희한한 전쟁이 되지 않을 수 없었다.

일본이 한반도의 확보를 뛰어넘어 중국 본토에 이권 획득을 노린 것은 청일전쟁이 일본이 전쟁명분으로 주장한 것처럼 조선의 독립과 근대화를 위한 것이 아니라, 제국주의적 침략전쟁이라는 명쾌한 증거다. 물론 그렇다고 한반도를 확보하려는 의도가 정당하다는 의미는 결코 아니다. 극단적으로 말한다면 청일전쟁은 일본의 제국주의적 침략욕구를 만족시키기 위한 동물적인 전쟁이며, 단순히 이러한 욕구를 만족시키기 위한 전쟁에 확실한 국가전략이 존재하는 것 자체가 이상한 것일지도 모른다. 이것이 문명국 일본이 미개국 중국을 상대로 전쟁을 벌인 실체라고 할 수 있다.

더욱 가관인 것은 이러한 문제점에 대한 인식 자체가 아예 희박했다는 점이다. 국가전략이 없는 상태에서 무의미한 전쟁을 했다고 반성을 하기는커녕, 러시아에 대한 적개심에 불타 청일전쟁 후에는 복수전을 준비하는 데만

열을 올렸다. 그리고 러일전쟁을 계기로 군국주의의 덫에 빠져 허우적거리는 운명에서 벗어나지 못했다.

  한반도를 일본의 세력권으로 확보한다는 방침을 제외하고는 확실한 국가전략이 없는 상태에서 갈팡질팡하는 모습은 일본이 제2차 세계대전에 패전할 때까지 계속되었다. 중국 본토를 침공하는 중일전쟁을 일으킨 상태에서 진주만을 기습한다는 것은 일본에게 과연 국가전략이라는 개념이 있는지 의심이 들게 하는 단적인 증거다.

5
명성황후 암살과 제2차 이토 내각의 붕괴

청일전쟁을 전후해 거듭되던 마음고생에 심신이 극도로 피폐해진 무쓰는 폐결핵 증세가 심각하게 되었다. 이에 따라 문부장관 사이온지 긴모치(西園寺公望)가 외무장관 임시대리를 겸하고, 무쓰의 심복인 하라 다카시(原敬)가 외무차관에 기용되었다. 무쓰는 요양을 하던 중에도 자신에 대한 비난을 고려해 회고록을 저술할 정도로 마음 편하게 임종을 맞이하지 못했다.

외무장관으로서 무쓰가 최후로 한 결정은 메이지 28년(1895) 6월 조선에 대한 내정불간섭의 결정이다. 그러나 바로 2개월 후 명성황후 암살사건이 터졌다. 명성황후를 암살한 배후에는 이노우에 가오루가 있었다.

제2차 이토 내각에 내무장관으로 기용된 이노우에는 일본군이 한반도에서 중국군을 몰아내는 데 성공하자, 스스로 조선 내정개혁에 관한 전권을 부여받고 조선공사로 부임했다. 이노우에가 강화도조약의 체결을 주도한 것을 비롯해 기회가 있을 때마다 한반도문제에 깊이 관계한 것은 이미 본 대로이다.

임오군란의 후속처리를 위해 체결한 제물포조약을 배후에서 주도한 것은 물론, 갑신정변 당시 직접 한반도로 건너가 한성조약을 체결한 일본 대표자가 바로 이노우에다.

이토 내각은 청일전쟁이 발발하자 사실상 개점휴업 상태가 되었다. 같은 죠슈벌 출신의 이토는 수상으로 히로시마에서 전쟁지도를 담당했고, 야마가타는 앞서 본 것처럼 스스로 1군사령관에 취임해서 한반도로 건너갔다. 이노우에가 초조감을 느끼는 것은 당연했다.

이 시점에서 이노우에는 경제관료로는 부패한 인물로 낙인 찍혀 대장성으로부터 추방당했으며, 외교가로서도 조약개정 교섭의 실패로 설자리를 잃었다. 물론 대장성에서 쫓겨났다고 경제계에 대한 영향력을 완전히 잃은 것을 의미하지는 않았다. 재계를 리드하는 거물 시부사와 에이치가 그의 심복 중의 심복이며, 미쓰이(三井)라는 일본 최고의 부호가문과 '종신' 고문으로 불가분의 관계를 맺었기 때문이다. 그러나 오쿠마 추방 후 대장성을 장악한 마쓰카타로 인해 경제정책 전반을 좌우지하는 것은 불가능했다.

애초 청일전쟁이 발발하자 이토는 대장성 장관 와타나베와 함께 이노우에도 전시재정을 담당하게 하려 했지만, 마쓰카타가 적극적으로 개입하자 손을 떼지 않을 수 없었다. 이노우에는 청일전쟁을 치르기 위한 비용으로 서남전쟁과 비슷한 규모인 불과 4천만 엔밖에 예상하지 않아서 마쓰카타의 강력한 비판을 자초했다. 마쓰카타는 수억 엔의 지출을 각오하지 않으면 안 된다는 점을 분명히 밝히고, 전쟁비용의 조달을 위해 대대적인 공채모집에 나설 것을 주장했다. 군부 실력자인 야마가타가 마쓰카타의 견해를 지지했으므로 전시재정의 주도권은 마쓰카타에게 넘어갔다.

다른 한편 이노우에는 앞서 본 것처럼 구로다 내각 당시 새로운 길을 모색해 정부를 지원하는 강력한 여당을 만들고, 정치가로 입지를 다지려 했지만 별다른 호응이 없어 흐지부지 되었다. 제1차 이토 내각에서는 조약개정을 주도하는 외무장관으로 2인자의 자리에 있었지만, 이번에 만들어진 제2차 이토 내각에서는 무쓰 무네미쓰가 외무장관이자 2인자 노릇을 했다.

그 결과 이번 내각에 외무장관이 아니라 내무장관으로 입각했으나 내무성은 이미 야마가타가 확고한 파벌을 만들어 놓은 상태다. 그래서 이노우에는 청일전쟁을 계기로 자신도 무엇인가 해야지 원로로서 권위를 유지할 수 있다는 강박관념에 시달리지 않을 수 없었다. 그래서 1군사령관으로 자원해 부임한 야마가타를 본받아 조선공사라는 낮은 지위를 스스로 감수하며 조선으로 건너간 것이다. 당시 일본 외교관 서열에서 가장 최고위직은 영국을 비롯한 유럽의 강대국으로 파견되는 경우이고 조선공사는 결코 높은 자리가 아니었다. 만약 이노우에가 청일전쟁의 전시재정을 맡았다면 굳이 한반도로 건너갈 생각은 안했을 것이다.

조선에 부임한 이노우에는 이홍장이 조선에 파견한 원세개를 모델로 그와 동등한 수준의 대접과 특권을 요구하며 조선 정부를 상대로 멋대로 횡포를 저질렀다. 그는 이토를 설득해 조선의 내정개혁 문제에 전권을 위임받아 외무성의 개입을 차단했는데, 이것은 야마가타가 1군사령관으로 대본영을 무시하고 멋대로 월권행위를 하는 것과 비슷한 맥락이다. 그러나 '이류 인재'인 이노우에가 갑오개혁을 좌절시키는 한편, 조선 정부를 상대로 내정개혁을 강요하는 것이 오히려 반일감정을 증폭시켰다.

자신도 뭔가 공훈을 세워야 한다는 강박관념에 시달리는 이노우에는 그럴수록 더욱 거칠고 난폭하게 행동했다. 진정으로 조선의 내정개혁을 도우려는 것이 아니라, 사실상 일본의 위성국가로 만들려는 작업에 열을 올렸다. 그는 자신을 위해 충실한 앞잡이가 되리라 기대했던 박영효가 기대에 배신하자 주저 없이 버리고는, 그 대신 김홍집을 내세워 과격하고 급진적 내정개혁을 실시에 옮겼다. 아울러 경복궁을 점령하고 옹립했던 대원군을 사실상 추방하는 조치도 취했다. 일본군이 중국을 상대로 연전연승하는 상황이어서 중국의 눈치를 보던 예전과 다르게 당당하고 거침없이 본색을 드러낸 것이다.

이 때문에 조선에서 이노우에에 대한 반감은 극도로 높아졌고, 그가 강제적으로 무리하게 추진하던 개혁정책은 강력한 반발에 부딪치지 않을 수 없었다. 이러한 상황에서 삼국간섭을 계기로 명성황후가 러시아에 접근하자, 막다른 궁지에 몰린 이노우에는 이 문제를 논의하려고 일본으로 일시 귀국한 후 명성황후를 제거하려는 결심을 굳혔다. 그는 조선의 내정개혁을 명목으로 고종과 명성황후를 정치적으로 무력화하려고 시도했으므로, 조선의 실권자인 명성황후와 사이가 극도로 악화되는 상황을 스스로 자초했다. 결국 명성황후가 러시아에 접근하도록 만든 것은 이노우에의 잘못된 처신에 근본적인 원인이 있다고 봐도 과언이 아니다.

명성황후 암살의 구체적인 실행방법을 모색하기 위해 이노우에가 귀국하자, 무쓰는 앞서 말한 것처럼 조선에 대한 내정불간섭 방침을 결정했다. 이것은 명성황후 암살에 일본 정부가 개입했다는 사실을 은폐하기 위한 목적으로서, 이노우에의 요청에 의한 것일 가능성이 매우 높았다. 조선 문제만큼은 이노우에로 인해 무쓰가 영향력을 발휘할 수 없었다. 서남전쟁에서 반란을 모의하다 투옥된 '역적' 무쓰가 다시 정계에 발을 들여놓게 된 계기는 바로 이노우에의 특별보좌관에 임명된 것으로부터 시작되었다. 물론 이것은 이노우에와 절친한 관계에 있는 이토가 주선한 덕분이다.

'역적' 무쓰를 구제해 준 인물은 이토였지만, 사실 인연으로 따지면 이노우에와 무쓰의 관계도 상당히 깊었다. 메이지 초기 이노우에가 대장경으로 재직할 당시 무쓰를 발탁해 지조개정 사업을 추진하도록 맡기면서부터 무쓰와 죠슈벌의 인연이 시작되었고, 그가 출옥 후 외교관으로 발돋움할 수 있는 계기를 마련하며 적극 도와준 것도 역시 당시 외무성의 우두머리였던 이노우에다. 즉, 무쓰는 비록 외무장관이지만 서열상 자신의 부하에 해당하는 조선공사 이노우에를 제지하거나 견제할 수 있는 위치에 있지 않았다. 게다가 한반도에 관련된 문제는 메이지 초기부터 이노우에가 깊숙이 개입했고, 조약개정과 아울러 단순한 외교문제가 아니라 일본의 국가 전략적 문제다.

결론적으로 한반도 문제에 관해서만큼은 원로이자 죠슈벌의 핵심인물인 이노우에가 주도권을 가지고 있었으며, 적어도 이 부분에 관해서는 그가 외무장관이나 마찬가지의 상태라 해도 과언이 아니다. 무쓰가 명성황후 암살에 어느 정도 관여했는지 여부는 확실히 알기 어렵다. 그러나 최근의 연구결과에 의하면 무쓰가 적극적으로 명성황후의 암살에 개입했다는 것을 반증하는 편지가 발견되었다. 아울러 명성황후 암살에 행동대장 역할을 맡으며 가담한 오카모토 류노스케(岡本柳之助)가 무쓰와 개인적으로 매우 긴밀한 교감을 가진 인물이라는 점을 생각하면, 죽을병에 걸려 임종을 앞두고 있다는 이유로 무쓰가 명성황후 암살과 무관하다고 생각하는 것은 금물이다.

귀국한 이노우에는 후임 조선공사로 임명된 같은 죠슈 출신의 미우라 고로(三浦梧樓)에게 명성황후를 암살하라고 지시했다. 물론 여기에 관한 증거는 남기지 않았다. 이노우에가 미우라를 직접 만나 구두로 지시했기 때문이다. 명성황후를 제거하자고 최초로 주장한 장본인이 이노우에인지 아닌지 확실히 입증할 사료는 없다. 그러나 한반도 문제에 관해 권위자로 자타가 공인하는 이노우에가 명성황후를 제거하자고 배후에서 원로들을 움직인 것은 분명한 사실이다. 그리고 외무장관 무쓰가 여기에 적극 협조한다는 구도로 진행되었을 개연성이 농후하다.

미우라는 이미 본 것처럼 육군의 비주류파를 대표하는 핵심멤버의 하나로 야마가타와 대립하고 반목하다가 전역당한 인물이다. 그러나 그 이후도 귀족원의원으로 정치에 계속 관여하며 완전히 세상과 담을 쌓은 것은 아니었다. 군부에 특별한 발판을 가지고 있지 않은 이노우에가 미우라를 '해결사'로 선택한 것은 야마가타의 추천이나 조언에 의한 것일 가능성이 매우 높았다.

명성황후의 암살은 한반도 문제에 관해서 외교적으로 접근하는 방법이 아니라 '군사적'으로 접근하는 방법이다. 실제로 명성황후의 암살에 직접 일본군이 동원된 것에서도 이 사실은 분명히 드러난다. 군사적으로 접근한다면 야마가타가 개입했다고 봐도 무방하다. 이노우에는 비록 원로이나 야마가타의 양해 없이 일본군을 움직일 수 있는 위치에 있지는 않았기 때문이다.

같은 죠슈번 기병대 출신이므로 야마가타는 예전부터 미우라의 인물 됨됨이와 성격을 당연히 잘 알고 있었을 것이다. 그래서 이노우에가 계획한 명성황후 암살계획에 동조하는 한편, 이를 위해 야마가타는 우직하면서도 극우적 정치성향을 가진 미우라가 적임자로 추천했을 것으로 생각된다. 또한 명성황후가 암살된 직후 사후수습을 위해 파견된 고무라 쥬타로(小村壽太郎)가 청일전쟁을 계기로 야마가타와 교감을 가지게 된 사이라는 점을 생각하면 야마가타가 명성황후의 암살에 깊숙이 개입한 것은 분명하다.

한편, 이토 히로부미가 명성황후 암살에 적극 관여했는지 증명하는 사료는 없다. 일본이 정부 차원에서 명성황후 암살에 개입한 증거를 조직적으로 말살했기 때문이다. 그러나 절친한 친구 사이인 이노우에가 이토를 집요하게 설득하며 미리 양해와 협조를 구했다면 끝내 찬성했을 것이다. 두 사람은 같은 죠슈번 출신으로 함께 영국으로 유학을 다녀온 것을 비롯해 단순한 친구 사이를 뛰어넘는 것이 있었고, 예전부터 이노우에는 상대방을 설득하는 재주가 뛰어났다.

냉정하게 따지면 명성황후 암살로 일본이 보는 이익은 거의 없다. 조선에서 반일감정이 극도로 높아지는 것은 물론, 조선의 러시아에 대한 접근을 오히려 가속화시킬 우려도 높았다. 또한 일본에 대한 국제적 비난도 커진다. 다시 말해 단지 외교적으로 러시아에 접근하는 태도를 취한다는 이유만으로 명성황후를 암살하면 외교적으로 돌이킬 수 없는 졸렬한 실책이 된다. 그러나 이노우에의 입장에서는 명성황후를 휘어잡지 못하고 조선의 내정개혁에 실패했다는 자신의 실점을 감출 수 있는 절호의 기회다.

설득력이 뛰어난 이노우에는 명성황후를 암살했을 경우의 장점만을 부각시키며 이토를 설득했을 것이고, 귀가 얇고 우유부단한 성격의 이토는 그의 집요한 설득에 결국은 넘어갔을 것으로 생각된다. 물론 명확한 사료의 증거가 없으므로 이토가 처음부터 명성황후의 암살을 적극 지지하고 주도했을 가능성도 배제할 수 없다. 아무튼 명성황후의 암살이 성공하자 일본 국내의 반응은 이노우에의 예상대로 흘러갔다. 암살에 참가한 인물들은 조선의 친러파 거두를 제거한 영웅으로 대접받았고, 이토 내각은 진상을 은폐해 미우라의 단독범행으로 몰고 나갔다.

이것과 아울러 이토의 심복이자 청일전쟁 강화조약에도 깊숙이 개입한 이토 미요지(伊東巳代治)가 외국 언론을 무마하는 외교공작에 착수하는 한편, 이토와 긴밀한 관계에 있는 사이온지 긴모치가 외무장관 임시대리의 자격으로 사건의 사후처리를 총지휘했다. 이토가 이노우에의 외교적 '비리'를 덮어주는 데 적극적으로 도와주었다는 점은 확실하다. 예전부터 두 사람은 그러한 관계에 있었으므로 별로 이상할 것은 없다. 그러나 이번에는 금전적 비리가 아니라 외교상 비리라는 점에서 다르다는 정도에 지나지 않는다.

현재 일본에서는 명성황후 암살은 미우라의 단독범행으로 보는 견해가 압도적이고, 아예 이 문제에 대해 말하기를 꺼리려는 경향마저도 나타낸다. 또한 명성황후의 암살에 조선의 군인들도 참가한 점을 물고 늘어져서, 왕비의 신분으로 정치에 간섭해 문제를 일으킨 명성황후는 죽어 마땅한 인물인 것처럼 왜곡하기도 한다. 그러나 암살에 참가한 조선 군대는 일본이 훈련시킨 훈련대라는 이름의 친일적 부대였다. 일본이 자국의 외교적 이해관계에 따라 친러파로 입장을 바꾼 명성황후를 잔인하게 암살했다는 사실은 부정할 수 없는 진실이다.

필자는 과연 누가 명성황후의 암살을 주도했느냐에 의문을 제기하며 이 문제에 접근하는 것이 좋은 접근방법만은 아니라고 생각한다. 왜냐하면 단지 이노우에만이 주도권을 장악하고 음모를 꾸민 것이 아니라, 이토, 무쓰, 야마가타 등 당시 일본을 움직이는 실세들이 나름대로 역할을 맡으며 명성황후의 암살과 사후처리에 적극적으로 가담했기 때문이다. 즉, 명성황후의 암살은 특정한 개인의 결단에 의한 것이라기보다는 일본이 정부 차원에서 치밀하게 준비하고 계획해 저지른 범죄였다.

청일전쟁을 전후해서 이토 내각의 각료 구성에 커다란 변동이 일어났다. 이토는 내각의 2인자 무쓰가 폐결핵으로 쓰러진 영향을 받지 않을 수 없었다. 무쓰가 남긴 정치적 유산이라고 할 수 있는 자유당과의 의사소통이 결실을 거두었고, 그 결과 이토에게 호의를 보이는 자유당이 11월 22일 정식으로 제휴선언서를 발표하기에 이르렀다. 덕분에 제9차 의회는 그럭저럭 무난하게 극복할 수 있었다.

고종이 아관파천을 했다는 이유로 대외강경파가 탄핵상주안을 제출했지만, 자유당의 후원으로 부결되고 예산안도 비교적 용이하게 통과되었다. 2억 엔에 육박하는 예산안을 제출했음에도 불과 51만 엔만 삭감당했을 정도로 성공적이었다. 그러나 이노우에의 후임으로 내무장관에 임명된 노무라 야스시(野村靖)가 이토 내각이 정당과 제휴한다는 이유로 사임하는 돌발사태가 발생했다. 노무라는 야마가타가 만든 관료벌에 속하는 핵심인물의 하나로, 정당정치를 혐오하는 야마가타의 의사를 대변해 사임한 것이다. 정당정치를 혐오한다는 측면에서 노무라는 야마가타를 능가할 정도로 골수분자다.

라이벌 야마가타가 자유당과 제휴하는 것을 못마땅하게 생각하고 배후에서 내각을 흔들자, 이토는 오히려 정당의 유력한 인물을 포섭해 보란 듯이 내각을 강화하려 도모했다. 과거 구로다가 내각에 오쿠마를 비롯한 정당의 유력한 인물들을 포섭한 사례와 동일한 취지다. 이토 내각에 호의적 태도를 취하는 자유당을 포섭하고 더욱 밀착하기 위해서, 이토는 자유당 우두머리인 이타가키를 내무장관에 임명했다. 또한 외무장관에는 개진당의 오쿠마 시게노부, 대장성 장관에는 마쓰카타 마사요시를 임명하려고 구상했다.

청일전쟁이 발발하기 전 내각의 강화를 위해 원로에게 의존했지만, 이번에는 정당의 유력한 인물에게 기대를 걸었다. 이토는 특히 외무장관을 누구로 하느냐를 놓고 고심하지 않을 수 없었다. 청일전쟁 전후 외교처리를 마무리해야 한다는 문제가 남아있었으므로 확실한 역량을 갖춘 인물이 필요했다. 그래서 오쿠마를 낙점한 것이다.

이 무렵 오쿠마의 개진당은 대외강경파의 일부를 흡수해 '진보당(進步黨)'이라고 새롭게 당명을 바꾸었다. 당의 강령에 있어 기존의 개진당과 별다른 차이점은 없었으나, 대외강경파의 주장을 받아들여 국권을 확장한다는 구절을 삽입하고 긴축재정과 책임내각을 실현한다는 점을 핵심적 강령으로 내걸었다.

이미 본 것처럼 이토 내각이 심혈을 기울여 추진하던 평등조약의 실현을 반대하는 데 선봉장에 섰던 과거는 말할 것도 없거니와, 오쿠마는 이토 내각이 삼국간섭을 받아들인 점을 외교적 실책으로 맹공격한 장본인이다. 그래서 오쿠마를 외무장관으로 영입하는 것은 애초부터 무리였다. 그럼에도 불구하고 포용력이 뛰어난 이토는 이러한 사실에 개의치 않았다. 그러나 조약개정에 관한 입장을 둘러싸고 개진당과 앙숙이 된 이타가키가 오쿠마의 입각에 강렬한 거부반응을 일으켰다. 이타가키는 만약 오쿠마가 입각한다면 사임한다고 단호하게 말할 정도였다.

부득이하게 이토는 마쓰카타를 먼저 입각시키려고 했다. 문제는 배후에서 이토 내각을 붕괴시키려는 음모가 진행되고 있었다는 사실이다. 음모의 주역은 척식무 장관에 임명된 다카시마 도모노스케였다. 척식무성(拓植務省)은 청일전쟁의 결과 획득한 대만의 식민지 통치를 담당하기 위해 신설된 부서다. 그런데 다카시마는 육군의 거물 중 하나임에도 불구하고 청일전쟁에 참가하지 못했다.

본인은 참전하길 간절히 원했지만 따돌림을 당한 것이다. 군인이 전쟁에 참가하지 못한다는 것은 매우 굴욕적이고, 특히 다카시마는 타고난 무골의 기질을 가지고 있었기에 더욱 그러하다. 여기에 크게 분노한 그는 죠슈벌에 대한 복수의 칼날을 갈기 시작했다. 자신이 육군 내부에 존재하는 사쓰마벌의 리더로 지목된 점이 따돌림의 원인이라고 생각했기 때문이다.

이미 본 것처럼 다카시마는 마쓰카타 내각에서 육군장관으로 기용되는 등 정치군인으로 나름대로 두각을 나타내던 인물이다. 야마가타의 죠슈벌이 육군의 실권을 장악한 것은 사실이지만, 서남전쟁에도 불구하고 일본 육군 내에서 최대의 세력은 여전히 사쓰마벌이었다.

문제는 육군 내 사쓰마벌에는 이렇다 할 리더가 없다는 점이다. 야마가타가 장래 위협이 될 만한 존재는 해군으로 추방한 것이 그 중요한 이유의 하나라는 점은 앞서 언급했다. 다카시마는 스스로 육군 내에서 사쓰마벌의 리더로 자처하며 은연중 야마가타에 대립하는 자세를 나타냈다. 이것이 원인이 되어 청일전쟁에는 아예 참전의 기회조차 부여받지 못한 것이다.

이것과는 대조적으로 해군의 사쓰마벌 원로에 해당하는 가바야마 스케노리는, 그가 후계자로 발탁한 야마모토 곤베의 후원으로 청일전쟁 직전에 참모총장에 해당하는 군령부장에 취임했고 승전의 영광을 차지했다. 아울러 가바야마는 청일전쟁 이후 초대 대만 총독으로 부임하는 등 경력을 화려하게 장식할 수 있었다. 그러나 청일전쟁에 참전하지 못한 다카시마는 그 흔한 훈장조차 받지 못한 신세였으므로 상대적 발탁감이 더욱 강했을 것이라는 점은 짐작하기 어렵지 않다.

이러한 다카시마의 분노는 엉뚱하게도 죠슈벌의 간판 인물 이토 히로부미에게 향했다. 다카시마를 따돌린 장본인이 이토가 아니라는 것은 물론이다. 오히려 다카시마를 배려해 척식무장관에 임명했음에도 불구하고, 단지 이토가 죠슈벌의 간판 인물이라는 이유로 이토 내각의 붕괴를 배후에서 주도한 것이다. 이것을 위해 진보당 당수인 오쿠마와 마쓰카타의 전략적 제휴를 은밀히 추진한 결과, 마쓰카타는 단독입각을 거절하고 오쿠마와 공동으로 입각한다는 조건을 내걸었다. 즉, 다카시마는 죠슈벌이 자유당과 제휴하는 것과 대립하는 구도로, 사쓰마벌과 오쿠마의 제휴라는 새로운 정치구도를 만들어냈다. 그가 평범한 야전군인이 아니라 정치군인으로 상당한 자질을 갖고 있다는 것을 알게 해 주는 대목이다.

마쓰카타가 오쿠마와 공동으로 입각하겠다고 완강하게 고집했으므로 이토는 궁지에 빠지지 않을 수 없었다. 그래서 의회를 무사히 극복했음에도 불구하고 결국 내각 총사퇴를 결정했다. 제2차 이토 내각은 청일전쟁을 승리로 이끌고 불평등조약을 평등조약으로 개정하는 데 성공하는 등 눈부신 성과를 올린 장수내각이지만, 다카시마의 원한에 사무친 복수로 인해 내각 개편에 실패하고 힘없이 쓰러지고 말았다.

〈3권에 계속〉

제2권 관련 연표

연도	내용
1868년 (메이지 원년)	1월 : 도바(鳥羽)·후시미(伏見) 전투 // 신정부, 왕정복고를 각국공사에게 통고 // 서구 열강 국외중립을 선언 2월 : 천황, 친정(親征)의 조칙을 발포 3월 : 5개조의 서문 4월 : 정부군 에도 입성 5월 : 열번동맹 성립 // 도쿠가와 가문을 슨푸(駿府) 70만석에 봉함 9월 : 메이지 개원 // 천황 교토 출발 // 아이즈번 항복 10월 : 에도성을 도쿄성(東京城)으로 바꿈
1869년 (메이지 2년)	1월 : 판적봉환 상주 6월 : 공경·제후를 화족으로 개칭 7월 : 관제개혁으로 신기(神祇)·태정관(太政官) 2관, 6성, 집의원(集議院)·개척사 등 설치 12월 : 도쿄·요코하마간 전신개설
1870년 (메이지 3년)	10월 : 병제통일의 포고(육군 프랑스식·해군 영국식) // 공부성 설치 12월 : 칙사 이와쿠라 도모미(岩倉具視), 사쓰마의 시마즈 히사미쓰(島津久光)에게 상경요청 전달
1871년 (메이지 4년)	2월 : 사쓰마·죠슈·도사번에게서 친병을 모집 4월 : 임신(壬申)호적 5월 : 신화(新貨)조례를 제정 6월 : 기도 다카요시 외 참의를 사직하고, 사이고 다카모리가 참의 취임 7월 : 사법성·문부성 설치 // 폐번치현 // 태정관제를 고치고, 정원·좌원·우원 설치 // 청일수호조규 조인 8월 : 산발(散髮)·폐도(廢刀)를 허가 11월 : 이와쿠라 사절단, 요코하마 출발 // 현지사를 현령으로 참사(參事)를 부현에 둠 12월 : 각 부현에 사법성 소속의 부현재판소를 둠
1872년 (메이지 5년)	1월 : 신분총칭을 황족·화족·사족·평민으로 함 2월 : 토지매매를 허가 // 인구조사실시 // 호적부 작성(壬申호적) 3월 : 신기성(神祇省)을 폐지하고, 교부성(敎部省) 설치

제2권 관련 연표 계속

연도	내용
1872년 (메이지 5년)	7월 : 마리아 루즈호 사건 8월 : 학제 발포 11월 : 국립은행조례 제정 // 진무(神武)천황 즉위를 기원(紀元)으로 삼고, 즉위일 (양력 2월 11일)을 축일로 결정(기원절) 12월 : 태양력 실시, 메이지 5년 12월 3일을 메이지 6년 1월 1일로 함
1873년 (메이지 6년)	1월 : 징병령 포고 2월 : 기독교 해금 4월 : 대장성에서 지방관회의 개최 7월 : 지조개정조례 발포(지가의 3%를 지조로 한다) 8월 : 제1국립은행 개업 // 사이고 다카모리의 조선파견이 결정 10월 : 사이고의 조선파견, 무기연기 // 사이고·에토·소에지마·이타가키· 참의사임 11월 : 내무성 설치 12월 : 가록세 부과, 100석 미만의 자에게 가록·상전록 반환 제도를 정함
1874년 (메이지 7년)	1월 : 이와쿠라 습격 받아 부상 // 민선의원설립건의서를 좌원에 제출 2월 : 사가(佐賀)의 난 // 대만토벌 결정 3월 : 질록공채증서 발행조례 제정 4월 : 입지사(立志社) 창립 6월 : 홋카이도(北海道)에 둔전병 제도를 둠 10월 : 청국과 대만문제의 조관(條款)조인
1875년 (메이지 8년)	1월 : 오사카 회의 시작됨 2월 : 오사카에서 애국사 결성 3월 : 기도·이타가키의 참의 복직 // 지조개정 사무국 설치 4월 : 좌원·우원을 폐지하고, 원로원·대심원·지방관회의 설치 5월 : 사할린·쿠릴열도 교환조약 조인 6월 : 제1회 지방관회의 // 신문지조례·참방률 제정 9월 : 금록(金錄)지불 결정 // 강화도 사건
1876년 (메이지 9년)	2월 : 조일수호조규 조인 3월 : 폐도령 8월 : 가록·상전록을 폐지하고, 금록공채증서 발행조례 제정 10월 : 신풍련(神風連)의 난, 하기의 난 등 사족반란이 계속됨

연도	내용
1877년 (메이지 10년)	1월 : 지조를 2.5%로 경감
	2월 : 사이고 다카모리, 1만5천의 병력을 이끌고 가고시마 출발, 구마모토성을 포위(서남전쟁 개시)
	6월 : 만국우편연합조약에 가입
	8월 : 궁내성에 시보국(侍補局)을 둠
	9월 : 정부군의 총공격에 사이고 자살
1878년 (메이지 11년)	5월 : 오쿠보 도시미치 암살당하다
	7월 : 군구(郡區)정촌 편제법·부현회 규칙·지방세규칙 제정 // 금록공채증서 발행개시
	8월 : 다케바시(竹橋)사건 // 명치 9년 1월1일에 조사한 호적표를 발표(인구 3433만8400인)
1879년 (메이지 12년)	4월 : 류큐번(琉球藩)을 폐지하고 오키나와현을 둠
	9월 : 학제를 폐지하고, 교육령 제정
	10월 : 시보(侍補)제도 폐지
1880년 (메이지 13년)	2월 : 참의의 겸임을 해제하고 대신·참의와 각성을 분리
	3월 : 태정관에 법제·회계·군사·내무·사법·외무의 6부를 두고 10인의 참의를 나눠 각부의 사항을 담당시킴, 회계검사원 신설
	4월 : 집회조례 제정
	5월 : 참의 오쿠마, 외채 5천만엔 모집안을 각의에 제출
	6월 : 외채 모집중지 결정
	11월 : 지방세 규칙개정, 국세의 1/3 이내로 증세 // 마쓰카타 지폐정리에 착수
1881년 (메이지 14년)	1월 : 아타미 회담
	7월 : 개척사 관유물 불하칙허(8월 정식발표)
	10월 : 국회개설, 개척사 관유물 불하 중지, 오쿠마 참의파면을 결정 // 태정관 직제 개정, 참의와 경의 겸임제 부활, 참사원(參事院) 설치
1882년 (메이지 15년)	1월 : 군인칙유 발포 // 헌법 연구를 위해 이토의 유럽파견을 결정
	2월 : 개척사 폐지
	3월 : 입헌개진당 결성 // 입헌제정당 결성
	4월 : 자유당 총리 이타가키, 기후에서 습격받음
	6월 : 집회조례개정(정치결사의 지부 설치 및 결사 간의 연락을 금지)
	7월 : 임오군란

연도	내용
1882년 (메이지 15년)	8월 : 조선과 제물포조약을 조인 11월 : 이타가키(板垣退助)·고토 쇼지로, 유럽 여행
1883년 (메이지 16년)	4월 : 신문지조례 개정(보증금 신설, 검열강화) 12월 : 참의 야마가타(山縣有朋), 내무장관에 취임
1884년 (메이지 17년)	3월 : 지조조례제정(법정지가의 결정, 세율의 고정) // 궁중에 제도조사국을 두고 장관에 이토 취임 7월 : 화족령 공포 10월 : 자유당대회 해당 결의 12월 : 갑신정변 // 개진당(改進黨) 총리 오쿠마 시게노부 탈당
1885년 (메이지 18년)	1월 : 전권공사 이노우에 가오루(井上馨) 한성조약 체결 4월 : 중국과 천진조약에 조인 11월 : 오사카 사건 12월 : 태정관제 폐지, 내각제도 시행 // 제1차 이토(궁내대신 겸임) 내각성립
1886년 (메이지 19년)	3월 : 제국대학 창립
1887년 (메이지 20년)	6월 : 이토 수상 헌법기초 개시 10월 : 고토 쇼지로 대동단결운동 시작 12월 : 보안조례공포시행 // 신문지조례·출판조례 개정
1888년 (메이지 21년)	4월 : 시제(市制) 및 정촌제(町村制) 공포 // 추밀원관제공포 // 이토 수상을 사임하고 추밀원 의장에 취임 // 구로다 내각 성립 5월 : 추밀원 개원식 10월 : 오쿠마 시게노부, 신통상조약을 각국공사에게 통고 12월 : 야마가타 아리토모, 지방제도조사를 위해 유럽에 감
1889년 (메이지 22년)	2월 : 헌법·황실전범·중의원 의원 선거법·귀족원령·의원법 공포 // 모리 아리노리(森有礼) 습격 받음(12월 사망) // 구로다 수상 초연주의 방침을 훈시 4월 : 시정촌제 시행 // 오쿠마의 조약개정안 런던타임즈에 게재되어 반대세론이 일어남 10월 : 오쿠마 시게보부 폭탄테러로 부상 12월 : 이타가키, 애국공당(愛國公黨) 결성을 발표 // 제1차 야마가타 내각 성립 // 내각관제 공포

연도	내용
1890년 (메이지 23년)	5월 : 부현제 및 군제 공포
	7월 : 제1회 총선거 // 집회 및 정사법(政社法) 공포
	9월 : 입헌자유당 결성
	10월 : 교육칙어 발포 // 원로원 폐지
1891년 (메이지 24년)	1월 : 제국의회 의사당 소실
	2월 : 산죠 사네토미(三條實美) 사망
	5월 : 제1차 마쓰카타(松方)내각 성립 // 방일 중 러시아 황태자 니콜라이 습격 당함
	8월 : 내각정무부 성립
	9월 : 무쓰 무네미쓰(陸奧宗光), 내각정무부장을 사임
1892년 (메이지 25년)	2월 : 제2회 총선거
	3월 : 시나가와 야지로(品川彌二郞) 내무장관 사임
	5월 : 호시 도루(토亨) 중의원 의장에 취임
	7월 : 육군장관과 해군장관이 사표 제출
	8월 : 제2차 이토내각 성립
1893년 (메이지 26년)	7월 : 조약개정안·교섭방침을 결정
	10월 : 대외강경파, 대일본 협회를 조직
	12월 : 중의원에서 호시도루(土亨) 제명 결정 // 중의원 정회 // 대일본협회에 해산명령
1894년 (메이지 27년)	3월 : 제3회 총선거
	5월 : 중의원에서 내각문책 결의안 가결
	6월 : 중국의 조선출병에 대해 일본도 파병을 결정// 대본영 설치
	7월 : 영일통상항해조약 조인 // 일본군 경복궁 점령, 대원군 옹립 // 일본함대, 청의 북양함대를 공격
	8월 : 중국에 선전포고(청일전쟁 발발)
	9월 : 제4회 임시총선거 // 대본영을 히로시마로 옮김 // 일본군 평양 점령 // 황해해전에서 일본 승리
	10월 : 제7회 임시의회를 히로시마에서 소집
	11월 : 미일통상항해조약 조인
1895년 (메이지 28년)	1월 : 다루히토(熾仁) 친왕 사망 // 일본군 산동반도에 상륙
	2월 : 북양함대 항복

연도	내용
1895년 (메이지 28년)	3월 : 이노우에 고와시(井上毅) 사망 // 강화회의 도중 이홍장 저격됨
	4월 : 청일강화조약 조인 // 3국간섭 시작
	5월 : 요동반도 반환의 조서
	6월 : 러일통상항해조약 조인
	10월 : 명성황후 암살
	11월 : 자유당, 이토 내각과 제휴 선언
1896년 (메이지 29년)	3월 : 진보당 결성 // 등록세법(청일전쟁 후의 최초의 증세)
	4월 : 자유당 총리 이타가키 다이스케, 내무장관 취임
	6월 : 야마가타·로바노프 협정조인
	7월 : 청일통상항해조약 조인
	8월 : 이토 수상 사의를 표명
	9월 : 제2차 마쓰카타(松方)내각 성립

주요 참고문헌

(編)은 편저자, (著)는 원저자, (譯)은 번역자를 의미함

- 大久保利謙, 『政治史Ⅲ』(體系日本史叢書 시리즈), 1967
- 大日方純夫, 『近代日本の 警察と地域社會』, 2000
- 大野達三, 『日本の政治警察』 1973
- 大島淸; 加藤俊彥; 大內力, 『人物 日本資本主義 』(제1권~3권), 1974
- 杉本勳, 『科學史』(體系日本史叢書 시리즈), 1990
- 竹內理三, 『土地制度史』(體系日本史叢書 시리즈), 1973
- 竹內洋, 『學歷貴族の榮光と挫折』(日本の近代 시리즈 제12권), 1999
- 豊田穰, 『明治・大正の宰相』(1권~5권), 1984
- 성황용, 『근대동양외교사』, 1992
- 高野澄, 『物語 廢藩置縣』, 2001
- 豊田穰외 5인, 『明治維新의 主役들』, 1984
- 松下芳男, 『日本軍閥興亡史』, 2001
- 松本健一, 『開國, 維新』(日本の近代 시리즈 제1권), 1998
- 松村正義, 『國際交流史』, 2002
- 松尾正人, 『廢藩置縣の硏究』, 2001
- 松尾正人(編), 『維新政權の 成立』, 2001
- 芳卽正외 7인, 『薩摩の 7傑』, 2000
- 芳卽正, 『島津久光と明治維新』, 2002
  『坂本龍馬と薩長同盟』, 1998
- 鈴木正辛, 『近代日本の 天皇制』, 1998
- 井上勳, 『王政復古』, 1995
- 井上勝生, 『開國と幕末變革』, 2002
- 毛利敏彥, 『大久保利通』, 1998
  『明治6年政變』, 1999
  『臺灣出兵』, 1996
  『明治維新政治史序說』, 1967

　　　　　　『明治維新の再發見』, 1999

　　　　　　『明治維新政治外交史研究』, 2002

▶ 家近良樹, 『孝明天皇と一會桑』, 2002

▶ 久米邦武, 『(特命全權大使)米歐回覽實記』(제1권~제5권), 1878

▶ Satow, 『A diplomat in Japan』, 1998

▶ Nish Ian, 『Iwakura mission in America & Europe』, 2002

▶ 坂本多加雄, 『明治國家の建設』(日本の近代 시리즈 제2권), 1999

▶ 御廚貴, 『明治國家の完成』(日本の近代 시리즈 제3권), 2001

▶ 戸部良一, 『逆說の軍隊』(日本の近代 시리즈 제9권), 1998

▶ 宮本又郎, 『企業家たちの 挑戰』(日本の近代 시리즈 제11권), 1999

▶ 宮地正人, 『國際政治下の 近代日本』, 1987

▶ 坂野潤治；宮地正人(編), 『日本近代史における 轉換期の研究』, 1991

▶ 佐佐木隆, 『メデイアと權力』(日本の近代 시리즈 제14권), 1999

▶ 鈴木淳, 『新技術の社會誌』(日本の近代 시리즈 제15권), 1999

▶ 原田務, 『明治の怪, 山縣有朋』, 2000

▶ 田中彰, 『高杉晋作と奇兵隊』, 1993

　　　　　　『岩倉使節團の 歷史的硏究』, 2002

　　　　　　『幕末の 藩政改革』, 1981

　　　　　　『明治維新』(近代日本の軌跡 제1권), 1994

　　　　　　『近代日本の 內と外』, 1999

　　　　　　『幕末維新の 社會と思想』, 1999

　　　　　　『幕末維新史の 연구』, 1966

　　　　　　『吉田松陰』, 2001

▶ 奈良本辰也, 『高杉晋作』, 1997

▶ 新田均, 『「現人神」「國家神道」という 幻想』, 2003

▶ 岡崎久彦, 『陸奧宗光と その時代』, 2002

　　　　　　『小村壽太郎とその時代』, 2003

▶ 岡義武, 『近代日本の政治家』, 1960

▶ 升味準之輔, 『日本政治史』(제2권), 1988

▶ 小熊英二, 『〈日本人〉の 境界』, 1999

▶ 加藤陽子, 『徵兵制と近代日本』, 2000

- 加藤陽子 ; 박영준(譯), 『근대 일본의 전쟁 논리』, 2003
- 加藤祐三, 『幕末外交と開國』, 2004
- 家近良樹(編), 『幕政改革』, 2001
- 石井寬治, 『日本經濟史』, 1993
- 石井寬治 ; 原朗 ; 武田晴人(編), 『日本經濟史2 産業革命期』, 2000
- 利光三渾夫 ; 笠原英彦, 『日本の 官僚制』, 1998
- 海原徹, 『松下村塾の 明治維新』, 1999
  　　　　『吉田松陰と松下村塾』, 2003
- 三谷太一郎, 『近代日本の 戰爭と政治』, 1998
  　　　　　　『日本政黨政治の形成』, 1995
- 三谷博, 『ペリ-來航』, 2003
- 鹿島平和硏究所, 『日本外交史』(제1권~7권), 1970
- 維新史料編纂事務局, 『維新史』(제1권~6권), 1941
- 文部省維新史料編纂會, 『槪觀 維新史』, 1940
- 由井正臣(編), 『樞密院の 硏究』, 2003
- 石井孝, 『幕末貿易史の 硏究』, 1944
- 佐藤秀夫, 『敎育の 文化史』, 2004
- 伊藤之雄, 『立憲國家の 確立と伊藤博文』, 1999
  　　　　　『立憲國家と日露戰爭』, 2000
- 齋藤聖二, 『日淸戰爭の 軍事戰略』, 2003
- 吉野誠, 『明治維新と征韓論』, 2002
- 千本秀樹, 『天皇制の 侵略責任と戰後責任』, 2003
- 別宮暖朗, 『「坂の上の雲」では分からない日本海海戰』, 2005
- 中邨章, 『新版 官僚制と日本の政治』, 2001
- 中村政則(編), 『日本の 近代と資本主義』, 1992
- 中塚明, 『歷史の僞造おただす』, 1997
  　　　　『近代日本の朝鮮認識』, 1993
- 山田朗, 『近代日本の 膨張と侵略』, 1997
- 山田公平, 『近代日本の國家形成と地方自治』, 1991
- 菊池城司, 『近代日本の 敎育機會と社會階層』, 2003
- 安田浩, 『天皇の政治史』, 2000

- 安岡昭男, 『明治前期大陸政策史の研究』, 1998
- 畑野勇, 『近代日本の軍産學複合體』, 2005
- 天野郁夫, 『學歷の社會史』, 2005
- 村井實, 『近代日本の 敎育と政治』, 2000
- 宇治敏彥 ; 이혁재(譯), 『일본총리열전』, 2002
- 川村眞二 ; 이혁재(譯), 『후쿠자와 유키치』, 2002
- 川田稔, 『原敬と山縣有朋』, 1998
- 川田敬一, 『近代日本の 國家形成と皇室財産』, 2001
- 新人物往來社(編), 『日露戰爭と日本海大海戰』, 2005
  『阿部正弘のすべて』, 1997
- 今西一, 『近代日本の差別と性文化』, 1998
- 石井三記(編), 『近代法の再定位』, 2001
- 善家幸敏, 『日本における宗敎と政治』, 2005
- 星野芳郞, 『日本軍國主義の源流を問う』, 2004
- 星亮一, 『奧羽越列藩同盟』, 2002
- 源川眞希, 『近現代日本の地域政治構造』, 2001
- 黑川雄三, 『近代日本の軍事戰略槪史』, 2003
- 최문형, 『명성황후 시해의 진실을 밝힌다』, 2002
  『(국제관계로 본)러일전쟁과 일본의 한국병합』, 2004
- 土居良三, 『開國への布石 : 評傳 老中首座 阿部正弘』, 2000
- 高貫布士, 『激鬪 日露大戰爭』, 2003
- 檜山幸夫, 『日淸戰爭』, 2004
  『近代日本の形成と日淸戰爭』, 2001
- 西川長夫 ; 松宮秀治, 『國民國家形成と文化變容』, 1999
- 小西四郞(編), 『德川慶喜のすべて』, 1998
- 勝田政治, 『內務省と明治國家形成』, 2002
- 平間洋一, 『日露戰爭が變えた世界史』, 2005
- 平野武, 『明治憲法制定とその周邊』, 2004
- 猪飼隆明, 『西鄕隆盛』, 2001
- 加來耕三, 『西鄕隆盛と薩摩士道』, 1998
- 吉田常吉, 『安政の大獄』, 1996

- 福地惇, 『明治新政權の權力構造』, 1996
- 遠山茂樹, 『明治維新と天皇』, 2002
- 遠山茂樹 ; 安達淑子(共著), 『近代日本政治史必攜』, 1972
- 淸水伸, 『明治憲法制定史 上~下』, 1971
- 콘스탄틴 플레샤코프 ; 황의방(譯), 『짜르의 마지막 함대』, 2003
- 木村時夫(編), 『日本の近代化とアジア』, 1983
- 정일성, 『후쿠자와 유키치』, 2001
  『이토 히로부미』, 2002
- 박종원, 『福澤諭吉의 文明思想硏究』, 2000
- 福澤諭吉(著) ; 정명환(譯), 『文明論의 槪略』, 1987
- 도몬 후유지(著) ; 이강희, 『그늘 속의 참모들』, 2001
- 馬場明, 『日露戰爭後の滿洲問題』, 2003
- Townsend Harris(著) ; 坂田精一(譯), 『日本滯在記 上~下』, 1974
- 伊藤仁太郞, 『(巨人)星亨』, 1923
- 濱本浩, 『江藤新平』, 1941
- 本山桂川, 『桂太郞と原敬』, 1935
- 德富猪一郞, 『吉田松陰』, 1934
- 維新史料編纂事務局(編), 『維新史』, 1939-41
- 伊藤痴遊, 『岩倉具視, 三條實美』, 1935
- 五來欣造, 『人間 大隈重信』, 1955
- 土屋喬雄(譯) ; 王城肇(譯), 『ペルリ提督日本遠征記』(제1권~제2권), 1935
- 沼田哲, 『明治天皇と政治家群像』, 2002
- 藤村道生(著) ; 日本歷史學會(編), 『山縣有朋』, 1986
  ; 허남린(譯), 『청일전쟁』, 1997
- 嶋名政雄, 『乃木'神話'と日淸・日露』, 2001
- 吉野誠, 『明治維新と征韓論』, 2002
- 岩波書店(編), 『(岩波講座)日本歷史』, 1976
- 日本近代史硏究會(編), 『(圖說)國民の歷史』, 1964
- 松本健一, 『開國・維新』(日本の近代 시리즈 제1권), 1998
- 坂本多加雄, 『明治國家の建設』(日本の近代 시리즈 제2권), 1999
- 有馬學, 『「國際化」の中の帝國日本』, 1999

- 角田房子(著) ; 김은숙(譯), 『閔妃暗殺』, 1988
- 이태영, 『차라리 민비를 변호함』, 1981
- 本山幸彦, 『明治國家の敎育思想』, 1998
- 田村貞雄, 『形成期の明治國家』, 2001
- 渡邊隆喜, 『明治國家形成と地方自治』, 2001
- 박득준(編) ; 송상진(譯), 『日本帝國主義の朝鮮侵略史』, 2004
- 海野福壽, 『伊藤博文と韓國倂合』, 2004
  『日韓協約と韓國倂合』, 1995
- 장용걸, 『정한론과 조선인식』, 2004
- 이현희, 『정한론의 배경과 영향』, 2006
- 佐々木 隆, 明治人の力量, 2010
- 鈴木 淳, 維新の構想と展開, 2010
- 西川 誠, 明治天皇の大日本帝國, 2002